Kartellrecht & digitale Plattformen

AF890685

Europäische Hochschulschriften Recht

European University Studies in Law

Publications Universitaires Européennes de Droit

Band/Volume 6174

Alexander Kurgan

Kartellrecht & digitale Plattformen

Bieten die analogen Kartellvorschriften Lösungen für die digitale Ökonomie auf zweiseitigen Märkten?

PETER LANG

Bibliografische Information der Deutschen Nationalbibliothek
Die Deutsche Nationalbibliothek verzeichnet diese Publikation in der Deutschen Nationalbibliografie; detaillierte bibliografische Daten sind im Internet über http://dnb.d-nb.de abrufbar.

Zugl.: Berlin, Humboldt-Univ., Diss., 2020.

Gedruckt auf alterungsbeständigem, säurefreiem Papier.
Druck und Bindung: CPI books GmbH, Leck

D 11
ISSN 0531-7312
ISBN 978-3-631-82003-2 (Print)
E-ISBN 978-3-631-82485-6 (E-PDF)
E-ISBN 978-3-631-82486-3 (EPUB)
E-ISBN 978-3-631-82487-0 (MOBI)
DOI 10.3726/b16900

© Peter Lang GmbH
Internationaler Verlag der Wissenschaften
Berlin 2020
Alle Rechte vorbehalten.
Peter Lang – Berlin · Bern · Bruxelles · New York · Oxford · Warszawa · Wien

Das Werk einschließlich aller seiner Teile ist urheberrechtlich geschützt.
Jede Verwertung außerhalb der engen Grenzen des Urheberrechtsgesetzes ist ohne Zustimmung des Verlages unzulässig und strafbar.
Das gilt insbesondere für Vervielfältigungen, Übersetzungen, Mikroverfilmungen und die Einspeicherung und Verarbeitung in elektronischen Systemen.

Diese Publikation wurde begutachtet.

www.peterlang.com

Vorwort

Die Thematik der digitalen Plattformen zeichnet sich durch außerordentliche Schnelllebigkeit aus, die Wirtschaft und Gesellschaft zwingt, permanent mit ihr Schritt zu halten. Um den eiligen Leser daher nicht über Gebühr aufzuhalten, schicke ich die für ihn bedeutsamen Angaben kurz voraus, um im zweiten Teil einigen wichtigen Personen zu danken:

Die juristische Fakultät der Humboldt-Universität zu Berlin nahm die vorliegende Arbeit im Wintersemester 2019/2020 als Dissertation an. Sie berücksichtigt den Rechts- und Diskussionsstand bis September 2019.

Und nun die Danksagungen: Der erste Dank gilt meiner Betreuerin und Erstgutachterin, Frau Prof. Dr. Eva Inés Obergfell, die mir dieses äußerst spannende und praxisrelevante Forschungsfeld eröffnete. Ihr und Herrn Prof. Dr. Ronny Hauck danke ich außerdem für die zügige Erstellung der Gutachten, sodass ich nur sehr kurz den Schwebezustand des Status ‚fast fertig' ertragen musste.

Der zweite Dank geht an meine Familie. Besonders hervorzuheben sind Frau Marianne und Herr Wolfgang Keller, die mir den Rahmen für den zeitigen Abschluss der Dissertation geboten haben. Auf Letzteren konnte ich überdies in allen Fragen der Orthografie und Typografie zählen – für viele eine lästige Pflicht, für ihn langjährige berufliche Passion.

Die meisten Doktoranden werden sich wohl – so wie ich – an Phasen der Entfremdung zwischen ihnen und ihrem Projekt erinnern. In diesen Phasen sind stets Freunde als Mediatoren gefragt, die mit einem pragmatischen Hinweis oder auch einer Ermutigung dem entgegenzuwirken wissen. Diesen Dank verdienen insbesondere Herr Sascha Lawrenz und Herr Golo Meven.

Abschließend verdienen all jene einen Dank, die in den Vorwörtern der meisten Dissertationen leider viel zu kurz kommen: Nämlich all diejenigen, die den Doktoranden aus dem gemütlichen Trott des „Vor-sich-hin-Promovierens" holen und mit bohrenden Fragen disziplinieren. Beliebte Fragen sind: „Wann bist du denn (endlich) fertig?", „Bist du dann Anwalt?", „Bist du jetzt schon Doktor?", „Willst du nicht mal richtig arbeiten?", „Du bist doch schon so lange dabei?". Gerade diese Leute leisten einen wertvollen Beitrag, indem sie den Doktoranden packen und schütteln, sobald er droht, es sich in der Komfortzone Dissertation etwas zu gemütlich zu machen.

Inhaltsverzeichnis

A. Wettbewerbsrecht im Kontext digitaler Plattformen und Big Data

Die digitale Ökonomie lässt sich als Gegenstand dieser Untersuchung mit zwei Begriffen beschreiben: „Plattformen" und „Big Data". Digitale Plattformen dienen als Mittler zum Austausch von Waren und Dienstleistungen, aber auf Unternehmensseite auch immer häufiger als Schlüssel zur für sie elementaren Ressource, den Daten. Möglich macht dies eine Entwicklung, die heutzutage mit dem schillernden Begriff „Big Data" umschrieben wird – eine derartig komplexe Entwicklung, die sich folgerichtig einer allgemeinen, allumfassenden Definition entzieht. Kurz gesagt umschreibt Big Data die Möglichkeit der Unternehmen, auf Datensätze zuzugreifen, „deren Größe die Kapazität und Fähigkeit klassischer DatenbankSoftwaretools zur Erfassung, Speicherung, Verarbeitung und Analyse übersteigt".[1] Ganz gleich ob im Kontext digitaler Plattformen oder dem thematisch nahestehenden „Internet der Dinge": In der Literatur kann man einen gewissen Zwang ausmachen, die passende Metapher für die Ressource „Daten" zu finden, zu widerlegen oder gar Sinn oder Unsinn der Metaphernsuche insgesamt zu erörtern. So schwierig sich nämlich die Suche nach dem passenden Vergleichsmodell darstellt, so schwierig ist auch die Einordnung des Datums aus wettbewerbsrechtlicher Sicht, denn die Eigenschaften und Wirkweisen in Bezug auf den Wettbewerb sind gänzlich neu und kaum erforscht. Die ‚Mutter aller Metaphern' ist wohl dem britischen Mathematiker Clive Humby zuzuschreiben,[2] der Daten als „the new oil" adelte, eine Betrachtungsweise, die in der Folge auch im deutschen Sprachraum nutzbar gemacht wurde, um die tiefgreifenden Veränderungen, die mit der ‚Erfindung' der digitalen Ökonomie einhergehen, einordnen zu können.[3] Dem wird entgegen gehalten, dass Daten regelmäßig nicht rival oder homogen seien, mithin nicht von einem einzigen Nutzer verbraucht werden können.[4] Ferner handelt es sich bei personenbezogenen Daten nicht um eine leblose dickflüssige Masse, sondern um die Abbildung

---

1 PwC, Big Data – Bedeutung. Nutzen. Mehrwert, S. 9.

2 *Palmer*, Data is the new oil, ana.blogs.com/maestros/2006/11/data_is_the_new.html, zuletzt abgerufen am 09.09.2018.

3 *Becker*, Die Daten eines Autos sind das neue Öl, *sueddeutsche.de/auto/vernetzte-autos-die-daten-eines-autos-sind-das-neue-oel-1.3469344*, zuletzt abgerufen am 09.09.2018.

4 *Haucap/Heimeshof*, Ordnungspolitik in der digitalen Welt, S. 11; *Nuys*, WuW 2016, 512, 513.

der Persönlichkeit real existenter Menschen. Somit ist der ‚Stoff' Datum nicht wertneutral, sondern von erheblicher persönlichkeits- und datenschutzrechtlicher Relevanz.[5] Aufgrund der angeblichen Unverbrauchbarkeit und nichtausschließlichen Nutzbarkeit werden deshalb Parallelen zu Sonnenstrahlen gezogen.[6] Dennoch benötigen Daten – ähnlich wie Rohöl – eine aufwändige Aufbereitung zur Wertschöpfung[7] und ebenso enthalten Daten soziales und politisches Konfliktpotenzial – ähnlich wie fossile Brennstoffe. Für die folgenden Überlegungen sollte es aber genügen, sich der enormen Bedeutung der Daten für die heutige Wirtschaft bewusst zu werden: Die wirksame Sammlung und Aufbereitung gewaltiger Mengen an Daten erlaubt die zielgerichtete Schaltung von Werbung, die Verbesserung der Produktpalette oder die Erschließung völlig neuer Märkte, sodass sich das Verhältnis zwischen Anbietern und Kunden dank Big Data und Big Analytics grundlegend wandelt.[8] Digitale Plattformen sammeln ihrem Geschäftsmodell, ihren Allgemeinen Geschäftsbedingungen und ihrer ökonomischen Idee entsprechend eine Vielzahl von Daten aller Art. Aus wettbewerbsrechtlicher Perspektive sind diese somit in zweierlei Hinsicht von enormer Bedeutung: Zum einen fungieren sie als ‚digitaler Wochenmarkt' mit ungeahnten Konzentrationspotenzialen, auf dem ihr Betreiber selbst einen Stand eröffnen und gleichzeitig Konkurrenten ausschließen kann, sodass marktmächtige Unternehmen ihre Stellung durch missbräuchliche Praktiken konsolidieren können. Zum anderen verfügen sie über einen beträchtlichen Datenschatz, der in Rohform oder aufbereitet einen schier uneinholbaren Wettbewerbsvorsprung begründen kann. Diese neuartigen Marktstrukturen vermögen durch Konzentration beachtliche Innovationen und Effizienzsteigerungen zu ermöglichen, doch drohen diese dynamischen Wettbewerbsstrukturen alsbald zu erlahmen. In besonderen Fällen ist zur Reinitialisierung des Wettbewerbs oder der Ermöglichung neuer Waren bzw. Dienstleistungen der einschneidende Weg der wettbewerbsrechtlichen Intervention eine denkbare Alternative – so zum Beispiel in Gestalt eines Zugangsrechts zu Datensätzen oder eines Aufnahmeanspruchs in einen Suchmaschinenindex. Im größeren Kontext soll diese Untersuchung einen Beitrag zur Beantwortung der Frage leisten, ob die Kartellvorschriften Lösungen

---

5 Demgemäß *Stucke/Grunes*, Big Data and Competition Policy, Punkt 4.33.

6 *Nuys*, WuW 2016, 512, 513.

7 In diesem Sinne: *Watson*, Data ist the New, dismagazine.com/discussion/73298/sara-m-watson-metaphors-of-big-data/; zuletzt abgerufen am 09.09.2018.

8 Zu den Einzelaspekten des schwierig zu definierenden Terminus „Big Data" vgl. nur *Bendel*, Big Data, *wirtschaftslexikon.gabler.de/Definition/big-data.html*, zuletzt abgerufen am 10.7.2017.

für die digitale Ökonomie auf zweiseitigen Märkten bieten. Die Diskussionen hierzu sind facettenreich und kontrovers. Das Bundeskartellamt hält die kartellrechtlichen Vorschriften im Grundsatz dafür geeignet, im digitalen Umfeld zu bestehen und fordert lediglich einige Anpassungen.[9] *Körber* zweifelt wiederum an der Tragfähigkeit althergebrachter wettbewerbsrechtlicher Instrumente und Analysemethoden, sieht indes momentan keine veritablen Alternativen.[10] Er mahnt ferner an, nicht die Kernaufgabe des Kartellrechts – den Schutz des Wettbewerbs – aus den Augen zu verlieren, indem die scharfen Schwerte der Kartellbehörden für die Lösung digitaler Problemstellungen im Anwendungsbereich anderer Rechtsmaterien gezogen werden.[11]

Unter Berücksichtigung dieser Diskussionen und der besonderen Mechanismen der digitalen Ökonomie sollen anhand dieser Leitfragen die Voraussetzungen und Grenzen einer Intervention ermittelt werden:

- Gibt es einen wettbewerbsrechtlichen Zugangsanspruch zu den Plattformen oder Datenbeständen?
- In welchem Verhältnis steht das Wettbewerbsrecht zum Datenschutzrecht unter der Berücksichtigung der Berechtigungs- und Interessenlage an den verschiedenen Datenformen?

Hierzu muss zunächst ein Blick auf die Spezifika digitaler Plattformen und die Rolle von Daten für den Erfolg ihrer zugrunde liegenden Geschäftsmodele geworfen werden. Wie lassen sich die verschiedenen Datenformen systematisieren, wie werden diese wirtschaftlich verwertet und welche Rolle spielen sie in der Kartellrechtspraxis?

Das Spannungsverhältnis zwischen der rechtmäßigen Ausübung eines ausschließlichen Rechts, welches in Gestalt von Zugangs- bzw. Lizenzverweigerung zu einem Ausschluss von einem nachgelagerten Markt führt, und dem Interesse an einem frei zugänglichen Markt wird im EU-Kartellrecht seit den Hafenentscheidungen der Kommission durch Anwendung der Essential-Facilities-Doktrin aufgelöst. Diese dem amerikanischen *antitrust law* entnommene Rechtsfigur ist seit jeher in ihren Voraussetzungen umstritten, im US-Fallrecht nicht durchgängig anerkannt und auch der Europäischen Gerichtshof erkennt sie zwar in der Sache an, nennt sie allerdings nicht beim Namen.[12] Diese Erwägungen

---

9 BKartA, Arbeitspapier „Marktmacht von Plattformen und Netzwerken", Ergebnisse und Handlungsempfehlungen, S. 5.

10 Vgl. *Körber*, WuW 2015, 120, 125, in concretu bezogen auf das Bedarfsmarktkonzept.

11 Vgl. *Körber*, WuW 2015, 120, 132.

12 Zu den Anfängen in der EU-Rechtspraxis *Müller*, EuZW 1998, 232.

werden im Recht der Europäischen Union im Verbot des marktmissbräuchlichen Verhaltens, Art. 102 AEUV verankert, sodass zunächst darauf einzugehen sein wird, inwieweit die Konzepte der Marktabgrenzung und der Identifikation einer marktbeherrschenden Stellung à jour sind. Kern der Untersuchung ist die Auflösung des Spannungsverhältnisses zwischen den Rechten und Interessen des Plattforminhabers und dem freien Wettbewerb. Ein ähnliches Spannungsverhältnis ist aus dem Immaterialgüterrecht bekannt: Weist der Zugangspetent ein überwiegendes öffentliches Interesse an der Lizensierung eines Schutzrechts nach, kann er gemäß § 24 PatG eine Zwangslizenz erstreiten. Das öffentliche Interesse ist begrifflich viel weitreichender als das rein wettbewerblich orientierte Kartellrecht: So kann eine Zwangslizenz auch auf gesundheitspolitischen Erwägungen beruhen.[13] Liegt jedoch ein öffentliches Interesse wirtschaftlicher Natur vor, so sind die Vorschriften auch parallel anwendbar.[14]

Die Anwendung der Essential-Facilities-Doktrin wird jedoch, so umstritten sie seit jeher ist, fortlaufend für neue Anwendungsbereiche diskutiert. Entsprechend dem in § 19 Absatz 2 Nr. 4 GWB kodifizierten Leitbild waren zunächst Infrastruktureinrichtungen aller Art als Zugangsobjekte diskutiert worden. Seit der Entscheidung des Europäischen Gerichtshofs in der Sache Magill[15] gilt dies jedoch auch für Immaterialgüterrechte. Untersucht wurde exemplarisch auch ein hypothetischer Missbrauch der Befugnisse der Domainvergabestelle DENIC.[16] Somit erscheint es nur folgerichtig, die Marktkonzentrationspunkte der digitalen Ökonomie unter diesen Aspekten näher zu untersuchen. In diesem Zusammenhang wurde bereits diskutiert, den Google-Suchindex als eine solche Einrichtung zu qualifizieren.[17]

Nach der Überprüfung und Adaption der Tatbestandsvoraussetzungen ist zu untersuchen, welche Gründe eine Zugangsverweigerung rechtfertigen können. Hieran schließen sich Fragen der praktischen Ausgestaltung eines solchen Zugangsrechts in Abhängigkeit von der im Einzelfall begehrten Einrichtung unter Berücksichtigung des Eilrechtsschutzes an.

---

13 BGHZ 131, 247, 256 – Interferon-gamma/Polyferon.

14 *Rogge/Kober-Dehm*, in: Benkard, Patentgesetz, § 24 Rn. 19.

15 EuGH, verb. Rs. C-241/91 P, C-242/91 P, ECLI:EU:C:1995:98 – Magill.

16 *Bücking*, GRUR 2002, 27.

17 Dafür plädiert beispielsweise *Paal*, GRUR Int. 2015, 997, 1002 f.; *ders.*, GRUR 2013, 873, 877; überwiegend ablehnend, siehe dazu *Brauneck*, GRUR Int. 2018, 103, 108; *Kersting/Dworschak*, NZKart 2013, 46, 48; *Körber*, NZKart 2016, 303, 308 f.; *ders.*, WRP 2012, 761, 765 f.

Meist gehören zum Datenbestand viele Arten personenbezogener Daten, sodass das Datenschutzrecht zu beachten ist, welches die Übermittlung personenbezogener Daten strikt reglementiert. Das Verhältnis der zwei bisher isoliert voneinander betrachteten Regelungsrahmen ist dabei auf den Prüfstand zu stellen, um eine datenschutzfreundliche Umsetzung wettbewerbsrechtlich initiierter Datenübertragungen zu gewährleisten.

Die Arbeit soll einen Beitrag zur Beantwortung der Frage leisten:

„Kartellrecht und digitale Plattformen – bieten die analogen Kartellvorschriften Lösungen für die digitale Ökonomie auf Plattformmärkten?"

I. Die Plattformökonomie

1. Wirtschaftliche Bedeutung

Der Aufstieg des chinesischen Internetunternehmens Tencent in den Kreis der – gemessen an dem Börsenwert – zehn wertvollsten Unternehmen weltweit stellt einen weiteren Markstein in dem rasanten Aufstieg der durch Big Data vorangetriebenen Plattformökonomie dar. Nunmehr etabliert sich nach Apple, Alphabet (als Mutterkonzern von Google), Microsoft, Amazon und Facebook bereits der sechste Betreiber einer digitalen Plattform an der Spitze der Weltwirtschaft.[18] Das Konzept der digitalen Plattformen zeichnet sich durch die Mehrseitigkeit der Marktbeziehungen aus, also die Bereitstellung verschiedener Leistungsangebote für unterschiedliche Kundengruppen.[19] Diese Idee ist allerdings nicht neu. Aus der Ära vor Big Data bestens bekannt sind die Plattformen „Einkaufszentren", die Inhaber von Geschäften und Besucher zusammenbringen, „Sportvereine", die Sponsoren, Merchandisinghändler und Caterer mit Stadionbesuchern verknüpfen oder auch „Zeitungen", die Inserenten und Lesern eine Plattform zum Geschäftsabschluss boten und immer noch bieten.[20] Plattformmärkte sind aufgrund ihrer mehrseitigen Marktbeziehungen wettbewerbsrechtlich von Interesse, da die für sie typischen Netzwerk- und Skaleneffekte einerseits Produktentwicklungen begünstigen, aber andererseits auch

18 Die wertvollsten Unternehmen der Welt, handelsblatt.com/finanzen/maerkte/aktien/marktkapitalisierung-die-wertvollsten-unternehmen-der-welt/19776480.html, zuletzt abgerufen am 09.09.2018.

19 *Rittner/Dreher/Kulka*, Wettbewerbs- und Kartellrecht, Rn. 744.

20 Weitere Beispiele bei *Haucap*, Ordnungspolitik und Kartellrecht im Zeitalter der Digitalisierung, S. 4.

zu einer bedenklichen Marktkonzentration führen.[21] Die Implementierung von „Big Data"-Geschäftsmodellen hat dem althergebrachten Plattformkonzept neue Dynamiken verliehen, disruptive Entwicklungen haben traditionelle Waren- und Dienstleistungssegmente auf den Kopf gestellt: Der Plattformbetreiber Amazon revolutionierte den Versandhandel in Bezug auf Produktpalette, Lieferzeiten und Benutzerfreundlichkeit und verdrängte traditionelle Katalogversandhandelsunternehmen, wie z.B. Neckermann, welcher 2012 Insolvenz anmeldete.[22] Märkte wurden vermehrt der Gegenstand disruptiver Entwicklungen.

2. Gründe für den Siegeszug der Plattformen

Aufgrund ihrer zahlreichen Vorteile verdrängen Plattformen und Big Data-Konzepte die klassischen Geschäftsmodelle.

Einen wesentlichen Aspekt stellen zunächst die zahlreichen Dienste dar, die Plattformbetreiber zur Gewinnung von Reichweite und besonders zur Erhebung von Daten über den Nutzer und seine Verhaltensweisen kostenlos zur Verfügung stellen, wie zum Beispiel Mailing-Dienste, Chatprogramme, Internetsuchmaschinen, Nutzerkonten für die Teilnahme in E-Commerce-Platt-formen, Smartphone-Apps usw. Den Geldwert dieser Leistungen auf dem Gebiet des Binnenmarktes schätzte der Europäische Datenschutzbeauftragte auf 300 Mio. Euro und prognostizierte, dass sich dieser Wert bis 2020 verdoppeln würde.[23] Die durch die Plattformen erbrachten Leistungen sind für den Verbraucher deutlich bequemer, da sie jederzeit verfügbar, individualisiert und mit verschiedenen Bezahlsystemen ausgestattet sind. Dienstleister liefern Waren zudem zeitnah nach Hause. Durch Vergleichsportale oder Bereitstellung einer Ware von verschiedenen Anbietern auf einer Plattform und der Möglichkeit zur Abgabe von Bewertungen oder Rezensionen verringert sich die Informationsasymmetrie drastisch. Als Folge der hohen Menge an gespeicherten Daten sticht die Bereitstellung präziser Suchergebnisse (sog. *Matching*) hervor, sodass die dem

---

21 *Haucap*, Ordnungspolitik und Kartellrecht im Zeitalter der Digitalisierung, S. 5; *Höppner/Grabenschröer* NZKart, 2015, 162, 163.

22 Bei Neckermann gehen endgültig die Lichter aus, *welt.de/wirtschaft/article109515392/Bei-Neckermann-gehen-endgueltig-die-Lichter-aus.html*, zuletzt abgerufen am 09.09.2018.

23 Preliminary Opinion of the European Data Protection Supervisor – Privacy and competitiveness in the age of big data: The interplay between data protection, competition law and consumer protection in the Digital Economy, S. 8, *edps.europa.eu/sites/edp/files/publication/14-03-26_competitition_law_big_data_en.pdf*, zuletzt abgerufen am 09.09.2018.

Verbraucher normalerweise anfallenden Informationskosten bedeutend gesenkt werden.[24] Standardisierte Verträge und Allgemeine Geschäftsbedingungen sowie Schutzmechanismen senken ferner Verhandlungs-, Vertrags- und Kontrollkosten[25], was – man denke nur an ‚das Schnäppchen auf Ebay' – für äußerst konkurrenzfähige Preise sorgt. Für neue Kaufanreize sorgen zudem die relativ bequem auszuübenden Rückgabe- und Widerrufsrechte. Durch die (zielgerichtete) Platzierung von Werbung wird dem Benutzer eine vorher unbekannte Palette an Waren und Dienstleistungen bewusstgemacht. Über Online-Marktplätze und Sharing-Modelle eröffnen sich insbesondere auch neue Einnahmequellen für den Verbraucher.[26]

Dies ermöglichte Amazon sogar, neue Dynamik in den Wettbewerb im Buchhandel zu bringen, welcher durch das Buchpreisbindungsgesetz relativ statisch geworden war, sodass bereits 5 % der Bücher über den Online-Handel vertrieben werden; die Verbreitung von E-Books und die Erweiterung des digital verfügbaren Angebots sprechen langfristig für ein Obsiegen der digitalen Anbieter.[27]

3. Die Nutzbarmachung der Digitalisierung

a) Relevante Geschäftsmodelle

Digitale Plattformen lassen sich zunächst nach dem Schwerpunkt ihrer Leistung differenzieren:[28] So steht bei transaktionszentrierten Plattformen die Vermittlung eines Leistungsaustauschs im Vordergrund, während bei datenzentrierten Plattformen die Schaffung eines sogenannten digitalen Ökosystems (*digital ecosystem*) im Vordergrund steht. Ein digitales Ökosystem verbindet Hardware, Software, Daten und Dienstleistungen zu einer untereinander kompatiblen Einheit, welche ihrerseits die Kommunikation mit anderen Nutzern – ggf. auch

---

24 Eigenschaften und Erfolgsfaktoren digitaler Plattformen, S. 17, *digitale-technologien.de/DT/Redaktion/DE/Downloads/Publikation/autonomik-studie-digitale-plattformen.pdf?__blob = publicationFile&v = 6*, zuletzt abgerufen am: 16.06.2019.

25 Eigenschaften und Erfolgsfaktoren digitaler Plattformen, S. 17, *digitale-technologien.de/DT/Redaktion/DE/Downloads/Publikation/autonomik-studie-digitale-plattformen.pdf?__blob = publicationFile&v = 6*, zuletzt abgerufen am: 16.06.2019.

26 Arbeitsunterlage der Kommissionsdienststellen, Online Platforms, Begleitdokument zur Mitteilung der Kommission, Online-Plattformen im digitalen Binnenmarkt – Chancen und Herausforderungen für Europa, Kom. (2016) 288. Final, S. 12.

27 *Haucap*, Ordnungspolitik und Kartellrecht im Zeitalter der Digitalisierung, S. 8 f.

28 Eigenschaften und Erfolgsfaktoren digitaler Plattformen, S. 17, *digitale-technologien.de/DT/Redaktion/DE/Downloads/Publikation/autonomik-studie-digitale-plattformen.pdf?__blob = publicationFile&v = 6*, zuletzt abgerufen am: 16.06.2019.

Nutzern anderer Systeme für geschäftliche oder private Zwecke ermöglicht. Beispielsweise erfolgt dies durch Download von Applikationen in einem App Store.

Die Europäische Kommission benennt fünf besonders relevante Geschäftsmodelle im Rahmen der Plattformökonomie, die hier kurz skizziert werden sollen: Online-Marktplätze, Mobile Ökosysteme und Anwendungsvertriebsplattformen (App Stores), Internetsuchdienste, Soziale Netzwerke und Content-Plattformen sowie Werbeplattformen.[29]

aa) Online-Marktplätze

Online-Marktplätze sind Transaktionsplattformen, auf denen der Plattformbetreiber oftmals auch selbst als Anbieter von Waren und Dienstleistungen in Erscheinung tritt, was einen wesentlichen Unterschied zu vielen analogen Plattformkonzepten ausmacht. Neben den hierdurch erzielten Verkaufserlösen erwirtschaften Online-Marktplätze Gewinne durch Gebühren für auf der Plattform von den jeweiligen Anbietern getätigte Vertragsabschlüsse. So berechnet Ebay für ein auf der Plattform eingestelltes Angebot eine Angebotsgebühr, eine Verkaufsprovision in Höhe von 10 %[30] und ggf. eine Gebühr für Zusatzleistungen.[31] Zudem finanzieren sich die Plattformbetreiber durch Zurverfügungstellung von Online-Werbeflächen.[32] Insbesondere die Betreiber von E-Com-merce-Plattformen erlangen durch die Anmeldedaten, Suchverläufe und die Bestellhistorie einen wertvollen Datenschatz, vermöge dessen sie Informationen über die Kaufkraft und Kaufgewohnheiten des einzelnen Kunden sowie allgemeine Marktentwicklungen erlangen können.[33]

Für das Gelingen eines solchen Geschäftsmodells sind insbesondere Netzwerkeffekte vonnöten. Auf derartigen Märkten sind daher in besonderem Maße Konzentrationstendenzen zu verzeichnen, sodass Amazon.de, Otto und Zalando

---

29 Arbeitsunterlage der Kommissionsdienststellen, Online Platforms, Begleitdokument zur Mitteilung der Kommission, Online-Plattformen im digitalen Binnenmarkt – Chancen und Herausforderungen für Europa, Kom. (2016) 288. final, S. 16 ff.

30 *pages.ebay.de/help/sell/fees.html*, zuletzt abgerufen am 09.09.2018

31 *pages.ebay.de/help/sell/seller-fees.html*, zuletzt abgerufen am 09.09.2018

32 Arbeitsunterlage der Kommissionsdienststellen, Online Platforms, Begleitdokument zur Mitteilung der Kommission, Online-Plattformen im digitalen Binnenmarkt – Chancen und Herausforderungen für Europa, Kom. (2016) 288. final, S. 17; näheres hierzu unter dd).

33 Arbeitsunterlage der Kommissionsdienststellen, Online Platforms, Begleitdokument zur Mitteilung der Kommission, Online-Plattformen im digitalen Binnenmarkt – Chancen und Herausforderungen für Europa, Kom. (2016) 288. final, S. 20.

im deutschen E-Commerce produktübergreifend bereits Marktanteile von 45 % innehaben.[34]

Wettbewerbsrechtlich brisant sind zudem die verschiedenen Spielarten des *Dynamic Algorithmic Pricing*, welche durch Beobachtung des Preissetzungsverhaltens der Konkurrenz, der aktuellen Nachfragesituation oder auch der Preiselastizität die Maximierung der Gewinnerwartungen versprechen.[35] Neben der Möglichkeit, die Einhaltung von (kartellverdächtigen) Absprachen zu überwachen, können Konkurrenten Datensätze und Preisalgorithmen von demselben Drittanbieter beziehen oder auch eigenständig auf den marktführenden Algorithmus zurückgreifen, sodass im Zusammenspiel mit einer Homogenität der angebotenen Waren ein signifikantes Wettbewerbshemmnis entstünde.[36] In diesem Zusammenhang erwähnenswert sind ferner personalisierte Preisgestaltungen, bei denen ein Plattformbetreiber nach Auswertung seiner Daten, die ihm für den jeweiligen Kunden zur Verfügung stehen, einen an seinen subjektiven Produktanforderungen, Kaufkraft und Investitionsbereitschaft orientierten Preis bietet.[37] Diesbezüglich wird vertreten, dass diese Form der Preisgestaltung nur bei hierüber völlig uninformierten Verbrauchern und auf Monopolmärkten funktionieren könne, da andererseits der Wettbewerb unter den Plattformbetreibern durch derartige Praktiken eher verschärft würde.[38] Der über diese Praktiken informierte Verbraucher würde mehr auf die Geheimhaltung seiner Kaufabsichten oder Budgetierung achten und somit Unternehmen zwingen, mehr in die Erlangung eines Informationsvorsprungs zu investieren, sodass letztlich höhere Preise und geringere Profite die Folge wären.[39] In diesem Falle wären ausnahmsweise weniger Informationen mehr. Die Anwendung der personalisierten Preisgestaltung wird wohlfahrtsökonomisch kritisch hinterfragt und wirft verbraucher-, persönlichkeits- und datenschutzrechtliche Folgefragen auf.[40] Freilich zeigt die Thematik noch einmal den besonderen Stellenwert und die Exklusivität der Datenbestände auf, den die Plattformbetreiber zu akkumulieren in der

---

34 *Gassmann/Tauber*, Die heikle Dominanz von Amazon, Otto und Zalando, *welt.de/wirtschaft/article158277886/Die-heikle-Dominanz-von-Amazon-Otto-und-Zalando.html*, zuletzt abgerufen am 09.09.2018.

35 *Ebers*, NZKart 2016, 554.

36 *Ebers*, NZKart 2016, 554 f.

37 *Zander-Hayat/Reisch/Steffen* VuR 2016, 403, 404.

38 *Kerber*, GRUR Int. 2016, 639, 641.

39 *Kerber*, GRUR Int. 2016, 639, 641.

40 *Zander-Hayat/Reisch/Steffen*, VuR 2016, 403, 409.

Lage sind, welche vielfältige Handlungsmöglichkeiten am Markt bieten – und bei Nichtvorhandensein, verschließen.

bb) Mobile Ökosysteme und Anwendungsvertriebsplattformen (App Stores)

Das Nutzerverhalten und damit die digitale Ökonomie insgesamt verlagern sich aufgrund des technischen Fortschritts vom stationären Personal Computer auf mobile Smartphones oder Tablets. Um dieses zu ermöglichen, bedarf es eines sogenannten Ökosystems bestehend aus dem Gerät, auf dem Hardwarekomponenten, wie zum Beispiel Prozessoren, Speicherkarten und Kameras und die hierfür notwendige Software (u.a. das Betriebssystem) installiert sind sowie die Bereitstellung von Applikationen, wie beispielsweise Social Media Apps, welche in App Stores häufig kostenlos heruntergeladen werden können.[41] Besonders anschaulich kann bei dieser Plattformart die Notwendigkeit der Interoperabilität mit anderen mobilen Ökosystemen und die Bedeutsamkeit der Netzwerkeffekte für Nutzer, aber auch für die Entwickler der Applikationen nachvollzogen werden.[42] Ein Smartphone eines bestimmten Anbieters erfüllt nur seinen Zweck, wenn die Kommunikation mit den Nutzern verschiedener Smartphonehersteller möglich ist, ebenso wird ein Betriebssystem für die Entwickler von Applikationen nur attraktiv, wenn es genug Nutzer und damit potenzielle Kunden gibt. Viele Apps gewinnen erst durch steigende Nutzerzahlen für die Nutzer an Attraktivität.

cc) Internetsuchdienste

Die Bibliothek von Alexandria beherbergte schätzungsweise 54 000 bis 700 000 Schriftrollen und wird aufgrund ihrer Größe, Vielfalt und ihrem Personalaufwand zur Verwaltung des Bestandes als die bedeutendste Bibliothek des Altertums angesehen. Der griechische Gelehrte und Dichter Kallimachos von Kyrene verfasste ein aus 120 Rollen bestehendes bibliografisches Werk, das mutmaßlich auf den tatsächlichen Katalogen der Bibliothek von Alexandria beruhte und demzufolge heute vielfach als erster, historisch belegter Katalog angesehen wird.[43] Die Informationsquelle der Gegenwart, das Internet, umfasst (Stand

41 *Manchiganti*, On emerging ecosystems in the mobile phone industry: an evaluation of current and emerging mobile phone ecosystems, *hdl.handle.net/1721.1/90694*, S. 31 f. letzter Zugriff: 09.09.2018.

42 Arbeitsunterlage der Kommissionsdienststellen, Online Platforms, Begleitdokument zur Mitteilung der Kommission, Online-Plattformen im digitalen Binnenmarkt – Chancen und Herausforderungen für Europa, Kom. (2016) 288. final, S. 24 f.

43 *de.wikipedia.org/wiki/Bibliothek_von_Alexandria*, zuletzt abgerufen am 09.09.2018.

19.7.2017) rund 1,2 Mrd. Websites, welche von 3,7 Mrd. Internetnutzern aufgerufen werden können.[44] Die universelle Verfügbarkeit der Information führt aufgrund ihrer Fülle zunächst zu völliger Unerreichbarkeit – ein Bruchteil dieser Websites hat sich eine ausreichende Reputation erarbeitet, sodass sie von den Nutzern zielgerichtet gesucht und aufgerufen werden. Das für den Nutzer Relevante vom Irrelevanten zu trennen ist der Zugangsschlüssel zur Information und somit die Schlüsselaufgabe der Internetsuchdienste, so wie es vor der Zeit des Internets beispielsweise das Studium der Bibliothekskata-loge und der Enzyklopädien war.

Internetsuchdienste, allen voran der omnipräsente Klassenprimus Google, arbeiten bei der ‚Aufbereitung des Internets' für den Nutzer mit einem dreistufigen Prozess: Zunächst durchsucht ein algorithmusbasiertes Programm täglich Milliarden von neuen oder aktuellen Websites, um diese in den Suchindex aufzunehmen (sog. *Crawling*), anschließend wird ein Index der auf den gecrawlten Websites aufgebaut und schließlich wird ein Suchindex erstellt, der nach Bewertung der Algorithmen die für die jeweilige Suchanfrage eines Nutzers relevantesten Ergebnisse darstellt.[45]

In Anbetracht der Tatsache, dass Nutzer häufig nur die obersten Suchergebnisse berücksichtigen, ist für die Website und dem ggf. dahinterstehenden Unternehmen eine optimale Platzierung von überragender Bedeutung, um nicht in den Untiefen des Internets zu verschwinden. Mit einem Marktanteil von ca.

90 % ist Google weltweit zum Inbegriff der Suchmaschine geworden, wenn auch in bestimmten Ländern mit einer besonderen wirtschaftlichen und politischen Ausgangslage andere Suchmaschinenbetreiber dominieren.[46] Baidu und Yanex sind die marktanteilsstärksten Suchmaschinenanbieter in der Volksrepublik China bzw. in der Russischen Föderation. Daher verwundert es nicht, dass bereits früh, als Google noch keine annähernd so überragende Marktstellung wie heute innehatte, diverse Autoren Google die Rolle als „Gatekeeper" des Internets zusprachen.[47] Google könne durch die Platzierung oder Nichtplatzierung eines Webeintrages auf den ersten zwei Seiten oder den ersten 20 Ergebnissen – die als die von den Nutzern regelmäßig höchstens wahrgenommenen Einträge

44 internetlivestats.com, zuletzt abgerufen am 09.09.2018.

45 support.google.com/webmasters/answer/70897?hl=de#1, zuletzt abgerufen am 09.09.2018; näher dazu Abschnitt B.III.3.b)aa)(3).

46 de.statista.com/themen/111/suchmaschinen, zuletzt abgerufen am 09.09.2018.

47 *Kühling/Gauß*, ZUM 2007, 881, 882; *Hentsch*, MMR 2015, 434; vgl. auch *Paal*, GRUR 2013, 873, 875.

gelten – über das Sein oder Nichtsein im Internet entscheiden.[48] Aufgrund des Vorhandenseins alternativer Suchmaschinen reduziert beispielsweise *Körber* die Bedeutung Googles auf eine Rolle als wichtiges *Gateway* des Internets.[49] Die Marktstrukturen der Suchmaschinendienste, insbesondere im Hinblick auf ihre Netzwerk- und Skaleneffekte und die hieraus erwachsenen Konzentrationstendenzen und Missbrauchspotenziale, sind paradigmatisch für die digitale Ökonomie. Kann diese Beeinträchtigung des freien Wettbewerbs jedoch wirtschaftlich betrachtet einen mit der bisherigen Fallpraxis vergleichbaren Schweregrad erreichen? Stellt der Zugang zum Googlesuchindex für Unternehmen einen denkbaren Anwendungsfall der Essential-Facilities-Doktrin im Sinne von Art. 102 AEUV dar?

Das Erfolgsmodell der Suchmaschine ist wesentlich in ihrer Kostenlosigkeit begründet – ganz im Gegensatz zum Anruf bei der Auskunft. Die Finanzierung passiert auf der anderen Seite der Plattform in Gestalt eines „pay per click"-Modells, welches in Form eines Auktionsmodells für bestimmte Suchbegriffe (Fitnessclub Berlin, Hotel Hamburg o.ä.) den Preis determiniert, den die Unternehmen für jeden durch Google vermittelten Klick auf ihre Website zu bezahlen haben.[50] Dieses Konzept kann jedoch nur funktionieren, wenn die zu erwartende Klickrate hoch ist, sodass das Gebot nicht allein den Ranglistenplatz im Suchindex festlegen kann, sondern ebenso durch die von Google ermittelte Relevanz für den Nutzer beeinflusst wird.[51] Dieses Prinzip kommt auch bei Google AdSense zur Anwendung: Dieser Dienst ermöglicht Webseitenbetreibern die entgeltliche Bereitstellung von Anzeigenflächen auf ihren Websites, wobei die Algorithmen von Google die relevantesten bzw. zahlungskräftigsten Anbieter einspeisen, sodass beispielsweise auf einer Automobilfachseite eine passende Automarke seine Werbung schalten kann.[52]

Außerdem sind Suchmaschinenbetreiber – Google allen voran – bestrebt, weitere Dienste in ihr Portfolio zu integrieren. So werden horizontale Suchdienste, die themenübergreifend das Internet nach passenden Ergebnissen durchsuchen, und vertikale Suchdienste, welche thematische Dienste herausfiltern, wie zum

48 Vgl. *Danckert/Meyer*, MMR 2010, 219, 220; *Hentsch*, MMR 2015, 434; *Ott*, MMR 2006, 195. 2006 wurden über Google 56,9 % der Suchanfragen getätigt.

49 *Körber*, WRP 2012, 761, 766.

50 Arbeitsunterlage der Kommissionsdienststellen, Online Platforms, Begleitdokument zur Mitteilung der Kommission, Online-Plattformen im digitalen Binnenmarkt – Chancen und Herausforderungen für Europa, Kom. (2016) 288. final, S. 28.

51 Näheres bei *Haucap/Kehder*, in: FS Kruse, S. 123 f.

52 *google.de/adsense/start/#/?modal_active = none*, zuletzt abgerufen am 09.09.2018.

Beispiel Shopping oder Nachrichten, zu einer universellen Suchdienstwebsite zusammengefügt.[53] Demgemäß betreibt Google einen eigenen Preisvergleichsdienst mit dessen Hilfe Nutzer Angebote online vergleichen können. Nach Auffassung der Kommission hat Google jedoch systematisch nicht die relevantesten Ergebnisse in der allgemeinen (horizontalen) Suche dargestellt, sondern die Ergebnisse aus dem eigenen, in einem separat aufgeführten (vertikalen) Preisvergleichsdienst bzw. diese der eigenen Anzeigenkunden, was wegen eines Verstoßes gegen Art. 102 AEUV zu einer Geldbuße von 2,42 Mrd. Euro führte.[54]

dd) Soziale Netzwerke und Content-Plattformen

Soziale Netzwerke sind aufgrund der Mannigfaltigkeit ihrer Zielgruppen, Zweckrichtungen und Wandelbarkeiten einer allgemeingültigen Definition kaum zugänglich. In ihrer Entscheidung zu Facebooks Übernahme des Instant-Messaging-Dienstes WhatsApp begnügte sich die Kommission zunächst mit der knappen Umschreibung, dass soziale Netzwerke Dienstleistungen umfassen, die es den Nutzern ermöglichen, sich Online oder durch Nutzung einer mobilen App zu verbinden, Inhalte zu kommunizieren oder zu teilen.[55] Noch kürzer können sie als Plattformen bezeichnet werden, auf denen man seine Person präsentieren kann, wobei je nach Ausrichtung des Netzwerks die private oder berufliche Präsentation im Vordergrund steht (zur beruflichen Präsentation dienen insbesondere Xing oder LinkedIn).[56] Hierbei kann danach unterschieden werden, ob die Plattform primär der privaten Kommunikation, wie beispielsweise Instant-Messaging-Dienste oder der öffentlichen Präsentation von nutzergenerierten Inhalten dient, wie beispielsweise die Videoplattform YouTube; vielfach bieten die großen Anbieter eine Vielzahl von integrierten Diensten, vgl. nur den Facebook Messenger.[57] Facebook selbst beschreibt seine Tätigkeit im Facebook/WhatsApp-Fusionskontrollverfahren anhand der drei wichtigsten Dienste „user profile, News-Feed and timeline“:[58] Ersteres enthält persönliche

---

53 Zu den Begrifflichkeiten *Haucap/Kehder*, in: FS Kruse, S. 119 f.

54 Kom., Beschluss vom 27.06.2017, COMP/ AT.39740, C(2017) 4444 final – Google Search (Shopping); dazu näher: Abschnitt B.III.3.b)aa)(2).

55 Kom., Beschluss vom 03.10.2014, COMP/M.7217, C(2014) 7239 final, Rn. 46 – Facebook/Whatsapp.

56 *Oberwetter* NJW 2011, 417.

57 Arbeitsunterlage der Kommissionsdienststellen, Online Platforms, Begleitdokument zur Mitteilung der Kommission, Online-Plattformen im digitalen Binnenmarkt – Chancen und Herausforderungen für Europa, Kom. (2016) 288. Final, S. 33.

58 Kom., Beschluss vom 03.10.2014, COMP/M.7217, C(2014) 7239 final, Rn. 48 – Facebook/Whatsapp.

Daten und Hobbys, wobei der Nutzer über den Umfang der an die anderen Nutzer weitergegebenen Daten im Rahmen der Privatsphäreeinstellungen bestimmen kann. Im News-Feed werden Neuigkeiten, Fotos o.ä. von Facebookkontakten oder Unternehmen, die der Nutzer abonniert hat, aufgeführt. In der Timeline findet der Nutzer schließlich eine chronologische Zusammenstellung der veröffentlichten (Lebens-)Ereignisse des jeweils abonnierten Facebookkontaktes oder Unternehmens. Erwähnenswert ist ferner der Online-Dienst zum Teilen von Fotos Instagram, welcher mittlerweile zur Facebook Inc. Gehört oder auch die Computerspielevertriebsplattform Origin, die ebenfalls für die Nutzer Netzwerkdienstleistungen anbietet.

Die meisten Dienste der Betreiber sozialer Netzwerke sind kostenlos, doch generieren sie wichtige Informationen mit jedem Profileintrag, mit jedem Like oder noch so unbedeutend erscheinenden Post. Hieran knüpfen sogenannte Adserver an, welche die zielgruppenorientierte Zuteilung von Werbebannern auf Websites steuern und die Resonanz, beispielsweise in Gestalt von Klicks, auswerten.[59] Der von Facebook 2013 übernommene Adserver Atlas ist zum Beispiel in der Lage, den Nutzer, der auf eine von ihm geschaltete Anzeige geklickt hat, auf jeder anderen mit ihm assoziierten Website wiederzuerkennen, sodass dieses Methode naturgemäß von Datenschützern kritisch beäugt wird.[60] Das hier skizzierte Modell erzeugt einen immensen Werbewert, der zudem durch nutzergenerierte Werbung potenziert wird. Ein Beispiel: Während der Fußballweltmeisterschaft 2014 wurden zu diesem Thema 3,3 Millionen Tweets auf Twitter gepostet.[61] Äußert sich also ein Nutzer unter dem Hashtag „fifaworldcup" zu der Weltmeisterschaft, generiert er Aufmerksamkeit für das Turnier selbst und die diesem immanente, gigantische Sponsoringmaschinerie. Je nach Inhalt des Tweets hinterlegt der Nutzer zudem (bewusst oder unbewusst) analysefähige – und somit monetarisierbare – Informationen über sich. Ein weiterer Weg, Informationen über die Nutzerpräferenzen zu erlangen, ist der ‚Social Login', mit dem Nutzer sich auf anderen Websites unter Verwendung ihres jeweiligen Social Media-Accounts einloggen können. Für den Nutzer stellt dies eine zeitsparende und somit bequeme Art der Erschließung neuer Dienste dar, Websiteanbieter können sich zudem durch vorherige Verifizierung des Nutzers mit Hilfe von

59 *de.wikipedia.org/wiki/Adserver*, zuletzt abgerufen am 09.09.2018.

60 *Wendt*, Facebook kauft Werbeplattform zur noch genaueren Datenanalyse, *zeit.de/digital/internet/2013-03/facebook-ad-atlas-werbung/komplettansicht*, zuletzt abgerufen am 09.09.2018.

61 Twitter nennt erstmals Nutzerzahlen für Deutschland, *zeit.de/digital/2016-03/soziale-medien-twitter-nutzerzahlen-deutschland*, zuletzt abgerufen am 09.09.2018.

Facebook, Google+ oder Twitter vergewissern, dass sich ein real existierender User einloggt.[62]

Allgemein lässt sich feststellen, dass ein ganzheitliches Datenportfolio aus einer Unternehmerhand aufgrund von Verbundvorteilen ungleich wertvoller ist als die Zusammenstellung mehrerer, auf Einzelaspekte bezogener Datenbanken, welche beispielsweise durch Einschaltung von Informationsvermittlern (*Data Broker*) ermöglicht wird.[63]

Daher verwundert das Bestreben der führenden sozialen Netzwerkbetreiber nicht, vertikal und horizontal angrenzende Dienstleistungen in ihren Service zu integrieren und somit ihre Produktpalette und ihr Datenportfolio zur Erzeugung von Verbundeffekten zu erweitern.[64]

ee) Werbeplattformen

Schließlich machen sich auch Werbeplattformen die Vorzüge der Big Data und Big Analytics in ähnlicher Weise zu Nutze wie die eben skizzierten Modelle. Sogenannte Ad-Netzwerke (*Ad Networks*) vermitteln Werbeflächen an Anzeigenkunden, die von den Websitebetreibern entgeltlich dafür zur Verfügung gestellt wurden, wobei sie häufig auch Adserverdienste zur Optimierung durch Personalisierung der Werbung anbieten.[65] Alternativ werden diese Plattformen in Gestalt von Ad-Börsen (*ad exchange*) tätig. In diesen offenen Systemen (an denen auch Ad-Netzwerke teilnehmen können) werden Werbeflächen in Echtzeit auf einem virtuellen Marktplatz – also ohne vorherige Sammlung – angeboten und verkauft.[66] Häufig werden die Plattformbetreiber über „Pay per Click"-Modelle vergütet,[67] sodass auch hier Netzwerkeffekte und die wirksame Personalisierung der Werbeschaltung über Erfolg und Misserfolg entscheiden.

---

62 *Spehr*, Missbrauch programmiert, *faz.net/aktuell/technik-motor/computer-internet/login-mit-facebook-kann-gefaehrlich-werden-12860066.html*, zuletzt abgerufen am 09.09.2018.

63 Arbeitsunterlage der Kommissionsdienststellen, Online Platforms, Begleitdokument zur Mitteilung der Kommission, Online-Plattformen im digitalen Binnenmarkt – Chancen und Herausforderungen für Europa, Kom. (2016) 288. Final, S. 34.

64 Arbeitsunterlage der Kommissionsdienststellen, Online Platforms, Begleitdokument zur Mitteilung der Kommission, Online-Plattformen im digitalen Binnenmarkt – Chancen und Herausforderungen für Europa, Kom. (2016) 288. final, S. 34.

65 Kom., Beschluss vom 11.3.2008, COMP/M.4731, Rn. 20 – Google/DoubleClick.

66 Kom., Beschluss vom 11.3.2008, COMP/M.4731, Rn. 21 – Google/DoubleClick.

67 Arbeitsunterlage der Kommissionsdienststellen, Online Platforms, Begleitdokument zur Mitteilung der Kommission, Online-Plattformen im digitalen Binnenmarkt – Chancen und Herausforderungen für Europa, Kom. (2016) 288. final, S. 39.

b) Vorteile für die Unternehmen

Für Unternehmen unterschiedlichster Größen und Branchen ergeben sich somit durch die Nutzung digitaler Plattformen diverse Vorzüge:[68] Zunächst ermöglichen sie die drastische Senkung der Transaktionskosten, insbesondere durch einfachere Feststellung von Trends, und eröffnen kleineren Anbietern einen größeren Markt und Kundenkreis durch E-Commerce-Plattformen. Soziale Netzwerke erlauben zudem eine bessere Produktpräsentation und zeitnahes Feedback der Kunden.

Die Plattformökonomie als Ausfluss der Digitalisierung erlaubt die Sammlung und zwingt zur Auswertung gigantischer Mengen von Daten. Wie im Zusammenhang mit den Geschäftsmodellen der Suchmaschinen, sozialen Netzwerken und Informationsvermittlern (*Data Broker*) bereits anklang, erlauben Datensätze als Rohmaterial oder in aufbereiteter Form die schnelle Konzentration von neu erschlossenen Märkten, die Ausdehnung der gewonnenen Marktmacht und die Verdrängung der – möglicherweise erst aufkommenden – Konkurrenz.

c) Die Wertschöpfungskette der Daten

Der Betrieb einer Plattform in Gestalt eines der erörterten Geschäftsmodelle stellt typischerweise das erste Glied einer Wertschöpfungskette für persönliche Daten dar, innerhalb derer verschiedene Unternehmen oder Unternehmensteile Datensätze zusammenstellen und auf sie zugreifen, sie sammeln und lagern, sie weiterleiten und/oder schließlich verwenden.[69] Innerhalb des ersten Gliedes dieser Kette werden von den (Plattform-)Nutzern aktiv oder passiv hergegebenen Daten gesammelt, ggf. ausgewertet und für das eigene Geschäftsmodell nutzbar gemacht.[70] Datenbestände können veräußert, getauscht oder selbst analysiert werden. Am Ende der Wertschöpfung stehen gezielte Werbeschaltung (*targeted advertising*), personalisierte Angebote und Dienstleistungen zur Verbesserung der Markenbindung oder gänzlich neue Waren und Dienstleistung.[71]

---

68 Arbeitsunterlage der Kommissionsdienststellen, Online Platforms, Begleitdokument zur Mitteilung der Kommission, Online-Plattformen im digitalen Binnenmarkt – Chancen und Herausforderungen für Europa, Kom. (2016) 288. final, S. 12 f.

69 Preliminary Opinion of the European Data Protection Supervisor, S. 10.

70 The commercial use of consumer data, Report on the CMA's call for information, S. 27, Tz. 2.18.

71 The commercial use of consumer data, Report on the CMA's call for information, S. 27 f., Tz. 2.19.

Die Dimensionen von Big Data machen es nun erforderlich, Cloud-Computing Unternehmen zur ,Lagerung' der gewaltigen Datenmengen einzuschalten.[72]

II. Big Data im Fokus des Wettbewerbsrechts

Viel wurde in den vorherigen Abschnitten über die Erfolgskonzepte der digitalen Plattformen gesprochen, die unter Rückgriff auf Big Data und Big Analytics Leistungen personalisieren, Marktentwicklungen antizipieren und ihre Erkenntnisse handelbar machen. Ökonomen oder auch Wettbewerbsrechtler stehen noch am Anfang der Verständnisgewinnung über die Wirkweisen von Daten, was sich eindrücklich anhand der Suche nach der ,richtigen Metapher' nachvollziehen lässt. Die nähere Begutachtung der Eigenschaften von Daten ist essentiell für ihre wettbewerbsrechtliche Einordnung. Im Vorgriff auf die Anwendung der Essential-Facilities-Doktrin auf digitale Plattformen sei auf einen Aspekt hingewiesen: Oftmals wird bei der kartellrechtlichen Behandlung von Daten auf ihr Charakteristikum hingewiesen, mehrfach nutzbar und mehrfach erhebbar zu sein, sodass hier aufgrund der Duplizierbarkeit von Datenbeständen wettbewerbsrechtliches Einschreiten untunlich sei.[73] Das Kriterium der Duplizierbarkeit einer Einrichtung zur Qualifikation als ,wesentlich' entspringt dabei der Rechtspraxis des Europäischen Gerichtshofs.[74] Indes: Wären Daten wirklich so eine wertvolle Ressource, wenn sie so problemlos zu generieren und auszubeuten wären?

1. Der Datenbegriff

a) Allgemeines

Bereits das Begriffsverständnis des „Datums" ist vielschichtig und abhängig vom Kontext seiner Verwendung. Im Kontext des durch Big Analytics aufgezeichneten Nutzerverhaltens können Daten beispielsweise als „maschinenlesbar codierte Information" charakterisiert werden.[75] Für den Schutzzweck des Wettbewerbsrechts ist diese Begriffsbestimmung allerdings nicht ganz passend, beschränkt sie den Datenbegriff nämlich bereits auf eine maschinell verarbeitete oder maschinengerechte Formatierung. Andere sehen alles Messbare und Aufnehmbare als Datum an und charakterisieren sie als Grundstoff der

---

72 Preliminary Opinion of the European Data Protection Supervisor, S. 10.

73 Statt vieler vgl. nur *Körber* NZKart 2016, 303, 308.

74 EuGH, Rs. C-7/97, ECLI:EU:C:1998:569 – Bronner.

75 *Zech*, GRUR 2015, 1151, 1153.

Information.[76] Diese Abgrenzung ist aufgrund der Mannigfaltigkeit der Erhebungen kaum möglich, denn Vieles, was messbar ist, kann für den jeweiligen Adressaten bereits eine Information enthalten. Sinnvollerweise sollte unter einem Datum für die hiesigen Zwecke „jede Information mit Bedeutungsgehalt" verstanden werden.[77] Kommerziell verwertbare Daten reichen von Finanzdaten über Kontaktdaten, demographische Daten, Transaktionsdaten, Standortdaten von mobilen Endgeräten, Daten über den Familien- und Freundeskreis, Daten über Konsumgewohnheiten oder auch Kommunikationsdaten.[78]

Ferner können Daten nach der Art ihrer Bereitstellung unterschieden werden. So werden die Daten, die ein Nutzer freiwillig bei der Nutzung von Onlinediensten preisgibt, als Inhaltsdaten bezeichnet, worunter Profilangaben, Statusmeldungen, hochgeladene Bilder oder „Like"-Angaben zu fassen sind.[79] Häufig als Nebenprodukt der Nutzung eines bestimmten Dienstes fallen Bestands-, Nutzungs- und Verkehrsdaten an, wobei alle Modalitäten der Nutzung, wie Verweildauer und sonstige Umstände registriert werden.[80] Mit anderen Worten kann die Erlangung dieser Daten durch freiwillige Eingabe, durch Beobachtung des Nutzerverhaltens (*observed data*) oder durch Eigenerzeugung, in concretu durch Auswertung der erstgenannten Wege erfolgen.[81] So kann weiterhin zwischen aus Rückschlüssen erzeugten (*inferred data*) oder abgeleiteten Daten (*derived data*), wie zum Beispiel Bonitätsbewertungen, unterschieden werden.[82]

b) Personenbezogene Daten

Besonders schutzbedürftig sind nach der Gesetzgebung der Europäischen Union die personenbezogenen Daten als Gegenstand der Datenschutzgrundverordnung,[83] wobei hierunter gemäß Art. 4 Nr. 1 DSGVO solche Informationen

---

76 *Holzweber*, NZKart 2016, 104, 105.

77 *Nuys*, WuW 2016, 512, 513.

78 The commercial use of consumer data, Report on the CMA's call for information, S. 24 (Box 2.2.).

79 Monopolkommission, Sondergutachten 68, Tz. 74.

80 Monopolkommission, Sondergutachten 68, Tz. 74.

81 World Economic Forum, Personal Data: The Emergence of a New Asset Class, S. 7.

82 Artikel-29-Datenschutzgruppe, Leitlinien zum Recht auf Datenübertragbarkeit, verabschiedet am 13.12.2016, 16/ENWP 242, S. 9 f.

83 Verordnung (EU) 2016/679 des Europäischen Parlaments und des Rates vom 27. April 2016 zum Schutz natürlicher Personen bei der Verarbeitung personenbezogener Daten, zum freien Datenverkehr und zur Aufhebung der Richtlinie 95/46/EG (Datenschutz-Grundverordnung).

fallen, „die sich auf eine identifizierte oder identifizierbare natürliche Person (im Folgenden „betroffene Person“) beziehen; als identifizierbar wird eine natürliche Person angesehen, die direkt oder indirekt, insbesondere mittels Zuordnung zu einer Kennung wie einem Namen, zu einer Kennnummer, zu Standortdaten, zu einer Online-Kennung oder zu einem oder mehreren besonderen Merkmalen identifiziert werden kann, die Ausdruck der physischen, physiologischen, genetischen, psychischen, wirtschaftlichen, kulturellen oder sozialen Identität dieser natürlichen Person sind“. Personenbezogene Daten sind die Achillesverse der betroffenen Person, denn ihre Verwendung durch Kriminelle oder den (Unrechts-)Staat kann einschneidende Konsequenzen haben. Daher gilt für diese Form der Daten das Prinzip der Datenvermeidung und der Datensparsamkeit bei der Erhebung und Speicherung von Daten, sodass diese nur für und im Rahmen des jeweiligen Zwecks erhoben werden dürfen, Art. 5 Absatz 1 lit. b), c) DSGVO. Die Verarbeitung der persönlichen Daten für einen bestimmten Zweck unterliegt demgemäß der Einwilligung der betroffenen Person, Art. 6 DSGVO. Digitale Plattformen erlangen die für ihre umfangreiche Datensammlung erforderliche Einwilligung durch entsprechende Klauseln in den Allgemeinen Geschäftsbedingungen, sodass davon ausgegangen werden kann, dass die Nutzer – je nach ‚digitaler Reifeentwicklung‘ – über Art und Umfang der Datenerhebung wenig bis gar nicht im Bilde sind. Personenbezogene Daten können Bestandteil eines umfangreichen Datenschatzes sein, dessen exklusiver Zugang eines Unternehmens besonders wettbewerbsverschließend wirken kann. Daher werden oftmals datenschutzrechtliche Implikationen gegen die Möglichkeit hiergegen gerichteter kartellrechtlicher Verfügungen vorgebracht.[84]

Demgegenüber stehen anonymisierte und pseudonymisierte Daten. Anonyme bzw. anonymisierte Daten lassen aller Wahrscheinlichkeit nach keinen Rückschluss auf eine individualisierbare Person zu, während mit Hilfe pseudonymisierter Daten die Schaltung von gezielter Werbung an bestimmte Einzelpersonen möglich ist, doch kennen die Werbetreiber jeweils nur einen Platzhalter.[85] Es erscheint jedoch möglich – unter bestimmten Voraussetzungen und mit einigem Aufwand – pseudonymisierte Daten real existierenden Personen wieder

84 Statt vieler vgl. nur *Körber*, ZUM 2017, 93, 99.

85 The commercial use of consumer data, Report on the CMA's call for information, S. 24 f., Tz. 2.15.

zuzuordnen, sodass auch hier datenschutzrechtlich und datenschutzpolitisch Diskussionsbedarf besteht.[86]

2. Die Dimensionen von „Big Data"

Die Schwierigkeit, „Big Data" als Phänomen zu charakterisieren, gleicht dem Bemühen, die passende Metapher für Daten aus dem Gebiet der Rohstoffe zu identifizieren. Hierbei wird auf das „3Vs"-Modell von Gartner[87] zurückgegriffen, nachdem sich das Adjektiv „Big" in „Big Data" aus „Volume" (Menge), „Variety" (Vielfalt) und „Velocity" (Geschwindigkeit) speist. In mehreren ‚Erweiterungsrunden' ist die Zahl der Vs auf neun angestiegen; ergänzt wurde die Definition um die Eigenschaften Value (der unternehmerische Mehrwert), „Veracity" (Richtigkeit), „Volatility" (Flüchtigkeit), „Viability" (Tragfähigkeit), „Visibility" (Sichtbarkeit) und „Validity" (Aussagekraft), wobei die Begrifflichkeiten und der jeweilige Erkenntnisgewinn variieren.[88]

Der unternehmerische Mehrwehrt ist letztendlich nur das Resultat der vorherigen Kriterien. Die Richtigkeit der Daten oder die Trennung der richtigen von den fehlerhaften Daten ist eine Frage der richtigen Erhebung und der Analyseinstrumente zur Unterscheidung von falschen Daten und statistischen Ausreißern. Digitale Plattformen wie Toluna oder MySurvey verbinden zahlungswillige Unternehmen oder Meinungsforschungsinstitute, die für Produkte oder Dienstleistungen Konsumentenerfahrungen erheben wollen. Die Plattformen erhalten eine Provision für jede beendete Umfrage, die Kunden wiederum eine einlösbare Punkteprämie. Für die Unternehmen hat allerdings nicht jede Umfrage einen Mehrwert: Geht es dem Unternehmen darum, mehr über Tankstellen zu erfahren, werden ihnen die Eingaben eines Fahrradfahrers im Regelfall wenig hilfreich erscheinen. Um solche Umfragen nicht vergüten zu müssen, werden Testfragen vorgeschaltet, die eine gewisse Mindestübereinstimmung mit dem Anforderungsprofil sicherstellen sollen und ggf. zur Beendigung der Umfrage führen, welche dem Nutzer oftmals nicht vergütet wird. Erfahrene Nutzer sind

---

86 *Günther/Hornung/u.a.*, Auch anonyme Daten brauchen Schutz, *zeit.de/digital/datenschutz/2013-02/stellungnahme-datenschutz-professoren/*, zuletzt abgerufen am 09.09.2018.

87 Gartner IT Glossary: „Big data is high-volume, high-velocity and high-variety in formation assets that demand cost- effective, innovative forms of information processing for enhanced insight and decision making", gartner.com/it-glossary/big-data, zuletzt abgerufen am 09.09.2018.

88 Die 9 V von Big Data, *digitales-wirtschaftswunder.de/die-9-v-von-big-data*, zuletzt abgerufen am 09.09.2018.

oftmals in der Lage, das Umfragethema zu erraten, sodass die Datenerhebung durch erhöhte Subtilität der Fragen und die Auswertung durch ausgefeilte Algorithmen erfolgen muss, um aussagekräftige Ergebnisse zu erhalten. Der Wert der Daten ist also oftmals Ergebnis der Leistungsfähigkeit von Big Analytics, denn die Aussagekraft von Daten steigt mit ihrer zu analysierenden Menge. Mit den gewachsenen Möglichkeiten der Datenverarbeitung sind gleichzeitig auch zusätzliche Kosten für die Sammlung, Speicherung, Verarbeitung und Analyse der immer größeren Datenmengen einhergegangen.[89] Dieses eingedenk der Tatsache, dass Facebook vor der Übernahme von WhatsApp 2014 bereits die persönlichen Daten von 1,3 Mrd. Nutzern zur Verfügung standen.[90] Dabei ist, wie bereits erwähnt, auch die Datenvielfalt entscheidend, wobei es einen großen Unterschied macht, eine große Menge unterschiedlicher Daten aus einer Quelle zu beziehen als viele kleinere Datenpakete. Exemplarisch hierfür ist die Clubcard der britischen Supermarktkette Tesco, eine Kundenkarte, mit der Kunden für die durch Inanspruchnahme von Tescodiensten Boni erhalten konnten.[91] Das Portfolio von Tesco umfasst beispielsweise Bank- und Mobilfunkanbieter, aber auch Tankstellen – oder anders ausgedrückt: ein ganzheitliches Profil des Kundenkartennutzers. Mit Hilfe von „Big Data"-Anwendungen können sowohl in Echtzeit strukturierte Datensätze erhoben und verarbeitet werden, wie zum Beispiel persönliche Daten eines Nutzers bzw. Kunden, aber auch unstrukturierte Daten, die auf keinem gemeinsamen Format beruhen, wie beispielsweise Posts in sozialen Netzwerken, die aus Metadaten, der eigentlichen Information sowie dem Absender/Adressaten bestehen.[92]

Dies war notwendig geworden, weil viele Daten mit der Zeit an Wert verlieren. Wenn also ein Suchmaschinenbetreiber wie Google anhand bestimmter Sucheingaben eine nahende Erkältungswelle vorhersagt, muss er Suchanfragen möglichst in Echtzeit verarbeiten können; wenige Tage alte Suchanfragen könnten bereits wertlos sein.[93] Ähnlich verhält es sich mit der Angebotssteuerung von Onlineshops. Wird mehrfach durch variierende Sucheingaben ein bislang nicht

89 *Stucke/Grunes*, Big Data and Competition Policy, Rn. 2.06.

90 Kom., Beschluss vom 03.10.2014, COMP/M.7217, C(2014) 7239 final, Rn. 45 – Facebook/Whatsapp.

91 Dazu auch *Stucke/Grunes*, Big Data and Competition Policy, Rn. 2.16.

92 *Klein/Hartmann*, Big Data, *gi.de/service/informatiklexikon/detailansicht/article/big-data.html*, zuletzt abgerufen am 09.09.2018.

93 *Stucke/Grunes*, Big Data and Competition Policy, Rn. 2.11 f; vgl auch *Tamke*, ZWeR 2017, 358, 366.

im Sortiment enthaltenes Produkt nachgefragt, so muss dies zeitnah ermittelt und die Anschaffung womöglich auf Rentabilität geprüft werden.[94]

3. Abbau des digitalen Rohstoffs oder: Wege der Datenakquise

Grob zusammengefasst ergeben sich drei Wege zur Datensammlung: Neben der freiwilligen Bereitstellung durch die Nutzer und der Beobachtung des Nutzerverhaltens können aus den vorhandenen Daten oftmals präzise Schlüsse für den jeweiligen Erhebungszweck gezogen und hierdurch neue Datensätze erstellt werden.[95] So genügt die Analyse von Facebook-Likes für eine sehr zielgenaue Bestimmung von Geschlecht, sexueller Orientierung oder politischer Einstellung.[96] Wer Zugang zu den Datenströmen von Facebook und YouTube hat, erhält Zugriff auf 50 000 Likes pro Sekunde, respektive 72 Stunden neues Videomaterial pro Minute.[97] Die Reise des Nutzers durch das Internet lässt sich außerdem durch die omnipräsente Verwendung von Cookies nachvollziehen. Diese Textpakete werden beim Besuch einer Website im Browser des Nutzers gespeichert, welche entweder vom Websitebetreiber selbst oder – datenschutzrechtlich höchst problematisch – von Drittanbietern installiert werden, was durch Analyse der Browsernutzung die Bildung von Nutzerprofilen ermöglicht, die beispielsweise zur zielgenauen Schaltung von Werbung verwendet werden können.[98]

Neben den vielfach thematisierten sozialen Netzwerken bietet die Digitalisierung zahllose weitere Varianten der Datengewinnung: Mobile Endgeräte wie Smartphones oder Tablets kumulieren Datenströme aus Social Media Apps, Navigationsapps, Spieleapps, u.v.m. Durch das Internet der Dinge (*Internet of Things*) produzieren Alltagsgegenstände wie Kühlschränke eine Vielzahl von Daten, die durch Big Data Anwendungen für die personalisierte Bereitstellung von Dienstleistungen nutzbar gemacht werden können. Konsequenterweise kommunizieren Geräte bereits untereinander (*Machine to Machine*, M2M), was kurzfristig zu einer zusätzlichen Datenflut führen wird, die es zu monetarisieren gilt.[99]

---

94 PwC, Big Data – Bedeutung. Nutzen. Mehrwert, S. 10.

95 Gemeinsames Papier der Autorité de la concurrence und des Bundeskartellamtes zu Daten und Auswirkungen auf das Wettbewerbsrecht, Competition Law and Data, S. 6 f.

96 Facebook-Likes als Gradmesser für Intelligenz, *zeit.de/digital/internet/2013-03/Facebook-Likes-Eigenschaften*, zuletzt abgerufen am 09.09.2018.

97 PwC, Big Data – Bedeutung. Nutzen. Mehrwert, S. 7.

98 Monopolkommission, Sondergutachten 68, Tz. 75.

99 PwC, Big Data – Bedeutung. Nutzen. Mehrwert, S. 8.

Die digitale Ökonomie ist in besonderem Maße abhängig von Daten als Input für die Kreation und Innovation ihrer Waren und Dienstleistungen. Solche Unternehmen haben sich auf die Erhebung und Auswertung von Daten im Auftrag anderer Unternehmen spezialisiert und bilden nunmehr einen eigenständigen Geschäftszweig, der den Verwendern dieser Erkenntnisse das Outsourcing der Datengewinnung ermöglicht. Solche Data Broker bieten die Sammlung und Strukturierung von Datenbeständen sowohl für privatwirtschaftliche Unternehmen, als auch für Regierungen an, soweit diese nicht selbst über Rechercheabteilungen verfügen. Abhängig von den jeweiligen nationalen Datenschutz- und Veröffentlichungsbestimmungen speisen Data Broker ihre Datenströme zunächst aus öffentlichen Registern, wie z.B. Handelsregister, Grundbuchämter, Rechtsanwaltsregister etc. Zudem erwerben sie Datenbestände von Herstellern, anderen Data Brokern und Social Media Plattformen, soweit die Plattformbetreiber ihnen den entsprechenden Zugang gewähren und die Nutzer nicht die entsprechenden Privatsphäreoptionen eingestellt haben.[100] Für Verbraucher stellen Informationsvermittler eine unbekannte Größe dar, denn sie treten diesen weder vor, während oder nach der Informationsweitergabe offen gegenüber; auch die Verschiedenartigkeit der Auftragslagen lassen ihr Tätigkeitsprofil wenig haptisch erscheinen: Zum Teil werden sie für Identitätsfeststellungen und Finanzbetrugsprävention tätig, insbesondere gehört jedoch der Marketingsektor zu ihren Tätigkeitsfeldern.[101] Hierbei treten sie als Mittler auf, indem sie die Datensätze an Werbetreibende weiterveräußern.[102]

Offenkundig befinden sich Informationsvermittler an einer wettbewerbsrechtlich und politisch sensiblen Schnittstelle: Integraler Bestandteil ihres Erfolgsmodels ist die Bereitstellung möglichst präziser und reichhaltiger Datensätze, die nachfolgend für Werbung, Statistiken oder Unternehmensberatung nutzbar gemacht werden sollen – entscheidend ist die Beschaffung der Daten, ‚die nicht jeder hat', im Gegensatz zu den öffentlich zugänglichen Daten. Die Beschaffung von Informationen durch Data Broker kann womöglich den Informationsbedarf eines Unternehmens decken, doch speist sich dieser Input oftmals aus mehreren Quellen, sodass sich hieraus keine mit den integrierten

---

100 Preliminary Opinion of the European Data Protection Supervisor S. 10.

101 Stellungnahme der Federal Trade Commission, What Information Do Data Brokers Have On Consumers, And How Do They Use It, *ftc.gov/sites/default/files/documents/public_statements/prepared-statement-federal-trade-commission-entitled-what-information-do-data-brokers-have-consumers/131218databrokerstestimony.pdf*, zuletzt abgerufen am 09.09.2018.

102 Preliminary Opinion of the European Data Protection Supervisor, S. 11.

Dienstleistern vergleichbaren Verbundvorteile ergeben. Somit stellt sich die Frage, ob ein Datenreiches Unternehmen einen Konkurrenten auf die Dienste eines Data Brokers verweisen kann, wenn dieser den Zugang zu bestimmten Datensätzen begehrt.

4. Daten als Machtfaktor im Wettbewerb

In den vorherigen Abschnitten wurden bereits der kommerzielle Wert der Daten sowie deren Generierung und Verwertung durch digitale Plattformen skizziert. Auf diesem fruchtbaren Boden entstanden völlig neue Märkte. Wie am Beispiel des Buchhandels gezeigt wurde, konnte Wettbewerb sogar weitgehend erlahmten Märkten eingehaucht werden. Aus ökonomischen Gesichtspunkten und solchen der Konsumentenwohlfahrt waren diese Entwicklungen zu begrüßen. Indes tönte im Abschnitt über die Suchmaschinenbetreiber[103] bereits an, dass die Konzentration vieler Daten in der Hand eines Unternehmens wettbewerbspolitische, datenschutzrechtliche und ethische Bedenken hervorruft. Nunmehr soll beleuchtet werden, wie mit Hilfe von datenbasierten Geschäftsmodellen Möglichkeiten zur Marktübernahme, Marktbeherrschung und Marktabschottung geschaffen wurden.

a) Daten als Infrastrukturressource

Daten wird bisweilen nicht nur die Ressourceneigenschaft zugesprochen. Ihrer wirtschaftlichen Relevanz entsprechend wird ihnen außerdem die Eigenschaft als Infrastrukturressource zugeschrieben, da sie ein großes Feld an Nachfragern auf abgeleiteten Märkten bedienen, indem sie diesen als notwendiges Investitionsgut zur Bereitstellung von privaten, öffentlichen und sozialen Gütern dienen.[104]

Charakteristisch ist ihre nicht rivale Nutzbarkeit. Rivale und nicht rivale Güter unterscheiden sich zunächst danach, inwieweit der Gebrauch eines Gutes durch einen Nutzer den Gebrauch durch einen anderen Nutzer beeinträchtigt. Die Beobachtung, dass Daten nicht rival sind, ist zunächst insoweit zutreffend, als dass es mehrere Wege gibt, ein und dieselbe Information zu erheben und zu verwerten.[105] Das Interesse an einem bestimmten Kinofilm kann durch eine

---

103 Abschnitt A.I.3.a)cc).

104 OECD, Data-driven Innovation for Groth and Well-being, *oecd.org/sti/inno/data-driven-innovation-interim-synthesis.pdf*, S. 22 Punkt 45 f, zuletzt abgerufen am 09.09.2018.

105 *Graef*, World Competition 38, 2015 (4), 473, 479.

Streamingplattform, einen Facebooklike oder eine Googlesucheingabe ermittelt und auch bedient werden. Im Fall von rivalen Gütern ist der gesellschaftliche Nutzen dann am größten, wenn sie von demjenigen genutzt werden, für den das jeweilige Gut den größten Wert hat.[106] Ein Barrel Öl gehört nach dieser Überlegung in die Hände desjenigen, der hiermit die wertvollste Ware oder Dienstleistung bereitstellen kann. Für nicht rivale Güter ist wiederum (in der Theorie) der gesellschaftliche Nutzen am größten, wenn all diejenigen diese Güter zu nutzen in der Lage sind, die irgendeinen Nutzen davon haben.[107] Klammert man Aspekte des Persönlichkeitsrechts und Datenschutzes in diesem Gedankenspiel aus und behandelt Daten als wertneutrale Ressource, so besteht hiernach ein ökonomisches Interesse an einem möglichst freifließenden Datenstrom und wenig Datenkonzentration. Auch dies gilt freilich nicht uneingeschränkt, denn bestimmten Geschäftszweigen ist die Schaffung, Erhaltung und Ausbeutung von Informationsasymmetrien immanent – man denke nur an die Immobilienwirtschaft.[108] Die Sammlung und Auswertung von Transaktionsdaten, Geboten und Nachfrageverhalten sind zeit- und ressourcenaufwändig und somit die Geheimhaltung dieser Datensätze entscheidend für das Bestehen am Markt.[109]

Zudem besteht eine gesellschaftliche Nachfrage nach Daten als Produktionsgüter, die zumeist als Rohstoff für die Produktion von Waren und Dienstleistungen dienen.[110] Obwohl Daten kein Zwischenprodukt darstellen, das nach einmaligem Gebrauch ‚verbraucht' ist, und diese nun durch fortschrittliche Daten-speicherungsmethoden länger kostengünstig gespeichert werden können, so werden sie dennoch häufig nur einmalig und zeitnah sinnvoll verwendet werden können.[111]

---

106 OECD, Data-driven Innovation for Groth and Well-being, S. 179.

107 OECD, Data-driven Innovation for Groth and Well-being, S. 179–180.

108 *Brown/Chui/Manyika,* Are you ready for the era of 'big data'?, Mc Kinsey Quarterly, Oktober 2011, Punkt 1, mckinsey.com/business-functions/strategy-and-corporate-finance/our-insights/are-you-ready-for-the-era-of-big-data, zuletzt abgerufen am 09.09.2018.

109 *Brown/Chui/Manyika,* Are you ready for the era of 'big data'?, Mc Kinsey Quarterly, Oktober 2011, Punkt 1.

110 *wirtschaftslexikon.gabler.de/definition/produktionsgueter-42339/version-163952,* zuletzt abgerufen am 09.09.2018

111 OECD, Data-driven Innovation for Groth and Well-being, S. 180–181.

b) Big Data als Markteintrittsbarriere

Bisweilen wird Big Data die Eigenschaft als Markteintrittsbarriere abgesprochen, da auch die massenhafte Erhebung und Speicherung von Daten durch die bereits auf dem Markt tätigen Unternehmen nicht bedeute, dass neue Marktteilnehmer einen solchen Bestand schon in der Markteintrittsphase parat haben müssten, um auf dem Markt zu bestehen; hierbei wird auf eine Analogie aus der analogen Welt zurückgegriffen: So hat ein etablierter Marktteilnehmer in aller Regel mehr Arbeiter und ein größeres Fabrikgelände als ein Neueinsteiger.[112] Es wird darauf verwiesen, dass Daten *ubiquitär, günstig und leicht zu bekommen* seien – so sei auch der Erfolg der bisherigen Marktteilnehmer zustande gekommen.[113] Diese Verallgemeinerung baut auf der Annahme auf, dass es sich bei Daten um eine homogene, unerschöpfliche Ressource handelt, die sich am ehesten mit Sonnenstrahlen vergleichen ließen.[114] Zwar erlauben Daten ihre mehrfache Erhebung und gleichzeitige Nutzung, wobei Simul-taneität oftmals nicht mit Ubiquitarität der Datennutzung gleichzusetzen ist.

Daten sind aufgrund ihrer mannigfachen Erhebungs- und Verwendungsformen absolut heterogen. Gewisse Daten, wie demografische Informationen, sind relativ simpel zu erheben und müssen nicht fortlaufend (oder gar in Echtzeit) aktualisiert werden. Digitale Plattformen sind in der Lage, hoch spezialisierte Informationen zu generieren, die nicht frei verfügbar sind (in öffentlichen Registern o.ä.) oder problemlos von Data Brokern erhoben werden können.[115] Der Bezug von Data Brokern mag Kostenvorteile mit sich bringen, indem die Kosten für die Schaffung und Speicherung auf mehrere Kunden umgelegt werden und ggf. bereits fertige Datenanalysen in Anspruch genommen werden können.[116] Dennoch sind die Daten, die erhoben werden können, derartig spezifisch, dass bereits bei der Erhebung und Aufbereitung ihre spätere Verwendung eine Rolle spielt, und zudem von geringer Halbwertszeit sind. Die Annahme, dass Daten ubiquitär seien und gleichsam ‚auf der Straße herumlägen' vermag auch deshalb nicht zu überzeugen, als dass die Aussagekraft eines Gesamtbildes an Daten diese eines aus mehreren Quellen zusammengesetzten Mosaiks bei

112 *Tucker/Wellford*, The Antitrust Source, Dezember 2014, S. 7.

113 *Tucker/Wellford*, The Antitrust Source, Dezember 2014, S. 7.

114 *Nuys* WuW, 2016, 512, 513.

115 *Graef*, World Competition 38, 2015 (4), 473, 483.

116 Gemeinsames Papier der Autorité de la concurrence und des Bundeskartellamtes zu Daten und Auswirkungen auf das Wettbewerbsrecht, Competition Law and Data, S. 39.

Weitem übersteigt.[117] Ein ‚Newcomer' kann solche integrierten Dienstleistungen zur Erhebung dieser Daten kaum erbringen, wie sie Google durch Dienste wie Google Search, Shopping, Maps etc. anbietet. Doch bereits der konstante Datenstrom aus einem bestehenden Kundenstamm kann – und das ist der wesentliche Unterschied zu den meisten ‚Brick and Mortar Businesses' – ein schwerlich zu überwindendes Wettbewerbseintrittshindernis darstellen.[118] Aber nicht nur die die Informationsvielfalt steigt mit der Masse an Verfügbarkeit, sondern auch schlicht die Aussagekraft der gefundenen Resultate.[119] Fehler in der Erhebung, statistische Ausreißer oder schlicht unzutreffende Dateneingaben nivellieren sich erst mit steigenden Datenvolumina.

Die Kommission weist in ihrer Mitteilung zur Anwendung von Art. 82 EGV darauf hin, dass Markteintrittsbarrieren (als Kriterium für das Vorliegen von Marktmacht) von den mutmaßlich beherrschenden Unternehmen selbst herbeigeführt werden können, wenn diese Netzwerkeffekte kreiert oder in hohem Maße Investitionen getätigt haben, die eintretende Unternehmen zunächst ebenfalls auf sich nehmen müssten.[120] Hilfreich ist in diesem Zusammenhang auch eine Kontrollüberlegung: Aus welchem Grund verfolgen große Plattformbetreiber wie Facebook aggressive Übernahmestrategien,[121] sobald neue Unternehmen am Horizont erscheinen, die das Potenzial zur Sammlung relevanter Datensätze haben, wie es sehr eindrücklich bei der Übernahme von WhatsApp zu beobachten war? Flughafenbetreiber boten frühzeitig einen kostenlosen Internetzugang an, wenn sich der Nutzer zuvor registrierte und diverse Daten preisgab, sodass der Schluss naheliegt, dass der Flughafenbetreiber eine geldwerte Leistung kostenlos anbietet, welche ihm selbst Kosten für die Einrichtung und den Betrieb der technischen Einrichtung verursacht, er diese jedoch in Kauf nimmt, da er wohl keine kostengünstigere Methode zu Erlangung gleichwertiger Daten sieht.[122] Januskopfartig erscheint das Datenakquisemodell des US-Telekommuni-kationsdienstleisters AT&T: Betrachtet man das 2015 eingeführte Vertragsmodell positiv, so lässt sich feststellen, dass AT&T einen Rabatt in Höhe von 29 $ (70 statt 99 $) auf den Breitbandanschluss gewährt, wenn der Kunde

117 So schon in Abschnitt A.II.2.

118 *Kerber*, GRUR Int. 2016, 639, 643.

119 *Stucke/Grunes*, Big Data and Competition Policy, Punkt 4.17.

120 Mitteilung der Kommission, Erläuterungen zu den Prioritäten der Kommission bei der Anwendung von Artikel 82 des EG-Vertrags auf Fälle von Behinderungsmissbrauch durch marktbeherrschende Unternehmen, ABl. 2009, C 45/7, Tz. 17.

121 *Stucke/Grunes*, The Antitrust Source, April 2015, S. 8.

122 *Stucke/Grunes*, Big Data and Competition Policy, Punkt 4.16.

sich damit einverstanden erklärt, dass sein Webbrowserverlauf durch Cookies aufgezeichnet wird und die daraus gewonnenen Daten an Werbetreibende veräußert werden, sodass der Nutzer vermehrt mit *targeted advertising* in Kontakt kommt.[123] Der Kunde bekommt somit eine Wahlmöglichkeit, ob er seine Daten geldwert preisgibt oder nicht. Man könnte dies aber auch als empfindliche Strafzahlung für diejenigen Kunden verstehen, die eben nicht bereit sind, ihre Daten preiszugeben, sodass es tatsächlich fraglich erscheint, wie viele Kunden auf diesen „Rabatt" dem Schutz ihrer persönlichen Daten wegen verzichten würden. Die genannten Beispiele illustrieren zweierlei: Daten und vor allem große Datenmengen (sprich: Big Data) sind häufig nicht kostengünstig erhältlich und omnipräsent wie Sonnenstrahlen. Letzteres Beispiel zeigt insbesondere den Wettbewerbsvorsprung etablierter Anbieter und die daraus resultierende Markt-ein-trittsbarriere, da es schwerlich vorstellbar ist, dass ein Newcomer im Telekommunikationsdienstleistungssektor derartige Konditionen anzubieten in der Lage wäre.

Somit kann nicht lediglich von einer auffälligen Koinzidenz gesprochen werden, dass Big Data-basierte Märkte mit vielfältigen, kostenlosen Diensten besonders konzentriert sind, sodass wenige Marktteilnehmer die überwältigende Anzahl der Nutzer bedienen, was auf den Schneeballeffekt zurückzuführen ist, dass mehr Daten zur Verbesserung der eigenen Dienstleistung zur gesteigerten Attraktivität/Rentabilität zu mehr Investitionen und somit mehr Daten führen.[124]

Bisweilen wird die Konzentration großer Datenmengen in den Händen einiger weniger Akteure nicht als Ursache für die Marktdominanz eben jener Player gesehen, sondern deren fortschrittliche Algorithmen, sodass alle wettbewerbsrechtlichen, datenschutzrechtlichen und gesellschaftspolitischen Debatten nicht im Feld von Big Data, sondern Big Analytics spielten.[125]

Dies greift zu kurz, denn die heutigen Datenanalyseprogramme bedienen sich lernender Algorithmen, die ihre Leistungsfähigkeit mit der wachsenden Zahl an analysierten Daten steigern. Anschaulich lässt sich dies bei den Film- und Serienempfehlungen auf Streamingplattformen nachvollziehen, welche mit jeder Verknüpfung von Nutzerprofilen und seinen dazugehörigen Präferenzen

---

123 *Bergen*, AT&T Gives Discount to Internet Customers Who Agree to Be Tracked, adage.com/article/digital/t-u-verse-ad-tracking-discount-subscribers/297208/, zuletzt abgerufen am 09.09.2018.

124 Gemeinsames Papier der Autorité de la concurrence und des Bundeskartellamtes zu Daten und Auswirkungen auf das Wettbewerbsrecht, Competition Law and Data, S. 12 f.

125 Hierzu *Stucke/Grunes*, Big Data and Competition Policy, Punkt 4.24.

passgenauere Empfehlungen abgeben können.[126] Somit hängt die Wirtschaftlichkeit von Big Analytics ganz wesentlich von den Dimensionen von Big Data ab.[127] Peter Norvig, Googles Chief Scientist, erkannte folgerichtig bereits 2011 an: „We don't have better algorithms than anyone else; we just have more data."[128]

c) PeopleBrowsr v. Twitter

Die von dem Technologieunternehmen PeopleBrowsr gegen den Social-Media-Giganten Twitter angestrengte lauterkeitsrechtliche Streitigkeit verdeutlicht die wettbewerbsrechtliche Relevanz von Big Data und illustriert in besonderem Maße, dass Daten oftmals eben keine frei verfügbare Ressource verkörpern und vielmehr wettbewerbsverschließende Wirkung entfalten können, sobald einem Petenten der Zugang zu ihnen verweigert wird.

In der Sache[129] ging es dabei um die für PeopleBrowsr unvorhergesehene Kündigung der vertraglichen Beziehungen durch Twitter aufgrund derer PeopleBrowsr gegen Entrichtung einer jährlichen Zahlung von einer Million US-Dollar Zugriff erhielt auf die auf Twitter veröffentlichten Beiträge. Präziser begehrte PeopleBrowsr den Zugang zu einem Programmierbefehlssatz, API (*Application program interface*). Hierbei handelt es sich um eine Programmierschnittstelle, die allgemein die Interaktion von Betriebssystemen oder Softwaresystemen mit anderen Programmen ermöglicht, was für die Wartung und Weiterentwicklung von Software oder auch den Austausch von Daten zwischen Websites und Programmen nutzbar gemacht werden kann.[130] Für den Inhaber der Hauptkomponente hat die Eröffnung einer solchen Schnittstelle den Vorteil, dass hierdurch relativ simpel externe Expertise zur Verbesserung der eigenen Produkte akquiriert werden kann. Twitter nutzte dieses Konzept seit jeher intensiv, wobei es bezüglich Art, Umfang und Preis der Zugangsgewährung immer wieder zu

---

126 Zu den Perspektiven der lernenden Algorithmen *Serraro*, Wenn die App dir sagt: Umarme deinen Partner, *faz.net/aktuell/wirtschaft/netzwirtschaft/lernende-algorithmen-auf-dem-vormarsch-14983016.html?printPagedArticle = true#pageIndex_0*, letzter Zugriff am 09.09.2018.

127 *Stucke/Grunes*, Big Data and Competition Policy, Punkt 4.24 f.

128 Zu diesem Zitat auch *Cleland*, Google's „Infringenovation" Secrets, forbes.com/sites/scottcleland/2011/10/03/googles-infringenovation-secrets/#3a94812030a6, zuletzt abgerufen am 09.09.2018.

129 PeopleBrowsr, Inc. et al. v. Twitter, Inc. (PeopleBrowsr), No. C-12-6120 EMC, 2013 WL 843032 (N.D. Cal. March 6, 2013),

130 *Hery-Moßmann*, Was ist API? Einfach erklärt, *praxistipps.chip.de/was-ist-api-einfach-erklaert_41370*, zuletzt abgerufen am 09.09.2018.

Modifikationen und daraus resultierend zu Verwerfungen mit App Entwicklern oder (wie hier) Technologieunternehmen kam.[131] Twitter stellt verschiedene Schnittstellenkonzepte zur Verfügung: Zunächst erlaubt die Search API die Auswertung von bereits aufgrund der Tweets generierten Daten, wobei der Verwender aufgrund von Schlagworten, Nutzernamen oder Orten auf Tweets zugreifen kann.[132] Für den Entwickler oder anderweitigen Verwender dieser Schnittstelle ist der Mehrwert allerdings begrenzt. Zum einen ist der Suchmodus vergleichbar mit der Suchfunktion, die ein privater Nutzer auf Twitter verwenden würde, zum anderen erlegt die API Beschränkungen auf bezüglich der Zahl der abrufbaren Tweets pro Account; zudem beschränkt sich die Zahl der angezeigten Tweets pro Schlagwort auf die letzten 5000 Einträge sowie die Zahl der Suchanfragen in einem bestimmten Zeitabstand.[133] Deutlich attraktiver als die Search API ist das Angebot der Streaming API, welche nahezu in Echtzeit die nach vorher festgelegten Kriterien sortierten Tweets an den Verwender übermittelt.[134] Auch diese Schnittstelle ist für Nutzer indes nur bedingt nützlich, denn abhängig von den gewählten Suchbegriffen und dem aktuellen Datenverkehr ist der Zugang auf ca. 1 bis 40 % der tatsächlich abgesetzten Tweets beschränkt, was auf die fehlende Bereitschaft Twitters zurückzuführen ist, mehr Kapazitäten zu schaffen, da das Unternehmen sein Premiumprodukt „Firehose" stärken wollte.[135]

Firehose-Streams unterliegen nämlich all diesen Beschränkungen nicht.[136] Der Zugang zu Twitters Firehose API ermöglicht somit die Nutzung aller durch die Plattform generierten Daten in Echtzeit und ohne vorherige Filterung nach Suchbegriffen, also in concretu die auf Twitter veröffentlichten Tweets und die dazugehörigen Metadaten, was die metaphorische Umschreibung als Firehose (Feuerwehrschlauch) erklärt. Der Zugang zur Firehose ist im Gegensatz zu

---

131 Zum letzten Stand: *Perez*, Twitter unveils a new API platform, roadmap and vision for its developer community, techcrunch.com/2017/04/06/twitter-unveils-a-new-api-platform-roadmap-and-vision-for-its-developer-community/, zuletzt abgerufen am 09.09.2018.

132 dev.twitter.com/rest/public/search, zuletzt abgerufen am 09.09.2018.

133 Twitter Firehose vs. Twitter API: What's the difference and why should you care?, brightplanet.com/2013/06/twitter-firehose-vs-twitter-api-whats-the-difference-and-why-should-you-care, zuletzt abgerufen am 09.09.2018.

134 dev.twitter.com/streaming/overview, zuletzt abgerufen am 09.09.2018.

135 Twitter Firehose vs. Twitter API: What's the difference and why should you care?, brightplanet.com/2013/06/twitter-firehose-vs-twitter-api-whats-the-difference-and-why-should-you-care, zuletzt abgerufen am 09.09.2018.

136 support.gnip.com/apis/firehose/overview.html, zuletzt abgerufen am 09.09.2018.

erstgenannten kostenpflichtig. In gewissem Umfang kann über die Search und Streaming API eine sinnvolle Datenauswertung, beispielsweise durch Marketingunternehmen, erfolgen. Das so eminent wichtige „komplette Bild“ ergibt sich freilich nur bei Echtzeitzugang zu den kompletten Datenkapazitäten. Für bestimmte Geschäftsmodelle ist dieses Echtzeit-Gesamtbild unverzichtbar. So sind Veranstalter von Großereignissen auf den vollen Zugriff aller das Ereignis betreffender Social-Media-Posts angewiesen, um auf eventuelle Bedrohungslagen reagieren zu können.[137]

PeopleBrowsr ist im Feld der Sozialanalysen tätig und berät Unternehmen oder Regierungen in Social-Media-Fragen. Unter anderem betreibt PeopleBrowsr die Website Kred Influece Measurement (home.kred), mit Hilfe derer anhand der „Reichweite“ und „Einfluss“ die Wirkung auf bestimmte Zielgruppen algorithmenbasiert gemessen werden kann.[138] Mit anderen Worten kann hiermit die Zahl der Nutzer und der Einfluss auf selbige beziffert werden, die einen Post eines anderen Users wahrnehmen oder auf einen Anbieter einer E-Commerce-Plattform klicken. Für die Plattformökonomie ist dies von großem Interesse, denn somit sind beispielhaft Unternehmen in der Lage, die Erfolgsaussichten von Social-Media-Kampagnen zu bewerten. PeopleBrowsr war dieser Zugang jährlich Gebühren in Höhe von 1 Million US-Dollar und die Tätigung umfangreicher Investitionen wert. Im Jahr 2012 kündigte Twitter die vertraglichen Beziehungen zu PeopleBrowsr, um den Zugang zur Firehose künftig von den Partnerunternehmen GNIP und DataSIFT vermarkten zu lassen – aus Sicht von PeopleBrowsr in dem Bestreben, den Zugang auf einige wenige, privilegierte Partnerschaften zu beschränken.[139] Alternativ ergab sich für PeopleBrowsr lediglich die Möglichkeit, Recherchen über die Search oder Streaming API durchzuführen oder geeignete Datensätze von Data Brokern zu beziehen. Das Verfahren wurde unter mehreren Gesichtspunkten geführt, namentlich privatrechtlich, lauterkeitsrechtlich und (von Twitter vergeblich angestrengt) kartellrechtlich auf Bundesebene und führte im einstweiligen Rechtsschutz zu einer weiteren

---

137 Twitter Firehose vs. Twitter API: What's the difference and why should you care?, brightplanet.com/2013/06/twitter-firehose-vs-twitter-api-whats-the-difference-and-why-should-you-care, zuletzt abgerufen am 09.09.2018.

138 *Peterson*, Kred Story Tracks Social Influence, adweek.com/digital/kred-story-tracks-social-influence-143011, zuletzt abgerufen am 09.09.2018.

139 *Yeung*, PeopleBrowsr sues Twitter over Firehose access, gets injunction, claims it is violating openness, thenextweb.com/insider/2012/11/29/peoplebrowsr-vs-twitter/#.tnw_Xvm9AXWU, zuletzt abgerufen am 09.09.2018.

Offenhaltung des Zugangs zur Twitter Firehose.[140] Das Verfahren endete mit einem Vergleich, infolge dessen PeopleBrowsr (gewissermaßen als Fürsprecher der meisten Entwickler, die den Zugang zur Firehose verloren) die Firehose bis zum Jahresende weiterbenutzen durfte, bevor die Umstellung auf den Bezug von GIFT bzw. DataSift erfolgte.

III. Die wettbewerbsrechtliche Relevanz digitaler Plattformen bei der Datennutzung

1. Schnittstellen sozialer Netzwerke als Essential-Facility

Die meisten Plattformbetreiber streben keinen offenen Markt für Daten an. So weisen Facebooks Datenschutzbestimmungen darauf hin, dass weder gegenwärtig noch zukünftig Daten an Drittpersonen veräußert werden.[141] Dennoch bieten sie verschiedene Dienstleistungen an, aufgrund derer Unternehmen zumindest mittelbar in den Genuss der ‚Datenfrüchte' kommen können, wie beispielsweise durch Zugriff auf aggregiertes Datenmaterial oder *targeted advertising*. Bis zur Einstellung des Geschäftsmodells im Nachgang zum „Cambridge Analytica"-Skandal im Jahr 2018 vermittelte Facebook seinen Werbekunden sogenannte *partner categories*. Neben der Möglichkeit, eigene Kundendaten mit Facebooks Datensätzen zur Schaltung zielgerichteter Werbung auf Facebook zu verbinden, konnte zusätzlich auch das Datenmaterial von externen Data Brokern, die mit Facebook kooperieren, hierfür bezogen werden.[142] Die großen Plattformanbieter verkörpern ein wichtiges Glied in der Wertschöpfungskette der (personenbezogenen) Daten. Sie verfügen über die Möglichkeit, den Zugang zu Daten zu regulieren, welche die Basis für viele Geschäftsmodelle bilden. Mittels der Firehose reguliert Twitter die Schnittstellen zwischen der Plattform selbst, den Werbekunden und den dazugeschalteten Data Brokern. Darauf gründet die Forderung, Daten nicht lediglich als Währung im Rahmen von Online-Geschäftsmodellen aufzufassen, sondern vielmehr einen eigenständigen Datenmarkt (unabhängig von der Datenpolitik der einzelnen Netzwerke) anzuerkennen.[143]

---

140 *Yeung*, PeopleBrowsr sues Twitter over Firehose access, gets injunction, claims it is violating openness, thenextweb.com/insider/2012/11/29/peoplebrowsr-vs-twitter/#.tnw_Xvm9AXWU, zuletzt abgerufen am 09.09.2018.

141 facebook.com/help/152637448140583?helpref=uf_permalink, zuletzt aufgerufen am 09.09.2018.

142 facebook.com/business/news/changes-we-made-to-ads-in-2018, zuletzt aufgerufen am 29.06.2019.

143 So *Graef*, Data as Essential Facility, S. 132.

Der Rechtsstreit zwischen PeopleBrowsr und Twitter illustrierte außerdem die wettbewerbsrechtliche Sensibilität von Big Data. Der Fall regt zudem dazu an, sich der besonderen Stellung Twitters als digitale Plattform innerhalb des wettbewerbsrechtlichen Gefüges klarzuwerden. Zunächst sind alle Profile und alle Tweets öffentlich, sodass – im Gegensatz zu Facebook – insoweit kaum datenschutzrechtliche Implikationen zu Spannungen mit den wettbewerblichen Interessen führen. Das Konzept Twitters ermöglicht den Nutzern die kurze und prägnante Kommunikation mit seinen Followern und der Öffentlichkeit durch (grundsätzliche) Restriktion auf 280 Zeichen und die Zuordnung zu bestimmten Themenfeldern via Nutzung von Hashtags. Die gewaltige Zahl an täglich abgesetzten Tweets und ihre hohe Prägnanz räumen den auf Twitter kumulierten Datenbeständen eine Sonderstellung gegenüber denen der anderen Social-Media-Betreiber ein. Gerade im Hinblick auf die Möglichkeit der Echtzeitauswertung der generierten Datensätze sind Geschäftsmodelle vorstellbar, die schlicht ohne den Zugang zur Twitter Firehose nicht durchführbar sind. Die Beschaffung der relevanten Datensätze über Dritte, soweit diese überhaupt über solche verfügen, gewährleistet kein ganzheitliches Bild. Überdies geht mit der Einschaltung Dritter stets ein gewisser Zeitverlust einher – ein Zeitverlust der für die echtzeitbasierte Datenanalyse nicht hinnehmbar ist. Die soeben dargestellten Spezifika legen den Schluss nahe, dass es sich bei dem Zugang zur Twitter API, insbesondere der Twitter Firehose, um eine wesentliche Einrichtung im Sinne der Essential-Facilities-Doktrin handeln kann.

2. Charakteristika digitaler Märkte und Plattformen

Digitale Plattformen charakterisieren trotz ihrer verschiedenen Erscheinungsformen am Markt einige Gemeinsamkeiten, die ihnen als Erfolgsgaranten dienen, und daher nun skizziert werden sollen.

a) Mehrseitige Marktbeziehungen

Typisch für den Bereich des Mediensektors ist die Herausbildung von mehrseitigen Marktbeziehungen. Es erweist sich bei genauerem Hinsehen als mühsam, die Schnittmenge an Gemeinsamkeiten herauszuarbeiten, welche diese Geschäftsmodelle verbindet, um eine griffige Definition der ‚mehrseitigen Märkte' herauszuarbeiten.[144] So kann hierunter ein Erzeugnis verstanden

144 Dazu ausführlich *Gürkaynak/İnanılır/Diniz/Yaşar*, Journal of Antitrust Enforcement 5, 2017 (1), 100 ff.

werden, das verschiedene Leistungsangebote für zwei unterschiedliche Kundengruppen beinhaltet, was bereits von der den Lesermarkt und den Anzeigenmarkt inte-grierenden Tageszeitung bekannt ist.[145] Diese grobe Umschreibung sagt noch nicht viel über die Wirkweisen dieser Marktbeziehungen aus und schon die Attribute ‚zweiseitig' oder ‚mehrseitig' sind sprachlich ungenau, da prinzipiell jede Transaktion am Markt zumindest einen Anbieter und einen Nachfrager beinhaltet, sodass treffender von Plattformmärkten gesprochen wird.[146] Kernelemente der Plattformmärkte sind Netzwerkeffekte, die verschiedene Nutzer(gruppen) verbinden, asymmetrische Preisstrukturen der Plattformen, die auf den Beziehungen der verschiedenen Nutzergruppen basieren sowie die Ermöglichung bzw. Vereinfachung von Transaktionen oder Interaktion der Nutzergruppen miteinander.[147] Für den Bereich der digitalen Plattformen muss diese Definition gedanklich um die bereits ausführlich thematisieren Dimensionen von Big Data ergänzt werden – insbesondere also die Senkung der Transaktionskosten, die Möglichkeit des *targeted advertising*, die Senkung der Informationsasymmetrien etc.

aa) Wettbewerbsrechtliche Relevanz der Netzwerk- und Lock-in-Effekte

(1) Wirkungsweise

Schlicht konstitutiv für einen Plattformmarkt wirken die entstehenden Netzwerkeffekte, welche die verschiedenen Kundengruppen an eine Plattform binden: Während bei direkten Netzwerkeffekten die Größe einer Kundengruppe die Attraktivität einer Ware oder Dienstleistung determiniert, steht und fällt der Erfolg einer Plattform für eine Nutzergruppe aber vor allem mit der Größe und dem Wachstum der jeweils anderen Kundengruppe.[148] Einen direkten Netzwerkeffekt stellt typischerweise die steigende Zahl der Nutzer eines Telekommunikationsanbieters dar, welche die Attraktivität für den individuellen Nutzer steigert, der beim Anruf Mobilfunkgebühren spart.[149] Für indirekte Netzwerk-effekte lassen sich zahlreiche Beispiele aus der analogen und digitalen Welt bilden: Ein

---

145 *Rittner/Dreher/Kulka*, Wettbewerbs- und Kartellrecht, Rn. 744.

146 *Ewald*, in: Wiedemann, Kartellrecht, § 7, Rn. 71.

147 *Gürkaynak/İnanılır/Diniz/Yaşar*, Journal of Antitrust Enforcement 5, 2017 (1), 100, 105 ff.; *Hauck*, in Surblyte (Hrsg.): Competition on the Internet, S. 53, 59 f.

148 Statt vieler vgl. nur *Höppner/Grabenschröer*, NZKart 2015, 162.

149 Beispiel entnommen aus: Gemeinsames Papier der Autorité de la concurrence und des Bundeskartellamtes zu Daten und Auswirkungen auf das Wettbewerbsrecht, Competition Law and Data, S. 26.

Einkaufszentrum wird für die Besucher mit der steigenden Zahl und Vielfalt der Läden attraktiver, ein soziales Netzwerk wird mit der Zahl der Nutzer für Werbekunden attraktiver, eine E-Commerce-Plattform wird für Kunden mit der Zahl der teilnehmenden Anbieter attraktiver, sodass die Plattform mit steigender Kundenzahl (und Datenmenge) bessere Preise und personalisierte Angebote und somit mehr Transaktionen zugunsten der Anbieter vermitteln kann. Die Herausbildung von Netzwerkeffekten variiert zwischen den Plattformanbietern: Während Transaktionsplattformen in der beschriebenen Weise indirekte Netzwerkeffekte erzeugen, wirken diese auf Werbeplattformen recht einseitig, da dort der Genuss der zur Verfügung stehenden Inhalte im Vordergrund steht und deshalb von den Nutzern nur der Kostenlosigkeit wegen hingenommen werden; alternativ können diese häufig durch Nutzung kostenpflichtiger Premiumaccounts deaktiviert werden.[150]

Die Konsequenzen dieses Phänomens für die Wettbewerbsentwicklung sind einzelfallabhängig, wobei es jedenfalls das Potenzial für Unternehmen birgt, die zuerst auf einem neuen Feld tätig werden, Marktanteile und damit Marktmacht in kurzer Zeit signifikant zu vergrößern und – bei Erreichung einer kritischen Masse – sogar ein Monopol zu etablieren.[151] Für alle nachfolgenden Unternehmen stellt das Henne-Ei-Problem eine mögliche Markteintrittsbarriere dar, denn diese müssen bei beiden Nutzergruppen zunächst einen Kundenstamm etablieren, was sich durch indirekte Netzwerkeffekte als besonders schwierig erweisen kann, denn womöglich sind die Nutzer durch Netzwerkeffekte an eine bestimmte Plattform gebunden (sog. *Lock-in-Effekt*) – dann liegt ein Erstanbietervorteil vor.[152] Lock-in-Effekte lassen sich speziell bei Erfahrungs- und Vertrauensgütern beobachten, bei denen leistungsfähige Alternativen bestehen, signifikante Wechselbewegungen von Nutzergruppen gleichwohl nicht zu verzeichnen sind.[153] Paradigmatisch hierfür sind Suchmaschinenmärkte, auf denen die Informationsasymmetrien zwischen Nutzer und Betreiber besonders groß sind, denn die Zusammenstellung und Reihung der Suchergebnisse sind für den Nutzer intransparent, wodurch die für die Wechselentscheidung notwendige Qualitätskontrolle kaum möglich ist.[154] Dem Nutzer bleibt für seine Entscheidung für einen Suchmaschinenbetreiber lediglich das Vertrauen in Nutzerzahlen

150 *Klasse/Wiethaus*, WuW 2017, 354, 358.
151 *Schanzenbach*, Stanford Technology Law Review, 2002, 4, Rn. 25.
152 *Ewald*, in: Wiedemann, Kartellrecht, § 7, Rn. 68, 71; vgl. bereits Abschnitt A.II.4.b).
153 *Dörr/Natt*, ZUM 2014, 829, 834.
154 *Dörr/Natt*, ZUM 2014, 829, 834 f.

und eine große Markenreputation – und hier verbleibt in weiten Teilen der Welt lediglich Google. Da eine hervorgehobene Stellung am Markt weitere Kunden anzieht und damit in der Lage ist, sich selbst abzusichern und zu vergrößern, wird bisweilen der Schluss gezogen, dass auch bei Plattformmärkten ein hoher Marktanteil auch ein gewichtiges Indiz für das Vorliegen von Marktmacht liefere.[155]

(2) Untersuchung der Auswirkungen auf den Wettbewerb im Einzelfall

Diese Phänomene führen typischerweise zu den skizzierten Konzentrationstendenzen. Die Kausalkette von Netzwerkeffekten, welche zu Lock-in-Effekten und somit auf kurz oder lang zur bedenklichen Monopolisierung digitaler Plattformmärkte führt, ist aber keinesfalls zwingend. Denn zunächst beruht diese im Fall der Suchmaschinenmärkte insbesondere auf den soeben genannten Aspekten der Intransparenz der Dienstleistung und der stetigen Verbesserung der Dienstleistung durch lernende Algorithmen.[156] Konzentrationstendenzen und Markteintrittsbarrieren werden durch verschiedene Faktoren restringiert: Überlastungsgefahren, Differenzierung sowie die Möglichkeit des Multihomings oder Anbieterwechsels wirken (begünstigt durch Interoperabilität und Interportabilität) konzentrationshemmend, sodass diverse Plattformmärkte im Vergleich dazu leichter zugänglich und wenig konzentriert sind – exemplarisch zu nennen sind hier Partnerbörsen oder Online-Reisebüros mit einer Vielzahl konkurrenzfähiger Anbieter.[157] Die Möglichkeit zur Differenzierung der Leistung innerhalb eines Plattformsegments ermöglicht dem Nutzer, ein für ihn zugeschnittenes Leistungsangebot zu finden, was insbesondere bei heterogenen Nutzerpräferenzen wünschenswert ist, und beugt gleichzeitig Überlastungsgefahren vor. Eine Differenzierung kann aufgrund der Produktqualität (vertikale Differenzierung) oder aufgrund von Preissegment oder Eigenschaften des Produktes (horizontale Differenzierung) erfolgen.[158] So begrenzt ElitePartner seine Online-Partnervermittlungsdienstleistungen auf „Singles mit Niveau" (vormals noch weitreichendere Adressierung an: „Akademiker und Singles mit Niveau").[159] Die Beschränkung der Kapazitäten einer Plattform kann dazu dienen, negative

155 *Kumkar*, NZKart 2017, 47, 53.

156 Vgl. dazu Abschnitt A.II.4.b).

157 *Haucap/Kehder*, in: FS Kruse, S. 119.

158 *Van Damme u.a.*, Mergers in Two-Sided Markets – A Report tot he Nma, S. 22, Tz. 61.

159 So explizit: *elitepartner.de*, zuletzt abgerufen am 09.09.2018; vgl. hierzu XXI. Hauptgutachten der Monopolkommission, Tz. 1232; Fn. 59.

externe Effekte zu vermeiden und somit den Wert der Plattform für die jeweiligen Nutzergruppen zu erhalten: Soziale Netzwerke verlieren an Wert, wenn Nutzer eine zu große Werbeflut als störend empfinden und Dating-Plattformen steigern die Suchkosten für Vermittler und Single, wenn sie die Nutzergruppe nicht ausreichend homogen gestalten (z.B. Beschränkung auf Akademiker).[160] In vielen Fällen ist es ferner problemlos möglich, die gleiche Leistung von mehreren Plattformanbietern (kostenlos) zu beziehen (sogenanntes *Multihoming*) oder schlicht den Anbieter zu wechseln, was den Konzentrationsdruck durch Netzwerkeffekte zusätzlich mindert. Sofern es also keine den Netzwerkeffekten entgegenwirkenden Kräfte gibt, verkehrt sich das Spiel der Kräfte oftmals zu einem Wettbewerb *um* den Markt – im Gegensatz zu einem Wettbewerb *auf* dem Markt.[161] Genauso können Netzwerkeffekte einen konzentrierten Markt aufbrechen und ein entstandenes Monopol zu Fall bringen, sobald ein neuer Marktteilnehmer die kritische Masse an Nutzern erreicht hat, indem sie zu einer rapiden Abwanderung der übrigen Nutzer des ehemals beherrschenden Betreibers führen.[162] Eine gewisse Konzentration der Märkte ist für die Effizienz der Plattformen sogar notwendig, da hierdurch Transaktionskosten gesenkt werden (beispielsweise durch niedrigere Suchkosten) und die Vorzüge der Netzwerkeffekte erst ausgeschöpft werden können, sodass gar die Monopolisierung als wohlfahrtsökonomisch unbedenklich angesehen werden kann.[163]

(3) Bewertung

Die Auswirkungen der Netzwerkeffekte auf den Wettbewerb können im Einzelfall sehr unterschiedlich ausfallen. Dennoch sind die Konzentrationstendenzen auf dem Suchmaschinen- und Social-Media-Markt insbesondere auf Netzwerkeffekte zurückzuführen. Multihoming und Anbieterwechsel sind technisch möglich, aber faktisch fällt ein Wechsel zu einem anderen sozialen Netzwerk trotz Kostenlosigkeit schwer, da Kontakte, Chats und Beiträge nicht einfach übertragen werden können.[164] So ist es freilich möglich, sich einen anderen Online-Marktplatz als Ebay zu suchen, doch gehen hier Reputation und Erfahrungswerte in Gestalt von Bewertungen verloren, welche die Transaktionskosten

---

160 Monopolkommission, Sondergutachten 68, Tz. 47.

161 *Evans/Schmalensee*, The Industrial Organization of Markets with Two-Sided Platforms, Competition Policy International 3, 2007 (1), 151, 164.

162 *Gürkaynak/İnanılır/Diniz/Yaşar*, Journal of Antitrust Enforcement 5, 2017 (1), 100, 106.

163 Vgl. *Kumkar*, Online-Märkte und Wettbewerbsrecht, S. 63 f.

164 *Surblyte*, EuCML 2015, 170, 175.

auf anderen, neuen Plattformen (zumindest in der Anfangszeit) steigen lassen, sodass Nutzer an die aktuelle Plattform gebunden werden.[165] Ein nicht zu unterschätzendes Wechselhemmnis stellen auch die Gewöhnung an Funktionen, Modalitäten oder Bedienelemente dar.[166] Diese und die aufgewendete Zeit für die Erstellung eines Accounts sowie nutzungsunabhängige Gebühren führen zu versunkenen Kosten, deren Hinnahme viele Nutzer scheuen und die einem praktischen Multihoming entgegenstehen.[167] Auch zeigt sich, dass in der Praxis die Hürden zur Überwindung des Henne-Ei-Problems und der kritischen Masse äußerst schwerfallen. Im Fall der Suchmaschinen erheben Netzwerkeffekte in Kombination mit lernenden Algorithmen Google zu einem faktischen Marktstandard, sodass die Annahme einer „wesentliche Einrichtung der digitalen Infrastruktur" naheliegt.[168] Wohlfahrtspolitisch kommt es somit auf das individuell stimmige Verhältnis zwischen Netzwerkeffekten einerseits und dem Wettbewerbseffekt andererseits an: Während durch Netzwerkeffekte und Konzentration Transaktionskosten gesenkt werden können, sinken durch den Wettbewerbseffekt die Preise durch die bloße Vielzahl konkurrenzfähiger Plattformbetreiber.[169]

Netzwerkeffekte können ebenfalls durch vertragliche Vereinbarungen der Plattformbetreiber erzeugt werden. Im Fall des Online-Hotelportalbetreibers HRS verpflichteten sich die an dem Portal teilnehmenden Hotels entweder im Rahmen der AGBs oder individualvertraglich, HRS u.a. die günstigsten Zimmerpreise, Stornierungskonditionen und Verfügbarkeitsbedingungen zur Verfügung zu stellen. Das Bundeskartellamt sah in dieser Bestpreisklausel einen Verstoß gegen § 1 GWB und Art. 101 Absatz 1 AEUV, da der Anreiz der Hoteliers zum Streben nach neuen Absatzstrategien oder günstigeren Konditionen durch die Verpflichtung gehemmt wird, HRS in jedem Fall die günstigsten Konditionen bieten zu müssen.[170] Hierdurch wächst die Zahl der Kunden auf der Nutzerseite und damit automatisch auch die Zahl der teilnehmenden Hotels, sodass Plattformen durch vertraglich geschaffene Netzwerkeffekte ohne größere Investitionen ‚von selbst' weiterwachsen.[171] Folglich sind Kartellbehörden im digitalen Umfeld auf eine sorgfältige Berücksichtigung der direkten und indirekten Netzwerkeffekte im Einzelfall absolut angewiesen.

165 *Haucap/Wenzel*, Wettbewerb im Internet: Was ist online anders als offline?, S. 8.
166 Monopolkommission, Sondergutachten 68, Tz. 49.
167 *Kumkar*, Online-Märkte und Wettbewerbsrecht, S. 70.
168 *Paal*, GRUR Int. 2015, 997, 1003.
169 *Dewenter/Rösch/Terschüren*, NZKart 2014, 387, 388.
170 BKartA, B 9 - 66/10 - HRS, Tz. 137.
171 *Podszun/Kreifels*, EuCML 2016, 33, 37 f.

bb) Interaktion mit verschiedenen Nutzergruppen

Direkte bzw. Indirekte Netzwerkeffekte prägen das Phänomen des rasanten Wachstums der verschiedenen Nutzergruppen einer Plattform. Der Vorzug einer Plattform gegenüber einem einseitigen Marktkonzept liegt in der Nutzbarmachung einer asymmetrischen Preisstruktur. Im Gegensatz zu einseitigen Marktkonzepten basieren die den jeweiligen Nutzergruppen in Rechnung gestellten Preise nicht auf den Kosten für die Erbringung der jeweiligen Leistung, sondern auf den Vorteilen, die sich aus dem Zusammentreffen der verschiedenen Kundengruppen ergeben.[172] So können Zeitungen für die Nutzer kostenlos angeboten werden, wenn sich die Produktion ausschließlich mit den Kosten der Anzeigenkunden refinanzieren lässt.[173] Plattformen senken ferner die gesamten Kosten einer Transaktion von der Geschäftsanbahnung bis zur rechtlichen und tatsächlichen Durchführung in Gestalt der Standardisierung sowie der Möglichkeit der massenhaften Durchführung mit geringeren örtlichen Restriktionen des Kundenkreises.[174] Regelmäßig wird durch kostenlose Leistungen die Nutzergruppe mit den stärker wirkenden Netzwerkeffekten subventioniert.[175] Gerade auf dem Gebiet der disruptiven Technologien ermöglichen sie also Geschäfte, die analog schwieriger und kostspieliger durchzuführen wären: Zu nennen sind insbesondere die Verdrängung von Taxizentralen durch Uber oder Buchgeschäfte durch E-Book-Plattformen.[176] Diese Modelle bieten eine drastische Senkung der Suchkosten und die Überwindung der Informationsasymmetrie durch Bewertungs- und Reputationssysteme.[177]

b) Notwendigkeit des Zugangs zu großen Datenpools

Der Erfolg von Plattformmärkten hängt also wesentlich von Netzwerkeffekten ab und ermöglicht durch die Vorteile, die sich aus der Verbindung verschiedener Nutzergruppen ergeben, neue oder bessere Transaktionsmöglichkeiten. Digitale Plattformen, denen Big Data und Big Analytics als Triebfedern dienen,

---

172 *Gürkaynak/İnanılır/Diniz/Yaşar*, Journal of Antitrust Enforcement 5, 2017 (1), 100, 107.

173 *Gürkaynak/İnanılır/Diniz/Yaşar*, Journal of Antitrust Enforcement 5, 2017 (1), 100, 107 f.

174 Siehe dazu bereits oben Abschnitt A.I.3.a)aa).

175 *Höppner/Grabenschröer*, NZKart 2015, 162.

176 *Gürkaynak/İnanılır/Diniz/Yaşar*, Journal of Antitrust Enforcement 5, 2017 (1), 100, 108.

177 *Haucap/Heimeshoff*, Ordnungspolitik in der digitalen Welt, S. 19 f.

machen sich eine Reihe weiterer Phänomene zur Erlangung und Festigung von Marktmacht zunutze. Es bieten sich im Umfeld der digitalen Plattformen genug Möglichkeiten, Leistungen kostenfrei durch Daten oder Widmung von Aufmerksamkeit zu entgelten. Indem ein Unternehmen eine Vielzahl von verschiedenen Leistungen anbietet, kann es durch die hierdurch gewonnenen Informationen, insbesondere durch Verbundvorteile, Kunden effektiver binden und neue hinzugewinnen, was den Eintritt neuer Marktteilnehmer wesentlich erschwert.[178] Hierdurch fällt es wesentlich leichter, Dienste ohne eine finanzielle Gegenleistung anzubieten. Exemplarisch sei auf die oben erwähnten Dienste von Google oder die Clubcard von Tesco verwiesen.[179] Ausdruck des Henne-Ei-Problems und der Herausforderung, eine kritische Masse an Nutzern zu gewinnen, sind die Größenvorteile bereits etablierter Plattformen. Hohe Investitionskosten beim Aufbau einer solchen Plattform – insbesondere wegen der Notwendigkeit einer gleichzeitigen Vergrößerung mehrerer Nutzergruppen – stehen relativ niedrige laufenden Kosten gegenüber.[180] Ein solcher Skalenvorteil drückt sich bei Transaktionsplattformen beispielsweise in Gestalt von hohen Fixkosten für den Aufbau und Betrieb der Infrastruktur (Datenbanken, Server, etc.) und niedrigen variablen Kosten aus, denn die Durchführung einer höheren Zahl von Transaktionen auf der Plattform verursacht nur noch geringe Mehrkosten.[181]

Vielfach wird der Einwand vorgebracht, dass die schiere Datenmenge und Datenbreite in ihrer Relevanz für die wettbewerbsrechtliche Analyse schlicht überschätzt werden. Solche Vorteile minderten sich durch die geringe Halbwertszeit der Daten, den geringeren Mehrwert für die Verbesserung der Leistung ab Erreichen einer kritischen Datenmenge oder auch den stetig wachsenden Aufwand zur Speicherung und Verarbeitung der Daten.[182] Bezogen auf Google wird insbesondere behauptet, dass allein Kraft eines entsprechenden Investitionsvolumens und Knowhow ohne jedwedes Nutzer- und Datenaufkommen als Starthilfe eine ebenso starke Suchmaschine kreiert werden könne.[183] Plattformübergreifend ist es jedoch möglich, durch „Learning-by-doing' network effects" mit einer steigenden Nutzerzahl die Produktqualität zu optimieren, um so den Zugang zu weiteren Daten zu erhalten, welche ihrerseits zur Optimierung der

178 *Nuys* WuW 2016, 512, 514.
179 Siehe Abschnitt A.II.2.
180 *Nuys* WuW 2016, 512, 514.
181 Monopolkommission, Sondergutachten 68, Tz. 46; *Tamke*, ZWeR 2017, 358, 369.
182 Siehe nur *Körber*, NZKart 2016, 303, 305 f.; *Nuys*, WuW 2016, 512, 515
183 *Bork/Sidak*, Journal of Competition Law & Economics 8, 2012 (4), 663, 690 f.

Funktionsweise der Algorithmen beitragen.[184] Jedoch würde es selbst dann an dem Nutzeraufkommen auf der nicht kommerziellen Angebotsseite fehlen, um Werbetreibende anzulocken.[185]

IV. Bestimmung des sachlich relevanten Marktes

Der Abgrenzung des sachlich relevanten Marktes wird in der kartellrechtlichen Prüfung eine gewichtige Rolle zuteil: So ist im Rahmen von Art. 101 Absatz 1 AEUV die Spürbarkeit einer Wettbewerbsbeschränkung auf dem relevanten Markt festzustellen. Freistellungen nach Art. 101 Absatz 3 AEUV in Verbindung mit den Gruppenfreistellungsverordnungen sind nur denkbar, wenn bestimmte Marktanteilsschwellen auf dem relevanten Markt nicht überschritten werden (vgl. nur Art. 3 TTGVO)[186]. Von überragender Bedeutung ist die Abgrenzung des sachlich relevanten Marktes im Rahmen von Art. 102 AEUV, nach dem die missbräuchliche Ausnutzung einer marktbeherrschenden Stellung auf dem relevanten Markt verboten ist.[187] Hierfür erforderlich ist nach Auffassung der Kommission „die systematische Ermittlung der Wettbewerbskräfte, denen sich die beteiligten Unternehmen zu stellen haben. Mit der Abgrenzung eines Marktes in sowohl seiner sachlichen als auch seiner räumlichen Dimen-sion soll ermittelt werden, welche konkurrierenden Unternehmen tatsächlich in der Lage sind, dem Verhalten der beteiligten Unternehmen Schranken zu setzen und sie daran zu hindern, sich einem wirksamen Wettbewerbsdruck zu entziehen."[188] Gleichsam wird nach Art. 2 FKVO geprüft, ob der Zusammenschluss den wirksamen Wettbewerb „im Gemeinsamen Markt oder in einem wesentlichen Teil desselben" behindert. Die Konzeption des deutschen und europäischen Kartellrechts macht es somit unablässig, den allgemeinen Tatbestand für digitale Märkte anzupassen.

---

184 *Stucke/Grunes*, Big Data and Competition Policy, Punkt 12.01.

185 *Newman*, Yale Journal on Regulation 31, 2014 (2), 401, 421.

186 Verordnung (EU) Nr. 316/2014 der Kommission vom 21.03.2014 über die Anwendung von Artikel 101 Absatz 3 des Vertrags über die Arbeitsweise der Europäischen Union auf Gruppen von Technologietransfer-Vereinbarungen.

187 *Emmerich*, in: Dauses/Ludwigs EU-WirtschaftsR-HdB, H. I. § 3 Art. 102 AEUV, Rn. 14.

188 Bekanntmachung der Kommission über die Definition des relevanten Marktes, ABl. 1997 C 372, 5, Tz. 2.

1. Grundsätze

Die Marktabgrenzung bildet den Rahmen, innerhalb dessen die zwischen den Wettbewerbern wirkenden Kräfte zu ermitteln sind, die einem Marktteilnehmer eine beherrschende Stellung verleihen, mit denen besondere Schutzpflichten zugunsten des Restwettbewerbs, der übrigen Marktteilnehmer oder auch der Verbraucherinteressen einhergehen.[189] Unter einem Markt ist eine reale oder virtuelle Handelsplattform zu verstehen, auf dem Angebot und Nachfrage zu einem Preis zusammentreffen.[190] Die unzählbaren Erscheinungsformen, Orte und Momente, in denen Angebot und Nachfrage zusammentreffen, sind kaum überschaubar, sodass die Marktabgrenzung dem Zweck dient, die ökonomische Realität für den Juristen modellartig abzubilden.[191] Im Rahmen des hier vordergründig zu behandelnden Art. 102 AEUV geschieht dies für den sachlich relevanten Markt durch Individualisierung des Produkt- oder Dienstleistungssektors, auf dem ein Unternehmen womöglich eine beherrschende Stellung einnimmt, sodass alle Produkte in die Beurteilung einfließen, die in einem Wettbewerbsverhältnis zueinanderstehen.[192] Die ebenfalls notwendige räumliche und zeitliche Abgrenzung soll hier außer Betracht bleiben. Nach Auffassung der Kommission disziplinieren drei Faktoren die auf dem Markt tätigen Unternehmen: die Angebotssubstituierbarkeit, die Nachfragesubstituierbarkeit sowie der potenzielle Wettbewerb, wobei letzterer im Rahmen der Marktabgrenzung nicht einbezogen wird.[193] Die Rechtsprechung und die Kommission ziehen hierfür bevorzugt das Bedarfsmarktkonzept heran, nach dem aus der Sicht der Marktgegenseite (in der Regel der verständige Durchschnittsverbraucher) all diejenigen Waren und Dienstleistungen zu einem Markt gehören, die ohne besondere physische oder psychische Anpassungslasten austauschbar sind, was insbesondere anhand der Eigenschaften, des Preises sowie des Verwendungszweckes zu beurteilen ist.[194]

189 *Fuchs/Möschel*, in: Immenga/Mestmäcker AEUV Art. 102 Rn. 1 ff.

190 *Busche*, in: Kölner Kommentar zum Kartellrecht, Bd. 3, Art. 102 AEUV Rn. 12.

191 *Podszun/Kreifels*, EuCML 2016, 33, 35.

192 *Jung*, in: Grabitz/Hilf/Nettesheim, Das Recht der Europäischen Union, Art. 102 AEUV Rn. 36.

193 Bekanntmachung der Kommission über die Definition des relevanten Marktes, ABl. 1997 C 372, 5, Rn. 13, 24.

194 EuGH, Rs. C-85/76, ECLI:EU:C:1979:36 Rn. 23 – Hoffmann-La Roche; Bekanntmachung der Kommission über die Definition des relevanten Marktes, ABl. 1997 C 372, 5, Tz. 7; *Fuchs/Möschel*, in: Immenga/Mestmäcker AEUV Art. 102 Rn. 48.

Außerdem wird als ökometrisches Hilfsmittel die Kreuzpreiselastizität ermittelt: Hierdurch soll die Reaktionsverbundenheit mehrerer Waren und Dienstleistungen ermittelt werden, indem hypothetische Preisänderungen und daraus resultierende Absatzveränderungen aufgrund des Ausweichverhaltens der Marktgegenseite auf Alternativprodukte oder Dienstleistungen untersucht werden.[195] Hierfür wird der SSNIP-Test (small but significant non-transitory increase in price) herangezogen. Mithilfe des SSNIP-Tests wird das Nachfrageverhalten anhand einer kleinen, dauerhaften hypothetischen Preiserhöhung des Produkts und möglicher Alternativen um 5–10 % überprüft: Erweist sich die Preiserhöhung als rentabel, da der durch die Preiserhöhung erzielte Gewinn den Absatzrückgang durch wechselnde oder vom Markt ausscheidende Nachfrager ausgleicht, so sind die einbezogenen (hypothetisch im Preis erhöhten) Produkte einem sachlich relevanten Markt zuzuordnen.[196] Weichen die Nachfrager aufgrund der Preiserhöhung auf weitere Produkte aus, sodass sich die Preiserhöhung der einbezogenen Produkte als unrentabel erweist, sind diese ebenfalls in den Markt einzubeziehen.[197] Beide Ansätze stoßen allerdings auf einem bereits konzentrierten oder monopolisierten Markt an ihre Grenzen, da der Monopolist womöglich bereits einen überhöhten Preis für sein Produkt verlangt.[198] Diese Schwierigkeit wird aufgrund ihres Ursprungs im US-amerikanischen Fallrecht als *cellophane fallacy* bezeichnet.[199] Die skizzierten ökometrischen Ansätze funktionieren kaum auf qualitätsbasierten Märkten und am zuverlässigsten auf von Preiswettbewerb dominierten Märkten, was hauptsächlich auf Massenware zutrifft, sodass schon die Automobilherstellung mit vielfältigen Sonderausstattungsoptionen hierfür ungeeignet erscheint.[200]

Mit der Abgrenzung nach dem Bedarfsmarktkonzept geht oftmals eine Atomisierung der abgegrenzten Märkte einher, sodass als Korrektiv bei Vorliegen einer Angebotsumstellungsflexibilität auch Produkte von Herstellern benachbarter Märkte in den Markt einzubeziehen sind. Hinreichende Angebotsumstellungsflexibilität liegt vor, wenn die Anbieter in der Lage sind, im Falle einer

---

195 *wirtschaftslexikon.gabler.de/definition/kreuzpreiselastizitaet-51381/version-274552*, zuletzt abgerufen am 09.09.2018.

196 *Bergmann/Fiedler*, in: Loewenheim/Meessen/Riesenkampff, Kartellrecht, Art. 102 AEUV Rn. 41; *Rittner/Dreher/Kulka*, Wettbewerbs- und Kartellrecht, Rn. 734.

197 *Axster/Osterrieth*, in: Pfaff/Osterrieth, Lizenzverträge, A. Allgemeiner Teil Rn. 311.

198 *Ewald*, in: Wiedemann, Kartellrecht, § 7 Rn. 79.

199 United States v. E. I. du Pont de Nemours & Co., 351 U. S. 377 (1956); *Fuchs/Möschel*, in: Immenga/Mestmäcker/ AEUV Art. 102 Rn. 52.

200 *Frenz*, NZKart 2013, 285, 287.

Preiserhöhung zeitnah ein konkurrierendes Produkt auf den Markt zu bringen.[201] Das Bedarfsmarktkonzept ist auf Angebot und Nachfrage bezüglich eines Produktes ausgelegt, sodass Schwierigkeiten auch dort entstehen, wo der Bedarf für eine bestimmte Gruppe von Produkten besteht, sodass eine Ergänzung für sogenannte Sortimentsmärkte vorgenommen wird.[202] Aufgrund dieser Schwierigkeiten wird alternativ das Konzept der Wirtschaftspläne vorgeschlagen.[203] Hiernach soll die Perspektive der Unternehmen bei der Ermittlung der Konkurrenzsituation, visualisiert durch ihre Wirtschaftspläne, als Referenz zur Marktabgrenzung dienen. Dies lässt sich jedoch in der Praxis schwerlich mit Konturen füllen, ganz abgesehen von der Beweisproblematik; zudem determiniert sich das Wettbewerbsumfeld weniger durch subjektive Vorstellungen des Unternehmens als vielmehr aus der Sicht der Wettbewerber und dementsprechend der objektiven Wettbewerbssituation.[204]

2. Abgrenzung von Plattformmärkten

An den obigen Ausführungen wird sehr deutlich, dass das Bedarfsmarktkonzept sowie die flankierenden ökometrischen Instrumente bereits in der simpleren Konstellation des einseitigen Marktes (bestehend aus einem Produkt sowie den dazugehörigen Anbietern und Nachfragern) häufig an ihre Grenzen stoßen und folglich nach Modifikationen oder gar alternativen Konzepten gesucht wird. Im Fall von Plattformmärkten kommen einige weitere Herausforderungen hinzu. Eine einheitliche, umfassende Definition für den Begriff der Plattform zu finden, die allen Erscheinungsformen gerecht wird, fällt schwer, sodass Rückgriff auf drei typische Wesensmerkmale genommen wird: Das Auf-treten von indirekten Netzwerkeffekten, die Nicht-Neutralität der Preisstruktur sowie die Ermöglichung einer Interaktion verschiedener Nutzergruppen.[205] Dies soll den folgenden Überlegungen zugrunde gelegt werden.

Am Beispiel der Suchmaschinenmärkte lassen sich die Schwierigkeiten einer trennscharfen Abgrenzung illustrieren: Bei diesen lässt sich zunächst keine klare Grenze zwischen horizontaler (allgemeiner) Suche und vertikaler

201 *Rittner/Dreher/Kulka*, Wettbewerbs- und Kartellrecht, Rn. 735 f.

202 *Kühnen*, in: Loewenheim/Meessen/Riesenkampff, Kartellrecht, § 18 GWB Rn. 25.

203 Z.B. *Säcker* ZWeR 2004, 1.

204 *Thomas*, in: Immenga/Mestmäcker, Wettbewerbsrecht, § 36 GWB Rn. 104.

205 Begründung zu § 18 Absatz 2a RegE GWB, BT-Drs. 18/10207, 47; zusammenfassend auch BKartA, Arbeitspapier „Marktmacht von Plattformen und Netzwerken", Ergebnisse und Handlungsempfehlungen, S. 9–14.

(spezialisierter) Suche ziehen, denn Nachrichten können auch auf faz.net und Hotels auf hrs.de gefunden werden; Suchmaschinenmärkte unterliegen dem permanenten Wandel und weisen (wie im übrigen die gesamte digitale Welt) eine enorme Konvergenz auf.[206] Davon zu unterscheiden ist die Frage, ob diese auch in der Lage sind, untereinander Druck auszuüben. Auf Plattformmärkten werden verschiedene Kundengruppen mit einer unterschiedlichen Produktnachfrage bedient, also beispielsweise Plattformnutzer, Anzeigenkunden und Online-Händler mit ihren jeweiligen Interessen.[207] Suchmaschinen bedienen zunächst die Suchanfragestellenden, Werbekunden sowie Unternehmen, deren Webpräsenzen durch Suchanfragen gefunden werden sollen. Die jeweiligen Marktseiten können nicht isoliert voneinander koexistieren, sondern sind durch Interdependenzen miteinander verknüpft. Es treten plattformspezifisch indirekte Netzwerkeffekte und asymmetrische Preisgestaltungen auf, die bis hin zu einem kostenlosen Angebot von Waren oder Dienstleistungen für eine Marktseite reichen können, wie beispielsweise die für den Nutzer kostenlose Suchanfrage.[208] Schwierigkeiten bereitet dem Rechtsanwender bei der Abgrenzung der relevanten Märkte auch der Umstand, dass für die verschiedenen Nutzergruppen einer Plattform unterschiedliche Substitutionsbeziehungen bestehen können.[209] Die verschiedenen Nutzergruppen treffen sich womöglich nicht bei denselben Anbietern der Leistungen wieder, sodass eine Abgrenzung der verschiedenen Plattformnutzergruppen notwendig werden kann. Diese Besonderheiten sind bei der Bestimmung des relevanten Marktes im Kontext der digitalen Plattformen zu würdigen.

a) Annahme eines Marktes trotz unentgeltlicher Leistung

Versteht man entsprechend der klassischen Definition unter einem Markt das Zusammentreffen von Angebot und Nachfrage zu einem Preis,[210] so kann es keinen Markt ohne entgeltliche Leistungserbringung geben. Außerdem kann bereits die Eröffnung des Kartellrechts am persönlichen Anwendungsbereich scheitern, da unter einem Unternehmen „jede eine wirtschaftliche Tätigkeit ausübende Einheit“ zu fassen ist.[211] Für die Annahme einer wirtschaftlichen Tätigkeit bedarf

206 Näher *Körber*, WuW 2015, 120, 124 f.

207 *Dewenter/Rösch/Terschüren*, NZKart 2014, 387, 388.

208 *Busche*, in: Kölner Kommentar zum Kartellrecht, Bd. 3, Art. 102 AEUV Rn. 26; *Paal*, GRUR Int. 2015, 997, 1000.

209 *Höppner/Grabenschröer*, NZKart 2015, 162 f.

210 Vgl. nur *Podszun/Franz*, NZKart 2015, 121, 124.

211 EuGH, Rs. C-41/90, ECLI:EU:C:1991:161 Rn. 21 – Höfner und Elsner.

es allerdings eines entgeltlichen Angebots von Waren oder Dienstleistungen.[212] Demgemäß ergibt sich für den Rechtsanwender beim Vorliegen einer unentgeltlichen Austauschbeziehung zu einer Marktseite die Frage, ob er für seine Untersuchung diese Beziehung ausklammern und lediglich einen Markt für die entgeltliche Beziehung abgrenzen darf.

Die Ablehnung eines Marktes oder gar der wirtschaftlichen Tätigkeit widerspricht der ökonomischen Realität im digitalen Umfeld, denn Plattformmärkte zeichnen sich gerade dadurch aus, dass durch die Interdependenzen der Marktseiten die Kostenlosigkeit der Leistung für eine Kundengruppe durch die Finanzierung der anderen Kundengruppe kompensiert wird; zudem sind Leistungen in diesem Wirtschaftssektor oft nur zur Markteinführung kostenlos.[213]

Die Rechtsprechung hat dieses Konzept, starr nach dem Vorliegen einer direkten monetären Gegenleistung zu differenzieren, folglich nicht konsequent angewendet: Zunächst wurde eine Marktbeziehung in Fällen angenommen, in denen eine *potenziell entgeltliche* Leistung kostenfrei erbracht wurde, da durch die alternative Amortisierung eine Konkurrenzsituation zu den Wettbewerbern hergestellt würde, die stets ein Entgelt für die Leistung verlangt hätten.[214] Dies betraf die schon thematisierten Fälle der kostenfreien Lieferung eines Anzeigenblattes, das sich durch Anzeigenkunden refinanzieren kann. Ebenfalls sollte die Unentgeltlichkeit der Annahme eines Marktes nicht entgegenstehen, wenn der Nachfrager eine *autonome Auswahlentscheidung* zwischen mehreren Anbietern der unentgeltlichen Leistung treffen konnte, da sich gerade hierin eine charakteristische Wettbewerbssituation manifestierte und es den Hoheitsträgern nicht zustünde, die Rentabilität eines Geschäftsmodells zu hinterfragen.[215]

Aus den dargestellten Grundsätzen wird deutlich, dass Kartellbehörden und Rechtsprechung auf nationaler und europäischer Ebene nicht starr an dem Erfordernis der notwendigen Entgeltlichkeit hafteten, sondern Wettbewerbssituationen und Auswahlfreiheit der Nachfrager als Charakteristika zu berücksichtigen in der Lage waren. Dennoch war eine gesetzgeberische Klarstellung notwendig geworden, da sich die Rechtsprechung diesbezüglich inkonsistent verhielt. So hat das OLG Düsseldorf ins seiner Entscheidung zu den Bestpreisklauseln von Hotelbuchungsportalen keinen relevanten Markt für Hotelbuchungsdienstleistungen

212 *Emmerich*, in: Immenga/Mestmäcker AEUV Art. 101 Rn. 16.

213 Begründung zu § 18 Absatz 2a RegE GWB, BT-Drs. 18/10207, 47 f.

214 Vgl. z.B. BGH, Urt. v. 20.11.2003 – I ZR 151/01, GRUR 2004, 602, 605 – Gratisvertrieb von Tageszeitungen; *Podszun/Franz*, NZKart 2015, 121, 123.

215 *Podszun/Franz*, NZKart 2015, 121, 123 f.

zwischen Plattform und Hotelsuchenden angenommen, da es an der gewerblichen Vermittlungsdienstleistung mangels Entgelterhebung im Rahmen der verschiedenen Vertriebskanäle fehle.[216] Die Buchung via E-Mail, Telefon oder hoteleigener Website in Konkurrenz zur Vermittlung durch eine Buchungsplattform stellte aus Sicht des OLG Düsseldorf im Widerspruch zu allen bisherigen plattformökonomischen Erkenntnissen keinen relevanten Markt dar. Demnach wurde ein überkommener Marktabgrenzungsansatz gewählt, der lediglich die entgeltliche Seite eines mehrseitigen Marktes berücksichtigte.

Wohl als Reaktion auf diese Entscheidung entspricht der neu eingefügte § 18 Absatz 2a GWB nun der Forderung des Bundeskartellamts nach einer Klarstellung,[217] indem er vorsieht, dass die Unentgeltlichkeit der Leistung der Annahme eines Marktes nicht entgegensteht. Streng genommen werden nun alle kostenfreien Leistungen unter den Marktbegriff zu fassen sein: Der Gesetzesbe-gründung ist aber gegenteilig zu entnehmen, dass die Unentgeltlichkeit der Leistung der Annahme eines Marktes nur dann entgegensteht, wenn nach längerfristiger, übergeordneter und andere Leistungsbeziehungen ins Auge fassender Sichtweise kein Erwerbszweck mit der Leistung verfolgt wird.[218] Dies solle exemplarisch bei der kostenlosen Stipendienvergabe der Fall sein. Trotz der etwas unglücklichen Formulierung des § 18 Absatz 2a GWB schafft der Gesetzgeber ein Gleichauf mit der EU-Rechtspraxis[219] sowie dem plattformökonomischen ‚state of the art'. Dank der Vorzüge eines (digitalen) Plattformgeschäftsmodells muss die Gegenleistung weder unbedingt sofort erfolgen, noch muss diese in Geld geleistet oder von der Nutzergruppe erbracht werden, welche die Leistung erhält. Dem trägt die Vorschrift Rechnung. Die Abgrenzungsmethodik gibt sie allerdings nicht vor.

b) Alternative Parameter für einen modifizierten SSNIP-Test

Nunmehr ist auch für die deutsche Rechtspraxis klargestellt, dass trotz Unentgeltlichkeit im engeren Sinne eine kartellrechtlich relevante Marktbeziehung vorliegen kann. Für die Abgrenzung des sachlich relevanten Marktes kann es jedoch hilfreich sein, zu untersuchen, welchen Gegenwert die Inanspruchnahme

216 OLG Düsseldorf, NZKart 2015, 148, 149.

217 BKartA, Arbeitspapier „Marktmacht von Plattformen und Netzwerken", Ergebnisse und Handlungsempfehlungen, S. 5.

218 Begründung zu § 18 Absatz 2a RegE GWB, BT-Drs. 18/10207, 48; *Pohlmann/Wismann*, NZKart 2016, 555, 558

219 Vgl. nur Kom., Beschluss vom 03.10.2014, COMP/M.7217, C(2014) 7239 final, Rn. 34, 62 – Facebook/Whatsapp.

einer kostenlosen Leistung für die Plattformbetreiber hat, denn die Anwendung des SSNIP-Tests bedarf einer unmittelbaren monetären Gegenleistung. Ohnehin erweist sich auch ein modifizierter SSNIP-Test auf mehrseitigen Märkten als schwerlich handhabbar, denn es stellte sich zunächst die Frage, ob auf beiden Marktseiten oder lediglich auf einer Seite eine hypothetische Preissteigerung vorzunehmen wäre; sodann wären für beide Marktseiten unterschiedliche Elastizitäten, Substitutionsbeziehungen und Rückkoppelungseffekte zu berücksichtigen, sodass die praktische Anwendbarkeit des Tests jeden-falls an dem kaum erhältlichen Datenmaterial scheitern dürfte.[220] Zudem wurde bereits die Ungeeignetheit dieser Abgrenzungsmethoden im vom Qualitätswettbewerb geprägten Umfeld mit einem hohen Spezialisierungsgrad der Leistungen herausgearbeitet. Die Kommission machte in ihrer Google-Shopping-Entscheidung deutlich, dass sie den SSNIP-Test allein aufgrund der Kostenlosigkeit der Leistung schlicht für unanwendbar halte und ohnehin nur als eine mögliche Methodik ansehe.[221]

aa) Ersetzung der monetären Gegenleistung

Als Anknüpfungspunkt kann die nicht monetäre Gegenleistung gewählt werden, die auf Plattformmärkten typischerweise in der Bereitstellung personenbezogener Daten oder der ‚Schenkung' von Aufmerksamkeit liegt. Zunächst kann die Eingabe von persönlichen Daten als Gegenleistung für die Erbringung der Dienstleistung verstanden werden und somit einen Anknüpfungspunkt für die Abgrenzung des sachlichen relevanten Marktes bilden.

Vor dem Hintergrund der Bestrebungen zugunsten einer Digitalisierung des Schuldrechts wird auch über die Einführung eines neuen Vertragstypus zur Erfassung derartiger Verträge diskutiert: So sieht *Faust* jedenfalls in der Eingabe von Daten, die nicht zur Erbringung einer Dienstleistung notwendig erscheinen, einen entgeltlichen Vertrag.[222] Aber auch Daten, die zur Erbringung einer Dienstleistung (*Faust* nennt exemplarisch Eingaben für Vergleichs- oder Hotelbuchungsportale) notwendig sind, wohnt ein über die konkrete Leistungserbringung hinausgehender Verwendungswert inne. Selbst bei sofortiger Löschung nach Verwendung kann durch lernende Algorithmen ein Mehrwert beim Plattformbetreiber verbleiben. Daten haben also Warencharakter, sind

---

220 *Haucap/Hamelmann*, Kartellrecht und Wettbewerbspolitik für Online-Plattformen, S. 9 f.

221 Kom., Beschluss vom 27.06.2017, COMP/ AT.39740, C(2017) 4444 final, Rn. 243–245 – Google Search (Shopping).

222 *Faust*, Gutachten zum 71. Deutschen Juristentag, S. 6 f.

kommerzialisierbar und Gegenstand von Angebot und Nachfrage, sodass aus zivilrechtlicher Sicht die Annahme eines Austauschvertrages naheliegt.[223] Man kann also auf die Idee kommen, den SSNIP-Test auf persönliche Daten als Gegenleistung umzumünzen, indem man ihnen einen bestimmten Geldwert zumisst. Allerdings erweist sich dieser Ansatz als nicht tragfähig. Zum einen wäre ein Markt für Daten als Referenz vonnöten, den es flächendeckend nicht gibt, denn digitale Plattformen teilen ihre Rohdatensätze regelmäßig nicht und gehen lediglich vereinzelte Exklusivpartnerschaften ein.[224] Die Produkte der Data Broker sind ebenfalls als Referenz untauglich, da sie sich aus verschiedenen Online- und Offline-Quellen bedienen und zudem kaum Zugang zu online erhobenen Daten als „Rohmaterial" haben. Zum anderen ist das Maß an persönlichen Daten, das eine Plattform vom Nutzer erhebt, ein Qualitätsmerkmal, dem kein monetärer Gegenwert beizumessen ist. Das aufgefundene Ergebnis mag beklagenswert sein, da es dem Gebot der Preistransparenz (§ 307 Absatz 1 Satz 2 BGB) oder den Anforderungen an eine datenschutzrechtliche Einwilligung widersprechen mag, da kein klar quantifizierbarer Preis für die Hingabe von Daten zugrunde liegt.[225] Allerdings ist aufgrund der Heterogenität der Daten und ihrer Verwendungsmöglichkeiten eine starke Abhängigkeit von der konkreten Verwertungssituation gegeben, sodass schlicht festzustellen ist, dass Daten das wert sind, was der Plattformbetreiber als Gegenleistung herzugeben bereit ist. Ähnlich unquantifizierbar ist somit der Wert der Aufmerksamkeit, den ein Nutzer bereit ist, für seine Leistung als Gegenleistung herzugeben.

bb) Ermittlung der Substitutionsbeziehung durch qualitative Parameter

In von einer Kostenloskultur geprägten Branchen verlagert sich der Wettbewerb üblicherweise auf qualitative Parameter. Bei der Beurteilung des Zusammenschlusses von Facebook und WhatsApp untersuchte die Kommission den Markt für Kommunikationsdienste für Endkunden. Dabei identifizierte sie auf diesem einen Qualitätswettbewerb mit den Parametern Zuverlässigkeit, Privatsphäre und Datensicherheit, Relevanz, aber auch ‚Coolness'.[226] Dies legt nahe, Wettbewerbskräfte nicht anhand des Parameters ‚Preis', sondern ‚Qualität' zu ermitteln. Demnach schlagen *Gebicka/Heinemann* für soziale Netzwerke wie Facebook vor,

223 Vgl. nur *Bräutigam*, MMR 2012, 635, 638 f.; *Wandtke*, MMR 2017, 6 f.

224 *Graef*, Data as Essential Facility, S. 259.

225 Siehe *Schwintowski*, VuR 2018, 161 f.

226 Kom., Beschluss vom 03.10.2014, COMP/M.7217, C(2014) 7239 final, Rn. 87–89 – Facebook/Whatsapp.

einen „*small but significant non-transitory decrease in the quality*"-Test (SSNDQ) vorzunehmen: Dieser basiert auf dem Wechselverhalten der Nutzer bei unterstellt vermehrtem Eintritt von Abstürzen, Log-in-Problemen, Hacking, Spam oder Überlastungen; Anknüpfungspunkt wäre die Senkung von Facebooks zentralem Qualitätsmerkmal.[227] Als Resultat werden mögliche Wechselalternativen wie Twitter Google+, Tumblr und YouTube angedacht, wobei die Möglichkeit offen gelassen wird, dass Facebook so starke Netzwerk- und Lock-in-Effekte generiert, dass keine Wechselalternativen bestehen und Facebook seinen eigenen Markt bildet.[228]

Aus verschiedenen Gründen erweist sich der Ansatz als problematisch: Zunächst ist es methodisch nicht klar, welches Qualitätsmerkmal sich im Einzelfall verschlechtern soll, da Userpräferenzen und Anforderungen an eine Plattform sehr individuell sind, sodass in noch größerem Maße das Problem der Datenerhebung und der Datenselektion besteht. In einem zweiten Schritt wäre oftmals nicht klar, in welchem Umfang welche Qualitätsmerkmale gesenkt werden müssten – eines, zwei oder gar alle relevanten Parameter? Auch ist die Spürbarkeit der Herabsenkung eines Qualitätsparameters sehr unterschiedlich: So werden dem Nutzer zwar Änderungen der Datennutzungspolitik in Gestalt der AGB-Änderung mitgeteilt, doch werden die komplexen Vertragswerke – wenn sie überhaupt überflogen werden – in aller Regel für den Laien nicht inhaltlich nachvollziehbar sein.[229] Für die meisten Nutzer ist lediglich entscheidend, dass sich das Nutzererlebnis hierdurch nicht verändert. Änderungen des Werbeverhaltens oder eine andere (unter Umständen sogar durch eine missbräuchliche Verwendung der Daten erzielte) Veränderung der Plattformnutzung wird der Nutzer nicht mit einer konkreten Änderung der Nutzungsbedingungen in Verbindung bringen. Die vorherige Auswahl sowie die Gewichtung dieser Kriterien nimmt bereits eine Wertungsentscheidung des Rechtsanwenders über die Charakteristika der Plattformen vorweg, auf die sich der Fokus richtet. Ebenso wie der SSNIP-Test funktioniert der SSNDQ-Test am zuverlässigsten bei homogenen Produkten – Plattformen leben jedoch stark von der Individualisierung und Differenzierung. Die Anwendung am Beispiel Facebook zeigt, dass letztlich eine Wertungsentscheidung vorliegt, welche nicht durch ein Zahlenwerk untermauert wird, wie es der SSNIP-Test leistet.

227 *Gebicka/Heinemann*, World Competition 37, 2014 (2), 149, 158.
228 *Gebicka/Heinemann*, World Competition 37, 2014 (2), 149, 158 f.
229 Vgl. *Stucke/Grunes*, Big Data and Competition Policy, Punkt 7.35.

Gebicka/Heinemann sehen als mögliches Resultat des SSNDQ-Tests wegen starker Netzwerk- und Lock-in-Effekte einen singulären Markt für das soziale Netzwerk Facebook. Auf digitalen Märkten wird die Wechselbereitschaft der Nutzer zudem auch sehr durch die Macht der Gewohnheit gehemmt, *Stucke/Grunes* sprechen insoweit von einem „status quo bias" – ein Phänomen, was sich anschaulich bei bereits vom Hersteller vorinstallierter Software beobachten lässt.[230] Es ist zweifelhaft, ob dies das zweckmäßige Ergebnis einer Marktabgrenzung darstellen soll oder bereits Aspekten der Marktbeherrschungsprüfung vorgreift, denn diese wird durch die enge Abgrenzung bereits in beträchtlichem Maße prädeterminiert.

Einen ähnlichen Ansatz verfolgt der *„Small but Significant Non-transitory Increase in Cost-Test"* (SSNIC-Test), nachdem das hypothetische Wechselverhalten der Nutzer durch eine Erhöhung der nicht-monetären Kosten für den Nutzer, beispielsweise in Gestalt von mehr oder längerer Werbeschaltung, untersucht wird.[231] Letztlich ist dies nur eine Spielart einer Qualitätsverminderung, die ganz ähnlichen Bedenken wie der SSNQ-Test ausgesetzt ist.

cc) Zwischenergebnis

Die dargestellten Ansätze sind auf die Problematik zugeschnitten, trotz Unentgeltlichkeit der Leistung einen eigenständigen Markt begründen zu müssen,[232] eine Problematik, die auch auf deutscher Ebene wegen § 18 Absatz 2a GWB obsolet geworden ist. Unbestritten befinden sich Plattformbetreiber in einem mehr oder minder intensiven Qualitätswettbewerb, doch sind diese Parameter unterschiedlich und letztlich für jeden Nutzer individuell zu bestimmen. Die große Heterogenität des Angebots lassen Anlehnungen an den SSNIP-Test nicht zu. Eine Anpassung im Hinblick auf Qualitätsmerkmale ermöglicht nur scheinbar die Objektivierung einer letztlich subjektiven Wertungsentscheidung durch Einkleidung in eine Formel, sodass der SSNDQ-Test lediglich ergänzend herangezogen werden kann.

c) Plattformspezifische Adaptionen der Marktabgrenzung

Aufgrund der Schwierigkeiten mit den Spielarten der ökometrischen Ansätze sollte die Prüfung primär auf den zugrundeliegenden Kerngedanken, das Bedarfsmarktkonzept, zurückgefahren werden, wobei zunächst zu klären ist,

---

230 *Stucke/Grunes*, Big Data and Competition Policy, Punkt 7.39 f.

231 *Podszun/Schwalbe*, NZKart 2017, 98, 102.

232 Vor diesem Hintergrund noch *Paal*, GRUR Int. 2015, 997, 1000.

wann hierfür ein einheitlicher Plattformmarkt abzugrenzen ist oder eine nach Marktseiten differenzierte Untersuchung vorgenommen werden muss.

aa) Differenzierte Abgrenzung der verschiedenen Marktseiten

Plattformbasierte Geschäftsmodelle bauen auf unterschiedlichen Wirkmechanismen und Interdependenzen auf. Somit liegt es nahe, eine differenzierte Betrachtung anhand der Eigenschaften des in Rede stehenden Plattformmodells vorzunehmen. So kann in einigen Fällen die getrennte Beurteilung der Marktseiten (also der Nutzergruppen) ein präziseres Abbild des Marktgeschehens liefern, während in anderen Fällen ein einheitlicher Plattformmarkt gebildet werden sollte. Bei einer getrennten Betrachtung der Marktseiten ist es entschei-dend, alle möglichen Substitute für die angebotenen Leistungen in Betracht zu ziehen, sodass beispielsweise sämtliche alternative Formen der (Online)-Werbung zu berücksichtigen sind. Da die Wirkung von indirekten Netzwerkeffekten auf Plattformmärkten entscheidend die Marktstruktur beeinflusst, sehen *Dewenter/ Rösch/ Terschüren* in ihnen den ersten Anhaltspunkt für die Wahl des modus operandi; daher könnten auf zweiseitigen Märkten ohne starke indirekte Netzwerkeffekte auch herkömmliche Marktabgrenzungskriterien herangezogen werden können, sodass für die entgeltliche Marktseite die Kreuzpreis-elastizität zu bestimmen sei.[233]

Auf dieser Grundlage differenziert das Bundeskartellamt bei der Wahl der Abgrenzungsmethodik nach Matching- und Aufmerksamkeitsplattformen: So sollen die Marktseiten auf Matchingplattformen aufgrund ihrer indirekten Netzwerkeffekte und asymmetrischen Preisstrukturen so stark miteinander verzahnt sein, dass von einem einheitlichen Markt für die Plattform auszugehen ist, während bei Aufmerksamkeitsplattformen die beiden Marktseiten getrennt betrachtet werden sollen.[234] Dies wirkt sich vor allem in Gestalt von unterschiedlichen Substitutionsbeziehungen der jeweiligen Marktseiten aus. Transaktionsplattformen zeichnen sich dadurch aus, dass sie zwischen den Marktseiten/ Nutzergruppen beobachtbare Transaktionen vermitteln, während die Interaktion auf Aufmerksamkeitsplattformen sich in eher unspezifischer Interaktion erschöpft, wie Wahrnehmung oder das Schenken von Aufmerksamkeit, wobei die Übergänge aufgrund von Pay-per-Click oder Pay-per-Trans-action-Modellen fließend erscheinen.[235] Diese Besonderheit außen vor gelassen, sind

---

233 *Dewenter/Rösch/Terschüren*, NZKart 2014, 387, 390 f.

234 BKartA, B6-113/15, Arbeitspapier – Marktmacht von Plattformen und Netzwerken, Juni 2016, S. 29.

235 *Dewenter/Rösch/Terschüren*, NZKart 2014, 387, 391.

E-Commerce-Plattformen als Transaktionsplattformen einzuordnen, während soziale Netzwerke eher den Aufmerksamkeitsplattformen zuzuordnen sind. Hinter dieser Differenzierung steht der Gedanke, dass bei Matchingplatt-formen wechselseitige positive indirekte Netzwerkeffekte zwischen den Nutzergruppen wirken, sodass der Zuwachs einer Nutzergruppe abhängig ist vom Zuwachs der anderen Nutzergruppe, also beispielsweise auf einer Verkaufsplattform mehr potenzielle Käufer mehr Händler anlocken und umgekehrt.[236] Bei Aufmerksamkeitsplattformen dementgegen wirken positive indirekte Netzwerkeffekte eher einseitig, sodass sich ein Mehr an Nutzern auf einer Marktseite sich gar negativ auf die andere Marktseite auswirken kann.[237] So ist die steigende Nutzerzahl für Werbetreibende auf sozialen Netzwerken, Nachrichtenseiten oder Websites mit Erwachsenenunterhaltung nur wünschenswert. Freilich ist ein Mehr an Werbung – gerade für die Nutzer der letzteren Kategorie – ein Ärgernis. Anschaulich lässt sich dieser Marktmechanismus an dem Umgang mit Adblockern verfolgen: Insbesondere Nachrichtenseiten wie *handelsblatt.com*, verweigern Lesern, deren Browser einen aktiven Adblocker verwenden, den Zugriff auf ihre Inhalte oder begrenzen diesen auf zahlende Premiumabonnenten.

Das Bundeskartellamt hält eine einheitliche Betrachtung des Plattformmarktes nach dem Bedarfsmarktkonzept für möglich, wenn die jeweiligen Nutzergruppen beide eine einheitliche Leistung nachfragen und ihnen diesbezüglich die gleichen Substitute zur Verfügung stehen, sodass sie sich bei Inanspruchnahme der alternativen Anbieter wieder treffen.[238] Im Fall eines Zusammenschlusses, in dem Immobilienplattformen involviert waren, nahm das Bundeskartellamt einen einheitlichen Plattformmarkt an, da die Nutzergruppen der Immobilienanbieter und Immobiliennachfrager eine Vermittlungsleistung nachfragten, sich bei der Inanspruchnahme von Substituten auf anderen Plattformen erneut träfen und durch starke positive indirekte Netzwerkeffekte miteinander verbunden seien.[239] Hierfür spräche auch die differenzierte Bepreisungsstrategie in Bezug auf die verschiedenen Nutzergruppen, sodass sich ein gemeinsamer Markt der drei großen Anbieter Immobilienscout GmbH (repräsentiert durch die Seite immobilienscout24.de), Immowelt AG und Immonet GmbH, diverser spezialisierte Anbieter sowie einiger Meta-Suchmaschinenbetreiber ergab.[240] Dementsprechend grenzte das Bundeskartellamt

236 BKartA, Hintergrundpapier – Arbeitskreis Kartellrecht, 01.10.2015, S. 12.
237 BKartA, Hintergrundpapier – Arbeitskreis Kartellrecht, 01.10.2015, S. 13.
238 BKartA, Fallbericht B6-39/15 vom 20.4.2015 – Online-Immobilienplattformen, S. 2 f.
239 BKartA, Fallbericht B6-39/15 vom 20.4.2015 – Online-Immobilienplattformen, S. 3.
240 BKartA, Fallbericht B6-39/15 vom 20.4.2015 – Online-Immobilienplattformen, S. 3.

einen Markt für Online-Dating-Plattformen ab, da von Männern und Frauen eine einheitliche Vermittlungsleistung für persönliche Kontakte nachgefragt wurde, die auf dieselben Substitute zurückgreifen würden.[241] Ebenfalls zu diesem Markt zu zählen sind auf bestimmte Zielgruppen spezialisierte Plattformanbieter oder solche, die besondere Leistungen wie Persönlichkeitstests anbieten, wobei sich keine anderweitige Betrachtung ergibt, wenn für ein und dieselbe Leistung können verschiedene Anbieter in Anspruch genommen werden (*Multihoming*).[242] Soweit Multihoming für die Nutzer lediglich der Chancenerhöhung und damit als Ergänzung der Leistung dient (statt als Komplementär), spricht dies hiernach nicht gegen die Annahme eines einheitlichen Marktes. Davon abzugrenzen sei die einen eigenen Markt bildende, zusätzliche Werbefinanzierung, die auf einer Finanzierungsentscheidung beruht und keinen integralen Bestandteil des Plattformkonzepts für die Nutzergruppen bildet.[243]

Bei schematischer Anwendung des vom Bundeskartellamt ins Feld geführten Konzepts stößt man zunächst auf die Schwierigkeit bei der Operabilität des Begriffs „Matching“: Mit der Entscheidung „Online-Dating-Plattformen“ fand ein Übergang vom klar konturierten Begriff „Transaktionsplattform“ hin zum Begriff „Matching“ statt, der auch die Vermittlung eines sozialen Kontakts einschließt, womit dem Wortlaut nach jedwede Interaktion für ein Matching genügen könnte.[244] Daher wird im Schrifttum angeregt, einen einheitlichen Plattformmarkt abzugrenzen, wenn die Bedarfe der Plattformseiten komplementär sind, also die Nutzer einer Plattformseite anbieten, was die andere Seite nachfragt, die Wettbewerbsbedingungen also identisch sind.[245] Den Spielarten der Differenzierung nach Plattformart wird teilweise entgegengehalten, dass sie zur Abbildung des Marktgeschehens häufig nichts beitragen, da letztlich vergleichbare Ergebnisse bei einer getrennten Abgrenzung aufgrund gleicher Substitutionsbeziehungen ermittelt würden.[246]

---

241 BKartA, Fallbericht B6-57/15 vom 22.10.2015 – Online-Dating-Plattformen, S. 1 f.
242 BKartA, Fallbericht B6-57/15 vom 22.10.2015 – Online-Dating-Plattformen, S. 3.
243 BKartA, Fallbericht B6-57/15 vom 22.10.2015 – Online-Dating-Plattformen, S. 2 f.
244 *Ellger*, ZWeR 2018, 272, 281; *Volmar*, ZWeR 2017, 386, 395 f.
245 *Volmar*, ZWeR 2017, 386, 395 f.
246 Lohse, ZHR 182 (2018), 321, 333.

bb) Einbeziehung des Inputs in die Marktabgrenzung

Zur Abgrenzung des relevanten Marktes kann auch ein Ansatzpunkt gewählt werden, der sich auf die Inputfunktion der Daten für digitale Dienste konzentriert. Zwar sind persönliche Daten handelbare Güter, welche die (Gegen-)leistung im Rahmen eines Austauschvertrages verkörpern können, doch ist hauptsächlich Twitter als Plattformbetreiber auf einem „Markt für Daten" aktiv, während andere Plattformbetreiber diese lediglich für die Produktverbesserung oder Targeted Advertising verwenden.[247] Gerade im Hinblick auf Fusionskontrollverfahren datengetriebener Transaktionen wird die Bildung eines hypothetischen Marktes anhand von Daten befürwortet, die für Targeted Advertising, aber auch für neuartige Geschäftsmodelle nützlich sein könnten, um so nicht nur die gegenwärtige Nutzung, sondern auch zukünftige Nutzungspotenziale von Datensätzen ins Auge fassen zu können.[248] Da Einnahmen oftmals nicht mit der Erbringung von (nämlich häufig kostenlosen) Leistungen erzielt werden, sondern mit der Verwertung der gewonnenen Nutzerdaten, wird ein relativ weiter Markt für die Vermarktung von Nutzerdaten zugunsten von Online-Advertisern vorgeschlagen.[249] Aufgrund dessen sollen potenzielle Märkte für die Plattform als Ganzes auf Basis der Austauschbarkeit der benötigten Daten für die Dienste des Plattformbetreibers gebildet werden, sodass die Nutzerseite und die Werbeseite gleichsam Berücksichtigung finden können.[250] Somit wird die Abgrenzung mit anderen Worten nicht anhand der Dienstleistungen, sondern anhand der hierfür benötigten Daten aufgrund ihrer Funktionalität vorgenommen. Vorbild hierfür sollen die Horizontalleitlinien der Kommission sein, nach denen in Industrien mit strukturierten Innovationsprozessen Forschungs- und Entwicklungspole identifiziert werden können, die aufgrund ihrer Zieltechnologie und des zugrunde liegenden Zeitplans substituierbar sein sollen.[251] Ziel der Regelung ist die Sicherung genügend gleichartiger Forschungs- und Entwicklungspole außerhalb einer beabsichtigten Unternehmenskooperation.[252]

Die Anwendung dieser Methodik führt zunächst zu einer Abgrenzung von Offline und Online gewonnenen Nutzerdaten, denn letztere erlauben eine

247 Vgl. *Graef*, World Competition 38, 2015 (4), 473, 489 f.

248 Vgl. *Graef*, World Competition 38, 2015 (4), 473, 492 f.

249 *Thépot*, World Competition 36, 2013 (2), 195, 218.

250 *Graef*, World Competition 38, 2015 (4), 473, 499.

251 *Graef*, World Competition 38, 2015 (4), 473, 494 f.

252 Mitteilung der Kommission, Leitlinien zur Anwendbarkeit von Artikel 101 des Vertrags über die Arbeitsweise der Europäischen Union auf Vereinbarungen über horizontale Zusammenarbeit, Tz. 119 f., ABl. 2011/C 11/01.

umfassende Bewertung des Nutzerverhaltens lange vor der eigentlichen Transaktion – dem Zeitpunkt, an dem zumeist die Offline-Datenerhebung beginnt –, sodass zwischen diesen beiden Kategorien keine Substitutionsbeziehung bestehen kann.[253] Online erhobene Daten können in einem zweiten Schritt nach Suchdaten, Daten aus sozialen Netzwerken oder E-Commerce-Daten unterschieden werden, wobei die eine getrennte Marktabgrenzung zwischen den verschiedenen Plattformseiten vorgenommen werden soll.[254] Somit ergibt sich beispielsweise für Suchmaschinen und soziale Netzwerke eine ‚kommerzielle' Marktseite für Werbetreibende oder solche Unternehmen, die Datensätze für eigene Untersuchungen erheben und eine regelmäßig nicht gewerbliche Seite für Informationssuchende oder Nutzer, die soziale Netzwerkleistungen in Anspruch nehmen wollen. Eingedenk der bereits thematisierten Gefahr einer Atomisierung der Märkte erscheinen gerade im Bereich der sozialen Netzwerke die erhobenen Datensammlungen derartig einzigartig, dass zwischen den verschiedenen Plattformbetreibern keine Konkurrenzsituation bestehen kann, was sich aufgrund des besonderen Konzepts, der vollkommenen Öffentlichkeit sowie der kaum vorhandenen Privatsphäre insbesondere über die von Twitter erhobenen Daten sagen ließe.[255]

Durch die Einbeziehung der für die Dienstleistungen der Nutzer benötigten Daten wird es womöglich doch wieder indirekt auf einen Vergleich der Dienstleistungen selbst hinauslaufen, wenn diese auf Informationen basieren, die auf verschiedene Art gewonnen werden können. So können beispielsweise Informationen über den Musikgeschmack durch Auswertung des Profils einer Musikstreamingplattform oder durch „Gefällt mir"-Angaben auf Fanseiten einer Band gewonnen werden. Dennoch bietet sich die Chance, den Blick auf die zentralen Aspekte der digitalen Ökonomie zu richten, weg von wenig zielführenden Rechenproben des SSNIP-Tests, die im Angesicht der Kostenloskultur nur scheitern können. Eine unterschiedslos getrennte Betrachtung der verschiedenen Plattformseiten, also der verschiedenen Nutzergruppen, verkennt wiederum die Dynamiken und Interdependenzen der Gruppen untereinander, welche die Marktstrukturen wesentlich beeinflussen. Fraglich bleibt allerdings auch hier, inwieweit im Rahmen einer Untersuchung das benötigte Datenmaterial erlangt werden kann. Große Unternehmen im digitalen Sektor zeigen möglicherweise trotz der Möglichkeit der Geheimhaltung oder Anonymisierung nur

253 *Graef*, Data as Essential Facility, S. 261 f.
254 *Graef*, Data as Essential Facility, S. 262.
255 Vgl. *Graef*, World Competition 38, 2015 (4), 473, 499.

eine begrenzte Bereitschaft, Forschungs- und Entwicklungsprojekte vollständig offenzulegen.

cc) Anwendung eines plattformmarktspezifischen Bedarfsmarktkonzepts

Aufgrund der offenbarten Schwächen alternativer Marktabgrenzungskonzepte sollte unter Berücksichtigung plattformmarktspezifischer Besonderheiten zumindest auf den Kern des Bedarfsmarktkonzepts zurückgegriffen werden, was hier exemplarisch anhand der Onlinesuche und sozialen Netzwerke untersucht werden soll. Besonderes Augenmerk ist auch auf die Differenzierung der Marktseiten und ihre jeweiligen Substitutionsbeziehungen zu richten.

(1) Onlinesuche

Die Onlinesuche ist für die Nutzerseite kostenlos, sie zahlen ihren Preis ‚in Daten', welche sich für den SSNIP-Test nicht quantifizieren lassen, sodass eine qualitative Abgrenzung der Substitutionsbeziehungen der Marktseiten vorzunehmen ist. Zunächst ist der Blick auf die Beziehung zwischen der Nutzerseite, die Suchanfragen an Suchmaschinen richtet, und dem Suchmaschinenbetreiber zu werfen. Hierbei stellt sich die Frage, ob eine Substitutionsbeziehung besteht zwischen horizontalen (allgemeinen) Suchdiensten, wie Google oder Bing, und vertikalen (spezialisierten) Suchdiensten, wie Amazon oder Google Shopping. So sieht *Klotz* in der Plattformspezialisierung keine Konkurrenz für die allgemeineren Dienste, denn das Auftreten von Multihoming spräche gegen die Annahme einer Wettbewerbssituation, weil die allgemeineren Dienste diesen speziellen Bedarf nicht befriedigen könnten.[256] Dafür ließe sich anführen, dass ein auf Shopping oder Reise spezialisierter Suchmaschinendienst nur bedingt in einem Konkurrenzverhältnis zu einer allgemeinen Suchmaschine steht, wobei im Einzelfall zu prüfen wäre, welche Informationen auch über allgemeine Suchmaschinen zu finden sind und dafür genutzt werden. Die Monopolkommission schlägt hierfür vor, den Anteil der Verweise durch eine allgemeine Suchmaschine auf die Websites der Anbieter von Hotels, Flügen, Restaurants etc. heranzuziehen.[257] Dies erweist sich allerdings als wenig praktikabel, da die Substitutionsbeziehungen von der Art der Suchanfrage abhängen, sodass horizontale und vertikale Suchdienste für bestimmte Suchanfragen Überschneidungen haben, während sie für andere Suchanfragen komplementäre Dienste erbringen.[258] Die

256 *Klotz*, WuW 2016, 58, 61.
257 Monopolkommission, Sondergutachten 68, Tz. 194.
258 Vgl. *Höppner/Grabenschröer* NZKart, 2015, 162, 167.

Spezialisierung eines Suchdienstes erlaubt und bedingt glei-chermaßen die Einführung von zusätzlichen Diensten, wie Bewertungstools oder spezielle Suchfilter, die ein allgemeiner Suchanbieter nicht oder nicht in diesem Maße anbieten kann.[259] Insbesondere wäre es unzweckmäßig, anhand aller denkbaren Suchanfragen und -präferenzen ‚kartellrechtliche Nanomärkte' zu bilden. In den Bereichen der Kunst und Technologie lässt sich aufgrund der fein ausdifferenzierten Nutzerpräferenzen ein ähnliches Dilemma beobachten, sodass behelfsmäßig lediglich bei ausreichend aggregierten Nutzerinteressen ein eigenständiger Markt abgegrenzt wird.[260] Bei Suchmaschinenanfragen dürfte dies kaum der Fall sein, da sie ein hohes Maß an Individualität aufweisen. Auch aufgrund der unterschiedlichen Geschäftsmodelle, die allgemeiner und spezialisierter Suche zugrunde liegen, lässt sich die fehlende Substituierbarkeit untermauern: Während sich allgemeine Suchdienste zunächst des Web Craw-lings zur Erstellung der Suchergebnisse bedienen, geschieht dies bei spezialisierten Suchanbietern aufgrund von Geschäftsbeziehungen mit Herstellern – daher erfolgt die Finanzierung mittels *paid inclusion*, Servicegebühren und Vermittlungsgebühren.[261] Aufgrund dessen operieren die Algorithmen vertikaler und horizontaler Suchmaschinen auch mit verschiedenen Relevanzkriterien.[262] Zur Untermauerung des aufgefundenen Ergebnisses rekurrierte die Kommission in ihrer Google-Shopping-Entscheidung auch auf Googles eigene Vermarktungspraxis, welche Google Shopping als eigenständige Dienstleistung mit variierender Funktionalität verglichen mit dem allgemeinen Suchdienst bewarb.[263] Auch existieren keine gleichwertigen Alternativen Zugangsmöglichkeiten zu den gewünschten Websites und auch die eigenständige Eingabe der URL – im Falle von bekannteren Websites (Wikipedia o.ä.) – verkörpern kein relevantes Substitut, da hier kein Konkurrenzprodukt zu einer echten Such- und Vermittlungsleistung vorliegt, sondern eine eigenständige Nutzerhandlung.[264] Solche Websites sind außerdem

---

259 Kom., Beschluss vom 27.06.2017, COMP/ AT.39740, C(2017) 4444 final, Rn. 176 – Google Search (Shopping).

260 Vgl. *Ullrich/Heinemann*, in: Immenga/Mestmäcker, EU-Wettbewerbsrecht, VII. Abschnitt. Immaterialgüterrecht B., Rn. 47; Heinemann, Google als kartellrechtliches Problem?, S. 24.

261 Kom., Beschluss vom 27.06.2017, COMP/ AT.39740, C(2017) 4444 final, Rn. 168 – Google Search (Shopping).

262 *Lohse*, ZHR 182 (2018), 321, 340 f.

263 Kom., Beschluss vom 27.06.2017, COMP/ AT.39740, C(2017) 4444 final, Rn. 171 f. – Google Search (Shopping).

264 Heinemann, Google als kartellrechtliches Problem?, S. 23.

auf das Angebot ihres Unternehmens sowie ihrer Partner beschränkt, sodass kein Blick auf die gesamte und angrenzende Produktpaletten geboten wird.[265] Folglich ist eine separate Abgrenzung von vertikalen und horizontalen Suchdienstleistungen vorzunehmen.

Zu bedenken ist auch, dass Googles vertikale Integration von Diensten (Google Shopping, Travel, Bücher) die Abgrenzung von horizontaler und vertikaler Suche mehr und mehr an Kontur verliert. Dies soll aber nicht den Blick auf die mögliche Konkurrenzsituation zwischen horizontalen Suchdienstleistern, wie Google und spezialisierten Suchdienstbetreibern, wie Amazon oder Ebay verstellen. Diese werden verstärkt bei der Suche nach einer Ware konsultiert, insbesondere wenn bereits die Wahl auf ein bestimmtes Produkt gefallen ist. Der Umstand, dass Amazon und Ebay nicht nur die Suche nach einem Produkt ermöglichen (wie es Google leistet), sondern auch die eigentliche Transaktion gestalten, soll die Konkurrenzsituation sogar verstärken, statt die Substitutionsbeziehung wegen eines Mehrs entfallen lassen.[266] Ebenfalls von Relevanz sind die Substitutionsbeziehungen auf dem Indizierungsmarkt von Inhalten zwischen der Nutzergruppe der Werbetreibenden und den Suchmaschinenbetreibern, also die Listung in einem Suchindex und gegebenenfalls die kostenpflichtige bevorzugte Darstellung.[267] Schließlich dienen auch Suchmaschinen als Werbefläche, sodass eine Marktbeziehung auch zwischen Werbetreibenden, die auf der Suche nach suchbasierter Werbung sind, und dem Plattformbetreiber besteht. So kann zunächst zwischen online und offline geschalteter Werbung unterschieden werden, wobei teilweise[268] angeregt wird, aufgrund der einheitlichen, begrenzten Budgetierung der Unternehmen zugunsten von Werbung im Allgemeinen von einem einheitlichen Werbemarkt auszugehen, da aus Sicht des Unternehmens eine Online-Werbe-offensive stets zulasten der Offline-Werbung auswirke. Letztere ist allerdings weit weniger spezifisch, da sie nicht auf eine umfassende Auswertung des Nutzerverhaltens zurückgreifen kann und nicht von einer passgenauen Vergütungsmethodik in Gestalt von Pay-Per-Click-Modellen zurückgreifen kann, sodass hier keine Substitutionsbeziehung vorliegen kann.[269] Zugleich bietet dieser Ansatz ähnliche Angriffspunkte wie das Konzept

---

265 Kom., Beschluss vom 27.06.2017, COMP/ AT.39740, C(2017) 4444 final, Rn. 165 – Google Search (Shopping).

266 *Körber*, NZKart 2015, 415, 417.

267 *Höppner*/Grabenschröer, NZKart, 2015, 162, 167; *Ott*, MMR 2006, 195, 197.

268 *Thépot*, World Competition 36, 2013 (2), 195, 210 f.

269 Analog hierzu vgl. für die Erhebung von Nutzerdaten *Graef*, Data as Essential Facility, S. 261 f.

der Wirtschaftspläne, denn die Form der Budgetaufteilung, welche von Unternehmen zu Unternehmen unterschiedlich ausfallen kann, bietet keinen belastbaren Anhalt für die Wahrnehmung von Konkurrenzsituationen. Ebenfalls abzugrenzen sind suchbasierte und nichtsuchbasierte Werbung, da letztere aufgrund von Nutzeranalysen geschaltet werden, während erstere personen- und transaktionsspezifisch erscheinen und somit eine höhere Passgenauigkeit aufweisen.[270]

Die Kommission grenzte im Fall Google Shopping lediglich einen einheitlichen (nationalen) Suchmaschinenmarkt für allgemeine Suchdienstleistungen ab, wobei sie insbesondere auch Abgrenzungen von spezialisierten Suchdiensten und Anbieterwebsites vornahm; für Suchdienstleistungen auf mobilen Endgeräten ergab sich kein separater Markt, da es sich hierbei lediglich um einen anderen Zugriffspunkt handelt und keine relevanten anderen Wettbewerber ersichtlich seien.[271] Indes hat sie eine Unterscheidung nach Marktseiten unter Berücksichtigung der Interdependenzen der Nutzergruppen, wie sie hier angerissen wurde, nicht vorgenommen, sodass das von der Kommission gezeichnete Bild der Marktsituation nicht alle möglichen Substitute auf den Gebieten der Indexierung und Werbung erfasst oder zumindest ausschließt. Es ist wohl zu vermuten, dass sich die Kommission aufgrund der überragenden Markanteilssituation Googles nicht durch die schwierigere Beweisführung bei der separaten Beurteilung verschiedener Marktseiten angreifbar machen wollte.[272]

(2) Soziale Netzwerke

Die Marktabgrenzung bei sozialen Netzwerken kann aufgrund des hohen Spezialisierungsgrades zu recht kleinen Märkten führen, welche den tatsächlichen Wettbewerbsdruck nicht adäquat widerspiegeln können. In seinem Verfahren gegen Facebook wegen Konditionenmissbrauchs nahm die Behörde zur Abgrenzung des sachlich relevanten Marktes Stellung, wobei aus der Nutzersicht ein einheitlicher Plattformmarkt als nachgefragte Leistung abzugrenzen war. Das Bundeskartellamt charakterisiert Facebook als ein durch zielgerichtete Werbung finanziertes Netzwerk, das private Nutzer, Werbetreibende, Entwickler und Inhalteanbieter als Nutzergruppen auf dem Plattformmarkt zusammenbringt, wobei zwischen den Nutzergruppen starke indirekte Netzwerkeffekte wirken.[273]

---

270 *Höppner/Grabenschröer*, NZKart, 2015, 162, 166 f.

271 Kom., Beschluss vom 27.06.2017, COMP/ AT.39740, C(2017) 4444 final, Rn. 154 – Google Search (Shopping).

272 So *Höppner*, WuW 2017, 421.

273 BKartA, Fallbericht vom 15.02.2019, B6-22/16 – Facebook, S. 4.

Mit Hilfe von Nutzer- und Wettbewerberbefragungen wurde zunächst aufgrund der unterschiedlichen Zweckrichtung eine Abgrenzung zu beruflich ausgerichteten Diensten wie Xing vorgenommen.[274] Dies ist folgerichtig, da Facebook und andere Dienste sich in puncto Gesamtausrichtung, Er-scheinungsbild, Postingverhalten etc. nicht zur beruflichen Kontaktpflege gleichermaßen eignen. Dass Unternehmen auch private soziale Netzwerke zur Präsentation und für Networking nutzen, steht dieser Feststellung nicht entgegen, da es hier um die Austauschbarkeit aus der Perspektive der privaten Nutzer geht.

Die Abgrenzung fällt bei privat genutzten sozialen Netzwerken aufgrund vielfältiger Überschneidungen der Funktionen deutlich schwerer und tendiert zur Kleinteiligkeit. Das Bundeskartellamt grenzt im nächsten Schritt Messaging-Dienste, Videoplattformen, aber auch den Microblogging-Dienst Twitter sowie Dienste mit Schwerpunkt in der Fototeilung, wie Pinterest und Instagram sowie auch Snapchat ab.[275] Der Zweck von „Social Media" besteht laut Duden darin, miteinander zu kommunizieren und Inhalte auszutauschen.[276] Die technische Gewährleistung dieses Vorgangs ist letztlich der Zweck sozialer Netzwerke und damit die gebotene Leistung. Dass die Betreiber ihren Schwerpunkt auf bestimmte Aspekte legen, deutet zunächst auf eine Spezialisierung innerhalb eines Marktes und nicht auf die Annahme verschiedener Märkte. Zudem bedeutet dieser Schwerpunkt häufig nicht, dass andere Dienste überhaupt nicht angeboten werden – so enthält Instagram neben dem Kerngeschäft des Fototeilens ebenfalls eine Chatfunktion. Für eine engere Abgrenzung könnte das häufig auftretende *Multihoming* der Nutzer sprechen, denn handelte es sich bei den Netzwerken um Substitute, hätte der Nutzer sich lediglich für eines entschieden.[277] Dagegen spräche allerdings die häufige Trendorientierung der eher jüngeren Zielgruppe sowie das Streben nach umfassender Vernetzung und Präsentation durch Ausschöpfung aller verfügbaren Dienste.

Auch kann der Gedanke der Angebotsumstellungsflexibilität eine Rolle spielen, nach dem Anbieter ähnlicher Dienstleistungen oder Waren auch Wettbewerbsdruck entfalten und dementsprechend zu dem relevanten Markt zählen, die ihre Produktion zeitnah und mit einem wirtschaftlich vertretbaren Aufwand umzustellen in der Lage sind:[278] So hat WhatsApp eine mit Snapchat

274 BKartA, Fallbericht vom 15.02.2019, B6-22/16 – Facebook, S. 5.

275 BKartA, Fallbericht vom 15.02.2019, B6-22/16 – Facebook, S. 5 f.

276 *duden.de/rechtschreibung/Social_Media*, zuletzt abgerufen am 09.09.2018.

277 *Klotz*, WuW 2016, 58, 61.

278 *Kühnen*, in: Loewenheim/Meessen/Riesenkampff, Kartellrecht, GWB § 18 Rn. 45.

vergleichbare Statuseingabefunktion integriert, bei der neben der Chatfunktion auch für alle Kontakte sichtbar ein mit Text versehenes Statusbild geteilt werden kann. Zudem lassen sich Parallelen zu den Sortimentsmärkten ziehen, nach denen ein Bündel an Leistungen, wie das Sortiment eines Lebensmitteleinzelhandels oder Krankenhausdienstleistungen einen eigenständigen Markt bildet, wenn der Nachfrager ein solches Bündel erwartet.[279] Die Nutzer sozialer Netzwerke erwarten vermutlich einen bestimmten Grundkatalog an Diensten, wie die Möglichkeit, Bilder und andere Inhalte einer Vielzahl anderer Nutzer zugänglich machen zu können oder die Ermöglichung einer privaten Kommunikation. Das Bundeskartellamt hält das Konzept der Angebotsumstellungsflexibilität auf Plattformmärkten zwar für anwendbar, sieht sich aber in seinem Ergebnis bestätigt, da benachbarte Internetdienste zwar die technischen und wirtschaftlichen Möglichkeiten hätten, auf einem nahegelegenen Plattformmarkt tätig zu werden, aber es ihnen regelmäßig nicht gelänge, die kritische Masse an Nutzern zu überschreiten, da sie Reichweite bzw. die Wirkung der Netzwerkeffekte nicht auf den neuen Markt transferieren können.[280] Dies habe das Scheitern des sozialen Netzwerks Google+ eindrucksvoll nachgewiesen. Diese Argumentation ist allerdings nicht zwingend, da die Ausübung von Wettbewerbsdruck nicht anhand einer ex-post-Betrachtung aufgrund mangelnden Erfolgs des Geschäftsmodells verneint werden kann.

Folglich liegt es näher, privat genutzte von beruflichen sozialen Netzwerken abzugrenzen, aber im Rahmen von privaten Netzwerken von der Gewährleistung von Kommunikation und Inhaltetausch auszugehen, sodass eine bloße Spezialisierung/Fokussierung auf das Teilen von Bildern o.ä. nicht zu einer Annahme von gesonderten Märkten führt, denn diese ist gerade Ausdruck des wirkenden Wettbewerbsdrucks zwischen den Plattformbetreibern, welche bemüht sind, ihre bestehenden Konzepte um weitere Dienste zu ergänzen. Handelt es sich allerdings um Videoportale, liegt der Schwerpunkt klar auf der Verbreitung von Videos, sodass die Kommunikationsfunktion aus Sicht der Nutzer schwerlich substituierbar sein könnte. Einzelne Fotos oder Statusmeldungen lassen sich oftmals nicht sinnvoll in Videoform gießen und auch die Weiterverbreitung von Nachrichten ist auf Videoportalen naturgemäß größerer Streuung ausgesetzt. Videoportale bieten zudem weniger Möglichkeiten der privaten

279 *Kühnen*, in: Loewenheim/Meessen/Riesenkampff, Kartellrecht, GWB § 18 Rn. 25 f.

280 BKartA, Fallbericht vom 15.02.2019, B6-22/16 – Facebook, S. 6: vgl. auch schon BKartA, B6-113/15, Arbeitspapier – Marktmacht von Plattformen und Netzwerken, Juni 2016, S. 48.

Echtzeitkommunikation. Im Fall Facebook war die exakte Marktabgrenzung unterdessen von untergeordneter Bedeutung, da auch bei großzügiger Abgrenzung die Marktbeherrschungsvermutung des § 18 Absatz 4 GWB von 40 % erfüllt war.

Ähnliche Substitutionsbeziehungen wie für den privaten Nutzer dürften sich auch für Werbetreibende ergeben: Gewiss gestattet YouTube dem Werbetreibenden durch die Möglichkeit, ganze Clips vor dem eigentlichen Video abspielen zu können, andere Werbeoptionen als Facebook. Facebook erlaubt eine bessere Unternehmenspräsentation und verfügt über andere Möglichkeiten des *targeted advertising*. Als relevante Substitute für das Videoportal YouTube sind Vimeo oder Dailymotion zu nennen; für Facebook lassen sich Twitter, Instagram oder Snapchat anführen. Die Einzigartigkeit des Social Media Marketing streitet zudem für eine einheitliche Abgrenzung der Plattformmärkte.

(3) Stärkere Berücksichtigung der Marktentwicklung

Der Oberste Volksgerichtshof der Volksrepublik China bekam in der Streitigkeit Qihoo 360/Tencent die Gelegenheit, zu wettbewerbsrechtlichen Fragestellungen im Internetzeitalter Stellung zu nehmen, wobei auch einige Ansätze zur Abgrenzung des sachlich relevanten Marktes und ihrer Reichweite geliefert wurden:[281] In der Sache ging es um die zwei chinesischen Internetunternehmen Qihoo und Tencent, die eine Vielzahl von häufig kostenlosen Anwendungen anbieten: Tencent bietet beispielsweise einen Instant Messenger, einen Microblogging-Dienst (vergleichbar mit Twitter oder Facebook), ein soziales Netzwerk, ein Antivirenprogramm oder auch Spiel-Apps für mobile Endgeräte, Qihoo 360 außerdem u.a. einen Webbrowser und eine Suchmaschine. Qihoo 360 warf Tencent wettbewerbsrechtswidriges Verhalten vor, indem Tencent als mutmaßlich marktbeherrschendes Unternehmen die Nutzer seines Instant Messengers dazu zwang, sich zwischen Tencent und Qihoo 360-Software zu entscheiden, sodass diese sich beispielsweise auf Antivirensoftware anderer Hersteller (wie

281 Dazu im Folgenden die Urteilsbesprechungen in englischer Sprache bei: *Evans/Zhang*, Qihoo 360 v Tencent: First Antitrust Decision by The Supreme Court, abrufbar unter: competitionpolicyinternational.com/qihoo-360-v-tencent-first-antitrust-decision-by-the-supreme-court/; Hing/Heyue u.a., The Supreme Court Goes Online with Anti-Monopoly Law Principles : A Review of Qihoo v.s. Tencent Abuse of Market Dominance Case (zur Marktabgrenzung Punkt 1), chinalawinsight.com/2014/11/articles/corporate/antitrust-competition/the-supreme-court-goes-online-with-anti-monopoly-law-principles%EF%BC%9Aa-review-of-qihoo-v-s-tencent-abuse-of-market-dominance-case, letzter Zugriff am 09.09.2018.

Tencent) ausweichen mussten. Zudem wurde Tencent eine missbräuchliche Kopplungspraktik vorgeworfen, indem im Rahmen eines Softwareupdates für den Instant Messenger verpflichtend auch die Antivirensoftware zu installieren war. Nach dem Verständnis des Gerichtshofs erfolgt nach chinesischem Kartellrecht die Bestimmung des relevanten Marktes nicht zum Selbstzweck, sondern stellt lediglich ein Hilfsmittel zur Identifikation der Marktbeherrschung und des daraus resultierenden missbräuchlichen Verhaltens dar, das in einigen Fällen aufgrund nicht verfügbaren Datenmaterials seinen Zweck nicht erfüllen kann. Unter Berücksichtigung der kostenlosen Anwendungen, die Tencent seinen Nutzern bietet, zog das Gericht den qualitätswettbewerbsorientierten SSNDQ-Test dem auf den Preiswettbewerb angelegten SSNIP-Test vor. Somit grenzte der Gerichtshof einen Markt für Instant Messenger ab, denn bei einer hypothetischen kleinen, dauerhaften Herabsenkung der Qualität würden die Nutzer nicht auf Microblogging, Social Media, SMS oder E-Mails als Kommunikationsmittel ausweichen.

Im Rahmen seiner Analyse betont der Gerichtshof die Notwendigkeit, auf digitalen Märkten die besondere Dynamik angemessen zu berücksichtigten, sodass Marktentwicklungen oder Marktreaktionen auf ein bestimmtes (gegebenenfalls monopolistisches) Verhalten zu berücksichtigen sind. Im konkreten Fall wurde somit der Wettbewerbsdruck von Instant Messenger-Diensten für mobile Endgeräte berücksichtigt, da sich ein Trend weg von der Nutzung von Messengerdiensten auf stationären Endgeräten abzeichnete. In der deutschen und europäischen Rechtsprechung wird diesem Gedanken durch Berücksichtigung der Angebotsumstellungsflexibiliät und des potenziellen Wettbewerbs verankert, wobei letzterer nach Auffassung der Kommission im Rahmen der Marktabgrenzung nicht zu berücksichtigen sein soll. Beide Konzepte unterscheiden sich im Wesentlichen nach der Schnelligkeit eines möglichen Markteintritts, wobei bei einem mittelfristig möglichen Markteintritt in einem Zeitraum von ca. 1–2 Jahren lediglich von einem potenziellen Wettbewerb auszugehen ist, während eine kurzfristige Umstellung eine mögliche Angebotssubstitutionsbeziehung darstellen soll – hierfür werden Zeiträume von bis zu einem Jahr veranschlagt.[282]

Zwar mag es oft schwierig sein, Marktentwicklungen über einen längeren Zeitraum hinaus belastbar zu prognostizieren, doch zeigte die Einschätzung des chinesischen Obersten Volksgerichtshofs aus dem Jahr 2014, die Sinnhaftigkeit einer solchen Handhabung. Der Anteil der Internetnutzer, die via mobile

282 *Thomas*, in: Immenga/Mestmäcker GWB § 36 Rn. 124 f.

Endgeräte zugreifen, ist tatsächlich kontinuierlich gestiegen,[283] sodass hiervon ein stärkerer Konkurrenzdruck auf Anwendungen für stationäre Endgeräte ausgeht. Zumindest einen Anhaltspunkt kann hierbei, in Anlehnung an die Horizontalleitlinien, der Zugang zu bestimmten Datensätzen und die hieraus resultierenden Verwendungs- und Innovationsmöglichkeiten bieten.[284]

(4) Alternativen zur Marktabgrenzung

Der Aufstieg der Plattformökonomie wirft erneut und vehement Fragen nach der Legitimation der Marktabgrenzung in seiner jetzigen Form insbesondere in Gestalt quantitativer Berechnungsmethoden in der kartellrechtlichen Prüfung auf. Insbesondere letztere vermitteln den Eindruck einer objektiven Modellierung einer ökonomischen Realität, wobei auch sie auf einer normativen Entscheidung fußen. Nach wie vor wird der Marktabgrenzung für die Fallprüfung eine enorme Relevanz attestiert, da diese das Marktbild vorgibt, an der sich die anschließende Prüfung zu orientieren hat, wobei auch auf ein weiteres Festhalten an quantitativen Methoden gepocht wird.[285] Die Marktabgrenzung und die sich anschließende, vordergründig auf Basis des Marktanteils erfolgende Bestimmung der marktbeherrschenden Stellung wird durch die Einflüsse der Digitalisierung zunehmend erschwert. Dies kann u.a. auf neue Parameter, wie Nutzungsdauern, Zahlen der Suchanfragen oder vermittelten Weiterleitungen oder alternative Finanzierungsformen zurückgeführt werden. Schließlich können Marktanteile auf *tipping markets* ein verzerrtes Bild bei der Marktmachtbeurteilung liefern. Marktgrenzen stellen oft nur eine Momentaufnahme dar, die aufgrund hoher Konvergenz digitaler Märkte oft zeitnah wieder verschmelzen oder gänzlich verschwinden.[286]

Daher schlägt *Grave* mit Blick auf die US-amerikanische Rechtsentwicklung vor, die Marktabgrenzung lediglich als erste Annäherung zu verstehen und den Fokus auf eine Auswirkungsanalyse im Einzelfall im Sinne einer *theory of harm* zu verschieben.[287] *Podszun* will daher bereits die Definition des Marktes offen gestalten, sodass ein Markt im kartellrechtlichen Sinne das Umfeld nachzeichnen

---

283 Vgl.nur Statista, Anteil der mobilen Internetnutzer in Deutschland nach Endgeräten in den Jahren 2011 bis 2016, de.statista.com/statistik/daten/studie/181973/umfrage/genutzte-mobilgeraete-fuer-mobilen-internetzugang-in-deutschland/, zuletzt abgerufen am 09.09.2018.

284 Dazu bereits A.IV.2.c)bb).

285 *Dewenter/Rösch/Terschüren*, NZKart 2014, 387 passim.

286 Vgl. *Podszun/Leber*, KSzW 2015, 316, 327.

287 *Grave*, in: Kersting/Podszun, Die 9. GWB-Novelle, Kapitel 1 Rn. 35.

solle, indem die zu untersuchende Praxis stattfindet, um alle für die Beteiligten entscheidungsrelevanten Faktoren zu erfassen.[288] Somit soll vor der Anwendung quantitativer Methoden zunächst ein Gesamtbild des Marktes gezeichnet werden, der rechtliche Rahmenbedingungen, Marktzutrittsschranken, Beziehungen der Marktteilnehmer untereinander oder Transaktionskosten umfasst.[289] In letzter Konsequenz stellte dies eine weitgehende Abkehr von den Konzeptionen des deutschen und europäischen Konzeptionen des kartellrechtlichen Marktbegriffs dar, der auch Auswirkungen auf das Freistellungssystem hätte und daher nur Gegenstand einer größeren rechtspolitischen Diskussion sein kann.

d) Fazit

Die Abgrenzung des relevanten Marktes im Umfeld der digitalen Ökonomie stößt fortwährend auf neue Schwierigkeiten, für die eine abschließende Lösung wohl angesichts der immer neuen Geschäftsmodelle kaum aufzufinden sein wird. Doch zeigen die dargestellten Ansätze, dass die Terminologie offen genug ist, um aktuelle ökonomische Erkenntnisse in die Beurteilung angemessen einfließen zu lassen. Vorzugswürdig erscheint eine stärkere Orientierung zum Kerngedanken des Bedarfsmarktkonzepts, wobei quantitative Berechnungsmethoden zumindest in diesem Wirtschaftszweig aufgegeben werden sollten, da sie in modifizierter Anwendung auf Plattformmärkte schwerlich anwendbar sind und Sachverhalte nur verkomplizieren. Entscheidend ist eine flexible Handhabung der verschiedenen Konzepte bei exakter Bestimmung der Nachfragerperspektive. Hierfür können Konzepte, wie der SSNDQ-Test oder eine stärkere Berücksichtigung von Marktentwicklung dienen, da digitale Märkte von hoher Konvergenz geprägt sind und klare Trennungen vermehrt verschwimmen. In einigen Fällen kann eine nach Marktseiten differenzierte Analyse etwaige Substitutionsbeziehungen besser widerspiegeln. Ein gänzlicher Verzicht auf die Marktabgrenzung ist angesichts des im europäischen Primärrecht und im nationalen Recht verankerten Marktbegriffs aktuell nicht möglich, doch sollte eine stärkere Verlagerung auf Auswirkungsanalysen erwogen werden.

V. Marktmacht auf Plattformmärkten

Gemessen an ihrem Börsenwert sind sechs der zehn wertvollsten Unternehmen solche der sogenannten digitalen Ökonomie. Dies legt bereits den Schluss

---

288 *Podszun*, The Antitrust Bulletin 61, 2016 (1), 121, 130.

289 *Podszun/Franz*, NZKart 2015, 121, 126.

nahe, dass Unternehmen aus diesen Wirtschaftszweigen ein hohes Potenzial aufweisen, die Vormachtstellung auf verschiedensten Märkten einzunehmen. Das große Innovations- und Disruptionspotenzial sowie die hohe Konvergenz der digitalen Märkte erfordern bereits bei der Abgrenzung der (sachlich) relevanten Märkte Anpassungen. So verhält es sich auch bei der Identifikation der marktbeherrschenden Stellung, welche prüfungstechnisch den Ausgangspunkt für die spätere Prüfung einer missbräuchlichen Verhaltensweise bildet. Das Plädoyer für eine weitere Marktabgrenzung verlagert den Schwerpunkt der Untersuchung auf die eine konkrete Verhaltensanalyse: Ein hoher Marktanteil muss mehr noch im Kontext der Besonderheiten des jeweiligen Plattformkonzepts beurteilt werden. Auch hier sollen die Methoden zur Bestimmung einer marktbeherrschenden Stellung auf analogen/einseitigen Märkten und auf Plattformmärkten gegenübergestellt werden.

1. Ermittlung der marktbeherrschenden Stellung auf einseitigen Märkten

Art. 102 AEUV stipuliert, anders als § 18 GWB für das deutsche Recht, keine Indikatoren für das Vorliegen einer marktbeherrschenden Stellung. Die Rechtsprechung geht von einer marktbeherrschenden Stellung aus, sobald ein Unternehmen eine wirtschaftliche Stellung auf dem relevanten Markt einnimmt, die es ihm ermöglicht, sich von übrigen Wettbewerbern, Abnehmern und Verbrauchern in nennenswertem Umfang unabhängig zu verhalten, sodass letztlich der wirksame Wettbewerb ausgeschaltet wird.[290] Obgleich also die marktbeherrschende Stellung eines Unternehmens als solche nicht zu beanstanden ist, wird teils angenommen, bereits ihre bloße Existenz indiziere das Vorliegen eines missbräuchlichen Ausbeutungs- oder Verdrängungswettbewerbs,[291] wobei auch die Kommission im Rahmen ihres *more economic approach* die Position des Unternehmens als maßgeblich ansieht, über einen andauernden Zeitraum die Preise erhöhen zu können.[292] Die Frage, in welchem Verhältnis die Elemente der

290 EuGH, Rs. C-27/76, ECLI:EU:C:1978:22 Rn. 65 – United Brands; *Fuchs/Möschel*, in: Immenga/Mestmäcker AEUV Art. 102 Rn. 76.

291 *Rittner/Dreher/Kulka*, Wettbewerbs- und Kartellrecht, Rn. 1111 f.; a.A. *Bergmann/Fiedler*, in: Loewenheim/Meessen/Riesenkampff, Kartellrecht, AEUV Art. 102 Rn. 116.

292 Kom., Mitteilung – Erläuterungen zu den Prioritäten der Kommission bei der Anwendung von Artikel 82 des EG-Vertrags auf Fälle von Behinderungsmissbrauch durch marktbeherrschende Unternehmen, ABl. 2009 C 45, 7, Rn. 11; *Bergmann/Fiedler*, in: LMRKM AEUV Art. 102 Rn. 142.

Verhinderung des Aufkommens von Wettbewerbern einerseits sowie der eigenständigen Determination des Wettbewerbsverhaltens stehen sollen, darf an dieser Stelle unerörtert bleiben, da die Prüfung im Einzelfall anhand eigenständiger Kriterien erfolgt.[293]

Von überragender Bedeutung ist das Kriterium des Marktanteils an dem zuvor abgegrenzten, relevanten Markt, wobei ein Marktanteil von über 50 % eine Vermutung für das Vorliegen einer marktbeherrschenden Stellung begründet, während ein Anteil von unter 25 % diese jedenfalls als nahezu ausgeschlossen erscheinen lässt.[294] Dabei ist zunächst das Gesamtvolumen des sachlich und örtlich relevanten Marktes anhand des Absatzes, der Menge, des Mengenumsatz oder Umsatzwerten zu ermitteln, um anschließend das Angebot oder die Nachfrage des Unternehmens anteilig zu bestimmen.[295] Der Marktanteil ist eo ipso schon von begrenzter Aussagekraft, da er stets im Zusammenhang mit dem Marktanteil des nächstgrößeren Wettbewerbers sowie seiner Entwicklung über einen ausreichend langen Zeitraum zu betrachten ist.[296]

Da bereits vor der Digitalisierung Marktanteile auf dynamischen Märkten nicht ausreichend die Verhaltensspielräume mutmaßlich beherrschender Unternehmen widerspiegelten, erkannte man die Notwendigkeit einer ganzheitlichen Analyse unter Berücksichtigung der Marktstruktur und des Marktverhaltens an. Der Zugang zu sowie etwaige Abhängigkeiten anderer Marktteilnehmer von materiellen oder immateriellen Ressourcen auf diesem oder einem nachgeordneten Markt, die wirtschaftliche Stellung des Unternehmens, ein breites Spektrum an Produkten oder auch der Zugang zu einer starken Vertriebsstruktur charakterisieren ein marktbeherrschendes Unternehmen.[297] Die eben genannten Aspekte können zu hohen Markteintrittsbarrieren führen, welche sich außerdem in der Notwendigkeit hoher Investitionen, einem langen Amortisierungszeitraum, der vorherigen Überwindung hoher administrativer Hürden bzw. schwierig zu erlangenden IP-Lizenzen manifestieren.[298]

Gewisse (missbräuchliche) Verhaltensweisen eines Unternehmens lassen einen Rückschluss auf die marktbeherrschende Stellung zu, wenn es sich um

---

293 *Eilmansberger/Bien*, in Münchener Kommentar zum Kartellrecht, Art. 102 AEUV, Rn. 72 f.

294 *Eilmansberger*, in: Streinz, AEUV Art. 102 Rn. 22.

295 *Fuchs*/Möschel, in: Immenga/Mestmäcker/ AEUV Art. 102 Rn. 94 f.

296 *Eilmansberger/Bien*, in: Münchener Kommentar zum Kartellrecht, Art. 102 AEUV, Rn. 105, 108.

297 *Busche*, in: Kölner Kommentar zum Kartellrecht, Bd. 3, Art. 102 AEUV Rn. 57 f.

298 *Fuchs*/Möschel, in: Immenga/Mestmäcker/ AEUV Art. 102 Rn. 98.

solche handelt, die wettbewerbsschädlich wirken und für die das Innehaben einer marktbeherrschenden Stellung unentbehrlich ist: Hierzu sind insbesondere die folgenlose Durchsetzung überhöhter bzw. extrem niedriger Preise oder vorteilhaften Geschäftsbedingungen zu nennen – wiederum sind diskriminierende Praktiken nicht notwendigerweise Ausfluss einer marktbeherrschenden Stellung.[299]

2. Ermittlung der marktbeherrschenden Stellung auf Plattformmärkten

Im Folgenden sollen die Besonderheiten bei der Feststellung einer marktbeherrschenden Stellung auf Plattformmärkten näher beleuchtet werden, wobei die hierfür notwendigen Parameter auf die Beispiele der Onlinesuchmärkte und der sozialen Netzwerke angewendet werden. Der deutsche Gesetzgeber hat im Rahmen der 9. GWB-Novelle in § 18 Absatz 3a GWB einige zentrale Kriterien enumeriert: Netzwerkeffekte, Multihoming, Größenvorteile, Zugang zu den wettbewerbsrelevanten Daten sowie innovationsgetriebener Wettbewerbsdruck erweisen sich hierbei als in allen Prüfungsstadien wiederkehrende Topoi.

a) Plattformökonomische Grundsätze

Überträgt man die Grundsätze zur Feststellung einer marktbeherrschenden Stellung im ‚analogen Umfeld' auf digitale Märkte, so sollte die Bestimmung des Marktanteils des betreffenden Unternehmens den Ausgangspunkt der Überlegungen bilden. Auf digitalen Märkten führt dies sowohl bei der Ermittlung des Marktanteils, als auch bei der Gewichtung dieses Indizes im Rahmen der Beurteilung zu Problemen: So lässt sich der Anteil am Gesamtumsatz eines Marktes schwerlich bestimmen, wenn die Leistung auf der jeweiligen Marktseite von dem jeweiligen Unternehmen oder insgesamt kostenlos erbracht wird, denn durch die plattformspezifischen Interdependenzen können Kosten auf die andere Marktseite umgelegt werden, sodass die Marktseite subventioniert wird, welche die stärkeren Netzwerkeffekte zu generieren vermag.

Soziale Netzwerke bieten kostenlose Kommunikationsdienste und finanzieren sich durch Werbung sowie Marktforschung, sodass nicht-monetäre Parameter in den Fokus rücken. Alternative Anknüpfungspunkte stellen Nutzeranteile, Datenvolumen oder Aufmerksamkeit für eine Plattform dar.[300] Die Aussagekraft

---

299 *Eilmansberger/Bien*, in: Münchener Kommentar zum Kartellrecht, Art. 102 AEUV, Rn. 117.

300 *Podszun/Kreifels*, EuCML 2016, 33, 36.

des Parameters der Nutzerzahl wird teils als wenig aussagekräftig empfunden, da viele Nutzer auf sozialen Netzwerken nicht regelmäßig aktiv und somit aus Sicht der Werbetreibenden irrelevant sind,[301] doch präferiert die Kommission diesen Parameter wohl als vergleichsweise am wenigsten fehleranfälligen Weg.[302] Demgegenüber wird angeregt, die monatliche Nutzungsdauer einer Plattform zugrunde zu legen, da hierdurch die Wertigkeit der Plattform für den Nutzer und somit mittelbar auch die Monetarisierbarkeit für Werbetreibende angemessen erfasst werden könnte.[303] Im Facebook/WhatsApp-Fusionskontrollverfahren stellte sich diesbezüglich das vielfach auftretende Problem der Datenverfügbarkeit sowie ihrer Aussagekraft im Einzelfall, denn die Ermittlung der Reichweitendaten (also der Nutzung der App über einen Zeitraum von mehr als 30 Tagen) erfolgte beispielsweise über eine Anwendung, welche nicht mit allen Endgeräten kompatibel war; zudem wurden vergleichbare Kommunikationsdienstleistungen in soziale Netzwerke integriert, ohne dass nachprüfbar war, ob diese tatsächlich zu Kommunikationszwecken genutzt wurden.[304] Allgemein wird die Wertigkeit des Marktanteilskriteriums für die Beurteilung der Stellung eines Unternehmens im Wettbewerb in Zweifel gezogen, wobei auf die Fragilität einer solchen Position rekurriert wird, welche sich als äußerst anfällig für disruptive Innovationen erweise.[305]

Die zu berücksichtigenden plattformökonomischen Spezifika, wie Netzwerkeffekte, Lock-in-Effekte oder Markteintrittsbarrieren resultierten häufig in „Winner-takes-all"-Märkten, doch sind sie genauso für den Niedergang einst dominanter Plattformen, wie schülerVZ, Myspace oder den Internetprovider AOL verantwortlich, was die Fragilität einer solchen Marktstellung illustriert.[306] Dennoch kann ein langfristig hoher und fortlaufend wachsender Marktanteil ein belastbares Indiz für eine marktbeherrschende Stellung verkörpern.

---

301 Monopolkommission, Sondergutachten 68, Tz. 296.

302 Kom., Beschluss vom 03.10.2014, COMP/M.7217, C(2014) 7239 final, Rn. 98 – Facebook/Whatsapp.

303 Monopolkommission, Sondergutachten 68, Tz. 297.

304 Kom., Beschluss vom 03.10.2014, COMP/M.7217, C(2014) 7239 final, Rn. 97, Fn. 44 – Facebook/Whatsapp.

305 *Podszun/Kreifels*, EuCML 2016, 33, 36.

306 *Körber*, WRP 2012, 761, 765.

b) Marktbeherrschung auf Suchmaschinenmärkten

Google hält seit 2008 in den meisten EWR-Staaten konstant einen ungefähren Marktanteil von über 85%.[307] Dennoch gibt der Konkurrenzdruck durch wirtschaftlich potente Konkurrenten wie Bing oder Yahoo! Anlass, an einer marktbeherrschenden Stellung zu zweifeln. Diese zwingen Google zur permanenten Verbesserung ihres Algorithmus und könnten die Umstellung auf kostenpflichtige Suchdienstleistungen sofort sanktionieren, da aufgrund der Marktstrukturen keinerlei direkte Netzwerkeffekte oder Wechselkosten – beispielsweise in Gestalt einer (ggf. kostenpflichtigen) Registrierung oder einer abschreckenden Gewöhnungsphase – bestehen und somit auch kein Lock-In-Effekt einem Wechsel entgegenstünde.[308]

Die Kommission geht dennoch von einer marktbeherrschenden Stellung Googles für allgemeine Suchdienste auf den nationalen Märkten seit 2008, respektive 2011 für die Tschechische Republik aus, wobei der längerfristige, stabile mengenmäßige Marktanteil von rund 90 % bei der Beurteilung besonders prononciert wird.[309] Eine Beurteilung anhand des wertmäßigen Marktanteils erscheine aufgrund der Kostenlosigkeit der Dienstleistung und des schwierig zu gewinnenden Datenmaterials für den Umsatz pro Suchanfrage unge-eignet und zudem sei für die Werbetreibenden das mengenmäßige Kriterium von zentraler Bedeutung. Aus methodischer Sicht erwähnenswert ist der Umstand, dass die Kommission auf das Zahlenmaterial des Webanalysedienstleisters StatCounter zurückgreift, welcher die Marktanteile anhand der Seitenaufrufe ermittelt, die durch die jeweilige Suchmaschine vermittelt werden –[310] anstatt lediglich die Zahl der Seitenaufrufe der Suchmaschinen heranzuziehen, welche für die Werberelevanz nur eine begrenzte Aussagekraft besitzen. Trotz des Nichtvorhandenseins technisch bedingter Lock-in-Effekte sieht die Kommission enorme Markteintritts- und Wachstumsbarrieren aufgrund des hohen Aufwands im Bereich Forschung und Entwicklung, Ausstattung, Personal, Zeitaufwand, der insbesondere auch für den Abbau des Vorsprungs notwendig würde, den sich Google durch lernende Algorithmen verschafft hat – diese Barrieren stehen einem Markteintritt sogar Unternehmen im Wege, die bereits

---

307 Kom., Beschluss vom 27.06.2017, COMP/ AT.39740, C(2017) 4444 final, Rn. 283 – Google Search (Shopping).

308 *Kersting/Dworschak*, ifo Schnelldienst 67 (16), 2014, 7, 9.

309 Kom., Beschluss vom 27.06.2017, COMP/ AT.39740, C(2017) 4444 final, Rn. 274 f. – Google Search (Shopping).

310 gs.statcounter.com/faq, zuletzt abgerufen am 09.09.2018.

über entsprechende Serverkapazitäten verfügen.[311] Zudem bestünde auch ein schwerlich zu überwindender Investitionsvorsprung, welcher das Resultat von beiderseitigen Rückkopplungseffekten darstellt, denn eine höhere Nutzerzahl erhöht die Chance, für Werbetreibende Transaktionen zu erzielen, sodass durch positive indirekte Netzwerkeffekte beide Kundengruppen steigen und entstehende Gewinne beispielsweise auch in die Verbesserung der bestehenden Technologien investiert werden können.[312] Die vielfach angeführte Möglichkeit des Multihoming vermag aus Sicht der Kommission dennoch keinen signifikanten Wettbewerbsdruck zu erzeugen, da die Google-Nutzer – im Gegensatz zu den Nutzern anderer Suchmaschinen – von dieser Möglichkeit in der Praxis kaum Gebrauch machen.[313] Bereits thematisiert wurde in diesem Zusammenhang die Rolle der Suchdienstleistung als Erfahrungsgut, welche einem Wechsel in Form einer psychologischen Barriere entgegensteht.[314] Die Kommission kommt zu dem Schluss, dass die Markenbildung durch Google so erfolgreich war, dass die Mehrzahl der Nutzer trotz einer hypothetischen wahrnehmbaren Qualitätsverschechterung keinen Wechsel oder zumindest Multihoming in Erwägung ziehen würden.[315] Hieran wird die Notwendigkeit eines „more behavioural approach" in Anlehnung an den more economic approach deutlich, um Rückschlüsse aus dem Verhalten der Verbraucher ziehen zu können, welche durch Hergabe ihrer Daten und Aufmerksamkeit signifikanten Einfluss auf das Marktgeschehen haben.[316] Ein Blick auf die Marktentwicklung zeigt schließlich keine signifikanten Neueintritte in den Markt oder ein relevantes Wachstum, im Gegenteil sind zahlreiche Marktteilnehmer verschwunden oder beziehen ihre Suchmaschinentechnologie von anderen Anbietern, wie im Falle von Microsoft, das mittlerweile die Technologie von Bing verwendet.[317]

---

311 Kom., Beschluss vom 27.06.2017, COMP/ AT.39740, C(2017) 4444 final, Rn. 285 ff. – Google Search (Shopping).

312 Kom., Beschluss vom 27.06.2017, COMP/ AT.39740, C(2017) 4444 final, Rn. 291 f. – Google Search (Shopping).

313 Kom., Beschluss vom 27.06.2017, COMP/ AT.39740, C(2017) 4444 final, Rn. 306 ff. – Google Search (Shopping).

314 Vgl. *Dörr/Natt*, ZUM 2014, 829, 834.

315 Kom., Beschluss vom 27.06.2017, COMP/ AT.39740, C(2017) 4444 final, Rn. 312 – Google Search (Shopping).

316 Vgl. *Surblytė*, EuCML 2015, 170, 178.

317 Kom., Beschluss vom 27.06.2017, COMP/ AT.39740, C(2017) 4444 final, Rn. 298 ff. – Google Search (Shopping).

Letztlich überzeugend ermittelt die Kommission eine beherrschenden Stellung Googles auf dem für Suchmaschinendienstleistungen, wobei sie sich zwar auch mit der Frage nach den Folgen einer hypothetischen Qualitätsverschlechterung auseinandersetzt, doch geht sie nicht auf die These ein, Google verlöre zeitnah seine marktbeherrschende Stellung, wenn es seine Suchdienstleistungen monetarisierte. Dies wirft auch die Folgefrage auf, inwieweit eine solche Hypothese überhaupt zulässig ist, wenn ein Markt wesentlich von der Kostenlosigkeit geprägt wird. Darf eine hypothetische Konkurrenzsituation unter der Prämisse konstruiert werden, die Funktionsweise des Marktes komplett zu verkehren?

Als Folge der vorsichtigeren Abgrenzungsmethodik, welche keine weitere Differenzierung nach den verschiedenen Marktseiten/Plattformnutzergruppen erkennen ließ und sich lediglich auf ‚den Suchmaschinenmarkt als Ganzes' beschränkte, vermied die Kommission folglich Ausführungen zu der Frage, ob und in welchem Umfang Wettbewerbsdruck beispielsweise von möglichen (entfernteren) Substituten im Online-Werbemarkt auf Google wirken könnte.

Der Zugriff auf einen großen Datenschatz hat die Kommission durchweg als bestärkend für die Annahme einer marktbeherrschenden Stellung bewertet. Gegen diese uneingeschränkte Sichtweise wird vielfach vorgebracht, ab einem gewissen Umfang sei der Mehrwert durch die steigende Zahl an Daten geringer als die Kosten für die notwendigen Speicherkapazitäten oder die Filterung ‚schlechter' Daten, sodass der Wettbewerbsvorsprung begrenzt sei.[318]

Dem ließe sich allerdings entgegenhalten, dass es aus wettbewerblicher Sicht wünschenswerter erscheinen dürfte, zunächst auf einen größeren Datenbestand zurückgreifen zu können, für den man entsprechende Filter- und Löschsysteme entwickelt, um die Kapazitäten und den Verwertungsaufwand gering zu halten, als von vornherein nur auf einen begrenzten Datenbestand zurückgreifen zu können. Zudem ändert sich die Relevanz von Daten mit der Zeit, wenn durch Innovationen zunächst als unnütz beurteilte Daten schlagartig relevant werden.

c) Marktbeherrschung im Bereich Social Media

Den Ausgangspunkt zur Feststellung einer marktbeherrschenden Stellung im Bereich Social Media bildet ebenfalls die Ermittlung des Marktanteils. Hierfür kommen verschiedene Anknüpfungspunkte in Betracht: So hatte Facebook gemessen an der Zahl der Seitenabrufe im November 2015 einen Marktanteil

318 Siehe *Haucap/Hamelmann*, Kartellrecht und Wettbewerbspolitik für Online-Plattformen, S. 12 f; Körber, NZKart 2016, 303, 305 f.

von 82,61 %,[319] wobei beispielsweise das Videoportal YouTube nicht in die Statistik inkludiert wurde. Social Media verkörpern aus Sicht des Bundeskartellamts einen nutzungsintensiven sozialen Raum, sodass es im Verfahren gegen Facebook die Zahl der täglich aktiven Nutzer als für den Marktanteil maßgeblich erachtete, woraus sich ein Marktanteil von 95 % ergab.[320] Weiterhin berücksichtigte das Bundeskartellamt den Marktanteil an monatlich aktiven Nutzern (80 %) und selbst bei der Zahl an registrierten Nutzern überschreitet Facebook mit 50 % die kritische Schwelle zur Marktanteilsvermutung.

Weitere gewichtige Anhaltspunkte ergeben sich aus der Analyse der Marktstrukturen. Den Markt für soziale Netzwerke prägen höhere Markteintrittsbarrieren, da die Attraktivität solcher Plattformen von der Erreichung einer gewissen Nutzerzahl abhängt und somit starke direkte und (zumindest einseitig wirkende) indirekte Netzwerk- sowie Lock-in-Effekte auftreten.[321] Von besonderer Bedeutung sind hier die sogenannten identitätsbasierten direkten Netzwerkeffekte, denn trotz diverser Anbieter umfassender Leistungen im Bereich social Media, man denke an Google+, können diese Netzwerke nicht ernstlich konkurrieren, da es für den Nutzer von überragender Bedeutung ist, nicht lediglich eine abstrakt große Zahl an weiteren Nutzern im Netzwerk seiner Wahl finden zu können, sondern exakt diese aus seinem definierten „Umfeld", oder einfacher: ‚alle sind auf Facebook, ich muss auch zu Facebook'.[322] Daraus resultieren seit Jahren steigende oder zumindest konstante Nutzerzahlen, welche wiederum zu starken indirekten Netzwerkeffekten auf Seiten der gewerblichen Nutzer führen.[323]

Monetäre Wechselkosten wirken auf digitalen Märkten besonders wettbewerbshemmend, da der Nutzer als Ausfluss der Kostenloskultur mit der Grunderwartung der kostenlosen Dienstleistung seine Bedürfnisse befriedigt. Indirekte Netzwerkeffekte erlauben und bedingen (als Ausdruck des Henne-Ei-Problems) Preisstrukturen, vermöge derer Leistungen kostenlos angeboten werden können, da diese von der anderen Marktseite finanziert werden, sodass schlussendlich

---

319 *Zhulamanova*, Aktuelle Nutzerzahlen sozialer Netzwerke 2016, *projecter.de/blog/social-media/aktuelle-nutzerzahlen-sozialer-netzwerke-2016.html*, zuletzt abgerufen am 09.09.2018.

320 BKartA, Fallbericht vom 15.02.2019, B6-22/16 – Facebook, S. 6.

321 *Klotz*, WuW 2016, 58, 63 f.

322 BKartA, Fallbericht vom 15.02.2019, B6-22/16 – Facebook, S. 7; dazu schon BKartA, Hintergrundpapier zum Facebook-Verfahren vom 19.12.2017, S. 3.

323 BKartA, Fallbericht vom 15.02.2019, B6-22/16 – Facebook, S. 7.

Märkte häufig zugunsten eines Anbieters kippen (*tipping*).[324] Multihoming ist im Bereich der sozialen Netzwerke aus technischer und juristischer Sicht möglich, doch ist eine neuerliche Registrierung vonnöten, Kontakte müssen ebenfalls im anderen Netzwerk präsent sein und das Erscheinungsbild und die Funktionsweise bedürfen der Eingewöhnung, sodass ein Wechsel oder die Nutzung mehrerer Netzwerke für viele Nutzer eines enormen Anreizes bedarf. Hierzu wies das Bundeskartellamt darauf hin, dass Facebook derzeit keine Kompatibilität oder Schnittstellen mit Funktionalitäten (konzernfremder) sozialer Netzwerke vorhält. Im Bereich des E-Commerce geht zudem häufig die erarbeitete Reputation in Gestalt von positiven Bewertungen oder auch die Erfahrung bezüglich missbräuchlicher Praktiken anderer Nutzer verloren. Eine derartige Marktstruktur lässt sich repräsentativer anhand des Marktanteils charakterisieren als es auf Suchmaschinenmärkten zu leisten ist. Zudem hat Facebook zwar ebenfalls keinen Preissetzungsspielraum, wohl aber einen Qualitätssetzungsspielraum, der sich in der ‚widerspruchslosen' Hinnahme von Privat-sphäreverschlechterungen in den Nutzungsbedingungen der allermeisten Nutzer manifestiert.[325] Ebenso wenig haben die im Bereich der sozialen Netzwerke durchaus vorhandenen und auch genutzten Potenziale zur Plattformdifferenzierung sowie die (besonders bei Dating-Plattform bestehenden) Gefahr der Überlastung (*congestion*) keine ausgeglichenere Marktsituation herbeigeführt. Als Bedingung und Konsequenz dieser Strukturen erhält Facebook den Zugriff zu Daten, welche die Schaltung hochindividualisierter Werbung gewährleisten.[326] Folgerichtig ermittelte das Bundeskartellamt das Vorliegen einer marktbeherrschenden Stellung.

d) Weitere relevante Kriterien

Schließlich können auch erprobte Kriterien bei der Marktmachtbestimmung weiter herangezogen werden: So können Verbundvorteile und die Möglichkeit der vertikalen Integration durch Schaffung eines Portfolios verschiedener Dienste auf benachbarten Märkten zum schnellen Aufbau eines Kundenstammes führen und somit eine Hebelwirkung für Netzwerkeffekte entfalten.[327]

Das Kriterium des Zugangs zu den Beschaffungsmärkten wird ebenfalls im digitalen Kontext verstärkt heranzuziehen sein, indem es auf die digitale

324 BKartA, B6-113/15, Arbeitspapier – Marktmacht von Plattformen und Netzwerken, Juni 2016), S. 51.

325 *Klotz*, WuW 2016, 58, 64.

326 BKartA, Fallbericht vom 15.02.2019, B6-22/16 – Facebook, S. 7, 8.

327 *Grave*, in: Kersting/Podszun, Die 9. GWB-Novelle, Kapitel 2 Rn. 62, 64 f.

Ressource „Daten“ gemünzt wird. Bisweilen wird die Aussagekraft des Zugangs bzw. der Inhaberschaft großer Datenmengen relativiert, da ihr Nutzen von ihrer Qualität und Aktualität sowie von der Art ihrer Verarbeitung abhingen und an sich nicht erschöpflich und nicht ausschließlich seien.[328] Die Regierungsbegründung zur Einführung des neuen § 18 Absatz 3a Nr. 4 GWB, welcher den Zugang zu wettbewerbsrelevanten Daten als Indikator für das Vorliegen einer marktbeherrschenden Stellung aufnimmt, erkennt diese Bedenken an, sieht jedoch den exklusiven Zugang zu Daten auf von indirekten Netzwerkeffekten geprägten Märkten als Markteintrittsbarriere, da hierdurch ein vergleichbarer Datenpool nicht eigenständig aufgebaut werden und sich somit ein bestehender Wettbewerbsvorsprung perpetuieren könne.[329] Teilweise wird eine Beschränkung des Kriteriums auf Fälle gefordert, in denen die Datensätze im Rahmen von ehemaligen Monopolstellungen, wie zum Beispiel solche der Energieversorger oder Lottoanbieter generiert wurden.[330] Diese Überlegung fußt auf der Annahme, dass wettbewerbsrelevante Daten allgemein über Datenhändler zu erlangen seien oder aufgrund ihrer Nicht-Rivalität jederzeit erneut erhoben werden könnten.[331] Allerdings existieren vielfältige Möglichkeiten, andere Marktteilnehmer vom Zugang zu bestimmten Datensätzen zu exkludieren. Zudem vermag dieser Ansatz schon aus teleologischen Gesichtspunkten nicht zu überzeugen: So nennt die Gesetzesbegründung expressis verbis als Ursache für das Entstehen eines exklusiven Datenzugangs das Vorhandensein von indirekten Netzwerkeffekten und hat damit eindeutig endogene Ursachen im Blick.[332] Eine Reduktion auf ehemalige Monopolstellungen läuft diesem zuwider. Ferner ist stets eine Gesamtbetrachtung notwendig, sodass ein alleiniges Abstellen auf den Datenzugang (respektive auf ein anderes Kriterium) ohnehin nicht ausreichend ist.

Ein relativ schwierig zu bestimmender Parameter ist das in § 18 Absatz 3a Nr. 5 GWB als „innovationsgetriebener Wettbewerbsdruck“ umschriebene Potenzial, eine Marktposition durch disruptive Innovationen zu brechen. Der Wettbewerbsdruck ist dann besonders hoch, wenn sich Nutzerpräferenzen kurzfristig ändern oder die Bereitstellung neuer bzw. besserer Produkte durch relativ

---

328 *Körber*, NZKart 2016, 303, 305 f.

329 Begründung zu § 18 Absatz 3a Nr. 4 RegE GWB, BT-Drs. 18/10207, 51.

330 Siehe *Esser/Höft*, NZKart 2017, 259, 264, Fn. 69.

331 Siehe *Esser/Höft*, NZKart 2017, 259, 264, bezugnehmend auf *Podszun/Schwalbe*, NZKart 2017, 98, 101.

332 Begründung zu § 18 Absatz 3a Nr. 4 RegE GWB, BT-Drs. 18/10207, 51.

simple technische Veränderungen das beherrschende Unternehmen ablösen oder zumindest starkem Anpassungsdruck aussetzen können.[333] Anhaltspunkte können die Zahl der Innovationen, Produkteinführungen oder auch das vorhandene Entwicklungsbudget sein.[334] Das Bundeskartellamt nahm insoweit auf dieses Kriterium Rückgriff, als dass es feststellte, dass die Innovationskraft des Internets nicht pauschal gegen eine Marktmacht eines Internetunternehmens spreche.[335] Facebook habe lediglich vereinzelte Anpassungen aufgrund des Substitutionswettbewerbs vorgenommen und sei aufgrund der erreichten Marktstellung in der Lage, Innovationen abzuwehren.

Dass dieses Kriterium in der Beurteilung einen besonderen Stellenwert einnehmen wird, darf aufgrund der schwierigen Prognostizierbarkeit von Innovationsprozessen und deren Auswirkungen auf den Wettbewerb dennoch bezweifelt werden. Aufgrund des prognostizierten Innovationsdrucks eine Entschei-dung zu treffen, gleicht einem Ritt auf der Rasierklinge: Lässt man im Zweifel über Fehlen des notwendigen Innovationsdrucks eine Verhaltenskontrolle gar nicht erst zu, so verschafft man einem dominanten Wettbewerber eine Monopolrendite mit der vagen Aussicht auf innovativen Konkurrenzdruck.[336] Legt man das Kriterium im Zweifel gegen das fragliche Unternehmen aus, besteht das Risiko der Schaffung eines innovationsfeindlichen Umfeldes.[337] Widersinnig erscheint das Kriterium auch insoweit, als dass sein Leitbild das Phänomen der disruptiven Innovation darstellt. Solche Innovationen führen aber häufig nicht nur zur Umwälzung des jeweiligen Marktes, sondern zur Ablösung durch eine neue Technologie oder ein neues Produkt. Entzieht man also ein dominantes Unternehmen der Missbrauchskontrolle mit Verweis auf Innovationspotenziale, wird in derartigen Fallgestaltungen ein kartellrechtlicher Persilschein zum autonomen Marktverhalten bis zur Ablösung durch einen neuen Produktmarkt erteilt.

e) Fazit

Es zeigt sich somit, dass das Kriterium des Marktanteils für die Beurteilung von digitalen Sachverhalten mitnichten bedeutungslos geworden ist, wie zum Teil suggeriert wird. Die Feststellung des richtigen Parameters sowie

---

333 Begründung zu § 18 Absatz 3a Nr. 5 RegE GWB, BT-Drs. 18/10207, 51.

334 *Grave*, in: Kersting/Podszun, Die 9. GWB-Novelle, Kapitel 2 Rn. 57.

335 BKartA, Fallbericht vom 15.02.2019, B6-22/16 – Facebook, S. 8.

336 Vgl. *Podszun/Schwalbe*, NZKart 2017, 98, 101.

337 Vgl. *Grave*, in: Kersting/Podszun, Die 9. GWB-Novelle, Kapitel 2 Rn. 57.

die Belastbarkeit hängt von der jeweiligen Markstruktur ab, welche bereits die generelle Eignung des jeweiligen Marktes zur Monopolisierung prädeterminiert. Somit sollte das Marktanteilskriterium nicht mit dem pauschalen Hinweis auf potenzielle disruptive Innovationen verworfen werden, sondern weiterhin als starkes Indiz begriffen werden, dass es auf jedem neuen Markt zunächst auf seine Belastbarkeit hin zu überprüfen gilt. Zudem dürfte mehr noch die Bedeutung des relativen Marktanteils in den Fokus rücken. Wie im Rahmen der Abgrenzung des relevanten Marktes herausgestellt wurde, müssen auch fernerliegende Substitute herangezogen werden, sodass womöglich mehr Marktteil-nehmer vorhanden sein könnten und ggf. der absolute Marktanteil geringer ausfallen könnte.

Die Untersuchung der Kommission im Fall Google Shopping beleuchtet zudem die Marktentwicklung und das Vorhandensein von Markteintrittsbarrieren. Der Rechtsanwender wird zudem den Zugang zu Daten und ihren innovativen Wert im Auge behalten müssen und zudem zu prüfen haben, inwieweit Unternehmen in der Lage sind, diesen Bestand exklusiv zu halten. Neben etwaigen rechtlichen Gestaltungsmöglichkeiten, wie Exklusivbindungen, können auch Lock-in-Effekte Wettbewerber am Zugang oder Aufbau eines Datenbestandes hindern.

Darüber hinaus ist das Wertsteigerungspotenzial eines Zugangs zu bestimmten Datensätzen und damit seine Rolle als Faktor im Wettbewerb zu berücksichtigen, wenn neue Geschäftsfelder erschlossen und/oder Datenbestände durch Integration verschiedener Dienste zusammengeführt werden können.[338]

Die Frage, ob der Zugang zu persönlichen Daten und die Konzentration derselbigen ebenfalls in die Analyse einfließen kann, stellt sich parallel auch bei im Rahmen eines Fusionskontrollverfahrens. Die Kommission verneinte die Relevanz von Fragen der Privatsphäre im Fusionskontrollverfahren betreffend Facebook und WhatsApp, sodass lediglich die Auswirkung der Konzentration auf den Wettbewerb zu untersuchen und im Übrigen die EU-Datenschutz-vor-schriften heranzuziehen seien.[339] Ferner wird den Möglichkeiten der Datenportabilität und Interoperabilität das Potenzial zugeschrieben, Markteintrittsbarrieren zu senken und Wachstumsmöglichkeiten zu bieten.[340] Zurecht

338 BKartA, B6-113/15, Arbeitspapier – Marktmacht von Plattformen und Netzwerken, Juni 2016, S. 95.

339 Kommission, Beschluss vom 3.10.2014, COMP/M.7217, C(2014) 7239 final, Rn. 164 – Facebook/WhatsApp.

340 *Podszun/Kreifels*, EuCML 2016, 33, 36 f.

ist die Kommission jedoch an diesem Punkt nicht stehen geblieben und hat über die bloße technische Möglichkeit auch die tatsächliche Annahme durch die Nutzer untersucht. Schließlich gewinnt die Untersuchung des tatsächlichen Nutzerverhaltens und deren Gewohnheiten auf derart wandelbaren Märkten zusehends an Bedeutung.

B. Digitale Plattformen als Essential-Facilities des 21. Jahrhunderts

I. Möglichkeiten der Zugangsverschaffung

Der Schutz des Wettbewerbs vor schädlichen Marktkonzentrationspraktiken großer Player der Onlineökonomie erweist sich als eine der Kernaufgaben der nationalen und europäischen Wettbewerbshüter und der Wettbewerbspolitik im (frühen) 21. Jahrhundert.

Die kartellrechtlichen Handlungsoptionen sind vielfältig, doch stellt eine Intervention stets einen schmalen Grat zwischen (Wieder-)belebung einer Wettbewerbssituation und oftmals befürchteter Innovationshemmung dar.[341] Gar steht der Verdacht im Raume, man wolle Marktführer für ihren Erfolg bestrafen.[342] Als Folge der langwierigen Verfahren und teils ineffektiven Verfahren gegen Microsoft und Google wurde die Sinnhaftigkeit wettbewerbsrechtlicher Interventionen in toto angezweifelt und im Sinne eines „More-Technological-Approach"[343] das Zurückfahren der wettbewerblichen Kontrolle gefordert, sodass im Rahmen einer Interessenabwägung der Innovation unter Erhaltung eines Restwettbewerbs der Vorzug eingeräumt werden sollte.[344]

Andererseits wird über eine wettbewerbsfördernde Verschärfung der Regelungen kartellrechtlicher Grenzmaterien diskutiert, wie beispielsweise eine verschärfte datenschutzrechtliche Kontrolle des Umfangs der Datenerhebung, wobei die Souveränität der Nutzer bereits durch das Recht auf Datenportabilität nach Art. 20 DSGVO gestärkt wird; zudem sollten die durch marktbeherrschende Unternehmen stark beschnittenen urheberrechtlichen Alleinnutzungsrechte an nutzergenerierten Inhalten wieder gestärkt werden.[345] Aufgrund der Wandelbarkeit und Schnelllebigkeit digitaler Märkte wäre auch eine bereichsspezifische kartellrechtliche Sonderregelung für Plattformmärkte zu unflexibel und schwerfällig.[346]

Diesen Überlegungen mag das TKG als Vorbild dienen, doch war dieses Sonderkartellrecht die Folge der Privatisierung ehemaliger staatlich kontrollierter

---

341 So z.B. *Körber* NZKart 2016, 303, 310.

342 *Körber*, WRP 2012, 761, 765.

343 Z.B. *Podszun*, WuW 2014, 249.

344 Dazu kritisch *Jaeger*, WuW 2015, 702, 703 ff.

345 Jaeger, WuW 2015, 702, 714.

346 Daher ablehnend *Körber* ZUM 2017, 93.

Netzindustrien, die eo ipso aufgrund ihrer natürlichen Monopolstellung einen wirksamen Wettbewerb nicht zuließen.[347] Anders verhält es sich bei dem Aufstieg der großen Plattformen als Produkte disruptiver Innovationen. Zudem wäre es gut möglich, dass nach einem langwierigen Prozess der Regelungsfindung die Marktbedingungen sich bereits dergestalt verändert haben, dass das Recht seinen Adressaten oder seine Regelungsmaterie ganz verlöre. Etwas anderes mag für vormals ‚analoge' Industriezweige, wie beispielsweise die Autoindustrie, gelten, die peu à peu mit der digitalen Ökonomie zusammenwachsen. Hier halten die Autohersteller an ihren Fahrzeugdaten ein Monopol, von deren Zugang sie andere Datenverarbeiter ausschließen können, sodass eine sektorspezifische Regelung in diesem Kontext sinnvoll sein kann.[348] Auch aus ökologischen Aspekten kann sich beispielsweise ein entgeltlicher Zugangsanspruch der Hersteller autonomer Kraftfahrzeuge zu den Daten der Parkhäuser als sinnvoll erweisen, ohne dass hierdurch ein Innovations- und Investitionshemmnis zu besorgen wäre.[349]

Ähnliche Bedenken wie gegen die Einführung eines Plattformkartellrechts bestehen auch gegen die Schaffung einer Internetaufsichtsbehörde nach dem Vorbild der Bundesnetzagentur oder der Bundesanstalt für Finanzdienstleistungsaufsicht. So wird angenommen, dass Algorithmen als Netzarchitektur des Internets einer ähnlichen staatlichen Aufsicht – in Gestalt einer Vorabkontrolle – bedürfen wie die Infrastrukturen für Kommunikations- oder Energienetze.[350] In diesem Zusammenhang wird auch eine Prospektpflicht für Internetdienstleistungen diskutiert.[351]

Somit liegt eine Vielzahl kartellrechtsinterner und -externer Maßnahmen zur Erhaltung oder Reinitialisierung eines funktionierenden Wettbewerbs auf Onlinemärkten auf dem Tisch. Ultima ratio wird, mit populistischem Anklang, gar mit der Entflechtung der marktmächtigen Internetgiganten im Falle eines Marktmachtmissbrauchs kokettiert.[352] Dieser Schritt ist allerdings nicht mehr als

---

347 *Körber*, in: Immenga/Mestmäcker III, 2. Teil. Sonderbereiche VIII. Abschnitt. Telekommunikation Rn. 1–7.

348 Weißbuch Digitale Plattformen Digitale Ordnungspolitik für Wachstum, Innovation, Wettbewerb und Teilhabe, S. 69, abrufbar unter: *bmwi.de/Redaktion/DE/Publikationen/Digitale-Welt/weissbuch-digitale-plattformen.html*, letzter Zugriff am 09.09.2018.

349 *Drexl*, NZKart 2017, 415, 419.

350 *Schwintowski*, VuR 2017, 455, 458.

351 *Schwintowski*, VuR 2017, 455, 459.

352 „Das letzte Mittel ist die Entflechtung von Google", *faz.net/aktuell/politik/heiko-maas-spd-im-gespraech-entflechtung-von-google-13014560.html*, zuletzt abgerufen am 09.09.2018.

eine maximal eingriffsintensive Vertagung der Problembewältigung, denn letztlich sind Unternehmen wie Google das Resultat der eilig fortschreitenden Digitalisierung im Kontext der Plattformmärkte, sodass früher oder später ein neues Google auf dem Markt erscheint. Von den praktischen Umsetzungsschwierigkeiten ganz abgesehen führt dieser Ansatz letztlich zu einem innovationsfeindlichen Verbot eines ganzen Geschäftsmodells.

Von eminenter Wichtigkeit für die Förderung eines wirksamen Wettbewerbs und auch der Interessen der Internetnutzer dürfte indes der ‚richtige' Umgang mit den Daten sein, sei es durch den (angemessenen und nicht allzu innovationsfeindlichen) Schutz personenbezogener Daten oder auch die ausgeglichene Verwertung der im *Internet of Things* gewonnenen, maschinellen Daten. Zugangsschranken können faktischer, ökonomischer oder datenschutzrechtlicher Natur sein, wobei vor allem auch datenschutzrechtliche Hindernisse zu personenbezogenen Daten, aber vor allem faktische/technische Hindernisse bestehen, wenn Unternehmen schlicht den Zugang zu ihren Datenspeichern nicht freigeben.[353]

Die Berechtigung und Sicherung der Verkehrsfähigkeit der personenbezogenen Daten durch Anwendung und Interpretation geltender Rechtsnormen, respektive durch Schaffung eines Immaterialgüterrechts sui generis sind Gegenstand umfangreicher Diskussionen in der Literatur.[354] Die Kommission sieht in ihrer Mitteilung zum „Aufbau einer europäischen Datenwirtschaft" einen allgemein unzureichenden Zugang zu großen Datenbeständen, gleich, ob menschlich oder maschinell generiert, als Grund für Investitionshemmnis und als Markteintrittshindernis für Neulinge in der digitalen Ökonomie.[355] Grund dafür sei die Praxis vieler Unternehmen, selbst Daten zu erheben und auszuwerten, ohne diese (beispielsweise in Gestalt von Programmierschnittstellen, *application programming interface*, API) entgeltlich anderen Unternehmen zur Verfügung zu stellen – sei es in Unkenntnis über den Wert der generierten Daten oder aus Angst, eines Wettbewerbsvorteils gegenüber anderen Unternehmen verlustig zu werden.[356]

---

353 *König*, in: Hennemann/Sattler (Hrsg.), Immaterialgüter und Digitalisierung, S. 89, 91 f.

354 Statt vieler vgl. nur *Ensthaler*, NJW 2016, 3473; *Thalhofer*, GRUR-Prax 2017, 225; *Fezer*, ZD 2017, 99.

355 Mitteilung der Kommission, Aufbau einer europäischen Datenwirtschaft, COM(2017) 9 final, S. 3 f.

356 Mitteilung der Kommission, Aufbau einer europäischen Datenwirtschaft, COM(2017) 9 final, S. 10 f.

Auch das Weißbuch Digitale Plattformen des Bundesministeriums für Wirtschaft und Energie sieht die Notwendigkeit eines freien Datenzugangs unter Wahrung des Schutzes personenbezogener Daten durch Klärung der Berechtigungen an selbigen, aber auch durch kartellrechtliche Instrumente.[357] Wiederum wird gefordert, dass die von den Marktführern geheim gehaltenen Algorithmen als Netzinfrastruktur des Internets den potenziellen Wettbewerbern entgeltlich zur Verfügung gestellt werden müssten, da sie den physischen Infrastrukturnetzen gleichstünden und es sich daher um solch wesentliche Einrichtungen handele, die zum Marktzugang unerlässlich seien.[358] Des Weiteren wird diese Schlüsselstellung auch im Zusammenhang mit dem diskriminierungsfreien Zugang zu Suchmaschinenindexen diskutiert,[359] aber auch im Zusammenhang mit Programmierschnittstellen sozialer Netzwerke.[360]

Das europäische und deutsche Kartellrecht können einen Anspruch auf Zugang zu solchen wesentlichen Einrichtungen und ggf. auf die Erteilung der notwendigen Lizenzen gegen Entgelt nach der Essential-Facilities-Doktrin ermöglichen, wobei dies bereits im Rahmen einer einstweiligen Maßnahme nach Art. 8 VO 1/2003 bzw. § 32 a GWB angeordnet werden kann.

II. Die Essential-Facilities-Doktrin als Ausdruck eines Spannungsverhältnisses

Die Essential-Facilities-Doktrin wird im europäischen Kartellrecht als marktmachtmissbräuchliche Verhaltensweise durch Einschränkung der Erzeugung, des Absatzes oder der technischen Entwicklung zum Schaden der Verbraucher im Sinne von Art. 102 S. 2 lit. b) AEUV verortet. Im deutschen Kartellrecht findet sich eine ausdrückliche Regelung für Netze und Infrastruktureinrichtungen in § 19 Absatz 2 Nr. 4 GWB und wird im Übrigen auf die Generalklausel des Absatz 1 gestützt.[361] Wie nachfolgend geschildert wird, ist die Rechtsfigur bezüglich der Tatbestandsvoraussetzungen, Rechtsfolgen sowie ihrer Abgrenzung von vergleichbaren Instituten hoch umstritten. Der Grundgedanke lässt sich jedoch wie folgt umschreiben: Der Inhaber einer wesentlichen Einrichtung soll seinen

357 Weißbuch Digitale Plattformen Digitale Ordnungspolitik für Wachstum, Innovation, Wettbewerb und Teilhabe, S. 68 f., abrufbar unter: *bmwi.de/Redaktion/DE/Publikationen/Digitale-Welt/weissbuch-digitale-plattformen.html*, letzter Zugriff am 09.09.2018.

358 Siehe *Schwintowski*, VuR 2017, 455, 458.

359 *Dörr/Natt*, ZUM 2014, 829, 843; *Paal*, GRUR-Beilage, 2014, 69, 73.

360 *Paal*, in: BeckOK InfoMedienR, AEUV Art. 102 Rn. 79–80.

361 *Fuchs/Möschel*, in: Immenga/Mestmäcker GWB § 19 Rn. 354 f.

exklusiven Zugang seiner potenziellen Wettbewerber zu einem (nachgeleiteten) Markt nicht versperren und so den Wettbewerb auf diesem Markt verzerren oder gänzlich verhindern können – metaphorisch wird dieser Marktzugang als Flaschenhals (*bottleneck*) charakterisiert.[362] Die Kontrolle über den vorgelagerten Markt mag den Inhaber zu einer möglichst breiten entgeltlichen Zugangsgewährung verleiten, oder aber den Anreiz bieten, selbst auf dem nachgeleiteten Markt tätig werden zu wollen, sodass er seine Marktmacht auf dem vorgeleiteten Markt ausspielt, um Wettbewerber vom nachgeleiteten Markt auszuschließen.[363] Die Frage nach der Erteilung eines kartellrechtlichen Zugangsanspruchs für eine wettbewerbswesentliche Einrichtung stellt einen typischen Konflikt im Spannungsfeld zwischen der Ausübung einer faktisch oder rechtlich ausschließlichen Position des Einzelnen (vgl. nur § 903 BGB oder auch § 14 PatG) sowie überwiegenden Gemeinwohlinteressen dar. Die Gewährung von Zugangsansprüchen unterliegen unterschiedlichen Voraussetzungen, da Schutzgut und Eingriffsobjekt vom Rechtsanwender von Fall zu Fall unterschiedliche Interessenbewertungen abverlangen. Diese Sensibilität folgt letztlich aus dem Eingriff in das Eigentumsrecht und die Berufsfreiheit sowie der Abweichung von dem Grundsatz, dass niemand verpflichtet werden kann, fremden Wettbewerb auf eigene Kosten zu fördern.[364]

Bedeutsam sind zunächst die bereits thematisierten Zugangsansprüche zu Netz-infrastrukturen, welche aus praktischen Gründen nicht duplizierbar sind und ggf. aufgrund früherer staatlicher Monopolstellungen nicht über ein lebendiges Wettbewerbsumfeld verfügen.[365] Der § 21 TKG stellt im Bereich der Telekommunikationsnetze einen solchen Zugangsanspruch dar. Ferner zu nennen ist die praktisch wenig bedeutsame patentrechtliche Zwangslizenz (§ 24 PatG), welche bei Vorliegen eines überwiegenden öffentlichen Interesses zu gewähren ist.[366] Die Hürden für die Annahme eines öffentlichen Interesses sind hoch, da bei der Erteilung eines ausschließlichen Rechts (also eines Monopols) bereits eine gesetzlich vertypte Interessenbewertung vorgenommen und darauffolgend eine nach Art. 14 GG geschützte Rechtsposition erteilt wurde.[367] Überwiegende

---

362 *Kling/Thomas*, Kartellrecht, § 6 Rn. 116.

363 *Mestmäcker/Schweitzer*, Europäisches Wettbewerbsrecht, § 19 Rn. 52.

364 Vgl. *Dreher*, DB 1999, 833, 838.

365 *Körber*, in: Immenga/Mestmäcker III, 2. Teil. Sonderbereiche VIII. Abschnitt. Telekommunikation Rn. 1–7.

366 *Wilhelmini*, in: BeckOK PatR, PatG § 24 Rn. 7.

367 *Mes*, Patentgesetz, § 24 Rn. 14.

öffentliche Interessen können unter anderem sozial- oder gesundheitspolitischer Natur sein.[368]

Der hier zu beurteilende Interessenkonflikt betrifft den Zugang zu Plattformen bzw. Daten, welcher (mangels Existenz eines Eigentumsrechts an Daten) rein faktisch oder technisch abgesichert ist, aber dadurch ebenfalls gleich einem Flaschenhals wettbewerbsverschließend wirken kann. Demgegenüber steht jedoch die Gefahr, dass Investitions- und Innovationsanreize beschnitten werden, indem über dem Streben nach der Schaffung eines Monopols an umfangreichen, spezifischen Datenschätzen stets das kartellrechtliche Schwert der Zugangserteilung schwebt.[369] Schließlich besteht parallel zu der Gefahr einer Überdehnung von Immaterialgütern die Gefahr der wettbewerbsschädlichen Überkompensation, wenn trivialeren Leistungen ein immer höheres Schutzniveau zukommt oder eine Monopolstellung ohne signifikante Neuinvestitionen fortlaufend ausgebaut werden kann.[370]

III. Rechtsentwicklung

1. Ursprünge

Die Essential-Facilities-Doktrin ist – so klingt es bereits bei dem Namen der Rechtsfigur an – nicht das Produkt einer gesetzgeberischen Initiative, sondern fußt auf einer langwierigen fallrechtlichen Entwicklung, sodass vor einer abstrakten Betrachtung des Tatbestandes zunächst die bisherigen Leitentscheidungen in den Blick zu nehmen sind. Ihren Namen verdankt sie ihren Wurzeln im US-amerikanischen antitrust law: Gegenstände eines Zugangsrechts waren unter anderem der von einer Eisenbahngesellschaft kontrollierte Zugang zu einem Bahnhof sowie seinen anschließenden Streckenanlagen, Fähr- und Brückenverbindungen, der Zugang zu einem Stromversorgungsnetz oder auch die Nutzung des einzigen Football-Stadions einer Stadt.[371] Welche Rolle die Essential-Facilities-Doktrin in der US-Rechtspraxis zukünftig spielen wird, bleibt abzuwarten. Das Verizon/Trinko-Urteil[372] des US Supreme Court bezüglich der

---

368 *Wilhelmini*, in: BeckOK PatR, PatG § 24 Rn. 33.

369 Vgl. *Ellger*, ZWeR 2018, 272, 283; *Pitruzzella*, Italian Antitrust Review 4, 2017 (1), 77, 80; *König*, in: Hennemann/Sattler (Hrsg.), Immaterialgüter und Digitalisierung, S. 89, 93 f.

370 Zum Spannungsfeld Immaterialgüterrecht und Kartellrecht vgl. *Podszun*, JURA 2010, 437, 438 f.

371 Ausführlich *Mestmäcker/Schweitzer*, Europäisches Wettbewerbsrecht, § 19 Rn. 55 ff.

372 *Verizon Communications Inc. v. Law Offices of Curtis V. Trinko, LLP, 540 U.S. 398 (2004).*

Zugangsregulierung eines Kommunikationsnetzes wird vielfach als Absage an die Doktrin gedeutet,[373] wobei insbesondere auf die Formulierung „We have never recognized such a doctrine, [...] and we find no need either to recognize it or to repudiate it her" Bezug genommen wird. Allerdings ist zu beachten, dass in diesem Falle bereits ein regulatorischer Zugangsanspruch existierte, der dem Kläger allerdings nicht genügte, aber eine weitergehende Intervention aus Sicht des Supreme Court deshalb ausschied.[374]

Im Laufe der Zeit kristallisierte sich eine vierstufige Prüfungsfolge heraus, die im Kern auch zur Auflösung des eben beschriebenen Spannungsverhältnisses in der europäischen Rechtspraxis Anwendung findet: Zunächst muss ein Monopolist den Zugang zu einer wesentlichen Einrichtung (*essential facility*) kontrollieren, die ein Wettbewerber nicht oder nicht in zumutbarer Art und Weise duplizieren kann und dessen Zugang der Monopolist ihm verwehrt, obwohl die Zugangsgewährung ihm möglich wäre.[375]

Analog zum US-amerikanischen Vorbild spielten die Anfänge der europäischen Rechtsentwicklung ebenfalls im Umfeld der Verkehrsinfrastrukturnetze, namentlich in drei Kommissionsentscheidungen gegen die Stena-Gruppe, die unter dem Begriff „Hafen-Entscheidungen" zusammengefasst werden.[376] Die Tochtergesellschaften der Stena-Gruppe betrieben diverse Häfen und boten überdies auch Fährdienstleistungen von diesen Häfen aus an und verhinderten durch verschiedene Maßnahmen, wie die Zuweisung ungünstiger Abfahrtszeiten oder den Verweis auf technische Probleme oder Kapazitätsmangel, dass konkurrierende Unternehmen von den von Stena kontrollierten Häfen aus in See stechen konnten. In der Entscheidung Sealink II führte die Kommission aus: „Ein Unternehmen, das für die Gestellung einer wesentlichen Einrichtung (d. h. einer Einrichtung oder Infrastruktur, ohne deren Nutzung ein Wettbewerber seinen Kunden keine Dienste anbieten kann) marktbeherrschend ist und diese Einrichtung selbst nutzt und anderen Unternehmen den Zugang zu dieser Einrichtung ohne sachliche Rechtfertigung verweigert oder nur unter Bedingungen, die ungünstiger sind als für seine eigenen Dienste, gewährt, verstösst gegen Artikel 86..." Die Verwendung des Terminus „wesentliche Einrichtung/*essential facility*" lässt die Genetik der hier etablierten Rechtsfigur klar erkennen. Zudem

---

373 So z.B. *Kling/Thomas*, Kartellrecht, § 6 Rn. 115.

374 Vgl. *Graf von Merveldt*, GRUR Int 2004, 674, 680.

375 MCI Communications Corp. v. AT&T Co., 708 F.2d 1081, 1132 f. (7. Cir. 1983).

376 Kom., Beschluss vom 11. 6. 1992, Az. IV/34.174 – Sealink I; Kom., Beschluss vom 21. 12. 1993, ABl. 1994, L 15/8 ff. – Sealink II; Kom., Beschluss vom 21. 12. 1993, ABl. 1994, L 55/52 ff. – Hafen von Rodby.

war auch ein Rückgriff auf das bereits bestehende Konzept der Geschäftsverweigerung als Ausprägung des Behinderungsmissbrauchs möglich: Hiernach kann der Abbruch einer bestehenden Geschäftsbeziehung einen Marktmachtmissbrauch darstellen, wenn dieser objektiv ungerechtfertigt oder unverhältnismäßig erscheint.[377] Die abzuwägende wettbewerbsschädliche Wirkung kann zu einer Absatzbeschränkung im Sinne von Art. 102 Satz 2 lit. b) AEUV, zu einem eingeschränkten Wettbewerb auf dem nachgelagerten Markt und zu einer Schädigung der Verbraucher führen, wenn die Produkt- oder Dienstleistungsauswahl auf dem Sekundärmarkt eingeschränkt wird.[378] Schnittmengen können sich ferner mit dem Diskriminierungsverbot aus Art. 102 Satz 2 lit. c) AEUV ergeben, wenn das marktbeherrschende Unternehmen die (Weiter-)Belieferung bestimmter Marktteilnehmer ungerechtfertigt einstellt oder verweigert.[379] Die Dogmatik der Geschäftsverweigerung und die der Essential-Facilities-Doktrin unterscheiden sich im Hinblick auf die bei letzterer noch nicht eröffneten Wettbewerbssituation auf dem nachgelagerten Markt (welcher womöglich selbst noch nicht existiert).[380]

2. Rechtsprechung des EuGH

Vor dem Hintergrund ist auch die Judikatur des Europäischen Gerichtshofs zu lesen, der in den zu erörternden Fällen seine Terminologie mit Bedacht wählt und insbesondere auf die ‚Nennung des Kindes beim Namen' verzichtet. Stattdessen entwickelt er die Rechtsprechung zur Geschäftsverweigerung fort.

Als Folge dessen werden im Schrifttum bestimmte Fallkonstellationen als eigenständige Fallgruppen abseits der Essential-Facilities-Doktrin behandelt, namentlich solche, die den Ausdruck des Spannungsverhältnisses zwischen Immaterialgüterrecht und Kartellrecht verkörpern und eben keine Infrastruktureinrichtung im Wortsinne zum Gegenstand haben.[381] Versteht man die Dok-trin allgemeiner als Ausdruck des Spannungsverhältnisses zwischen rechtlicher oder faktischer Kontrolle eines marktbeherrschenden Unternehmens über den sprichwörtlichen Flaschenhals und dem wettbewerbsrechtlichen

377 EuGH, Rs. C-27/76, ECLI:EU:C:1978:22 Rn. 182 f. – United Brands; *Bechtold/Bosch/Brinker*, EU-Kartellrecht Art. 102 AEUV Rn. 50.
378 *Fuchs/Möschel*, in: Immenga/Mestmäcker/ AEUV Art. 102 Rn. 311.
379 *Weiß*, in: Calliess/Ruffert AEUV Art. 102 Rn. 59.
380 *Paal*, in: BeckOK InfoMedienR, AEUV Art. 102 Rn. 42.
381 Siehe *Busche*, in: Kölner Kommentar zum Kartellrecht, Bd. 3, Art. 102 AEUV Rn. 184.

Zugangsinteresse, so spricht dies für eine einheitliche Behandlung aller Inputarten.[382] Andernfalls würde der Zugang zu Daten wohl anderenfalls die Schaffung einer neuen Fallgruppe rechtfertigen. Letztlich erkennen auch Vertreter einer differenzierten Betrachtungsweise „eine gewisse Verwandtschaft" zwischen den Fallgestaltungen.[383]

a) Magill

Die Rechtssache Magill[384] verkörpert den ersten Markstein der Essential-Facilities-Doktrin in der Rechtsprechung des EuGHs. Die Entscheidung gibt den Rahmen zur Auflösung des Spannungsverhältnisses zwischen dem freien Wettbewerb und dem Schutz des geistigen Eigentums vor, welcher an die Handhabung der Kommission von wettbewerbsverschließenden Zugangsbeschränkungen zu physischen Infrastruktureinrichtungen anschließt. Ein ausdrücklicher Verweis auf die Doktrin unterbleibt, doch wird auf die bisherige Praxis zur Beurteilung von marktmachtmissbräuchlicher Geschäftsverweigerung Bezug genommen.[385]

In Magill standen sich das nach britischem und irischen Recht schutzfähige Urheberrecht der Fernsehanstalten an den wöchentlichen Programmvorschauen und der freie Wettbewerb gegenüber.[386] Die Fernsehanstalten RTE, ITV und BBC, welche in Irland die überwiegende Zahl der Haushalte und bis zu 30 bis 40 % der Haushalte in Nordirland erreichten, vergaben kostenlose, aber strikt reglementierte Lizenzen zum Druck eines wöchentlichen Programmführers und gingen (notfalls gerichtlich) gegen Verstöße gegen diese Vorgaben durch Vertragspartner oder gegen Dritte vor.[387] Magill TV Guide Ltd plante die Herausgabe einer solchen umfassenden wöchentlichen Programmvorschau, wurde jedoch per einstweiliger Anordnung unter Berufung auf das Urheberrecht an den Programminformationen hieran gehindert.[388] Der EuGH erkannte eine marktbeherrschende Stellung der Fernsehanstalten in der Möglichkeit, durch Ausübung ihres Urheberrechts den Wettbewerb auf dem Markt für Fernsehwochenzeitschriften wirksam zu eliminieren, obgleich die bloße Inhaberschaft

---

382 Vgl. *Eilmansberger/Bien*, in: Münchener Kommentar zum Kartellrecht, Art. 102 AEUV, Rn. 343.

383 Siehe *Busche*, in: Kölner Kommentar zum Kartellrecht, Bd. 3, Art. 102 AEUV Rn. 184.

384 EuGH, verb. Rs. C-241/91 P, C-242/91 P, ECLI:EU:C:1995:98 – Magill.

385 U.a. EuGH, Rs. C-6/73, ECLI:EU:C:1974:18 – Commercial Solvents.

386 EuGH, verb. Rs. C-241/91 P, C-242/91 P, ECLI:EU:C:1995:98 Rn. 7 – Magill.

387 EuGH, verb. Rs. C-241/91 P, C-242/91 P, ECLI:EU:C:1995:98 Rn. 6–9 – Magill.

388 EuGH, verb. Rs. C-241/91 P, C-242/91 P, ECLI:EU:C:1995:98 Rn. 10 – Magill.

eines solchen ausschließlichen Rechts noch keine marktbeherrschende Stellung begründen kann; es handelte sich hierbei um ein faktisches Monopol.[389]

Der Missbrauch einer marktbeherrschenden Stellung durch Weigerung, die Benutzung von urheberrechtlich geschütztem Material zu lizensieren, ergibt sich nach Ansicht des EuGHs aus den folgenden Kriterien: 1. Durch das Verhalten wird das Aufkommen eines neuen Erzeugnisses verhindert, für das eine potenzielle Nachfrage besteht, und das der Inhaber des Rechts selbst nicht anbietet, wenn 2. diese Weigerung nicht gerechtfertigt ist und 3. der Wettbewerb auf einem abgeleiteten Markt abgeschlossen wird, da das urheberrechtlich geschützte Material hierfür unentbehrlich ist.[390]

Hier bestand eine potenzielle Nachfrage an einer umfassenden Programmzeitschrift, welche die Sender ihrerseits nicht anboten und deren Aufkommen sie durch die Lizenzverweigerung verhindern konnten. Das Urteil ermöglichte die Beschränkung eines ausschließlichen Rechts zugunsten der Förderung neuer Produkte trotz des Umstandes, dass diese mit der Produktpalette des Schutzrechtsinhabers in Konkurrenz treten konnten, denn der EuGH sah weder eine Rechtfertigung für die Zugangsverweigerung darin, dass das marktbeherrschende Unternehmen selbst die Fernsehsendungen ausstrahlte, noch darin, dass sie selbst einen (partiellen) Programmführer anboten.[391]

Unklar blieb jedoch, inwiefern die Erzeugnisse neu und innovativ im Vergleich zu dem bereits vorhandenen Produkt sein mussten, um eine Schutzrechtsbeschränkung zu rechtfertigen.[392] Der EuGH beließ es insoweit bei der Feststellung, dass es einen Bedarf an allumfassenden Programmführern gäbe.

Ausschlaggebend war vor allem die wahlweise als „töricht" oder als eine „Perversion" abqualifizierte Schutzfähigkeit von Programminformationen, die in den übrigen Rechtsordnungen der Mitgliedsstaaten nicht anerkannt wurde.[393] Ordnet man ein solches ausschließliches Recht in die deutsche Konzeption des Urheberrechts ein, handelte es sich hierbei mangels persönlicher geistiger Schöpfung nicht um ein schutzfähiges Werk (§ 1 UrhG), sodass es allenfalls als Leistungsschutzrecht konzeptioniert werden könnte. Ein Bedürfnis könnte aus Gründen der Absicherung einer persönlichen, wirtschaftlichen, organisatorischen oder

389 EuGH, verb. Rs. C-241/91 P, C-242/91 P, ECLI:EU:C:1995:98 Rn. 46 f. – Magill; kritisch: *Pilny* GRUR Int. 1995, 954, 956.

390 EuGH, verb. Rs. C-241/91 P, C-242/91 P, ECLI:EU:C:1995:98 Rn. 54–56– Magill.

391 EuGH, verb. Rs. C-241/91 P, C-242/91 P, ECLI:EU:C:1995:98 Rn. 55 – Magill.

392 Daher kritisch *Pilny* GRUR Int 1995, 954, 960.

393 *Jehoram/Mortelmans*, GRUR Int 1997, 11 f.

technischen Leistung bzw. einer Investition bestehen.[394] Hier liegt ein solches Schutzbedürfnis nicht vor, denn die schutzwürdige Leistung stellen die Produktion und Ausstrahlung der Fernsehsendungen an sich dar, wobei die Programminformation lediglich einen informativen Annex darstellt, dem keine eigene Investition vorausgeht. Nach den Maßstäben des deutschen Urheberrechtsschutzes bestünde somit kein Bedarf für eine solche Regelung. Die Kommission führte im Verfahren vor dem EuG aus, dass es sich nicht um eine geheime, innovative oder forschungsbezogene Leistung gehandelt habe, sondern um eine tatsächliche Information, bei der die Zusammenstellung des Fernsehprogrammes selbst die mit Einschaltquoten entlohnte Leistung sei.[395]

Die Lehren aus dem Magill-Urteil dürften wohl stark von der Standortwahl bezüglich der Interventionen in ausschließliche Rechte abhängen. So formulieren *Mestmäcker/Schweitzer*: „Magill gilt allgemein als Ausnahmefall. Nach verbreiteter Ansicht wurde Art. 102 AEUV angewendet, um die Verhinderung eines neuen Produkts durch Berufung auf ein übermäßig weit gefasstes Urheberrecht zu korrigieren."[396] Somit mag man einen Ausnahmefall erkennen, indem aufgrund der nur partiell erfolgten Harmonisierung im Bereich der Immaterialgüterrechte ein für europäische Standards unerträglich weit gefasstes Urheberrecht aufgrund wettbewerbsschädlicher Auswirkungen ausnahmsweise zu korrigieren sei. Ebenso mag man die grundsätzliche Bereitschaft des EuGHs erkennen, ausschließliche Rechte im Einzelfall aufgrund einer Interessenbewertung einzuschränken.

b) Bronner

Der Fall Bronner diente dem Europäischen Gerichtshof als Vorlage zur weiteren Ausgestaltung der Essential-Facilities-Doktrin, auch wenn er sich einer Verwendung des Terminus – anders als die Antragsteller[397] – erneut enthielt. Das Vorabentscheidungsersuchen des Oberlandesgerichts Wien betraf das von Mediaprint betriebene, einzig in Österreich existierende überregionale Hauszustellungsvertriebssystem für Zeitungsabonnenten.[398] Der Zeitungsverleger Mediaprint war in der Lage, durch die ‚Neue Kronen Zeitung' und den ‚Kurier'

---

394 *Dreier*, in: Dreier/Schulze, Teil 2. Verwandte Schutzrechte Vorbemerkung zu §§ 70 ff Rn. 2.

395 EuG, T-69/89, ECLI:EU:T:1991:39 Rn. 46 – RTE/Kommission.

396 *Mestmäcker/Schweitzer*, Europäisches Wettbewerbsrecht, § 19 Rn. 73.

397 EuGH, Rs. C-7/97, ECLI:EU:C:1998:569 Rn. 24 – Bronner.

398 EuGH, Rs. C-7/97, ECLI:EU:C:1998:569 Rn. 11 – Bronner.

eine marktbeherrschende Stellung aufzubauen, welche sich unter anderem in einem Anteil von 71 % an der Gesamtzahl aller Tageszeitungen in Österreich manifestierte. Die Oscar Bronner Gesellschaft begehrte Zugang zu dem Hauszustellungsvertriebssystem, da es weder ihr allein, noch in Kooperation mit den übrigen Verlagsunternehmen möglich war, ein derartiges System kostendeckend aufzubauen, und auch die Postzustellung am späten Vormittag stellte keine gleichwertige Alternative dar, sodass bei Nichtaufnahme eine völlige Verdrängung vom Markt drohte.[399] Dieser Argumentationslinie ist der Europäische Gerichtshof nicht gefolgt und bekräftigte die hohen Anforderungen an das Vorliegen einer solchen wesentlichen Einrichtung aufgrund ihrer Unentbehrlichkeit für das Angebot der Ware oder Dienstleistung. Es mangelte hier an rechtlichen, wirtschaftlichen oder tatsächlichen Hindernissen, die dem Aufbau eines vergleichbaren Vertriebsnetzes entgegenstünden – die bloße Unwirtschaftlichkeit könne hierfür nicht genügen.[400] Obschon die alternativen Vertriebsmethoden, wie Postzustellung, Kiosk- oder Ladenverkauf nicht an-nähernd so ökonomisch vorteilhaft waren, sah der EuGH sie als ausreichend für den Erhalt des Wettbewerbes an, sodass das einzig existierende Hauszustellungssystem keine wesentliche Einrichtung darstellen könnte.[401] Für die Bestimmung, wann eine Einrichtung wesentlich – da nicht duplizierbar – sein soll, nahm das Gericht ausdrücklich auf die Schlussanträge des Generalanwalts Bezug, welcher hypothetisch auf einen Zeitungsverlag mit ähnlicher Auflagenstärke wie der Inhaber des begehrten Zustellungssystem als Referenz verweist: Wenn der Aufbau des Vertriebsnetzes für diesen ebenfalls unrentabel wäre, könnte es sich hierbei um eine solche Einrichtung handeln.[402] Deutlich ausführlicher als letztlich im Urteil des Europäischen Gerichtshofs nahm Generalanwalt Jacobs in seinen Schlussanträgen Stellung zu den divergierenden Interessen bei der Frage nach der Gewährung eines Zugangsrechts. Zunächst sei zu beachten, dass die Gewährung eines Zugangs möglicherweise kurzfristig die Wettbewerbssituation verbessere, aber langfristig ein gegenteiliger Effekt zu beklagen sei, da eine voreilige ‚Vergesellschaftung' einer Innovation oder Einrichtung den Wettbewerbern jeden Anreiz

399 EuGH, Rs. C-7/97, ECLI:EU:C:1998:569 Rn. 8–11 – Bronner.

400 EuGH, Rs. C-7/97, ECLI:EU:C:1998:569 Rn. 44–46 – Bronner.

401 EuGH, Rs. C-7/97, ECLI:EU:C:1998:569 Rn. 43 – Bronner.

402 EuGH, Rs. C-7/97, ECLI:EU:C:1998:569 Rn. 46 – Bronner, bezugnehmend auf Generalanwalt *Jacobs*, Schlussanträge vom 28.05.1998, Rs. C-7/97, ECLI:EU:C:1998:264 Rn. 56 – Bronner.

nehme, eine solche selbst zu etablieren oder zu entwickeln.[403] Zudem erinnert er an die bereits vorgenommene Interessenabwägung zwischen der Schaffung von Investitionsanreizen und der Förderung eines freien Wettbewerbs durch Gewährung eines ausschließlichen Rechts, beispielsweise in Form eines Immaterialgüterrechts.[404] Hiernach war Magill ein Sonderfall, denn das Aufkommen eines benötigten Produkts wurde durch die Ausübung eines Immaterialgüterrechts verhindert, welches kein unmittelbares Ergebnis einer nennenswerten Investition war und in den meisten EG-Mitgliedsstaaten schon gar nicht schutzfähig gewesen wäre.[405]

Somit ließ sich aus der Bronner-Entscheidung ableiten, dass die objektiv ungerechtfertigte Zugangsverweigerung zur Begründung eines Verstoßes gegen das Marktmachtmissbrauchsverbot geeignet sein muss, den Wettbewerb auf dem nachgelagerten Markt auszuschalten, wenn für die Einrichtung kein tatsächlicher oder potenzieller Ersatz besteht.[406]

c) *IMS Health*

Auf Vorlage des LG Frankfurt hat der EuGH die Voraussetzungen stipuliert, welche als ‚state of the art' der Lösung von Essential-Facilities-Fällen angesehen werden.[407]

Zugangsobjekt dieses Falles war die gemäß § 4 UrhG als Datenbankwerk schutzfähige 1860-er Struktur nach denen IMS Health als Weltmarktführer der Datensammlung und -aufbereitung von Absatzzahlen für Arzneimittel die Bundesrepublik Deutschland in Absatzgebiete unterteilen konnte. Diese setzten sich aus geografischen, infrastrukturellen und demografischen Informationen zusammen, welche eine Bausteinstruktur ergaben. Neben der teilweise unentgeltlichen Weitergabe der Bausteinstrukturen hat IMS durch Einbindung der Benutzer in den Entwicklungsprozess einen Marktstandard etabliert. Das Konkurrenzunternehmen NDC verwendete ebenfalls ein Bausteinsystem, das allerdings bei den Kunden keinen Anklang fand, da es konzeptionell eine

403 Generalanwalt *Jacobs*, Schlussanträge vom 28.05.1998, Rs. C-7/97, ECLI:EU:C:1998:264 Rn. 56 – Bronner.

404 Generalanwalt *Jacobs*, Schlussanträge vom 28.05.1998, Rs. C-7/97, ECLI:EU:C:1998:264 Rn. 62 – Bronner.

405 Generalanwalt *Jacobs*, Schlussanträge vom 28.05.1998, Rs. C-7/97, ECLI:EU:C:1998:264 Rn. 63 – Bronner.

406 EuGH, Rs. C-7/97, ECLI:EU:C:1998:569 Rn. 41 – Bronner.

407 EuGH, Rs. C-418/01, ECLI:EU:C:2004:257 – IMS Health.

Abweichung zu der von IMS verwendeten, gewohnten Struktur darstellte. Daher strebte NDC an, eine auf dem von IMS verwendeten Systems basierende Struktur zu verwenden, erhielt jedoch hierfür von IMS keine Lizenz.

Die betreffende Vorlagefrage, ob dieses Verhalten den Missbrauch einer marktbeherrschenden Stellung verkörpern kann, bejahte der EuGH für den Fall, dass der Petent „beabsichtigt, auf dem Markt für die Lieferung der betreffenden Daten neue Erzeugnisse oder Dienstleistungen anzubieten, die der Inhaber des Rechts des geistigen Eigentums nicht anbietet und für die eine potenzielle Nachfrage der Verbraucher besteht“, die Weigerung nicht durch sach-liche Gründe gerechtfertigt ist und die Weigerung geeignet ist, „dem Inhaber des Rechts des geistigen Eigentums den Markt für die Lieferung der Daten über den Absatz von Arzneimitteln in dem betreffenden Mitgliedstaat vorzubehalten, indem jeglicher Wettbewerb auf diesem Markt ausgeschlossen wird“.[408]

Im Gegensatz zu dem Fall Bronner waren die Strukturen von IMS zum Industriestandard geworden, sodass alternative (wenn auch weniger rentable) Wege des Marktzugangs nicht gegeben waren. Der EuGH sah hier eine Wesentlichkeit in dem Fall gegeben an, in welchem die Entwicklung einer Parallelstruktur einen enormen technischen und wirtschaftlichen Aufwand bedeutete und die Verwertung schlussendlich zu Marktkondition erfolgen müsste, die für das Unternehmen schlechterdings unrentabel wären.[409] Hier klingen zum einen die Problematiken der natürlichen Monopole und der im digitalen Kontext bestens bekannten Netzwerkeffekte sowie der Lock-In-Effekte an.[410]

Bei natürlichen Monopolen können durch Skalenvorteile die niedrigsten Produktionskosten lediglich dann erreicht werden, wenn es für die Leistung nur einen Anbieter gibt.[411] Direkte Netzwerkeffekte bezeichnen das Phänomen, dass Plattformen für die jeweilige Nutzergruppe attraktiver werden, je mehr Nutzer aus ihrer Gruppe diese Plattform verwenden; durch indirekte Netzwerkeffekte steigt die Attraktivität für die andere Nutzergruppe, wenn die Nutzerzahlen ‚auf der anderen Seite‘ zunehmen.[412] Der EuGH erkannte die Gefahr der wettbewerbsschädlichen Schaffung einer Abhängigkeit durch die starke Einbeziehung der Nutzer in den Entwicklungsprozess des Produkts.[413]

---

408 EuGH, Rs. C-418/01, ECLI:EU:C:2004:257 Rn. 52 – IMS Health.
409 EuGH, Rs. C-418/01, ECLI:EU:C:2004:257 Rn. 29 – IMS Health.
410 *Höppner*, EuZW 2004, 748, 750.
411 *Höppner*, EuZW 2004, 748, 750.
412 *Rittner/Dreher/Kulka*, Wettbewerbs- und Kartellrecht, Rn. 773.
413 EuGH, Rs. C-418/01, ECLI:EU:C:2004:257 Rn. 52 – IMS Health.

Das Urteil enthielt zudem eine wichtige Klarstellung zum Anwendungsbereich der Fallgruppe, da ausdrücklich festgehalten wurde, dass auch der Zugang bzw. eine Lizenz für potenzielle Wettbewerber erteilt werden müsse, wenn die Produktionsstufe des Zugangspetenten abhängig ist von der vorgelagerten Produktionsstufe des Marktbeherrschers.[414] Nicht erforderlich ist somit der Transfer von Marktmacht auf einen eigenständigen, nachgelagerten Markt, also der Transfer der marktbeherrschenden Stellung für ein Primärprodukt auf einen Markt für Komplementärprodukte bzw. Komplementärleistungen.[415]

Inwieweit das Produkt, das mutmaßlich zum Schaden der Verbraucher verhindert wird, neu oder innovativ sein muss, um dem Erfordernis der Verhinderung eines neuen Produkts zu genügen, ist bisher vor allem für die Lizensierung von Immaterialgüterrechten bedeutsam. Die Überlegungen des EuGH basierten auf einer verbraucherorientierten Abwägung zwischen dem Interesse am Schutz des Immaterialgüterrechts einerseits und der wirtschaftlichen Handlungsfreiheit seines Inhabers andererseits.[416] Die Aufgabe, diese äußerst abstrakten Erwägungen mit Leben zu füllen, überantwortete er bedauernswerterweise an das Vorlagegericht. Generalanwalt Tizziano schlug vor, dass das Produkt ein besonderes Bedürfnis der Verbraucher befriedigen müsse, sodass die Lizenz (bzw. der Zugang) nicht lediglich dazu dienen solle, dem Petenten die Vermarktung eines im Wesentlichen gleichen Produktes zu ermöglichen.[417] Extensiver wird wiederum vertreten, dass bereits ein Zusatznutzen oder eine Produktdifferenzierung genüge, sodass lediglich Trittbrettfahrerleistungen von dem Schutzbereich ausgeschlossen sein sollen.[418]

In wettbewerbspolitischer Hinsicht wurden Bedenken für den Fall laut, dass der Marktbeherrscher den Bedarf am Markt selbst ausreichend befriedigt, da durch Einschränkung des urheberrechtlichen Belohnungskonzepts die Innovationsanreize gehemmt und langfristig die Intensität des Wettbewerbs abgesenkt würden, da die Notwendigkeit zur Findung alternativer Lösungen entfalle.[419] Auch dem Vergleich der Etablierung eines Marktstandards mit der Inhaberschaft

---

414 EuGH, Rs. C-418/01, ECLI:EU:C:2004:257 Rn. 44 f. – IMS Health.

415 *Eilmansberger/Bien*, in: Münchener Kommentar zum Kartellrecht, Art. 102 AEUV, Rn. 349.

416 EuGH, Rs. C-418/01, ECLI:EU:C:2004:257 Rn. 48 – IMS Health.

417 EuGH, Rs. C-418/01, ECLI:EU:C:2004:257 Rn. 44 f. – IMS Health; Generalanwalt *Tiziano*, Schlussanträge vom 02.10.2003, Rs. C-418/01, ECLI:EU:C:2003:537 Rn. 62 – IMS Health.

418 *Kling/Thomas*, Kartellrecht, § 6 Rn. 129.

419 *Lober*, GRUR Int 2002, 7, 15 f.

einer Infrastruktur ließe sich entgegenhalten, dass dieser eben nicht auf der Ausnutzung eines gesetzlichen Monopols fußt, sondern auf dem Einsatz einer unternehmerischen Investition.[420] Insofern weicht die Konstellation insbesondere von der leitbildhaften wirtschaftlichen Situation im Fall Magill ab, welche sich eher mit der Ausnutzung eines infrastrukturähnlichen, kostengünstigen gesetzlichen Monopols vergleichen ließe.

d) Microsoft

Der Fall Microsoft behandelte ebenfalls die Möglichkeit der Einschränkung geistiger Eigentumsrechte. Gegenstand waren zum einen die Koppelung des Microsoft Media Players an das Windows-Betriebssystem und zum anderen die Verweigerung der Preisgabe der Interoperabilitätsinformationen an Hersteller anderer Betriebssysteme und Server. Sowohl Kommission als auch Gericht gingen ohne abschließende Entscheidung von der patent- und urheberrechtlichen Schutzfähigkeit der Schnittstelleninformationen aus.[421] Die Kommission kam zu dem Schluss, dass Microsoft seine markbeherrschende Stellung auf dem sachlich relevanten Markt für PC-Betriebssysteme missbrauchte, indem es sich weigerte, Wettbewerbern (entgeltlich) die notwendigen Informationen zur Verfügung zu stellen, welche diese in die Lage versetzte, kompatible Arbeitsgruppenserver-Betriebssysteme zu konzipieren. Da Microsoft auf dem Markt für PC-Betriebssysteme (Windows) beherrschend war, war für das Bestehen von Produkten auf dem Markt für Arbeitsgruppenserver-Betriebssysteme, also solche für die Umsetzung von Büroaufgaben, wie gemeinsame Dateiennutzung, gemeinsame Druckernutzung oder die IT-Verwaltung die Kompatibilität mit Windows unerlässlich.[422] Dies stellte eine Einschränkung der technischen Entwicklung zum Schaden der Verbraucher, nach Art. 82 Buchstabe b EGV dar, sodass Microsoft verpflichtet wurde, den Wettbewerbern die „Protokollspezifizierungen und die Gewährleistung der Interoperabilität mit den wesentlichen Funktionen eines typischen Arbeitsgruppennetzes“ zu angemessenen und nicht diskriminierenden Konditionen offenzulegen und Interoperabilität zu gewährleisten.[423] Das Europäische Gericht erster Instanz schloss sich dieser Feststellung an. Zunächst hatte Microsoft eine beherrschende Stellung auf dem Markt für Betriebssysteme für Client-PCs inne, da der Marktanteil über 90 % lag.[424] Im Folgenden soll kurz

---

420 *Mestmäcker/Schweitzer*, Europäisches Wettbewerbsrecht, § 19 Rn. 85.
421 EuG, Rs. T-201/04, ECLI:EU:T:2007:289 Rn. 284 f. – Microsoft.
422 Kom., Entscheidung vom 24.05.2004, COMP/C-3/37.792, Tz. 9, 18 – Microsoft.
423 Kom., Entscheidung vom 24.05.2004, COMP/C-3/37.792, Tz. 30 f. – Microsoft.
424 EuG, Rs. T-201/04, ECLI:EU:T:2007:289 Rn. 387 f. – Microsoft.

auf die Ausführungen des Gerichts zu den einzelnen Voraussetzungen eingegangen werden:

aa) Unerlässlichkeit

Maßgeblich für die Frage nach der Missbräuchlichkeit der Lizenzverweigerung sollte im Grundsatz sein, ob die Lizensierung unerlässlich für den Zugang zu einem benachbarten Markt ist, die Verweigerung jeden wirksamen Wettbewerb ausschließen würde und ob diese das Erscheinen eines neuen Produkts auf dem Markt verhinderte. Das Kriterium der Unerlässlichkeit war nach Ansicht des Gerichts in diesem Fall erfüllt, da das Windows-Betriebssystem auf den allermeisten Client-PCs installiert war und darüber hinaus die Windows-Domainarchitektur den Markstandard im Arbeitsgruppenbereich bildete, woraus sich bereits das Vorhandensein einer marktbeherrschenden Stellung ableiten ließ.[425] Im Rahmen von Marktuntersuchungen wurde festgestellt, dass für Datei- und Druckdienste (also Arbeitsgruppenprodukte) mehrheitlich Windows-Server in Anspruch genommen wurden, was mehrheitlich auf die Interoperabilität mit der Windows-Umgebung zurückzuführen war; mit diesen Interoperabilitätsvorteilen warb Microsoft bereits.[426] Somit war für das Bestehen am Markt für Arbeitsgruppenserver-Dienstleistungen der umfassende Zugang zu den Schnittstellen der Windows Betriebssysteme unerlässlich.

bb) Ausschluss des wirksamen Wettbewerbs

Aus Sicht des Gerichts war ein Zuwarten bis zu dem Zeitpunkt, in dem bereits kein Wettbewerb mehr auf dem relevanten Markt besteht nicht vonnöten, um zur Annahme des Ausschlusses des wirksamen Wettbewerbs zu kommen.[427] Zudem seien die Folgen auf dem Markt für Arbeitsgruppenserverbetriebssysteme aufgrund starker Netzwerkeffekte kaum mehr zu beseitigen.[428] Schließlich war zu klären, ob durch die Weigerung Microsofts, Interoperabilitätsinformationen preiszugeben, die Erzeugung, der Absatz oder die technische Entwicklung zum Schaden der Verbraucher im Sinne des Marktmissbrauchs-verbots beschränkt wurde. Aus den Judikaten in Magill und IMS Health ging hervor, dass hierfür das Aufkommen eines neuen Produktes durch die Zugangs- oder Lizenzverweigerung vonnöten sei. Im Fall Magill war es noch ein umfassender

425 EuG, Rs. T-201/04, ECLI:EU:T:2007:289 Rn. 388–392 – Microsoft.
426 EuG, Rs. T-201/04, ECLI:EU:T:2007:289 Rn. 395, 399 – Microsoft.
427 EuG, Rs. T-201/04, ECLI:EU:T:2007:289 Rn. 561 – Microsoft.
428 EuG, Rs. T-201/04, ECLI:EU:T:2007:289 Rn. 562 – Microsoft.

Programmführer, der gegenüber dem auf das Programm der jeweiligen Fernsehanstalten beschränkten Programmführer einen Mehrwert bot. Nach IMS Health verblieb als Minimalkonsens, dass es sich bei dem verhinderten Produkt nicht lediglich um eine Kopie handeln sollte.[429] Die Kommission knüpfte bei der Beurteilung hieran an und kam zu dem Schluss, dass die Produkte der Lizenznehmer im Wesentlichen auf Eigenbemühungen und Innovationsbestrebungen basieren werden; auch technisch sei eine vollständige Kopie nicht möglich, da die Implementierung der Schnittstellen nicht preisgegeben werde.[430] Das Gericht sah in der Verhinderung eines neuen Produkts nur ein Indiz für das Vorliegen einer Verbraucherschädigung.[431] Im konkreten Fall stellt die Einschränkung der Wahlmöglichkeiten der Verbraucher einen solchen Schaden dar, insbesondere da der Markt vielfältige Innovations- und Differenzierungsmöglichkeiten eröffnete, wie zum Beispiel die Entwicklung von Produkten mit Augenmerk auf Benutzerfreundlichkeit, Sicherheit oder Geschwindigkeit.[432]

cc) Objektive Rechtfertigung

Das Gericht sah die Voraussetzungen einer objektiven Rechtfertigung durch Geltendmachung eines überwiegenden Interesses an dem Erhalt von Innovationsanreizen des Marktbeherrschenden Unternehmens zuungunsten der Innovationsanreize der (potenziellen) Wettbewerber als nicht gegeben an.[433] Inwieweit dies verallgemeinerungsfähig ist, ist dem Urteil nicht klar zu entnehmen – jedenfalls lässt der Wortlaut des Art. 102 lit. b) AEUV auch eine Interpretation zu, wie sie Microsoft vorschwebte. Den Wegfall von innovativen Anreizen konnte Microsoft unterdessen schon deshalb nicht rügen, weil es bereits gängige Praxis in der Branche war, Interoperabilität für die Produktentwicklung herzustellen.[434] Bezeichnenderweise handhabte Microsoft dies bis zum Erreichen einer hinreichenden Marktstellung auf dem Markt für Arbeitsgruppenserverbetriebssysteme ganz ähnlich.[435]

---

429 *Mestmäcker/Schweitzer*, Europäisches Wettbewerbsrecht, § 19 Rn. 84.
430 EuG, Rs. T-201/04, ECLI:EU:T:2007:289 Rn. 633 – Microsoft.
431 EuG, Rs. T-201/04, ECLI:EU:T:2007:289 Rn. 647 – Microsoft.
432 EuG, Rs. T-201/04, ECLI:EU:T:2007:289 Rn. 652–654 – Microsoft.
433 EuG, Rs. T-201/04, ECLI:EU:T:2007:289 Rn. 709–711 – Microsoft.
434 EuG, Rs. T-201/04, ECLI:EU:T:2007:289 Rn. 710 – Microsoft.
435 EuG, Rs. T-201/04, ECLI:EU:T:2007:289 Rn. 710 – Microsoft.

dd) Zwischenfazit

Das Urteil gab das wettbewerbspolitisch begrüßenswerte Signal, dass die Parameter Preis, Qualität und Vielfalt über Erfolg und Misserfolg am Markt entscheiden und Monopolstellungen auf Primärmärkten nicht durch technische Hilfsmittel auf Sekundärmärkte übertragen werden sollten. Insoweit widersprüchlich und kritisch gewürdigt wurde die Entbündelungsanordnung, welche Microsoft aufgab, das Windows-Betriebssystem ohne den vorinstallierten Windows Media Player anzubieten, da Windows hierdurch an der Erweiterung und Verbesserung seiner Betriebssysteme gehindert würde.[436] Hier zeigte sich ein Mehrwert, denn gerade weniger informationstechnisch vorgebildete Nutzer bekamen eine vorinstallierte Abspielsoftware an die Hand, mit Hilfe derer sie Video- und Audiodateien in gängigen Formaten abspielen konnten. Auch mögen das Kriterium der Unerlässlichkeit und das Erfordernis eines neuen Produktes durch das Gericht zur Disposition gestellt worden sein, ohne einen alternativen Ansatz aufzuzeigen.[437] Dies mag allerdings der Anwendung einer analogen Rechtsfigur auf einen digitalen Sachverhalt geschuldet sein. Auch im Vorgriff auf die weitergehende Untersuchung sei auf die Würdigung der Netzwerkeffekte durch das Gericht hingewiesen.[438] Zwar war die Behandlung noch nicht so ausgefeilt wie es die heutige ökonomische und wettbewerbsrechtliche Literatur zu leisten im Stande ist, doch wurde bereits auf die Gefahr einer Zementierung von Marktstrukturen durch starke Netzwerkeffekte hingewiesen.

3. Digitale Plattformen als Essential-Facilities

a) Gegenstand eines Zugangsrechts

Die Essential-Facilities-Doktrin, insbesondere konkretisiert durch IMS Health, bildet den rechtlichen Rahmen zur Auflösung des Konflikts zwischen der Ermöglichung des wirksamen Wettbewerbs und Erhalt der Investitionsbereitschaft des Marktbeherrschers.[439] Hiernach kann die Ausübung eines ausschließlichen Rechts bzw. die Verweigerung des Zugangs zu einer Einrichtung missbräuchlich sein, wenn der Zugang unerlässlich ist, also durch die ungerechtfertigte Weigerung das Auftreten eines neuen Erzeugnisses verhindert wird, nach dem eine

---

436 Zur Kritik: *Heinemann*, GRUR 2006, 705, 711.

437 Siehe *Körber*, WuW 2007, 1209, 1217.

438 U.a. in EuG, Rs. T-201/04, ECLI:EU:T:2007:289 Rn. 362 – Microsoft.

439 *Fuchs/Möschel*, in: Immenga/Mestmäcker/ AEUV Art. 102 Rn. 333.

potenzielle Nachfrage der Verbraucher besteht und somit jeder Wettbewerb auf dem abgeleiteten Markt ausgeschlossen wird.[440]

Im Kontext digitaler Plattformen ergeben sich vielfältige Konstellationen, in denen marktbeherrschende Unternehmen in Folge der besonderen Marktstrukturen die Kontrolle über ‚digitale Flaschenhälse' erlangen können – womöglich, indem sie selbst die ganze Flasche herstellen. Entstanden solche Flaschenhälse früher vor allem durch Betrieb nicht-duplizierbarer Infrastruktur-einrichtungen, lässt sich heute durch Standardisierung, rechtliche Monopole, Netzwerk- und Lock-In-Effekte ein vergleichbares Ergebnis erzielen.

Somit kann eine digitale Plattform zum einen als infrastrukturähnliche Einrichtung begriffen werden, welche die technischen Voraussetzungen liefert, um auf Online-Märkten Dienstleistungen zu erbringen oder zur Verfügung zu stellen. Vor diesem Hintergrund sind wiederkehrende Forderungen zu verstehen, einem Suchmaschinenindex die Eigenschaft als wesentliche Einrichtung zuzuerkennen.[441] Werden bestimmte Unternehmen nicht oder nur sehr weit hinten in den Suchergebnissen angezeigt oder wird ihnen der Zugang zu dem Markt für kontextbezogene Suchmaschinenwerbung verwehrt, wird es diesen zumindest signifikant erschwert, von potenziellen Kunden wahrgenommen zu werden. Weitergehend wird die generelle Möglichkeit erkannt, Algorithmen marktmächtiger Unternehmen, wie Facebook, Amazon und Co. die Eigenschaft als Essential-Facility zuzuerkennen, sodass andere Unternehmen gegen Zahlung einer entsprechenden Lizenzgebühr diese Architektur nutzen können, um ihre Waren und Dienstleistungen konkurrenzfähig am Markt anbieten zu können.[442]

Anderenfalls kann es sich bei den digitalen Plattformen auch um Schnittstellen handeln, die den Zugang zu dem „Rohstoff" Daten ermöglichen. Zu denken ist an verhaltensgenerierte Daten, welche zwar auf verschiedene, nicht-ausschließ-liche Wege erhoben werden können, aber dennoch durch das Gebaren marktmächtiger Unternehmen exklusiv werden. Die Auswertung solcher Daten bietet die Chance zur Produktoptimierung, der passgenauen Werbeschaltung oder Darstellung relevanter Suchergebnisse. Auch maschinengenerierte Daten, gleich ob sie Personenbezug aufweisen oder nicht, können für die Erbringung bestimmter Dienstleistungen oder die Entwicklung von Waren zunehmend an Relevanz gewinnen. Ein ökonomisches Interesse kann somit an dem Zugang

440 *Rittner/Dreher/Kulka*, Wettbewerbs- und Kartellrecht, Rn. 1137.

441 So z.B. *Beckmann*/Müller, in: Hoeren/Sieber/Holznagel MMR-HdB, Teil 10 Kartellrecht Rn. 248; *Ott*, MMR 2006, 195; *Paal*, GRUR 2013, 873.

442 *Schwintowski*, VuR 2017, 455, 458.

zu Daten aus dem Internet der Dinge (*Internet of Things*) bestehen. Durch Kommunikationsprozesse zwischen internetfähigen Endgeräten, einer zentralen Kommunikationsplattform oder durch Interaktion mit den Nutzern, wie zum Beispiel beim „Smart Home“ oder der „vernetzten Fabrik“ werden Daten generiert,[443] welche für die Entwicklung von Waren und Dienstleistungen von großem Interesse sein dürften. Auch hier kann durch Exklusiv-vereinbarungen, Inkompatibilitäten oder die Geltendmachung von Immaterialgüterrechten Exklusivität erzeugt werden, um den Wettbewerb auf Märkten für Primär- oder Sekundärprodukte zu behindern.

Nachfolgend soll deshalb überprüft werden, inwieweit die Auslegung der Tatbestandsvoraussetzungen einer modifizierten Auslegung bedürfen.

b) Kriterium der Unerlässlichkeit

Schlüsselkriterium für die Feststellung, ob es sich bei der fraglichen Ware oder Dienstleistung um eine wesentliche Einrichtung/Essential-Facility handelt, ist die Unerlässlichkeit des Inputs für ein Tätigwerden am nachgelagerten Markt. Der Rechtzustand nach dem IMS Health Urteil lässt es darauf ankommen, „[...], dass zwei verschiedene Produktionsstufen unterschieden werden können, die dadurch miteinander verbunden sind, dass das vorgelagerte Erzeugnis ein für die Lieferung des nachgelagerten Erzeugnisses unerlässliches Element ist.“[444] Die Feststellung der Unerlässlichkeit beinhaltet im Wesentlichen zwei Elemente: Zum einen ergibt sich die Unerlässlichkeit abstrakt aus der Abhängigkeit des nachgelagerten Marktes von der Nutzung einer bestimmten Art von Einrichtung, zum anderen darf es dem Zugangspetenten nicht möglich und zumutbar sein, eine konkrete Alternative hierfür zu finden – die Einrichtung darf mithin nicht duplizierbar sein.[445] Ersteres Kriterium entsprang der Ladbroke-Entscheidung des EuGH, in welcher der Gerichtshof der Prüfung der Duplizierbarkeit einer Einrichtung zunächst prüfte, ob für die fragliche wirtschaftliche Tätigkeit der Zugang zu einer Einrichtung überhaupt notwendig war: So waren die Übertragungsrechte für Pferderennen zum Betrieb eines Wettbüros nicht zwingend notwendig, sodass es auf die Frage nach Alternativen zu den streitigen TV-Rechten schon gar nicht ankam.[446]

---

443 *Grünwald/Nüßling*, MMR 2015, 378.

444 EuGH, Rs. C-418/01, ECLI:EU:C:2004:257 Rn. 45 – IMS Health.

445 *Eilmansberger*, in: Streinz, AEUV Art. 102 Rn. 72.

446 EuGH, Rs. C-353/95, ECLI:EU:C:1997:596 Rn. 130 – Tiercé Ladbroke.

Die Grundsätze der Vertragsfreiheit, der notwendige Schutz des geistigen Eigentums sowie der Schutz vor der Verpflichtung, Wettbewerber zum eigenen Nachteil fördern zu müssen, erfordern eine restriktive Auslegung.[447] Zudem sollen durch Ausschluss anderer (potenzieller) Marktteilnehmer Investitionen, die unter Marktbedingungen getätigt werden, wieder erwirtschaftet werden.[448] Das Unerlässlichkeitskriterium spielte in Magill nur eine untergeordnete Rolle, da diese die Lizensierung eines Immaterialgüterrechts behandelten, welche in den vorliegenden Fallgestaltungen ein eindeutiges rechtliches Hindernis darstellten, die Leistungen auf dem nachgelagerten Markt anbieten zu können. Daraus folgte, dass sich der Zugangspetent im Fall Magill keiner Alternative für die Zusammenstellung eines umfassenden TV-Programmführers als des leistungsschutzrechtlich geschützten britischen TV-Programms bedienen konnte. Geht es um die Duplizierbarkeit einer immaterialgüterrechtlich geschützten technischen Lösung, so stellt sich die Frage, ob es dem Zugangspetenten möglich und zumutbar ist, eine Alternativtechnologie als ‚Umgehungslösung' zu erfinden.[449] Hierfür sind wiederum vergleichbare Maßstäbe anzulegen, sodass eine Differenzierung zwischen immaterialgüterrechtlichen Lizenzen und Zugangsverschaffung zu anderen wesentlichen Einrichtungen nicht sachdienlich erscheint.

Das Hauszustellungssystem für Tageszeitungen der Bronner-Entscheidung war aus rein wirtschaftlichen Gründen exklusiv, denn es lag weder ein rechtliches, noch ein physikalisches oder tatsächliches Hindernis vor, das einer Duplizierung im Wege gestanden hätte – eine Parallele zu digitalen Plattformen.

Generalanwalt Jacobs hob in seinen Schlussanträgen hervor, dass eine zu großzügig bemessene Zugangsgewährung zwar kurzfristig den Wettbewerb am Markt intensivieren, doch langfristig den Innovationswettbewerb zum Erlahmen bringen kann, wenn Unternehmen ihren einmal erlangten kompetitiven Vorteil sogleich gegen Zahlung einer Lizenzgebühr abgeben müssen.[450] Aus diesem Grund liegen wirtschaftliche Hindernisse nach Bronner nicht schon dann vor, wenn der Zugangspetent aufgrund seiner eigenen wirtschaftlichen Stellung nicht in der Lage ist, die Einrichtung zu duplizieren, welche das marktbeherrschende Unternehmen durch umfangreiche Investitionen bzw. Innovationen aufgebaut hat. Maßstab ist damit zumindest ein besonders leistungsstarker

447 *Körber*, WRP 2012, 761, 765 f.

448 *O. Weber*, in: Schulte/Just Kartellrecht, Art. 102 AEUV Rn. 68.

449 *Fuchs/Möschel*, in: Immenga/Mestmäcker AEUV Art. 102 Rn. 336.

450 Generalanwalt *Jacobs*, Schlussanträge vom 28.05.1998, Rs. C-7/97, ECLI:EU:C:1998:264 Rn. 57 – Bronner.

Wettbewerber,[451] wenn nicht sogar ein ähnlich leistungsstarker Wettbewerber, wie der Inhaber der fraglichen Einrichtung. Im Fall Bronner sollte demgemäß als Referenz die Rentabilität eines weiteren Hauszustellungssystems sein, das durch einen hypothetischen Zeitungsverlag mit vergleichbarer Auflagenhöhe etabliert werden konnte.[452] Hieraus folgt, dass Unerlässlichkeit jedenfalls im Falle von natürlichen Monopolen gegeben sein müsste, da in diesem Falle sowieso nur ein Unternehmen die Leistung rentabel erbringen kann.[453] Entsprechend wird auch der Verweis auf einen erheblichen Zeitaufwand für den Aufbau einer Parallelstruktur regelmäßig keine anderweitige Betrachtung erlauben.[454] Das marktbeherrschende Unternehmen muss als Pionier sogar wesentlich mehr Zeit in den Aufbau investieren. Ebenso fehlte es (neben dem Element der Duplizierbarkeit der begehrten Einrichtung) an dem ersten Element des Unerlässlichkeitskriteriums: der Notwendigkeit des Zugangs zu einer Einrichtung dieser Art, da andere Vertriebswege, wie Laden- oder Kioskverkauf, existierten, obschon diese nicht so vorteilhaft waren.[455]

Ob das Europäische Gericht in der Post-Bronner-Phase um eine Beschränkung des Kriteriums der Unerlässlichkeit bemüht war oder lediglich eine sinnvolle Anwendung auf die Besonderheiten des Einzelfalls vorgenommen hat,[456] ist wohl letztlich eine Frage der Semantik. Eine solche (kritisch beäugte) Einschränkung wird in den Entscheidungen Microsoft und Clearstream gesehen:[457] Während das Gericht im Fall Microsoft eine volle Interoperabilität zwischen Arbeitsgruppenserver-Betriebssystemen und Windows-Betriebssystemen aus wirtschaftlichen Gesichtspunkten als unerlässlich für die Existenz am Markt einstufte, identifizierte es im Fall Clearstream eine faktische Monopolstellung des gleichnamigen Anbieters für Clearing- und Abrechnungsleistungen und lehnte einen Verweis auf eine indirekte Zugangsmöglichkeit ab, da diese Leistungen aufgrund von möglichen Interessekonflikten, größeren Risiken, knapperen Fristen und höheren Kosten keinen zumutbaren Ersatz darstellten.[458]

---

451 *Bechtold/Bosch/Brinker*, EU-Kartellrecht Art. 102 AEUV Rn. 53.

452 EuGH, Rs. C-7/97, ECLI:EU:C:1998:569 Rn. 46 – Bronner.

453 *Bergmann*, European Competition Law Review 21, 2000 (2), 59, 61.

454 *Busche*, in: Kölner Kommentar zum Kartellrecht, Bd. 3, Art. 102 AEUV Rn. 180.

455 EuGH, Rs. C-7/97, ECLI:EU:C:1998:569 Rn. 44 – Bronner.

456 Für letztere Auffassung vgl. *Sasinowska*, EuZW 2013, 539, 543.

457 *Huttenlauch/Lübbig*, in: Loewenheim/Meessen/Riesenkampff, Kartellrecht, Art. 102 Rn. 282.

458 EuG, Rs. T-301/04, ECLI:EU:T:2009:317 Rn. 152 – Clearstream.

aa) Intermediäre des Internets

(1) Der Google-Suchmaschinenindex

Anfangs wurde auf die schiere Endlosigkeit der Inhalte des World Wide Web hingewiesen, welche die Gefahr birgt, den Zugriff auf für den jeweiligen Nutzer bedeutsame Inhalte aufgrund von Informationsüberflutung zu verlieren. Technische Einrichtungen, die es ermöglichen, dem Nutzer die für ihn relevanten Webinhalte systematisch aufzubereiten, stellen damit insbesondere für Unternehmen einen Flaschenhals zur digitalen Andienung ihrer Waren und Dienstleistungen dar. Diese Aufgabe wird den Suchmaschinen zuteil, welche durch sogenanntes *Crawling* Websites zur Aufnahme in den Suchindex durchsuchen und aufgrund der Analyse mittels ihrer geheim gehaltenen Algorithmen nach Relevanz für die suchenden Nutzer reihen. Entscheidend sind hierbei Zeit und Aufmerksamkeit der Suchmaschinennutzer, welche die Auflistung der für sie relevanten Ergebnisse auf den höchsten Positionen erwarten: Relevante Suchergebnisse spätestens nach Seite 3 der Suchergebnisliste werden somit von den meisten Nutzern nicht mehr wahrgenommen.[459] Die Kommission hat in ihrer Google-Shopping-Entscheidung eine marktbeherrschende Stellung Googles auf dem Markt für allgemeine Suchdienstleistungen insbesondere mit dem konstant über 85 % liegenden Marktanteil im EWR seit 2008 begründet.[460] Bemerkenswert war hierbei insbesondere der von StatCounter bereitgestellte Referenzwert der Anteile der Websitebesuche, die durch die jeweiligen Suchmaschinen bereitgestellt wurde. Dies begründet letztlich die Rolle Googles als Flaschenhals, womit die Macht einhergeht, Websites unsichtbar werden zu lassen, was durch alternative Kanäle wie Social Media nur eingeschränkt kompensiert werden kann.[461] Eine erfolgreiche Suchmaschine profitiert von Wechselwirkungen, die sich aus Vertrauensvorschuss[462] ergeben, welche die Nutzer ihrer gewohnten Suchmaschine entgegenbringen: Ein hohes Nutzeraufkommen führt zu einem wachsenden Erfahrungsschatz, welcher es lernenden Algorithmen erlaubt, die Suchergebnisse fortlaufend zu optimieren, was wiederum zu der Steigerung oder dem Erhalt des von den Nutzern entgegengebrachten Vertrauens führt und

---

459 Vgl. *Danckert/Meyer*, MMR 2010, 219, 220; *Hentsch*, MMR 2015, 434; *Ott*, MMR 2006, 195.

460 Kom., Beschluss vom 27.06.2017, COMP/ AT.39740, C(2017) 4444 final, Rn. 283 – Google Search (Shopping).

461 *Höppner*, WRP 2012, 625, 632.

462 Vgl. *Dörr/Natt*, ZUM 2014, 829, 834.

damit letztlich zur dauerhaften Kundenbindung. Somit klicken Nutzer oftmals auch offenkundig wenig passende

Suchergebnisse allein aufgrund ihrer hohen Positionierung in der Ergebnisliste an und ändern wiederum ihre Suchanfrage eher, als eine andere Suchmaschine zu bemühen.[463] Dies führt schließlich zu der Feststellung, dass Google den Markt nicht lediglich beherrscht, sondern auch den Leistungsstandard vorgibt. Parallel findet dazu eine umfangreiche Integration von Dienstleistungen auf benachbarten Märkten in das eigene Portfolio statt; genannt seien insbesondere Preisvergleichs-, Karten- oder Mailingdienste, welche gleichfalls Synergien zur umfassenden Datensammlung zur Produktoptimierung ermöglichen. Aus all dem wird teils geschlossen, dass Googles Suchmaschine einen faktischen Marktstandard ohne veritable Wechselalternative bildet, welche vor allem durch Netzwerkeffekte und Ausschließlichkeitsbindungen auf Seiten der Werbetreibenden weitgehend gegen Verdrängung abgesichert ist.[464] Unerreicht sind aufgrund dieser Faktoren Googles Informations- und Datenvolumen, Nutzerreichweite, Infrastruktur und das hierdurch begünstigte Werbevolumen; zudem sind Werbetreibende aufgrund von Exklusivbindungen nicht berechtigt, Werbeanzeigen für andere Suchmaschinen lediglich zu kopieren, sodass auf beiden Marktseiten eine enge Bindung der Nutzergruppen hergestellt wird.[465] Ein Verzicht auf Google bedroht die Wahrnehmbarkeit von Webinhalten in Gänze, sodass gerade Unternehmen mit einem nicht ausreichend starken Markenkern unter dem Radar verschwinden würden.[466] Bejahte man also das Vorliegen einer Essential-Facility, wäre Googles unternehmerische Handlungsfreiheit beschränkt, sodass ein ungerechtfertigter Ausschluss eines konkurrierenden Unternehmens vom Suchmaschinenindex oder die Verdrängung von den vorderen Rankingpositionen gegen das Verbot marktmissbräuchlichen Verhaltens verstieße.[467]

Der Maßstab, welchen der Europäische Gerichtshof in der Bronner-Entscheidung für das Vorliegen einer unerlässlichen Einrichtung heranzog, ist hoch, sodass gewichtige Argumente gegen die Einordnung des Google-Such-maschinenindexes als Essential-Facility sprechen. Es ist an dem Zugangs-petenten, den Nachweis zu erbringen, dass weder ein tatsächlicher, noch ein potenzieller Ersatz für die begehrte Leistung besteht, sie also insbesondere nicht duplizierbar

463 *Höppner*, WRP 2012, 625, 631 f.

464 *Paal*, in: BeckOK InfoMedienR, AEUV Art. 102 Rn. 68.

465 *Paal*, GRUR 2013, 873, 877.

466 *Höppner*, WRP 2012, 625, 632.

467 Vgl. *Mays*, The George Washington Law Review 83, 2015 (2), 721, 756, 758; *Paal*, in: BeckOK InfoMedienR, AEUV Art. 102 Rn. 67.

ist. Dieser Nachweis scheitert womöglich bereits an der Existenz einiger kleinerer Suchmaschinenanbieter am Markt, die allerdings über leistungsstarke Algorithmen verfügen, wobei an Bing oder die datenschutzfreundliche Suchmaschine DuckDuckGo zu denken ist.[468] Zudem wäre die Entwicklung einer eigenen Suchmaschine technisch und rechtlich mit einigem Aufwand möglich, denn nach Bronner kann hierfür durchaus der Maßstab eines Unternehmens mit vergleichbarer Wirtschaftskraft herangezogen werden wie jenes des Marktbeherrschers.[469] Einen wichtigen Indikator liefert auch die Untersuchung des Nutzerverhaltens: Die Websites marktbekannter Anbieter, wie Ebay, Amazon oder Facebook, werden mehrheitlich durch direkte Eingabe der Adresse in die Browserzeile oder Aufruf eines Lesezeichens aufgerufen – die genannten gehören zu den zehn meistbesuchten Websites.[470] Alternative Wege der Vermarktung – mögen sie auch weniger Reichweite erzeugen wie die Vermarktung durch Blogs, E-Mails oder soziale Netzwerke – stellen eine nach Bronner tragfähige Alternative dar.[471]

Nach gegenwärtigem Verständnis, das seine maßgebliche Prägung durch die Bronner-Entscheidung erfahren hat, ist die Einstufung des Suchindexes als Essential-Facility zweifelhaft. Die Interpretation des Gerichts in der Sache Microsoft deutete aber eine grundsätzliche Bereitschaft zur Flexibilisierung des Kriteriums zumindest an und auch in IMS Health fanden die Besonderheiten der Standardisierungspraxis und der durch Einbezug der Abnehmer erzeugten Lock-in-Effekte Berücksichtigung.[472]

Die althergebrachte Anwendung des Unerlässlichkeitskriteriums stößt auf Schwierigkeiten, die Besonderheiten digitaler Märkte zu berücksichtigen. Alternativen wie Bing mögen keine signifikanten Nachteile zu dem technischen Ausgangspaket aufweisen. Die Möglichkeit der personalisierten Suche stellt indes ein faktisch kaum zu überwindendes Hindernis für Konkurrenzanbieter dar. Die von Google im Jahr 2009 eingeführte Autocompletefunktion ist paradigmatisch für die nutzerbasierte Suchmaschinenoptimierung: Durch Häufigkeit, Ort und Sprache vergangener Sucheingaben sowie die Analyse von Trends oder typischen

---

468 *Babey*, Kartellrechtliche Anforderungen an Suchmaschinen, S. 91.

469 Wohl h.M., vgl. nur *Díaz*, World Competition, 40 (3), 2017 (3), 393, 407; *Hartl*, Suchmaschinen, Algorithmen und Meinungsmacht, S. 181; *Heinemann*, Google als kartellrechtliches Problem, S. 40; *Hopf*, Der Missbrauch einer marktbeherrschenden Stellung von Internetsuchmaschinen, S. 127; *Wiebe*, MR-Int. 2007, 179, 182 f.

470 Monopolkommission, Sondergutachten 68, Tz. 226; *Körber*, WRP 2012, 761, 766.

471 *Kersting/Dworschak*, NZKart 2013, 46, 48.

472 EuGH, Rs. C-418/01, ECLI:EU:C:2004:257 Rn. 29 – IMS Health.

Schreibfehlern bei der Eingabe können zeitsparend passende Suchbegriffe gelistet werden, selbst wenn der Nutzer nur einige Anfangsbuchstaben eingegeben hat.[473] Durch Ausnutzung der Wechselwirkungen zwischen (durch Netzwerkeffekte) verstärktem Nutzeraufkommen und daraus folgend Datenaufkommen sowie der Verbesserung der Algorithmen, welche ihrerseits zu verbesserten Suchergebnissen und verstärktem Nutzeraufkommen führen,[474] hat Google ein perpetuum mobile am Markt etabliert. Dieser Wirkungskreis, den *Stucke/Grunes* als „Learning-by-doing' network effects" bezeichnen, lässt sich ebenso gut auf andere digitale Plattformen übertragen, die anhand des größeren Nutzeraufkommens auf mehr Daten zur Produktoptimierung zurückgreifen können.[475] Die Gleichung „viele Daten = viel Macht" ist somit tatsächlich unzutreffend,[476] allerdings nur, da sie die Notwendigkeit leistungsfähiger Algorithmen ausklammert. Die skizzierten Wirkungszusammenhänge führen demgemäß zu aus sich selbst heraus wachsenden Marktanteilen, weshalb der Schluss nahe liegt, Marktanteile nicht nur im Rahmen der Abgrenzung des sachlich relevanten Marktes zu berücksichtigen, sondern auch bei der Beurteilung der Duplizierbarkeit einer Einrichtung im Kontext digitaler Plattformen.[477] Es darf folglich auch bezweifelt werden, dass sich neben Google ein konkurrenzfähiger Anbieter etablieren kann, auch wenn er ein vergleichbares Investitionsvolumen generieren kann.[478] Diese Verselbstständigung der Marktentwicklung steht zudem im Widerspruch zu der Ratio hinter den hochgesteckten Hürden bei der Einstufung als wesentliche Einrichtung: So soll die Möglichkeit der Verwertung einer ausschließlichen Position einmal getätigte Investitionen amortisieren. Hier erfolgt die Amortisierung fortdauernd, ohne dass dem ein fortlaufender Gegenwert gegenübersteht.

Die Ausmaße des Versagens auf dem Markt für Suchmaschinen für den Innovationswettbewerb sind aus Sicht von *Argenton/Prüfer* so signifikant, dass sie eine weitreichende legislatorische Intervention vorschlagen, aufgrund derer sich alle Suchmaschinenbetreiber gegenseitig anonymisierte Suchdaten zur Verfügung stellen, sodass der uneinholbare Vorsprung aufgrund der Suchhistorie nivelliert wird und die Fortentwicklung der Algorithmen als Ausprägung des

---

473 Dazu näher aus persönlichkeitsrechtlicher Perspektive *Kastl*, GRUR 2015, 136 f.

474 *Holzweber*, NZKart 2016, 104, 106.

475 *Stucke/Grunes*, Big Data and Competition Policy, Punkt 12.01.

476 *Körber*, NZKart 2016, 303, 305 f.

477 So *Siegmund*, Suchmaschinenalgorithmen im Kartellrecht der EU und der USA, S. 292 f.

478 *Argenton/Prüfer*, Journal of Competition Law and Economics 8, 2012 (1), 73, 97.

Innovationswettbewerbs reaktiviert wird.[479] Diese Analyse zeigt eindrücklich die unerwünschten wettbewerblichen Auswirkungen von Googles Dominanz auf dem Suchmaschinenmarkt auf, doch erfasst der vorgeschlagene Regelungsrahmen neben den inhärenten Schwierigkeiten bei der rechtlichen Implementierbarkeit nur einen Teil der Ursachen für Googles Dominanz. Schwerlich überwindbar, da für den Nutzer von Google-Diensten viel haptischer als ein abstrakter Datenvorsprung, ist der Reputationsvorsprung Googles als Marke. Zudem bietet Google zahlreiche andere datenintensive Dienste an, wie Shopping oder Maps, aber lediglich zu teilen wären Suchdaten und dazugehörige Metadaten. Entscheidete man sich für eine radikale legislatorische Intervention in den Suchmaschinenmarkt, so ginge dies mit der wettbewerbspolitisch äußerst fragwürdigen Zerschlagung der Google-Dienste einher. Daher sprechen die besseren Argumente für eine singuläre, genau definierte Zugangsgewährung mit den Mitteln des Kartellrechts.

(2) Google Shopping

Verschiedene Dienste Googles sind in den Fokus der Europäischen Kommission geraten. Sowohl das Betriebssystem Android, als auch der Dienst AdSense stehen im Verdacht, strategisch die Auswahl an Wettbewerbern zu verringern.[480] So können Websitebetreiber mit Hilfe von Google AdSense entgeltlich Anzeigeflächen auf ihren Websites mit Werbeanzeigen befüllen, die von Google auf Basis ihrer Algorithmen themenbezogen aus ihren Partnerunternehmen ausgewählt werden.[481] Eine gewisse Leitbildfunktion kann dabei Entscheidung Google-Shopping zuteilwerden. In der Sache geht es um die systematische Bevorzugung des eigenen Preisvergleichsdienstes Google Shopping bei der Darstellung der Suchergebnisse, sodass die Anzahl der Zugriffe auf den Google-Preisvergleichsdienst gegenüber anderen Preisvergleichsdiensten aufgrund der prominenteren Darstellung wesentlich zugenommen hat. Google erhob den Einwand, dass zur Feststellung der Missbräuchlichkeit dieser Verhaltensweise die „Bronner-Kriterien“ Anwendung finden müssten.[482] Andernfalls würde Google verpflichtet, einen signifikanten Anteil seiner Suchergebnisseite Wettbewerbern zur Verfügung zu stellen und somit seine Konkur-renten zu fördern, ohne dass dies

---

479 *Argenton/Prüfer*, Journal of Competition Law and Economics 8, 2012 (1), 73, 91.

480 Pressemitteilung der Kommission vom 27.06.2017, IP/17/1784.

481 Siehe oben Abschnitt A.I.3.a)cc).

482 Kom., Beschluss vom 27.06.2017, COMP/ AT.39740, C(2017) 4444 final, Rn. 645 – Google Search (Shopping).

den restriktiven Anforderungen unterläge.[483] Die Kommission verwarf diese Argumentation. Zunächst verwies sie auf das Vorliegen eines anerkannten Missbrauchstatbestandes in Gestalt des Marktmachttransfers, da Google seine marktbeherrschende Stellung im Bereich der horizontalen Suche als Hebel nutzte, um diese Marktmacht auf den Markt für Preisvergleichsdienste zu übertragen.[484] Zudem handelte es sich nicht um eine passive Zugangsverweigerung, sondern eine aktive Besserstellung des eigenen Preisvergleichsdienstes, was sich in einer abweichenden Rechtsfolge aus-drücke, da hier auf das Abstellen der Verhaltensweise gedrängt wird – und eben nicht auf die Gewährung eines Zugangs.[485]

Zutreffend verweist die Kommission auf die Entscheidungspraxis zu dem Verbot des Marktmachttransfers, denn insoweit ist der Katalog des Marktmachtmissbrauchstatbestands des Art. 102 AEUV nicht abschließend, sodass unter die Generalklausel auch ein Marktmachttransfer jenseits des Koppelungsgeschäfts zu fassen sein kann, wenn ein marktbeherrschendes Unternehmen durch Änderung seines Geschäftsgebarens eine wettbewerbsverschließende Wirkung auf einem benachbarten Markt zulasten ähnlich effizienter Wettbewerber erzielen kann.[486] Eine trennscharfe Abgrenzung zu Essential-Facilities-Fällen erscheint dennoch nicht möglich, da in beiden Fällen ein marktmächtiges Unternehmen die Hebelwirkung seiner Monopolmacht instrumentalisiert.[487] Wider-sprüchlich erscheint unterdessen auch die Differenzierung der Kommission zwischen einer passiven Zugangsvereitelung und einer aktiven Bevorzugung eigener Dienste in den Suchergebnislisten. Dies suggeriert eine Beschränkung der Bronner-Kriterien auf Fälle der Totalverweigerung, also die Weigerung der Aufnahme in die Suchergebnisliste. Indes wendet die Kommission die Essential-Facilities-Kriterien auch auf Fälle an, in denen das marktbeherrschende Unternehmen der Konkurrenz einen Zugang lediglich zu ungünstigeren Bedingungen einräumt.[488]

---

483 Kom., Beschluss vom 27.06.2017, COMP/ AT.39740, C(2017) 4444 final, Rn. 645 – Google Search (Shopping).

484 Kom., Beschluss vom 27.06.2017, COMP/ AT.39740, C(2017) 4444 final, Rn. 649 – Google Search (Shopping).

485 Kom., Beschluss vom 27.06.2017, COMP/ AT.39740, C(2017) 4444 final, Rn. 176 – Google Search (Shopping).

486 *Höppner*, CoRe 3/2017, 208, 218 f.

487 *Mestmäcker/Schweitzer*, Europäisches Wettbewerbsrecht, § 19 Rn. 63.

488 Kom., Entscheidung vom 21.12.1993 – IV/34.689, ABl. 1994 L 15/8 Rn. 66 – Sea Containers/Stena Sealink; *Huttenlauch/Lübbig*, in: Loewenheim/Meessen/Riesenkampff, Kartellrecht, AEUV Art. 102 Rn. 276.

Dergestalt könnte das von Google abverlangte Verhalten nicht auf eine Abstellung der Bevorzugung eigener Dienste in der Suchergebnislistung gerichtet sein, sondern auf eine Aufnahme der Wettbewerber in ein gleichberechtigtes Indexierungssystem, ohne dass sich im Rahmen der Abhilfemaßnahmen Abweichungen ergäben. Den neuralgischen Punkt bildet der Suchalgorithmus, der nach inoffiziellen Listen mehr als 200 Parameter berücksichtigt, welche die Domain, Interaktion der Nutzer mit der jeweiligen Web-site, den Inhalt der Website, die Rezeption in sozialen Netzwerken, das Vorkommen von Spam oder auch einige markenbezogene Faktoren berücksichti-gen und im Ergebnis googlenahe Dienste bevorzugt haben – ein Befund, der insbesondere aufgrund der ebenfalls relevanten manuell erstellten Liste Bedenken hervorruft, welche unter anderem auch Google und YouTube enthält.[489] Google sanktioniert hiernach qualitätsbezogene Mankos einer Website, wie irreführende Weiterverlinkungen, versteckte bezahlte Weiterverlinkungen (*Affiliate Links*) oder ein Übermaß an Werbung im oberen Sichtbereich. Außerdem hält sich Google ebenfalls die Möglichkeit einer nicht automatisierten Sanktionierung einer Website offen.

Abhilfemaßnahmen, wie die Möglichkeit einer Opt-in- bzw. einer Opt-out-Lösung, aufgrund derer die Nutzer die Berücksichtigung der Vertraulichkeitsliste im Rahmen der Generierung der Suchergebnislisten abwählen können,[490] fördern die Gewährleistung eines gleichberechtigten Zuganges zu einer (möglicherweise wesentlichen) Einrichtung der digitalen Ökonomie. Unterdessen vorzugswürdig erscheint jedoch eine Opt-in-Lösung, da der Faktor Zeit stets eine gewichtige Rolle bei der Nutzung von digitalen Diensten spielt. Nicht selten werden Nutzer aus Zeit- und Bequemlichkeitsgründen, oder schlicht aufgrund mangelnder Informiertheit die diskriminierenden Voreinstellungen nicht deaktivieren. Die Einführung einer Opt-In-Lösung würde durch deutlich sichtbaren Button, der eine Listung auf Basis der Google-Produktpalette ermöglicht, den erarbeiteten Vertrauensvorschuss der Nutzer weiterverwertbar machen und eine größere Transparenz ermöglichen.

Der Anwendung der Doktrin in dieser Fallgestaltung wird allerdings entgegen gehalten, das Kriterium der Unerlässlichkeit sei auch unter der Prämisse einer missbräuchlichen Zugangsverweigerung nach der bisherigen Rechtsprechung nicht in Betracht gekommen, da Google seine Dienste erst als Reaktion auf deren mangelnden Erfolg am Markt zu bevorzugen begann, sodass der

---

489 Eine Liste mit derzeit 211 Kriterien findet sich auf *ithelps.at/blog/93-suchmaschinen-optimierung/543-google-ranking-faktoren*, zuletzt abgerufen am 09.09.2018.

490 *Weidt*, WuW 2016, 164, 169.

Sachverhalt als Abbruch einer bestehenden Geschäftsbeziehung diesen strengen Erfordernissen nicht unterfallen wäre.[491] Dies erscheint jedoch zweifelhaft, da die Beziehungen zwischen Websitebetreibern und Suchmaschinen faktischer Natur sind, hingegen die Fallpraxis zu dem Abbruch bestehender Geschäftsbeziehungen von vertraglichen Austauschbeziehungen geprägt ist.[492]

Mit Rücksicht auf das Untersuchungsziel soll eine generelle Neubewertung der Missbrauchstatbestände für die digitale Anwendungspraxis unterbleiben, doch verdeutlicht das soeben skizzierte Gedankenspiel dennoch die Abgrenzungsschwierigkeiten der Missbrauchstatbestände, die sich insbesondere in digitalen Sachverhalten aufgrund technisch bedingter Konvergenzen ergeben. Über den Anwendungsbereich der Essential-Facilities-Doktrin hinaus kann die Anwendung gewisser, auf digitale Sachverhalte zugeschnittener Bewertungskriterien zur Findung harmonischer Lösungen angezeigt sein. Eingedenk des beträchtlichen Eingriffs in das Geschäftsmodell von Google ist das Verlangen nach Prüfung anhand von klaren und strengen Kriterien, wie sie die Bronner-Entschei-dung liefert, durchaus nachvollziehbar. Die vorstehenden Ausführungen zeigen jedoch, dass diese für digitale Sachverhalte ein Update benötigen, denn die Anwendung der Bronner-Kriterien haften letztlich weiterhin an dem Leitbild einer physischen Infrastruktureinrichtung.

(3) Der Query-Prozessor

Soeben wurde die Problematik angerissen, dass Google seinen Suchergebnissen unter anderem anhand eines Kriterienkataloges eine bestimmte Relevanz beimisst, aufgrund derer die Suchergebnisse für eine bestimmte Anfrage aufgelistet werden. Die Intransparenz über die genaue Funktionsweise und Gewichtung dieser Kriterien gibt Anlass zu vielfältigen Überlegungen, wie eine gezielte Bevorzugung Google-eigener oder Google-naher Dienste, bzw. die Diskriminierung bestimmter Google-ferner Dienste verhindert werden kann: So werden neben der Kennzeichnung der Dienste oder der staatlichen Überwachung der Tätigkeit auch die Einstellbarkeit der Suchmaschinenkriterien diskutiert.[493] Maßnahmen dieser Art wären, insbesondere in Bezug auf eine staatliche Überwachungstätigkeit, von hoher Eingriffsintensität und würden in Anbetracht der notwendigen detaillierten Ausgestaltung von Befugnissen eine abstrakt-generelle Regulierung bedingen. Weniger zeitintensiv und einzelfallspezifischer könnte

491 So *Höppner*, CoRe, 3/2017, 208, 220.

492 *Fuchs/Möschel*, in: Immenga/Mestmäcker AEUV Art. 102 Rn. 315 ff.

493 *Weidt*, WuW 2016, 164, 168–170.

eine kartellrechtliche Offenlegungspflicht der Arbeitsweise des Query-Prozessors einer Suchmaschine sein. Im Hinblick auf die technische Funktionsweise wird man indes erneut auf die Existenz anderer Suchmaschinenbetreiber hinweisen müssen, welche ihrerseits einen Query-Prozessor konzipieren konnten. Für Werbetreibende hat die Kenntnis der genauen Kriterien bei der Ermittlung der Relevanz keine unmittelbaren Auswirkungen auf die weitere Ausführung ihrer Geschäftstätigkeit.[494] Unerlässlich für die geschäftliche Tätigkeit mag ein diskriminierungsfreier Zugang zu einem Suchindex sein, nicht jedoch die Kenntnis der Voraussetzungen, die notwendig sind, um ein ideales Suchranking zu erzielen. Die genaue Kenntnis der Kriteriengewichtung, welche der Query-Prozessor bei der Verarbeitung der Suchanfragen heranzieht, böte den falschen Anreiz, Websites lediglich im Hinblick auf die Kriterien des Query-Prozessors zu optimieren.[495]

Die Gewährung eines kartellrechtlichen Zugangsanspruchs zu den Informationen über die Funktionsweise des Query-Prozessors wäre nicht die geeignete Maßnahme, eine wettbewerbsverträgliche Suchmaschinendienstleistung zu gewährleisten, obgleich Google auch im Bereich dieser Komponente einen gewissen Wettbewerbsvorteil durch Daten-, also Wissensvorsprung erlangt hat, welcher schwerlich aufzuholen sein wird und somit Unerlässlichkeit nahelegt. Die Konsequenz wäre allerdings eine Fehlentwicklung bei der Aufbereitung von Web-Inhalten, die wesentlich von der Relevanzgewinnung im Suchindex abhinge.[496] Verbleibt eine gewisse Unklarheit über die Bewertungsmaßstäbe, kann eine Suchmaschine gleichsam ‚über den Dingen schweben', während sie bei vollkommener Transparenz Teil des Content-Erstellungsprozesses und im Wechselspiel mit den Websitebetreiber auf den Erstellungsprozess einwirken würde.

(4) Amazon

Lohnenswert erscheint auch ein Blick auf einen weiteren Giganten der Plattformökonomie. Der amerikanische Online-Versandhändler Amazon.com, Inc. ist den deutschen Wettbewerbshütern nicht unbekannt: So rückte Amazon aufgrund seiner Preisparitätsklauseln bereits ins Visier des Bundeskartellamts, welches solche Bestpreisklauseln als unzulässige vertikale Beschränkung

494 *Weber*, Zugang zu den Softwarekomponenten der Suchmaschine Google nach Art. 102 AEUV, S. 251.

495 *Weidt*, WuW 2016, 164, 168.

496 *Körber*, WRP 2012, 761, 772.

interpretiert. Das Verfahren wurde mit der Aufgabe der Preisparität eingestellt.[497] Unter dem Gesichtspunkt der Essential-Facilities-Doktrin stand Amazon jedoch noch nicht im Fokus. Eine Bottleneck-Stellung ist Amazon zurzeit nicht zuzuschreiben. Eine hinreichend offene Wettbewerbssituation gründet sich auf dem derzeit noch recht moderaten Marktanteil von 30,5 % im deutschen Online-Handel im Jahr 2016,[498] der einflussreichen Konkurrenz sowie den vielfältigen Angebotsdifferenzierungsmöglichkeiten. Der Online-Versandhandel erlaubt eine Differenzierung anhand der Produktkategorien, sodass Versand-apotheken, Getränkelieferanten oder auch Unternehmen im Segment des Modeversands am Markt etabliert sind.

Nichtsdestoweniger ist das Geschäftsmodell Amazon für hiesige Überlegungen von Interesse, da es aufzeigt, wie unter Ausnutzung der Spezifika digitaler Plattformen eine mächtige Marktstellung aufgebaut, wie unter Umständen eine marktmächtige Position torpediert und final ein Markt zum Kippen gebracht werden kann. Schließlich lassen sich Schwierigkeiten des Wettbewerbsrechts vergleichbar mit der Causa Google aufzeigen, solche Geschäftspraktiken adäquat zu erfassen und zu restringieren.

Zusammengefasst lässt sich Amazons Geschäftsstrategie als investorenfinanziertes Projekt der vertikalen Integration verschiedenster Dienste charakterisieren, bei dem der rasante Zuwachs an Größe der Vorzug vor schnellen Gewinnen mit der Zielsetzung eingeräumt wurde, eine Infrastruktureinrichtung des E-Commerce zu entwickeln, aufgrund dessen auch große Anbieter von Amazons Marketplace abhängig wurden und Amazon im Zuge dieser Abhängigkeit das Sammeln von ‚ihren' Daten ermöglichen mussten.[499] Dieses Potenzial, Preise unabhängig von etwaigen Gewinnerwartungen der Investoren setzen zu können, ermöglichte (im Besonderen in den Vereinigten Staaten) die zeitige Ausweitung der Geschäftstätigkeit durch die Einführung von Amazon Prime. Dieser Dienst bündelt unter anderem Streamingdienste, E-Books, Versand am Tage der Bestellung, weitgehende Versandkostenfreiheit und in einem weiteren Schritt die Ausweitung auf Marketingdienste, Bezahldienste, Mode, Film und

---

497 Bundeskartellamt, Pressemitteilung vom 26.11.2013, Amazon gibt Preisparität endgültig auf, *bundeskartellamt.de/SharedDocs/Meldung/DE/Meldungen%20News%20Karussell/26_11_2013_Amazon.html*; zuletzt abgerufen am 09.09.2018

498 Statista, Anteil des Umsatzes von Amazon am gesamten Online-Handelsumsatz in Deutschland in den Jahren 2008 bis 2016, de.statista.com/statistik/daten/studie/669851/umfrage/marktanteil-von-amazon-im-online-handel-in-deutschland/; zuletzt abgerufen am 09.09.2018.

499 *Khan*, The Yale Law Journal 126, 2017 (3), 710, 803.

Cloud Computing.[500] Ein Schlüssel für das rasante Wachstum und die Schaffung von Lock-In-Effekten sind die plattformtypischen Netzwerkeffekte, wobei sich auf E-Commerce-Plattformen im Speziellen auch Netzwerkeffekte durch eine Vielzahl von Produktbewertungen ergeben.[501] Mit anderen Worten orientieren sich Verkäufer insbesondere in die Richtung der E-Commerce-Platt-formen, auf denen ihre Produkte möglichst häufig (vorteilhaft) bewertet werden. Eine Vielzahl aussagekräftiger Bewertungen schafft umgekehrt das Vertrauen der Käufer. Von eminenter Bedeutung sind ferner die Daten, die sich durch die Beobachtung der Seitenaufrufe, digitale Warenkörbe, Mausbewegungen und schließlich die (für Amazon risikolose) Beobachtung der Verkäufe von Drittanbietern gewinnen lassen, wobei dies stets vor dem Hintergrund zu würdigen ist, dass Amazon nicht nur als Plattformbetreiber, sondern auch als konkurrierender Verkäufer auftritt.[502]

Wenn diese Entwicklung sich auf dem europäischen Markt konsequent weiter vollzieht und dementsprechend die Marktmacht des Unternehmens zunimmt, wird über vielfältige Interventionsformen nachzudenken sein. Der Zugang zu Amazon als E-Commerce-Infrastruktur kann für ein Bestehen am Markt unerlässlich sein, wobei sich die Frage stellen wird, ob dies eine Frage des diskriminierungsfreien Zugangs zu angemessenen Gebühren sein soll oder ein Zugang mit eingeschränkten Datenerhebungen durch Amazon ermöglicht werden sollte. Letzteres könnte eine Beschränkung der erhobenen Daten auf das zur Abwicklung der vertraglichen Beziehungen zwischen Plattformbetreiber und Händler Notwendige bedeuten, sodass Daten lediglich in Bezug auf Verkaufszahlen verarbeitet, während Aktivitäten auf den jeweiligen Amazon-Produkt-seiten nicht erfasst werden dürften. Womöglich könnte dies über ein Opt-Out-Modell unter Berücksichtigung der Gebühren sein, die Amazon für getätigte Verkäufe erhebt.

bb) Zugang zu Datenbeständen

Einige Plattformdienstleister nehmen eine Mittlerfunktion für die Nutzer ein, um Zugriff auf die vielfältigen Anbieter und ihre Dienstleistungen zu bekommen, welche digitale Dienste anbieten oder ihre Dienste digital anbieten. Es wurde dargestellt, inwieweit diese Plattformen hierfür eine wesentliche Einrichtung im Sinne des Kartellrechts darstellen können. Digitale Plattformen sammeln je nach Geschäftsmodell verschiedenste Arten von Daten.

---

500 *Khan*, The Yale Law Journal 126, 2017 (3), 710, 750, 754.
501 *Khan*, The Yale Law Journal 126, 2017 (3), 710, 785.
502 *Khan*, The Yale Law Journal 126, 2017 (3), 710, 782.

E-Commerce-Plattformen sammeln unter anderem Daten über das Einkaufsverhalten und die besuchten Produktseiten, Suchmaschinen sammeln Daten über Suchanfragen und Weiterleitungen auf die jeweiligen Websites und soziale Netzwerke sind in der Lage, ein vollständiges Persönlichkeitsprofil von den Nutzerinteraktionen zu deduzieren. Um auf digitalen Märkten tätig zu sein oder neue Geschäftsmodelle zu entwickeln, sind solche Daten von elementarer Bedeutung. Die dominanten Unternehmen im Plattformsektor sind immer wieder bestrebt, den Zugang zu ihren akkumulierten Datenbeständen zu regulieren oder gänzlich zu verschließen, um sich einen Wettbewerbsvorteil zu sichern. Ob der Zugang zu solchen Daten über das kartellrechtliche Instrument der Essential-Facilities-Doktrin gewährt werden kann, hängt von dem jeweiligen Verständnis der ‚Ressource Datum' und ihrer Wertschöpfung ab. Inwieweit sind Daten wirklich nicht rival, ubiquitär und leicht zugänglich?[503] Dies ist die notwendig zu beantwortende Vorfrage zu der Problemstellung, ob für das Bestehen auf einem bestimmten Markt der Zugang zu dem begehrten Datenschatz unerlässlich ist, was wiederum von der Anwendbarkeit der in Bronner festgelegten, hohen Standards abhängt.

Dass diese Standards in Bezug auf ein Datenpetitum erfüllt werden können, wird vielfach angezweifelt, denn obwohl kein umfassender Datenmarkt existiert, gäbe es dennoch viele datenreiche Unternehmen, von denen Daten erstanden oder im Zusammenschluss mit anderen Unternehmen selber erhoben werden können.[504] Nach diesem Verständnis könnten diese Voraussetzungen schwerlich erfüllt werden, da dem Petenten Aufwand und Kosten zugemutet werden könnten, die mit denen des Zugangsinhabers vergleichbar sind.[505] Auch die Kommission hat in mehreren Fusionskontrollverfahren bereits angedeutet, dass trotz der möglichen Verschmelzung großer Datenbestände kein unüberwindbares Wettbewerbshindernis entstünde: In Facebook/WhatsApp wies die Kommission darauf hin, dass eine Vielzahl von werberelevanten Nutzerdaten nicht dem Exklusivzugang von Facebook unterlägen – unter anderem, da zahlreiche andere Unternehmen am Markt existierten und ggf. auch Werbung betrieben; genannt wurden Apple, Amazon, eBay, Microsoft, AOL, Yahoo!, Twitter, IAC, LinkedIn, Adobe und Yelp.[506] In Google/Doubleclick wies sie auf die Möglichkeit der

---

503 Statt vieler vgl. nur *Tucker/Wellford*, Dezember 2014, S. 7; vgl. dazu bereits Abschnitt A.II.4.b).

504 *Körber*, ZUM 2017, 93, 99.

505 *Körber*, NZKart 2016, 303, 308.

506 Kom., Beschluss vom 03.10.2014, COMP/M.7217, C(2014) 7239 final, Rn. 188 f. – Facebook/Whatsapp.

Inanspruchnahme von Internet-Diensteanbietern hin, mit deren Hilfe Unternehmen Erkenntnisse über das Nutzerverhalten gewinnen könnten.[507] Zudem wird die Behauptung geäußert, dass auch die heutigen datenreichen Unternehmen wie Google einen - wenngleich kleineren - Datenvorsprung gegenüber den einstigen Platzhirschen AOL und Yahoo! aufzuholen hatten, was heute aufgrund disruptiver Innovationen und hoher Innovationsdynamik immer noch möglich sei.[508]

Schließt man sich dieser Annahmen an, wird man Zugangsansprüche lediglich für bestimmte exklusive Daten wie solche der PKW-Telematik in Betracht ziehen können.[509] Gedenkt ein Unternehmen beispielsweise, Sekundärdienstleistungen für ein (autonom fahrendes) Kraftfahrzeug eines bestimmten Herstellers anzubieten, ist er auf die Datensätze des jeweiligen Herstellers angewiesen, schon allein wegen der Verhinderung von Interoperabilitätsdefiziten.

Folglich könnten potenzielle Wettbewerber keinen Zugangsanspruch gegen den Plattformbetreiber geltend machen, wenn es um die Zugänglichmachung eines Datenbestandes geht, denn das zur Erhebung der relevanten Daten benötigte Plattformkonzept wäre duplizierbar. Zudem wäre stets die Beschaffung von Daten über Drittanbieter möglich und zumutbar, da es genügend datenreiche Unternehmen am Markt gibt. Eine derart strikte Fortsetzung des ‚Bronner-Dogmas' verkennt wiederum, dass es sich bei Bronner ebenfalls um eine einzelfallbezogene Entscheidung handelte, die weder die Einzigartigkeit des Datums als Ressource, seiner Erhebung sowie seiner Verwertung, noch plattformökonomische Besonderheiten zu berücksichtigen vermag.

Die geschilderten Erwägungen verkennen die charakteristische Heterogenität der Daten. Die Zusammensetzung eines Datensatzes hängt entscheidend von dem zugrundeliegenden Geschäftsmodell der Plattform ab, auf der sie erhoben und verwertet werden, sodass die Annahme nahe liegt, dass der Datenbestand jeder Plattform einzigartig und folglich nicht duplizierbar sein könnte.[510]

Zuvor wurde bereits die die Einzigartigkeit der auf Twitter gesammelten Daten erörtert.[511] Die auf den Namen „Firehose" getaufte Schnittstelle (API) vermittelt

507 Kom., Beschluss vom 11.3.2008, COMP/M.4731, Rn. 365 – Google/DoubleClick.

508 *Körber*, NZKart 2016, 303, 309.

509 *Körber*, ZUM 2017, 93, 99.

510 *Geradin/Kuschewsky*, Competition Law and Personal Data: Preliminary Thoughts on a Complex Issue, abrufbar unter: *dx.doi.org/10.2139/ssrn.2216088*, S. 14 f.; *Mandrescu*, European Competition Law Review 38, 2017 (9), 410, 418; *Schweitzer/Fetzer/Peitz*, Digitale Plattformen: Bausteine für einen künftigen Ordnungsrahmen, S. 51.

511 Siehe dazu bereits Abschnitt A.II.4.c).

einen Echtzeitzugang zur Gesamtheit der Tweets und der dazugehörigen Metadaten, welche durch kein anderes soziales Netzwerk in puncto Prägnanz, Volumen und liberalem Privatsphärestandard zu ersetzen war. Somit war der Zugang zur Firehose für DataSift, ein Unternehmen, das andere Unternehmen und Regierungen im Bereich Social Media berät, unerlässlich, um Reichweiten und Einfluss zutreffend bewerten zu können. Anhand des Geschäftsmodells der Tesco Clubcard[512] wurde zudem deutlich, dass Unternehmen einen signifikanten Wettbewerbsvorteil erlangen, wenn sie große Datenmengen aus verschiedenen Diensten erheben können, gegenüber Konkurrenten, die einen solchen Pool aus verschiedenen Quellen aufbauen zu müssen. Aus diesem Grund bieten datenintensive Unternehmen verschiedene Dienste an, um somit ein vollständiges Bild über die Eigenschaften und Präferenzen ihrer Nutzer ‚aus einem Guss' zu erlangen. Ebenfalls stellte sich die Frage, welchen Zweck aggressive, datengetriebene Übernahmestrategien der großen Internetunternehmen zur Sicherung eines Zugangs verfolgen sollten, wenn diese leicht zugänglich und nicht rival seien.

Neben der Notwendigkeit eines bestimmten Datensatzes für die Erbringung einer Leistung auf einem nachgelagerten Markt kann sich die Unerlässlichkeit auch aus der Nichtduplizierbarkeit eines solchen Datenzugangs ergeben, in concretu: durch die Unmöglichkeit oder Unzumutbarkeit, eine konkurrierende Plattform aufzubauen. Schaut man noch einmal auf die Ausgangslage im Fall Bronner zurück, lässt sich ohne Weiteres ein signifikanter Unterschied zu den Gegebenheiten auf Plattformmärkten identifizieren: Mit entsprechendem Aufwand war es einem wirtschaftlich potenten Wettbewerber (oder in Verbindung mit anderen Wettbewerbern) möglich, ein leistungsfähiges Hauszustellungssystem zu etablieren. Eine Koexistenz mit dem bestehenden Zustellungssystem wäre problemlos möglich gewesen. Anderes gilt bei Vorliegen eines natürlichen Monopols, bei dem lediglich ein Unternehmen die Leistung zu sinnvollen Gesamtkosten erbringen kann.[513] Eine vergleichbare Konstellation kann sich auch auf Plattformmärkten ergeben: Auf allen Nutzerseiten ist das Erreichen einer kritischen Masse notwendig, welche aufgrund starker Netzwerk- und Skaleneffekte innerhalb kürzester Zeit zu einer starken Konzentrationstendenz am Markt führen, sodass – wenn überhaupt – nur wenige Anbieter auf dem Markt bestehen können.[514]

---

512 Siehe dazu Abschnitt A.II.2.

513 *Bergmann*, European Competition Law Review 21, 2000 (2), 59, 61.

514 *Graef/Wahyuningtyas/Valcke*, Telecommunications Policy 39, 2015 (5), 375, 378 f.; Monopolkommission, Sondergutachten 68, Tz. 45.

Eine gewisse Abmilderung kann es auf Plattformmärkten geben, die Multihoming und Produktdifferenzierungen erlauben.[515] Dass dies indes keinen Automatismus darstellt, zeigt ein Blick auf den Markt für soziale Netzwerke, wie er nach hier vertretener Auffassung abzugrenzen ist: Im Bereich der beruflichen sozialen Netzwerke ist eine klare Dominanz von LinkedIn zu erkennen, während im Bereich der vorzugsweise privat genutzten Netzwerke Facebook über eine überragende Marktstellung verfügt. Freilich sichert Facebook diese Stellung zusätzlich durch Übernahmen ab, so wie prominent im Fall von Instagram und WhatsApp geschehen.

Unternehmen, die diese Marktstellung anzugreifen gedenken, stehen vor immer gleichen Herausforderungen: Auf welche Weise kann der gewaltige Datenvorsprung und daraus resultierend die Attraktivität der Dienstleistung, welche zu stark wirkenden direkten und indirekten Netzwerken führt, überwunden werden?[516] Ist aus technischen, rechtlichen oder faktischen Gründen Multihoming nicht einwandfrei möglich, ist der Datenvorsprung zu groß oder lässt die Marktstruktur auf einen *tipping market* schließen, werden die Hürden umso höher.[517]

Die Anwendung der Bronner-Kriterien auf den Fall der Twitter-Firehose führt zu einem Kuriosum: DataSift nutzte diese zur Echtzeitdatenverarbeitung, um Unternehmen und Regierungen bezüglich Reichweite und Einfluss im Bereich Soziale Medien zu beraten. Das Geschäftsmodell beruht auf der Beurteilung aus der Sicht eines außenstehenden Dritten. Das Kriterium der Duplizierbarkeit würde sie zwingen, diese Beobachterrolle zu verlassen und ein eigenes soziales Netzwerk zu errichten, um selbst die Echtzeitdaten erheben zu können. Aus diesen Erwägungen folgt, dass das Kriterium der Duplizierbarkeit zur Ermittlung der Unerlässlichkeit nicht nur an den Realitäten der Plattformökonomie scheitert, sondern auch im Widerspruch zu den gängigen Geschäftsmodellen stehen kann.

cc) hiQ Labs, Inc. v. LinkedIn Corp.

In diesem Zusammenhang bemerkenswert ist das (Stand April 2019) laufende Verfahren *hiQ Labs, Inc. v. LinkedIn Corp.* vor dem District Court for the Northern District of California.[518] Das Gericht traf im Eilrechtsschutzverfahren

515 Monopolkommission, Sondergutachten 68, Tz. 45; *Weck*, NZKart 2015, 290, 292.

516 *Graef/Wahyuningtyas/Valcke*, Telecommunications Policy 39, 2015 (5), 375, 379.

517 *Mandrescu*, European Competition Law Review 38, 2017 (9), 410, 418.

518 hiQ Labs, Inc. v. LinkedIn Corp., 3:17-CV-03301-EMC, slip op. at 1 (N.D. Cal. Aug. 14, 2017, Docket No. 23): Order granting planintiff's motion for preliminary injunction.

die Anordnung, dass der Betreiber des beruflichen sozialen Netzwerkes LinkedIn es dem Datenanalyseunternehmen hiQ Labs nicht länger durch technische Barrieren verwehren dürfe, mit Hilfe von Screen Scraping öffentlich zugängliche Nutzerprofile zu durchsuchen. hiQ Labs bietet Unternehmen Analysen insbesondere über deren Belegschaft an, welche sich aus öffentlich zugänglichen Daten speisen. Auf Basis seiner Analysen bietet hiQ die Dienste „Keeper" und „Skill Mapper" an:[519] „Keeper" identifiziert diejenigen Arbeitnehmer, bei denen das statistisch größte Risiko der Abwerbung besteht, während „Skill Mapper" eine Übersicht über die jeweiligen Fertigkeiten der Arbeitnehmer bietet. Hierdurch sollen Unternehmen in die Lage versetzt werden, sich frühzeitig um abwerbegeneigte Arbeitnehmer bemühen, passende Nachbesetzungen finden und insgesamt Kosten für die Talentakquise dauerhaft senken zu können.[520]

Hierbei verwies das Gericht sowohl auf das Vorliegen eines unzulässigen Marktmachttransfers, als auch auf einen den Grundgedanken der Essential-Facilities-Doktrin. Aufgrund der überragenden Marktstellung von LinkedIn auf dem Gebiet der beruflichen sozialen Netzwerke ist nach den vorläufigen Feststellungen des Gerichts keine Möglichkeit der Duplizierung ersichtlich. Facebook als auch intensiv genutztes privates soziales Netzwerk kann nicht die Datenqualität mit beruflichem Kontext liefern und zudem handelt es sich bei der Datenakquise mit Hilfe von Umfragen der Belegschaft um ein völlig anderes Geschäftsmodell.[521]

LinkedIn entstünden keine technischen Schwierigkeiten oder Kosten resultierend aus der Entfernung der Barrieren und damit der Wiederherstellung des status quo ante. Auch die oft erhobenen datenschutzrechtlichen Einwände vermögen in diesem Fall nicht durchzugreifen, da es hier ausschließlich um öffentlich zugängliche Nutzerprofile ging.[522]

---

519 Labs, Inc. v. LinkedIn Corp., 3:17-CV-03301-EMC, slip op. at 1 (N.D. Cal. Aug. 14, 2017, Docket No. 23): Order granting planintiff's motion for preliminary injunction, S. 1 f.

520 Vgl. hierzu auch die Beschreibungen auf hiqlabs.com/new-index, zuletzt abgerufen am 27.03.2019

521 Labs, Inc. v. LinkedIn Corp., 3:17-CV-03301-EMC, slip op. at 1 (N.D. Cal. Aug. 14, 2017, Docket No. 23): Order granting planintiff's motion for preliminary injunction, S. 5 Fn. 1.

522 Labs, Inc. v. LinkedIn Corp., 3:17-CV-03301-EMC, slip op. at 1 (N.D. Cal. Aug. 14, 2017, Docket No. 23): Order granting planintiff's motion for preliminary injunction, S. 5–7; siehe dazu auch Abschnitt C.IV.2.

Zudem bietet LinkedIn bereits ähnliche Dienste an, wobei diese Analysedienste weder auf öffentlich einsehbare Profile beschränkt, noch von der Kenntnis und der expliziten Einwilligung der Nutzer abhängig gemacht werden.[523]

Der weitere Verlauf des Verfahrens kann für die europäische Rechtsprechung eine gewisse Vorwirkung entfalten, ist doch die US-Amerikanische Anwendungspraxis der Essential-Facilities-Doktrin als deutlich restriktiver[524] zu betrachten.

dd) Maschinengenerierte Daten

(1) Wirtschaftliche Nutzbarmachung

Eng verbunden mit der Problematik des Zugangs zu den Intermediären des Internets und zu den durch Online-Plattformen gewonnenen Daten ist die Frage nach der Herstellung eines angemessenen Datenzugangs zu maschinengenerierten Daten. Hierbei geht es um die Wertschöpfungskette sogenannter *smart products*, die über das *internet of things* mit anderen Produkten sowie dem Hersteller permanent verbunden sind und somit eigenständig Aufgaben erfüllen können – man denke nur an den Kühlschrank, der eigenständig das Fehlen bestimmter Lebensmittel melden und gegebenenfalls nachbestellen kann.[525] Dieser Innovationsschub, welcher häufig mit dem Zusatz „4.0." (Industrie 4.0, Arbeit 4.0 o.ä.) umschrieben wird, umspannt eine Vielzahl verschiedener Wirtschaftszweige, sodass die Art der gewonnenen Daten und die Interessenlagen je nach Branche variieren. Sektorenübergreifend ist an die Möglichkeit der *predictive maintainance* zu denken: Durch die Ausstattung von Maschinenparks, Betriebsmitteln und anderen technischen Einrichtungen mit Sensoren sowie deren Vernetzung können permanent Zustandsdaten erfasst und kombiniert werden, um rechtzeitig auf Störungen reagieren zu können, sodass bei vernetzten Fabriken eine Verringerung der Stillstandszeiten von bis zu 70 % und eine Senkung der Wartungskosten in Höhe von 30 % taxiert wird.[526] Einen für zahlreiche Unternehmenszweige lukrativen Fundus an Daten mit und ohne Personenbezug

---

523 Labs, Inc. v. LinkedIn Corp., 3:17-CV-03301-EMC, slip op. at 1 (N.D. Cal. Aug. 14, 2017, Docket No. 23): Order granting planintiff's motion for preliminary injunction, S. 6 f.

524 Vgl. *Mestmäcker/Schweitzer*, Europäisches Wettbewerbsrecht, § 19 Rn. 52 ff.

525 Beispiel entnommen aus *gruenderszene.de/lexikon/begriffe/internet-of-things*; zuletzt abgerufen am 09.09.2018.

526 *v. Baum/Appt/Schenk*, DB 2017, 1824, 1825.

liefern außerdem vernetze Automobile und perspektivisch autonom fahrende Autos: Sie ermöglichen die Erhebung von Verhaltensdaten über die Fahrweise, Fahrgewohnheiten und Nutzung der Entertainmentangebote zum besseren Verständnis der Fahrzeuginsassen bei der Fahrzeugnutzung oder auch die Erfassung von Zustandsdaten zur Problemdiagnose und Fahr-zeugentwicklung.[527] Neben Fahrzeugherstellern, Zulieferern, Werkstätten oder auch Anbietern von Navigations- oder Telekommunikationsdiensten haben auch Kfz-Versicherer ein Interesse an diesen Daten zwecks Personalisierung des Versicherungstarifs anhand der individuellen Fahrweise des Versicherungsnehmers.[528] Fahrgewohnheiten, Fahrziele oder die Nutzung der Entertainmentsysteme eines modernen Kraftfahrzeugs sind aber nicht nur für die etablierten Fahrzeughersteller und Zulieferer von Interesse, sodass Internetgiganten, wie Google oder Amazon bereits früh ihr Interesse an der Teilhabe angemeldet haben[529] und nunmehr ihre Chance auf eine disruptive Umwälzung der Marktsituation bei der Entwicklung autonomer Fahrzeuge sehen. Auch für staatliche Einrichtungen sind solche Daten von Interesse: So hat der niederländische Navigationsgerätehersteller TomTom „zum Zwecke der Produktverbesserung" erhobene Verkehrsdaten, wie Geschwindigkeitsmessungen an die niederländische Polizei in anonymisierter Form in der Absicht verkauft, diesen die ‚Optimierung' der Radarfallenaufstellung zu ermöglichen, indem diese anhand der weitergegebenen Daten die geschwindigkeitsübertretungsgeneigten Verkehrsabschnitte analysieren konnten.[530]

(2) Zuordnung der Daten

Wie eben angerissen, haben verschiedene Gruppen ein Interesse an dem Zugang zu solchen maschinell generierten Daten – im Fall der Fahrzeugdaten streben Internetgiganten gar an, diese selbst zu generieren. Somit stellt sich die Frage, wem diese Daten überhaupt zugeordnet sind. Diese Problematik lässt sich allgemein auf große Datensätze von personenbezogenen und nicht-personenbezogenen Daten übertragen, die durch Plattformgeschäftsmodelle, wie soziale Netzwerke, Suchmaschinen oder Transaktionsplattformen, gewonnen wurden. Gelingt die Einordnung in einen bestehenden Regelungsrahmen, ließe sich daraus auch ein Schrankenregime und demzufolge ein Zugangsanspruch konstruieren.

---

527 *Weichert*, NZV 2017, 507, 510.

528 *Hornung/Goeble*, CR 2015, 265 f.

529 Dazu schon *von Schönfeld*, DAR 2015, 617.

530 DatenschutzNachrichten (DANA) 2/2011, Seite 86.

(a) Maschinengenerierte Daten als Gegenstand eines Schutzrechts

De lege lata existiert kein absolutes Recht mit umfassender Schutzwirkung für Daten in Deutschland:[531] Aufgrund des sachbezogenen Eigentumsbegriffs von § 903 BGB in Verbindung mit § 90 BGB unterfallen Daten, ebenso wie Immaterialgüterrechte, nicht dem zivilrechtlichen Sacheigentumsschutz.[532] Die Anerkennung von Daten als „sonstiges Recht" im Sinne von § 823 BGB ist umstritten, sodass gegenwärtig allenfalls ein über den Datenträger vermittelter mittelbarer Schutz eines Datenbestandes gesichert erscheint, welcher bereits versagt, wenn die Daten in einer Cloud gespeichert sind.[533] Selbst wenn die Schutzfähigkeit eines Datenbestandes anzuerkennen ist, wofür gute Argumente streiten, so stellt § 823 Absatz 1 BGB lediglich ein negatives Abwehrrecht dar, das die Klärung der Vorfrage, wer die positive Nutzungsbefugnis an einem Datenbestand innehat, unbeantwortet lässt und demzufolge kein positives Nutzungsrecht verleiht.[534]

§ 303 a StGB (gegebenenfalls als Schutzgesetz im Sinne von § 823 Absatz 2 BGB) umfasst als Tathandlungen das Löschen, Unterdrücken, Unbrauchbarmachen und verändern. Der Straftatbestand schützt das Interesse an der unversehrten Datenverwendung durch den Berechtigten.[535] Tathandlung und ratio legis verdeutlichen bereits, dass kein Schutz einer wie auch immer gearteten wirtschaftlichen Zuordnung stattfindet, sondern lediglich der Schutz des unveränderten Bestandes und der Nutzbarkeit. Bestärkt wird die Sichtweise durch den Umstand, dass auch solche Daten geschützt sind, denen kein wissenschaftlicher, wirtschaftlicher oder ideeller Wert zukommt.[536] Geschützt durch § 303a StGB wird das Interesse des Verfügungsberechtigten,[537] sodass die wirtschaftliche Zuordnung eine außerstrafrechtlich zu klärende Vorfrage darstellt.

Ebenfalls können die erzeugten Daten unter den Geheimnisschutz der §§ 17, 18 UWG fallen. Geschäfts- oder Betriebsgeheimnisse sind die im Zusammenhang mit einem Geschäftsbetrieb stehenden, nicht offenkundigen, sondern lediglich einem abgrenzbaren Personenkreis bekannten Tatsachen, deren Geheimhaltung im berechtigten wirtschaftlichen Interesse der Unternehmensinhaber steht und deren Geheimhaltungswille zumindest erkennbar ist.[538]

---

531 *Thalhofer*, GRUR-Prax 2017, 225 f.

532 *Friztsche*, in: BeckOK BGB § 903 BGB, Rn. 10.

533 *Wagner*, in: MüKo BGB § 823 BGB, Rn. 294 ff.

534 *Kieffer*, DB 2017, 2657, 2661; *Thalhofer*, GRUR-Prax 2017, 225 f.

535 *Wieck-Noot*, in: MüKo StGB § 303 a StGB, Rn. 2.

536 *Wieck-Noot*, in: MüKo StGB § 303 a StGB, Rn. 8.

537 *Weidemann*, in: BeckOK StGB, § 303 a StGB, Rn. 2.

538 *Köhler*, in: Köhler/Bornkamm/Feddersen, UWG § 17, Rn. 4.

Offenkundigkeit ist allerdings bereits dann anzunehmen, wenn die Tatsachen allgemein bekannt sind oder wenn die Kenntnis dieser durch lautere Mittel ohne größere Schwierigkeiten und Opfer erlangt werden kann.[539] Fortschritte des *Reverse Engineering*, also der Zerlegung, Analyse oder Entschlüsselung eines in Verkehr gebrachten Produktes erlauben Fachleuten allerdings die Erlangung der Kenntnisse ohne signifikanten Arbeits- oder Zeitaufwand.[540] Für die Einstufung von Fahrzeugdaten als Geheimnisse im Sinne von §§ 17, 18 UWG lässt sich konstatieren, dass die Möglichkeit der Auslesung der Fahrzeugschnittstellen oder die fehlende Einschränkung des Personenkreises durch zunehmende Vernetzung der Fahrzeuge bereits den lauterkeitsrechtlichen Schutz ausschließt.

Soweit die Vorschriften des Geheimnisschutzes Anwendung finden, vermögen sie eine Ausschließlichkeitsposition an Daten zu vermitteln, welche faktisch durch die Möglichkeit einer rechtsgeschäftlichen Übertragung selbst ebenfalls übertragbar ist – der Schutz wird im Kontext der Industrie 4.0 bei der Beteiligung mehrerer Unternehmen und der schwierigen Abgrenzbarkeit der Betriebsspähre in Zeiten des Cloud Computing indes konturenlos.[541]

Zu diskutieren ist, inwieweit das Datenbankherstellerrecht (§§ 87 a, b UrhG) eine Zuordnung vorzunehmen in der Lage ist. Das verwandte Schutzrecht schützt nicht die schöpferische Auswahl und Zusammenstellung des Datenbankinhaltes, sondern die Investition in den Aufbau, den Unterhalt und die Darbietung der Informationen.[542] Daher erfordert § 87 a UrhG, dass die Daten „systematisch oder methodisch angeordnet und einzeln mit Hilfe elektronischer Mittel oder auf andere Weise zugänglich sind und deren Beschaffung, Überprüfung oder Darstellung eine nach Art oder Umfang wesentliche Investition erfordert.“ Die wesentliche Investition zur Beschaffung der Daten umfasst die Kosten für die Ermittlung und Aufbereitung der Daten, den Erwerb von Software oder Lizenzen oder auch die Pflege und Aktualisierung der Daten – nicht jedoch die Kosten der Erzeugung eines Datenbestandes selbst.[543] Der Bestand von wesentlichen Teilen dieses Datenbestandes ist demgemäß regelmäßig nicht schutzfähig, denn das Gros des Investitionsaufwandes fließt in die Datenerzeugung durch

539 *Rengier*, in: Fezer/Büscher/Obergfell, Lauterkeitsrecht, UWG § 17 Rn. 12.

540 *Köhler*, in: Köhler/Bornkamm/Feddersen, UWG § 17, Rn. 8a.

541 *Zech*, GRUR 2015, 1151, 1156.

542 *Dreier*, in: Dreier/Schulze, Urheberrechtsgesetz, Vorbemerkung zu § 87 a – § 87 e UrhG, Rn. 1.

543 EuGH, Rs. C-338/02, ECLI:EU:C:2004:696 – Fixtures-Fußballspielpläne I; *Vohwinkel*, in: BeckOK Urheberrecht, § 87 a, Rn. 41 ff.

Entwicklung der entsprechenden Sensorik und ist daher nicht berücksichtigungsfähig.[544]

Wäre dieser Einwand durch eine extensivere Auslegung des Tatbestandes noch zu überwinden, so stellt sich erneut die Frage, welche die skizzierten Ansätze innerhalb des geltenden Rechts nicht zu beantworten vermögen: Wem sind die Daten, unabhängig von der Einordnung als personenbezogenes oder nicht-personenbezogenes Datum wirtschaftlich zuzuordnen? §§ 87 a ff. UrhG finden hierauf eine Antwort, indem sie dem Datenbankhersteller den sui-generis Schutz zuweisen. § 87 a Absatz 2 UrhG definiert den Datenbankhersteller als denjenigen, der eine wesentliche Investitionen nach Art oder Umfang zur Beschaffung, Überprüfung oder Darstellung der Datensammlung getätigt hat. Nach Erwägungsgrund 41 der Datenbankrichtlinie[545] ist der Datenbankhersteller „die Person, die die Initiative ergreift und das Investitionsrisiko trägt". Notwendig ist daher eine unmittelbare Beteiligung am Gewinn und Verlust, eine Organisations- und Anordnungsgewalt beim Aufbau der Datenbank, sodass nicht derjenige als Datenbankhersteller anzusehen ist, der selbst das Material sammelt, sichtet und anordnet, sondern derjenige, der das Amortisationsrisiko auf sich nimmt.[546] Für die Zuordnung von Fahrzeugdaten kommen hierfür im Wesentlichen drei Parteien in Betracht: Der Fahrzeugführer und seine Beifahrer generieren durch den Fahrvorgang, die Nutzung von Entertainmentangeboten oder Diensten die Daten, welche durch die Entwicklung der Technik sowie der Sensorik seitens der Hersteller erst ermöglicht werden; den Unterhalt des Fahrzeugs übernimmt wiederum der Fahrzeughalter. Die wesentliche Investition in den Aufbau der Datenbank nimmt in diesem Fall der Hersteller auf sich, sodass der Fahrzeughersteller jedenfalls als Datenbankhersteller anzusehen ist, da die gesammelten Daten an ihn übermittelt werden, auch wenn diese zu einem späteren Zeitpunkt an Drittanbieter übertragen werden.[547] Fallgestaltungen im Bereich der Smart-Analytics-Verfahren in Industrieproduktionsanlagen zeigen die Grenzen der Handhabbarkeit des Datenbankherstellrechts deutlich auf:[548] So entsteht womöglich bei direkter Übermittlung der Daten an einen Drittanbieter

544 *Kieffer*, DB 2017, 2657, 2658.

545 Richtlinie 96/9/EG des Europäischen Parlaments und des Rates vom 11. März 1996 über den rechtlichen Schutz von Datenbanken.

546 *Thum/Hermes*, in: Wandtke/Bullinger, Praxiskommentar zum Urheberrecht, § 87 a UrhG, Rn. 131 f.; *Wiebe*, in: Spindler/Schuster, Recht der elektronischen Medien, § 87 a UrhG, Rn. 18.

547 *Wiebe*, GRUR 2017, 338, 342.

548 *Wiebe*, GRUR 2017, 338, 342 f.

ohne vorherige Speicherung auf der Datenbank des Herstellers der Einrichtung ein eigenes Datenbankherstellerrecht des Drittanbieters (durch die Zahlung des Lizenzgebühr als Investition). Ferner entsteht ein Konflikt über die Entstehung des Datenbankherstellerrechts bei der Einschaltung eines Dienstleisters, welcher mit seinem eigenen Messgerät Daten über die Produktionsanlagen erhebt. In vernetzten Fabriken ergibt sich zudem die Frage, wer die Erstspeicherung der Daten vorgenommen hat und schließlich kann ein abgeleitetes Datenbankherstellerrecht bei der Aufbereitung der Rohdaten durch Big Analytics entstehen.

Eine klare Wertentscheidung, wem die Daten ‚gehören', oder zumindest eine Abwägungsentscheidung lässt sich dem Leistungsschutzrecht nicht entnehmen. Obschon kein umfassendes Regelungsregime die großen Mengen an personenbezogenen und nicht-personenbezogenen Daten in „Big Data"-Anwendungen umfassend zuordnet und abschirmt, sind sie dennoch ein handelbares Wirtschaftsgut. Die Handelbarkeit folgt aus der faktischen Inhaberschaft, die eine restringierte Datenweitergabe und Datennutzung durch Datenlizenzverträge ermöglicht. Hier sind in der Praxis die Weitergabeverbote und die zweckgebundene Verwertung durch flankierende Vertragsstrafen abzusichern.[549]

In Sachverhalten, die Big-Data-Anwendungen für Verbraucher, wie Connected Cars, Smart Wearables oder vergleichbare Plattformen zum Gegenstand haben, werden personenbezogene Daten erhoben, welche die Anwendbarkeit des Datenschutzrechts eröffnen. Gemäß Art. 5 Absatz 1 lit. a DSGVO dürfen personenbezogene Daten nur auf rechtmäßige Weise verarbeitet werden. Wichtigster Rechtfertigungsgrund für die Datenverarbeitung ist die Einwilligung, Art. 6 Absatz 1 lit. a DSGVO. Dies eröffnet neben den Mitteln der Technik und des Vertragsrechts eine weitere Möglichkeit, Daten faktisch abzuschirmen. Das Datenschutzrecht trifft freilich weder eine wirtschaftliche Zuordnung dieser Daten, noch spiegelt es die vielschichtigen Interessen im Dualismus von Betroffenen und Verantwortlichen wider.[550] Art. 7 Absatz 3 DSGVO ermöglicht dem Betroffenen zudem, die Einwilligung jederzeit mit Wirkung für die Zukunft zu widerrufen. Dies beeinträchtigt ebenfalls die Werthaltigkeit eines Datensatzes, wodurch die Verkehrsfähigkeit personenbezogener Daten als Folge geminderter Rechtssicherheit herabgesenkt wird. Die strengen Anforderungen an die Verarbeitung personenbezogener Daten erschweren auch Unternehmenstransaktionen in Gestalt des *asset deals* oder auch der Verschmelzung, da hierdurch erlangte Daten ohne Vorliegen einer entsprechenden Einwilligung womöglich

---

549 *v.Baum/Appt/Schenk*, DB 2017, 1824, 1827.

550 *Von Schönfeld*, DAR 2015, 617, 620.

zum Zwecke von Marketingmaßnahmen nicht verarbeitet werden dürfen.[551] Häufig wird daher die Notwendigkeit bestehen, Datensätze zu anonymisieren. Dabei werden personenbezogenen Datums derart verändert, dass Informationen über die Person oder deren sachliche Verhältnisse dieser betroffenen Person nicht mehr zugeordnet werden können, beispielsweise durch Aggregation anhand bestimmter Merkmale, wie Altersstrukturen.[552] Für viele Geschäftsmodelle innerhalb einer digitalen Wertschöpfungskette sind aggregierte Datensätze indes nutzlos, insbesondere Entertainmentangebote in vernetzten Fahrzeugen benötigen keine ‚durchschnittlichen Kundenpräferenzen' zur personalisierten Präsentation von Inhalten. Das Datenschutzrecht bietet somit ebenfalls keinen tauglichen Regelungsrahmen, sodass allenfalls ein fragmentarischer Rechtsrahmen besteht, der die wesentliche wirtschaftliche Zuordnung nicht vornimmt.

(b) Keine Notwendigkeit der Schaffung eines Datenerzeugerrechts

Für personenbezogene Daten trifft das Datenschutzrecht zunächst eine klare Zuordnung zugunsten des Betroffenen. Werden Daten auf Online-Plattformen, in vernetzten Fahrzeugen oder mittels Wearables generiert, begleiten umfangreiche Vertragswerke den Austausch zwischen (gegebenenfalls kostenlosen) Dienstleistungen und Daten. In den meisten Fällen werden hierdurch die datenschutzrechtlichen Implikationen zu Makulatur, da die Betroffenen in Unkenntnis des Wertes oder des Umfanges ihrer verarbeiteten personenbezogenen Daten handeln oder schlicht ein Verhandlungsungleichgewicht im Gegensatz zu den weltweit agierenden Oligopolen besteht.[553] Hierbei setzt sich die Gestaltungsmacht des Unternehmens durch, das eine Dienstleistung anbietet, auf welche der Konsument bzw. der Betroffene ungern verzichten möchte – eine Wahl bleibt ihm selten, da die meisten Anbieter ähnliche Datenakquisestrategien verfolgen. Auch wenn ein Datenerzeugerrecht keinen Anreiz zur Schaffung neuer Märkte für Daten bzw. datenbasierter Anwendungen schafft, da diese bereits mehr oder minder ausgeprägt sind, könnte eine Regulierungswirkung erzielt werden – insbesondere böte eine Rechtsgrundlage zur Vergütung der Datenweitergabe zugunsten der Verbraucher einen Anreiz zu einer maßvolleren und dienstleistungsbezogeneren Erhebungspraxis der Unternehmen.[554]

In der Literatur wird unter den Befürwortern eines Datenerzeugerrechts zunächst eine Zuordnung der verhaltensgenerierten Daten zugunsten der Nutzer

---

551 *Conrad*, ZD 2016, 1 f.

552 *Ernst*, in: Paal/Pauly, DS-GVO BDSG, Art. 4 DS-GVO, Rn. 48 ff.

553 *Hornung/Goeble*, CR 2015, 265, 271.

554 So die Hoffnung von *Wiebe*, GRUR Int. 2016, 877, 881.

der Plattform oder des vernetzten Gerätes vorgenommen: *Fezer* schwebt hierfür eine Konzeption als Abwehrrecht mit Einwilligungsvorbehalt vor, da er einen Vertrags-, Eigentums- und Persönlichkeitsbezug der Informationsdaten erkennt und Parallelen zu der Diskussion um die Anerkennung von Immaterialgüterrechten sieht.[555]Aufgrund der Schwierigkeiten, die sich bei der Durchsetzung eines solchen Individualrechts gegenüber den datenintensiven Unternehmen ergeben, wird als Alternative zu einer individuellen die kollektive Rechtewahrnehmung über eine Verwertungsgesellschaft angeregt.[556] Für die nicht-personenbezogenen Daten knüpft *Ensthaler* für die Konzeption eines Leistungsschutzrechts an die Wertungen von § 950 BGB an, während er für personenbezogenen Daten weiterhin die Regelungen des Datenschutzrechts und die Instrumente der Einwilligung oder der Anonymisierung als Mittel der Wahl ansieht.[557]

Die Schwierigkeiten bei der Abgrenzung von personenbezogenen und nicht-personenbezogenen Daten und der Vermengung in großen Datenbeständen erfordern an sich eine flankierende Regelung für personenbezogene Daten. Andernfalls bleibt das Konzept auf die Smart Factory und andere Technologien beschränkt, die lediglich maschinelle Daten verarbeiten. Die Berechtigung an diesen Daten wird lediglich bezüglich der verarbeiteten Daten zugewiesen; eine Zuordnung der Ausgangsdaten nimmt dieser Ansatz nicht vor, der zudem in Bezug auf das Endprodukt, nämlich den zusätzlichen Erkenntniswert, keine angemessene Regelung trifft.[558] Ferner basiert § 950 BGB auf dem Grundgedanken des Wertausgleichs für einen „Verlust"[559], doch ist es kein Automatismus, dass die Ausgangsdaten dem ursprünglichen Inhaber der tatsächlichen Kontrolle diese nicht weiter zur Verfügung stehen.

Der Konzeption eines Datenerzeugerrechts stehen weitere gewichtige Argumente entgegen. Die Kreation eines Datenerzeugerrechts bedeutete zunächst einmal die Schaffung neuer Marktzutrittsbarrieren und mithin die Torpedierung der bis dato kaum ausgeprägten Datenmärkte, wohingegen kaum Innovationsanreize geschaffen würden, da Daten oftmals auch beiläufig erhoben werden.[560] Die Ursache der noch geringen Ausprägung eines Datenmarktes ist nicht in der fehlenden Rechtssicherheit zu suchen, da auch ohne Vorhandensein eines Ausschließlichkeitsrechts Datentransaktionen über vertragsrechtliche Gestaltungen

555 *Fezer*, ZD 2017, 99, 100 ff.
556 *Fezer*, MMR 2017, 3, 5.
557 *Ensthaler*, NJW 2016, 3473 ff.
558 *Drexl*, NZKart 2017, 339, 341.
559 *Ensthaler*, NJW 2016, 3473, 3477.
560 *Drexl/u.a.*, GRUR Int. 2016, 914 f., Punkt 6.

gewährleistet werden, ähnlich wie es im Bereich der Sportrechtevermarktung zu beobachten ist.[561] Zudem ist die Situation bestehender Immaterialgüterrechte nicht mit denen der möglicherweise zu schützenden Daten vergleichbar: Informationen sind, im Grundsatz, frei verfügbar und mehrfach erhebbar. Sie sind nicht das Produkt einer geistigen Leistung und unterliegen somit nicht dem typischen Risiko der Imitation. Der Schutz dieser Informationen ist demzufolge eine Frage der Datenverarbeitung und Datensicherheit, also der Geheimhaltung, und nicht von dem Bestehen eines Schutzrechts abhängig.[562] Völlig offen bleibt die Interessengewichtung bei der Ausgestaltung eines Datenerzeugerrechts, da sich das bessere Recht an den Daten bei großen und vielschichtigen Datenbeständen oft schwerlich beurteilen lässt; aufgrund der vielfältigen Nutzungsmöglichkeiten dieser Datenmengen haben die in diesen Branchen tätigen Unternehmen oft ein weitreichenderes Verständnis ihrer Geschäftsmodelle, sodass die vertraglichen Regelungen Zugangsrechte prinzipiell sinnvoller ausgestalten können.[563] Um das Ziel der Schaffung eines funktionierenden, verantwortungsvollen Datenmarktes zu verwirklichen, müssten entsprechende Schrankenregelungen eine typisierende Interessenbewertung vornehmen, welche womöglich den Zustand vor der Regulierung wiederherstellten. Weder wird ein Datenproduzentenrecht die notwendige Transaktionskostensenkung mit sich bringen, noch lässt sich auf vertragsrechtlicher Ebene das Ungleichgewicht der Verhandlungspositionen beseitigen.[564] Die praktische Implementierung eines solchen Modells in die Vertragsgestaltung wären in der Gestalt von Opt-In/Opt-Out-Modellen denkbar, aufgrund derer der Umfang und die Speicherdauer personenbezogener Daten auf das Notwendige begrenzt würden, während die weitere Speicherung und Verarbeitung sowie die Erhebung weiterer Daten durch Kostenlosigkeit der Dienstleistung vergütet würde. Einem vergleichbaren Grundprinzip mit umgekehrter Grundentscheidung folgte das in Abschnitt A.II.4.b) skizzierte Geschäftsmodell von AT&T, das einen signifikanten Nachlass auf den Breitbandanschluss gewährte, wenn der Nutzer sich mit der Nachverfolgung seines Nutzerverhaltens durch Cookies und hierauf aufbauendem Targeted Advertising einverstanden erklärte. Das als *privacy paradox*[565] bezeichnete Auseinanderklaffen zwischen Wertschätzung der Nutzer für Privatsphärebelange im Internet

561 *Drexl/u.a.*, GRUR Int. 2016, 914 f., Punkt 7.
562 *Kerber*, GRUR Int. 2016, 989, 993.
563 *Kerber*, GRUR Int. 2016, 989, 995.
564 *Peitz/Schweitzer*, NJW 2018, 275, 278 f.
565 Zur Begrifflichkeit *Kühling/Martini*, EuZW 2016, 448, 450.

und deren diametral entgegengesetztes Alltagsverhalten führten folgerichtig zu einer weitgehenden Inanspruchnahme des Rabattes. Die Kostenloskultur der digitalen Ökonomie würde letztlich dazu führen, dass die meisten Nutzer die preisgünstigere Variante in Verträgen betreffend Plattformen und Smart Technologies bevorzugen würden und letztlich über Umwege der status quo ante konstruiert würde. Die Schaffung eines Rechtes der Datenerzeuger in Kombination mit einer Schrankenregelung ist somit nicht das Mittel der Wahl zur Schaffung eines Datenzuganges.

(3) Konzeption eines Zugangsanspruchs

Die Konzeption eines umfassenden Datenerzeugerrechts ist für das Fernziel der Schaffung einer europäischen Datenwirtschaft, wie sie der Kommission vorschwebt, nicht zielführend, wenn nicht sogar schädlich. Die Schaffung eines angemessenen Datenzugangs im Einzelfall kann jedoch aus wettbewerbsrechtlicher Sicht geboten sein. Vernetzte Fahrzeuge, das Smart Home und andere Ökosysteme funktionieren aus wettbewerblicher Sicht mit ganz ähnlichen Mechanismen wie diese, denen die hier erörterten digitalen Plattformen (soziale Netzwerke, Suchmaschinen, Transaktionsplattformen) zugrunde liegen: Plattformen verbinden verschiedene Nutzergruppen miteinander und machen sich spezifische Phänomene zu Nutze, wie Netzwerkeffekte, Skaleneffekte oder eine nicht-neutrale Preisstruktur.[566] Je mehr Nutzer sich für ein technisches System entscheiden, desto mehr Hersteller werden versuchen, mit verschiedenen Dienstleistungen Zugang zu dem Nutzer auf der Plattform zu erhalten.

Sobald die ersten Hersteller von autonomen Fahrzeugen beispielsweise die Serienreife erreichen, werden neue Wertschöpfungsketten in Form von Entertainmentangeboten o.ä. entstehen, an denen die verschiedenen Anbieter partizipieren wollen; zudem werden neue Formen von personenbezogenen und nicht-personenbezogenen Daten generiert. Datenmächtige Unternehmen, wie Google, versuchen auf dem Feld des autonomen Fahrens die Hersteller traditioneller Fahrzeuge zu überflügeln, um die gesamte Wertschöpfungskette zu vereinnahmen und den Zugang zu den neuartigen Datensätzen zu erlangen. Ermöglicht würde eine auf Marktmachttransfers ausgelegte Geschäftsstrategie, in der Unternehmen, die innerhalb einer Wertschöpfungskette den Zugang zu einem begehrten Datensatz kontrollieren, diesen nutzen, um ihre Marktmacht auf vor- oder nachgelagerte Stufen zu transferieren bzw. ihr Datenportfolio

566 BKartA, B6-113/15, Arbeitspapier – Marktmacht von Plattformen und Netzwerken, Juni 2016, S. 7–16.

auszubauen. Als Besonderheit dieser Geschäftsfelder muss neben dem großen Interesse an personenbezogenen Daten auch auf den Wert herstellerbezogener Daten hingewiesen werden, welche von dem Hersteller oder dem direkt Berechtigten exklusiv erzeugt werden können.[567] So können Hersteller von Komponenten einer Smart Factory etwaigen Zulieferern den Zugang zu einem Markt verschließen, etwa weil ihnen notwendige Daten für die *predictive maintainance* nicht zur Verfügung stehen. Somit weisen digitale Plattformen, die durch ein vernetztes Endgerät verkörpert sind, aufgrund ihrer Geschäftsmodelle eine ähnliche wettbewerbsrechtliche Sensibilität auf wie die bereits zuvor erörterten Plattformen. Durch die besseren Möglichkeiten, tatsächliche Exklusivität an Datenbeständen herzustellen, sei es aufgrund technischer oder rechtlicher Möglichkeiten, ist eine noch sorgfältigere Beobachtung geboten. LinkedIn musste zusätzliche technische Anstrengungen unternehmen, um die öffent-lich zugänglichen Nutzerdaten ebenfalls abzuschirmen, um Exklusivität zu gewährleisten.[568] Außerdem kann an den Telematikdaten von Kraftfahrzeugen, an denen verschiedenste Dienstleister ein wettbewerbliches Interesse vorweisen können, ein aus technischen Gründen ausschließlicher Zugriff der Hersteller bestehen.[569]

Das Kartellrecht hält die notwendigen Instrumente bereit, durch ein flexibleres Verständnis des Begriffes der Unerlässlichkeit und eine Fortentwicklung des Rechtfertigungstatbestandes ein Zugangsrecht zu gewähren. Zu betonen ist die Notwendigkeit der Einzelfallbetrachtung. Das zeigen die vielfältigen Geschäftsmodelle, die hier nur angerissen werden konnten und sich nach wie vor neu herausbilden oder fortentwickeln. Aus diesem Grund ist parallel eine sektorspezifische Plattformzugangsregulierung zu erwägen, welche im Gegensatz zu einer allgemeinen Zugangsregulierung nicht in diesem Ausmaße die Gefahr einer zu großen Transparenz und damit eine Abnahme des Preiswettbewerbs mit sich bringt.[570] Erwogen wird daher eine Ausweitung von Art. 6, 7 Fahrzeugemissionen-VO[571] auf Reparatur- und Wartungsmärkte anderer intelligenter Produkte.[572] Hiernach haben unabhängige Marktteilnehmer gegen Zahlung

---

567 *Louven*, NZKart 2018, 217, 220; *Telle*, in: Taeger (Hrsg.), Tagungsband DSRI Herbstakademie 2017, S. 421, 428.

568 Siehe dazu Abschnitt B.III.3.b)bb).

569 *Körber*, ZUM 2017, 93, 99, Fn. 41.

570 *Drexl*, NZKart 2017, 415, 419.

571 Verordnung (EG) Nr. 715/2007 des Europäischen Parlaments und des Rates vom 20. Juni 2007 über die Typgenehmigung von Kraftfahrzeugen hinsichtlich der Emissionen von leichten Personenkraftwagen und Nutzfahrzeugen (Euro 5 und Euro 6) und über den Zugang zu Reparatur- und Wartungsinformationen für Fahrzeuge.

572 *Drexl*, NZKart 2017, 415, 419.

einer Gebühr das Recht auf Zugang zu standardisierten Reparatur- und Wartungsinformationen. Mittels einer Regulierung könnten Bestimmungen getroffen werden zu Art und Umfang der zur Verfügung zu stellenden Daten bzw. zum Ausschluss bestimmter Daten aufgrund fehlender Ausschließlichkeit oder Bestimmtheit; zudem könnte eine Harmonisierung mit datenschutzrechtlichen Prinzipien erzielt werden.[573]

Wie schon die Datenschutzgrundverordnung und das diskutierte Datenerzeugerrecht müsste sich auch eine sektorspezifische Zugangsregulierung den Vorwurf gefallen lassen, durch Überregulierung oder korrigierende Regulierung nur weitere Hindernisse für den Innovationswettbewerb zu schaffen.[574] Eine partielle Regulierung kann jedoch auch für Rechtssicherheit durch klare Interessengewichtung führen. Zeitnah kann jedoch für nicht verallgemeinerungsfähige Konstellationen die Essential-Facilities-Doktrin nutzbar gemacht werden. Im deutschen Recht wird für solche Konstellation zudem die Anwendung des Missbrauchs relativer oder überlegener Marktmacht nach § 20 Absatz 1 GWB diskutiert.[575] Klarstellend soll der Tatbestand der missbräuchlichen Datenzugangsverweigerung für Fälle aufgenommen werden, in denen „ein Unternehmen für eine substanzielle Wertschöpfung in einem Wertschöpfungsnetzwerk auf den Zugriff zu automatisiert erzeugten Maschinen- bzw. Dienstenutzungsdaten angewiesen ist, die exklusiv von einem anderen Unternehmen kon-trolliert werden...“.[576] Aufgrund des lediglich klarstellenden Charakters dieses Ergänzungsvorschlags wird hiermit die Hoffnung auf eine Initialzündung der Wirtschaft verbunden, die von tatbestandskonkretisierenden Einzelfallentscheidungen begleitet werden.[577]

ee) App Stores für mobile Ökosysteme

Die Nutzung digitaler Angebote erstreckt sich mittlerweile auf sämtliche Abschnitte des Alltagslebens, sodass die Nutzung mobiler Endgeräte, wie Tablets oder Smartphones, den stationären PC zunehmend in den Hintergrund treten lässt. Für die Nutzung der Hardwarekomponenten eines solchen Endgeräts ist ein Betriebssystem erforderlich, wobei der Nutzer für die bedarfsgerechte

---

573 *Louven*, ZWeR 2019, 154, 186.

574 Siehe z.B. *Determann*, MMR 2018, 277 f.

575 *Schweitzer/Haucap/Kerber/Welker*, Modernisierung der Missbrauchsaufsicht für marktmächtige Unternehmen, S. 139–145. Siehe dazu auch Abschnitt B.III.3.b)ff)(2).

576 *Schweitzer/Haucap/Kerber/Welker*, Modernisierung der Missbrauchsaufsicht für marktmächtige Unternehmen, S. 160.

577 *Podszun/Kersting*, ZRP 2019, 34, 37.

Nutzung des Weiteren auf Applikationen zurückgreifen kann, die er in App Stores häufig kostenlos erwerben kann.[578]

Ein Unternehmen, das diese Applikationen entwickelt und vertreibt, ist aus verschiedenen Gründen auf den Zugang zu einem App Store angewiesen. Zunächst erlauben App Stores den gefilterten, konzentrierten Zugriff auf eine Vielzahl von Apps. So bietet der Marktführer Google Play etwa 3,3 Mio. Apps an (Stand: Oktober 2017).[579] Ein App Store hat bei den Nutzern aufgrund der Prüfungsmechanismen und des Bewertungssystems einen Vertrauensvorschuss gegenüber der Nutzung unbekannter Websites zum Download – es handelt sich um ein Erfahrungsgut vergleichbar mit Suchmaschinen[580].

Maßstab für die Bestimmung der Unerlässlichkeit für das Tätigwerden an einem nachgeleiteten Markt ist ferner die fehlende Duplizierbarkeit der Einrichtung.[581] Diese ergibt sich im Falle des Apple App Stores und dem Betriebssystem iOS jedenfalls aus technischen und rechtlichen Gesichtspunkten: So wäre nach den Grundsätzen der Bronner-Entscheidung Unerlässlichkeit allenfalls dann gegeben, wenn der Anbieter nicht in der Lage wäre, einen eigenen App Store zu etablieren. Dies ist jedoch ausgeschlossen, da das Betriebssystem iOS die Installation eines anderen App Stores auf den Endgeräten verhindert und eine Änderung der Software eine Verletzung des urheberrechtlichen Schutzes nach § 69c Nr. 2 Alt. 2 UrhG darstellte.[582] Zudem ist eine Installation von Apps auch auf anderem Wege nicht möglich. Ob darüber hinaus Unerlässlichkeit gegeben sein kann, wenn das Betriebssystem die Installation eines anderen Play Stores nicht blockiert, erscheint fraglich, da ein App Store in seiner Funktionalität keine signifikanten Differenzierungsmöglichkeiten bietet, welche einen Nutzer aufgrund von Gewöhnungseffekten und Umstellungsschwierigkeiten von einem Wechsel abschrecken könnte. So hat der vorinstallierte App Store einen klaren Wettbewerbsvorteil gegenüber dem App Store eines anderen Anbieters, sodass bei unterstelltem technisch umsetzbaren Multihoming die Nutzer sich aus Gründen der Gewohnheit oder notorischer Speicherkapazitätenknappheit wahrscheinlich

578 Siehe dazu schon Abschnitt A.I.3.a)bb).

579 Statista, Anzahl der angebotenen Apps in den Top App-Stores bis Oktober 2017, de.statista.com/statistik/daten/studie/208599/umfrage/anzahl-der-apps-in-den-top-app-stores/, zuletzt abgerufen am 09.09.2018.

580 Vgl. *Dörr/Natt*, ZUM 2014, 829, 834.

581 EuGH, Rs. C-7/97, ECLI:EU:C:1998:569 Rn. 46 – Bronner, bezugnehmend auf Generalanwalt *Jacobs*, Schlussanträge vom 28.05.1998, Rs. C-7/97, ECLI:EU:C:1998:264 Rn. 56 – Bronner.

582 *Schwarz*, Zugang zu App Stores, S. 85–87.

nicht veranlasst sehen, mehrere Play Stores parallel zu installieren. In ähnlicher Weise sieht sich der Betreiber eines neuen App Stores auch gezwungen, eine kritische Masse an kommerziellen, zahlenden Anbietern auf der einen Seite zu gewinnen, die eine große Zahl an Kunden erwarten und vice versa. Es wirken typische indirekte positive Netzwerkeffekte. Somit ist es zweifelhaft, ob ein neuer App Store-Betreiber den Startvorteil zu überwinden vermag, den sich ein Anbieter eines erfolgreichen Betriebssystems durch vertikale Integration sichern konnte.

ff) Neue Beurteilungsansätze

An verschiedenen Intermediären des Internets und den Charakteristika der durch Plattformen gewonnenen Daten konnte das Bedürfnis der Zugangsgewährung zur Förderung des Wettbewerbs aufgezeigt werden, das mit Hilfe des gegenwärtigen fallrechtlichen Instrumentariums nicht adäquat zu adressieren ist. Insbesondere das Kriterium der Unerlässlichkeit bedarf einer Fortentwicklung. Das so erweiterte Begriffsverständnis erfordert eine Erneuerung des Rechtfertigungstatbestandes einer Zugangsverweigerung, welches im nachfolgenden Kapitel zu diskutieren ist.

(1) Analyse der begehrten Datensätze

Ist der Zugang zu einem Datensatz, beispielsweise in Gestalt eines Zugangs zu einer Schnittstelle, zu beurteilen, so sieht sich der Rechtsanwender mit der oft zitierten Grundannahme konfrontiert, Daten seien ubiquitär, nicht rival und leicht erhältlich.[583] Dieses im Einzelfall widerlegen zu können, erfordert eine gründliche Analyse der Marktsituation und der Spezifika der begehrten Daten.

Dabei spielt es keine Rolle, dass an Daten kein rechtliches Monopol besteht.[584] Wettbewerber können auf verschiedene Arten vom Datenzugang ausgeschlossen werden, wobei an Exklusivbindungen und rein faktische Geheimhaltung durch Verweigerung des Zugangs zu einer Programmierschnittstelle zu denken ist. Die fehlende rechtliche Monopolisierung spricht im Gegenteil eher für eine weitläufigere Anwendung des Kartellrechts, da eine abschließende gesetzgeberische Interessenbewertung noch nicht vorgenommen wurde. Da die Inter-essenbewertung nach Art, Umfang und Kontext der Daten und ihrer Verarbeitung unterschiedlich ausfällt, wäre dies nur partiell/sektoral möglich.

---

583 *Dewenter/Lüth*, in: Körber/Immenga, Daten und Wettbewerb in der digitalen Ökonomie, S. 22 f.; *Tucker/Wellford*, Antitrust Source, Dezember 2014, S. 7.

584 *Telle*, in: Taeger (Hrsg.), Tagungsband DSRI Herbstakademie 2017, S. 421, 428.

Daher wird vorgeschlagen, mögliche Zugangsansprüche anhand einer Systematisierung der erhebbaren Daten zu beurteilen:[585] Die Kommission unterscheidet in ihrer Mitteilung zum Aufbau einer europäischen Datenwirtschaft zwischen personenbezogenen Daten im Sinne von Art. 4 Absatz 1 DSGVO und solchen ohne Personenbezug, wobei der Personenbezug durch Anonymisierung der Daten entfallen kann.[586] Liegen personenbezogene Daten vor, käme mangels Ausschließlichkeit ein Zugangsanspruch nicht in Frage, da es dem Einzelnen freistehe, seine Daten anderen Unternehmen ebenfalls mitzuteilen, sodass die Datenschutzvorschriften solch eine Abschottungswirkung ebenfalls nicht entfalten könnten.[587] Demgegenüber stehen herstellerbezogene bzw. produktbezogene Daten, die aufgrund technischer oder faktischer Umstände ausschließlich durch den Hersteller oder Berechtigten generiert werden können.[588] In Bezug auf Datenpools vertritt *Telle* die Auffassung, dass für die Begründung eines Zugangsanspruchs „über den bloßen wettbewerblichen Vorteil hinaus eine Marktmachtstellung" vorliegen müsse.[589] Dies ist für sich genommen keine Überraschung: Ein auf der Essential-Facilities-Doktrin beruhender Anspruch setzt das Vorliegen einer marktbeherrschenden Stellung voraus.

Im Grundsatz kann eine Abwägung der Gesamtumstände der Marktsituation ergeben, dass ein uneinholbarer Wettbewerbsvorsprung den Zugang zu einem Datenpool zu rechtfertigen vermag. Dafür sprechen besonders das Vorliegen von Spiral-, Rückkoppelungs- und Lock-In-Effekten, die ein *market tipping* begünstigen.[590] Daten sind eine heterogene Ressource, die in Bezug auf Erhebung, Verwertbarkeit und notwendige Berücksichtigung entgegenstehender Interessen auf ihre Auswirkungen auf den Wettbewerb zu untersuchen sind. Diese Eigenschaften bei der Würdigung eines Zugangsanspruchs heranzuziehen erscheint sachgerecht. Dennoch vermag die Differenzierung zwischen personenbezogenen, nicht-personenbezogenen Daten und Datenpools keine sachgerechte Beurteilung zu leisten. Zunächst ist zu beachten, dass die relevanten Fälle von Zugangsverweigerungen Datenpools im Kontext von Big Data/Big Analytics

585 *Telle*, in: Hennemann/Sattler (Hrsg.), Immaterialgüter und Digitalisierung, S. 73, 78 ff.

586 Mitteilung der Kommission, Aufbau einer europäischen Datenwirtschaft, COM(2017) 9 final, S. 9 f.

587 *Telle*, in: Taeger (Hrsg.), Smart World - Smart Law?, S. 835, 841.

588 *Telle*, in: Hennemann/Sattler (Hrsg.), Immaterialgüter und Digitalisierung, S. 73, 81.

589 *Telle*, in: Hennemann/Sattler (Hrsg.), Immaterialgüter und Digitalisierung, S. 73, 83.

590 Vgl. *Telle*, in: Hennemann/Sattler (Hrsg.), Immaterialgüter und Digitalisierung, S. 73, 82 f mit Verweis auf Begründung zu § 18 Absatz 3a Nr. 4 RegE GWB, BT-Drs. 18/10207, 51.

zum Gegenstand haben werden. Eine eng abgrenzbare Datenkategorie von überschaubarer Größe (Beispiel: Anschriften o.ä.) entfaltet keine wettbewerbsverschließende Wirkung und dürfte in aller Regel auf verschiedenen Wegen am Markt zu erstehen sein. Die Abgrenzung von personenbezogenen und nichtpersonenbezogenen Daten fällt oft schwer und spiegelt die Annahme wider, dass es sich bei personenbezogenen Daten in aller Regel um solche handelt, die der Nutzer aktiv bei der Anmeldung bei einem Plattformanbieter eingibt und jederzeit bei einem anderen Anbieter erneut eingeben kann. Nach Art. 4 Nr. 1 DSGVO sind personenbezogene Daten alle Informationen, die sich auf eine identifizierbare natürliche Person beziehen. Gemäß Erwägungsgrund 26 Satz 3 der DSGVO sind all diejenigen Informationen identifizierbar, die „nach allgemeinem Ermessen wahrscheinlich genutzt werden, um die natürliche Person direkt oder indirekt zu identifizieren […]“. Dies soll zu verneinen sein, wenn Aufwand zur Erlangung des notwendigen Zusatzwissens und Informationswert in einem krassen Missverhältnis zueinanderstehen.[591] Aufgrund der Möglichkeiten der Datenbankverknüpfung können immer mehr Daten miteinander verknüpft werden, sodass selbst auf Basis wenig aussagekräftiger Informationen ein Rückschluss auf eine natürliche Person möglich wäre.[592] Neben der Schwierigkeit bei der trennscharfen Abgrenzung personenbezogener Daten von solchen ohne Personenbezug ist das Kriterium des Personenbezugs nicht geeignet, die ökonomischen Wirkweisen eines Datensatzes abzubilden. Anschaulich lässt sich dieses am Beispiel der beobachteten Daten (*observed data*) nachvollziehen. Solche personenbezogenen Daten entstehen gerade durch die Interaktion des Nutzers mit dem jeweiligen Gerät oder Dienst, worunter Suchverläufe, Standortdaten oder Rohdaten eines Wearables fallen.[593] Aus den aktiv bereitgestellten und beobachteten Daten können wiederum Daten abgeleitet werden, indem eine Bonitäts- oder Gesundheitsbewertung vorgenommen wird.[594] Der obengenannte Ansatz verkennt, dass solche Daten zwar personenbezogen sind, aber im Unterschied zu aktiv eingegebenen Daten nicht in jedem Fall durch die Nutzer einem anderen Dienst zur Verfügung gestellt werden können. Aufgrund der Verschiedenartigkeit der Funktionen von Apps oder Netzwerken ist häufig keine vergleichbare Zusammensetzung an Einzeldaten möglich. Das Bestehen

---

591 *Schild*, in: BeckOK Datenschutzrecht, Art. 4 DS-GVO Rn. 18.

592 *Krügel*, ZD 2017, 455, 456.

593 Artikel-29-Datenschutzgruppe, Leitlinien zum Recht auf Datenübertragbarkeit, verabschiedet am 13.12.2016, 16/ENWP 242, S. 9.

594 Artikel-29-Datenschutzgruppe, Leitlinien zum Recht auf Datenübertragbarkeit, verabschiedet am 13.12.2016, 16/ENWP 242, S. 9 f.

auf digitalen Plattformmärkten gegen marktmächtige Konkurrenten verlangt ein hohes Maß an Produktdifferenzierung, womit eine Datendifferenzierung einhergehen dürfte. Begünstigst wird dies durch die Integration verschiedener Dienste. Fraglich erscheint zudem, welcher Ansatz bei anonymisierten Daten zu wählen ist. Bei der Anonymisierung bleibt der Aussagegehalt eines Datensatzes erhalten, jedoch entfällt der Personenbezug, weil das Identifikationsdatum entfernt wurde.[595] Dies geschieht in der Praxis insbesondere in Form der Datenaggregierung, also durch Zusammenführung einer Vielzahl von Einzeldatensätzen zu einem einheitlichen Gruppendatensatz.[596] Sind diese Daten dennoch, aufgrund ihres Ursprungs, wie personenbezogene Daten zu behandeln oder wie ein Datenpool anhand der Einholbarkeit eines Datenvorsprungs?

Es bleibt daher festzuhalten, dass ein schematischer Ansatz zur Beurteilung verschiedener Datenkategorien an der Heterogenität und Wandelbarkeit des Datums scheitert, weil Datensätze stets kontextabhängig zu untersuchen sind. Daher sollte ein Datensatz passender auf seine „Einmaligkeit“[597] untersucht werden, welche exemplarisch bei maschinengenerierten Daten vorliegen kann.

(2) Missbrauch relativer Marktmacht

Abseits der Essential-Facilities-Doktrin kann de lege lata auf alternative Zugangsansprüche mit niedrigeren Anforderungen als das Unerlässlichkeitskriterium zurückgegriffen werden. Das deutsche Kartellrecht eröffnet in § 20 GWB die Möglichkeit der Zugangsgewährung zugunsten kleiner und mittlerer Unternehmen, soweit diese sich in Abhängigkeitslagen zu den großen Plattformanbietern befinden. Dieses gewänne als alternativer Lösungsweg zum Datenherstellerrecht Relevanz für Unternehmen, deren Geschäftsmodell auf smarten Technologien basiert, sie aber auf die notwendigen Daten nicht zugreifen können. Wettbewerbspolitisch sind diese Konstellationen äußerst sensibel, denn ein Fabrikhersteller, der keinen Zugriff auf die gewonnenen Daten seiner vernetzten Maschinen hat, kann diese weder zur Optimierung, Wartung noch zur Weiterverwertung durch weitere Dienstleister verwenden und ist folglich an den Maschinenhersteller gebunden.[598] Der Tatbestand des

---

595 *Ernst*, in: Paal/Pauly, DS-GVO BDSG, Art. 4 DS-GVO, Rn. 48 ff.

596 *Weichert*, ZD 2013, 251, 258.

597 *Davilla*, Journal of European Competition Law & Practice 8, 2017 (6), 370, 380 schlägt dabei vor: „applying a ‘uniqueness’ test that would only rely on the characteristics of the specific database“.

598 *Drexl*, NZKart 2017, 339, 342.

Verbots des Missbrauchs relativer Marktmacht könnte zudem Händlern die Möglichkeit eröffnen, den Zugang zur Infrastruktur „Marketplace“ oder zu Daten zum Nutzerverhalten von Amazon zur Verfügung gestellt bekommen.[599] Der Tatbestand soll die Startgleichheit und Entfaltungsmöglichkeit anderer Unternehmen

sichern, indem es den Anwendungsbereich des § 19 GWB auf Unternehmen ausdehnt, von denen „kleine oder mittlere Unternehmen als Anbieter oder Nachfrager einer bestimmten Art von Waren oder gewerblichen Leistungen in der Weise abhängig sind, dass ausreichende und zumutbare Möglichkeiten, auf andere Unternehmen auszuweichen, nicht bestehen“, diesen also relative Marktmacht zuteilwird.[600] Maßgebend ist für die subjektiv-individuelle Unzumutbarkeit das Vorliegen einer unverhältnismäßigen Belastung, die sich beispielsweise aus der Ausrichtung des Geschäftsmodells auf ein bestimmtes Unternehmen als Lieferant ergeben kann.[601] Die Abwägung der wirtschaftlichen Belastungen und Risiken[602] sollte (im Einklang mit der Ratio der Vorschrift) nicht entsprechend den Maßstäben der Unerlässlichkeitsprüfung nach den Bronner-Maßstäben erfolgen, doch können die in dem Zusammenhang gewonnenen Erkenntnisse für eine modernisierte Auslegung hier fruchtbar gemacht werden. Insbesondere lässt sich Rückgriff auf die Anforderungen an den Zugangspetenten nehmen, inwieweit ihm die anderweitige Beschaffung von (insbesondere personenbezogenen) Daten bzw. die Entwicklung einer eigenen Plattform zumutbar erscheint.

Die Interessenabwägung hat ebenfalls zu berücksichtigen, ob das Unternehmen in zurechenbarer Weise seinen Geschäftsbetrieb einseitig auf ein anderes Unternehmen ausgerichtet und sich somit in eine selbstverschuldete Unabhängigkeit begeben hat.[603] Ein solches Verhalten wird einem im E-Commerce tätigen Unternehmen in Bezug auf die Wahl der Vertriebsplattform regelmäßig nicht vorzuwerfen sein. Unternehmen orientieren sich in Richtung der großen Anbieter, da diese aufgrund der Netzwerkeffekte die größte Reichweite

---

599 Vgl. *Peitz/Schweitzer*, NJW 2018, 275, 279; *Telle*, in: Taeger (Hrsg.), Tagungsband DSRI Herbstakademie 2017, S. 421, 426.

600 BGHZ 129, 53 = NJW 1995, 2415, 2417; BGH, Beschluss v. 12. 7. 2013 – KVR 11/12 – Laborchemikalien = NZKart 2013, 462 Rn. 19; *Fritzsche*, in: Spickhoff, Medizinrecht, § 20 GWB Rn. 4; *Lübbert/Schöner*, in: Wiedemann, Kartellrecht, § 24, Rn. 1.

601 *Markert*, in: Immenga/Mestmäcker GWB § 20 Rn. 19 f.

602 *Loewenheim*, in: Loewenheim/Meessen/Riesenkampff, Kartellrecht, § 20 GWB Rn. 18.

603 *Loewenheim*, in: Loewenheim/Meessen/Riesenkampff, Kartellrecht, § 20 GWB Rn. 19.

versprechen. Die Schaffung von gewissen Lock-In-Effekten ist Teil der plattformökonomischen Strategie der Effizienz durch Konzentration. Das nationale Kartellrecht böte folglich einen Rechtsrahmen zur Durchsetzung der obengenannten Zugangsregelung, wobei sowohl das Modell der Zugangsgewährung zu den auf dem Marketplace beobachteten Verhaltensdaten beinhalten kann, als auch die Gewährung eines Zugangs zum Marketplace ohne erwünschte Datensammlung.

Beachtung verdient indes die Beschränkung des § 20 Absatz 1 GWB auf kleine und mittlere Unternehmen. Die genannten Beispiele nehmen Rekurs auf idealtypische Abhängigkeitssituationen in der Digitalwirtschaft. Potenziell vom Schutzbereich umfasst werden können jedoch viele andere Unternehmen. Als Ausgangspunkt sollen bei der Beurteilung die Umsatzschwellen des § 35 Absatz 1 Nr. 2, Absatz 2 GWB dienen.[604] Die Beurteilung hat allgemein nicht schematisch zu erfolgen, sodass bei Nachfrageverhältnissen insbesondere auch ein Horizontalvergleich mit konkurrierenden Größen am Markt vonnöten ist.[605]

Die Einstufung als kleines oder mittleres Unternehmen hat bei digitalen Wirtschaftszweigen nach anderen Maßstäben zu erfolgen, da Marktanteile und Umsätze nur eine bedingte Aussagekraft haben. Hinter der Maskerade noch geringer Umsätze kann sich ein Start-Up mit entsprechenden Technologien bzw. Geschäftsmodellen als potenzieller Widersacher entpuppen, der die gesenkten Voraussetzungen des Missbrauchs relativer Marktmacht für sich zu nutzen weiß. Hier wäre genau zu prüfen, ob der erstrittene Zugang tatsächlich nur das Tätigwerden auf einer nachgeleiteten Stufe der Wertschöpfungskette ermöglicht, oder in Wahrheit auch ein Konkurrieren durch einen ‚Datenmachttransfer' realisierbar erscheint. Um die verschiedenen Formen der Abhängigkeitslagen adäquat erfassen zu können, die sich nicht auf eine Konflikt „Groß gegen Klein" herunterbrechen lassen, wird die Aufhebung der Beschränkung des Schutzes auf kleine und mittlere Unternehmen diskutiert.[606] Zudem sollte die Anwendung des § 20 Absatz 1 GWB darauf beschränkt sein, als milderes einzelfallbezogenes Mittel gegenüber einem regulatorischen Zugangsanspruch aufgrund eines Dateneigentumsrechts den Missbrauch struktureller Abhängigkeitslagen zu beseitigen. Schließlich muss die nationale Regelung ebenfalls mit der Anreizfunktion sowie dem Investitionsschutzgedanken operieren.

---

604 *Fritzsche*, in: Spickhoff, Medizinrecht, § 20 GWB Rn. 3.

605 *Lübbert/Schöner*, in: Wiedemann, Kartellrecht, § 24, Rn. 9.

606 *Schweitzer/Haucap/Kerber/Welker*, Modernisierung der Missbrauchsaufsicht für marktmächtige Unternehmen, S. 56 f.

gg) Zwischenergebnis

Die Unerlässlichkeit des Zugangs für das Angebot einer Leistung ist von dem ursprünglichen Anwendungsgebiet der physischen Infrastruktureinrichtungen und auch von den Immaterialgüterrechten abzulösen. Infrastruktureinrichtungen, die oftmals aus staatlichen Monopolen auf private Rechtsträger übergegangen sind, Immaterialgüterrechte, die aufgrund ihrer konkreten Ausgestaltung oder besonderer Umstände des Einzelfalls einen zu großen Wirkungs-bereich erlangen sowie auch digitale Plattforme können ein Marktversagen herbeiführen oder begünstigen. Das Marktversagen auf Plattformmärkten wird insbesondere durch Netzwerkeffekte, Wechselkosten und Lock-In-Effekte begünstigt, obwohl diese gerade bis zu einem gewissen Grad innovative Geschäftsmodelle fördern. Systementscheidungen für vernetzte Geräte oder Fabriken verstärken diese Wirkung. Ebenso können Abhängigkeiten und Standards geschaffen werden. Der Maßstab von Generalanwalt Jacobs, der die Unerlässlichkeit des Inputs lediglich dann attestiert, wenn der Zugangspetent auch bei Aufwendung eines vergleichbaren Investitionsvolumens diesen nicht duplizieren kann, ist auf digitale Märkte nicht übertragbar: Derartige Märkte sind des Öfteren „Winner-takes-all"-Märkte, sodass die Chance, mit einer solchen Investition auf dem Markt Fuß zu fassen, womöglich nur einmal besteht. Jenseits von finanziellem Volumen sind durch die Möglichkeiten von Big Data, Big Analytics und lernenden Algorithmen der quantitative Datenvorsprung und die Qualität der Datenanalyse deutlich schwieriger aufzuholen. Ist der Kampf um einen Innovationsmarkt entschieden, so setzt das obsiegende Unternehmen die Standards und vermag durch Ausnutzung dieser Mechanismen ein Exklusivitätsverhältnis zu den Zugangsobjekten herzustellen. Dies zu durchbrechen erfordert oftmals eine disruptive Innovation, sodass die Umgehungslösung einen neuen Markt schafft. Ein innovatives Umfeld oder durch Marktkonzentration entstehende Vorteile zugunsten der Verbraucher stellen kein tragfähiges Kriterium für die Beurteilung der Unerlässlichkeit eines Zugangs dar – sie mögen allenfalls eine Rechtfertigung darstellen, deren vom Zugangsinhaber zu beweisen ist.

c) Erfordernis eines neuen Produktes

aa) Bisherige Linie der Rechtsprechung

Nach Magill ist ein Zugangsanspruch nur begründet, wenn es durch die Zugangsverweigerung zur Verhinderung eines neuen Erzeugnisses kommt, das der Inhaber der wesentlichen Einrichtung nicht anbietet und für das eine potenzielle Nachfrage besteht.[607] In Magill verhinderte die Berufung auf ein Immaterialgüterrecht die Bereitstellung eines umfassenden Programmführers, für den ein tatsächliches Bedürfnis der Verbraucher bestand, welchen bis dato nur die Programmführer der einzelnen Sender zur Verfügung standen. Dieses Erfordernis soll nach der Ausgestaltung der Rechtspraxis dem Schutzinteresse des geistigen Eigentums gerecht werden, indem es den Schutz der Investitionsleistung gegen die bloße Aufnahme eines Imitationswettbewerbes abschirmt.[608] Die Auslegung und Reichweite dieses Kriteriums sind jedoch unklar. Bisweilen wird davon ausgegangen, dass das Neuheitserfordernis ausschließlich auf Fälle anzuwenden sei, die den Zugang zu einem Immaterialgüterrecht zum Gegenstand haben.[609] Kommt man jedenfalls zu dem Schluss, dass das Neuheitserfordernis auf den Fall sinnvoll anwendbar ist, verbleibt die diffizile Aufgabe, den Begriff der Neuheit auszufüllen. Extrempositionen verlangen, dass das Produkt nicht im Wettbewerb mit denen des Rechtsinhabers stehen, mithin nicht demselben sachlich relevanten Markt zuzuordnen sein dürfe.[610] So wird bisweilen von dem Zugangspetenten eine echte Innovation abverlangt, welche im Gegensatz zu einem bloßen Nachahmerprodukt mit dem Produkt des marktbeherrschenden Unternehmens konkurrieren kann.[611] Womöglich muss das Erzeugnis eine spürbare technische Verbesserung darstellen,[612] einen Zusatznutzen oder eine Produktdifferenzierung ermöglichen.[613] Im Fall IMS Health nahm der Gerichtshof eine verbraucherorientierte Abwägung zwischen dem Interesse am Schutz des Immaterialgüterrechts einerseits und der wirtschaftlichen Handlungsfreiheit seines Inhabers andererseits vor.[614] Für die Microsoft-Konstellation ließ das Gericht eine Verbraucherschädigung durch Fortschrittsbehinderung genügen und wählte hiermit einen relativ großzügigen Maßstab, da es hier um die Etablierung eines Konkurrenzproduktes durch Herstellung von Interoperabilität ging.[615] Dass dem Kriterium der Neuheit des Produkts größere Bedeutung

---

607 EuGH, verb. Rs. C-241/91 P, C-242/91 P, ECLI:EU:C:1995:98 Rn. 54 - Magill.

608 *Wilhelmi*, WRP 2009, 1431, 138 f.

609 EuG, Rs. T-201/04, ECLI:EU:T:2007:289 Rn. 647 - Microsoft; *Emmerich*, in: Dauses/Ludwigs EU-WirtschaftsR-HdB, H. I. § 3 Art. 102 AEUV, Rn. 117; *Fuchs/Möschel*, in: Immenga/Mestmäcker AEUV Art. 102 Rn. 337.

610 *Wilhelmi*, WRP 2009, 1431, 1444.

611 *Bechtold/Bosch/Brinker*, in: Bechtold/Bosch/Brinker AEUV Art. 102 Rn. 56; *Eilmansberger/Bien*, in: Münchener Kommentar zum Kartellrecht, AEUV Art. 102 Rn. 342.

612 *Weiß*, in: Calliess/Ruffert AEUV Art. 102 Rn. 43.

613 *Kling/Thomas*, Kartellrecht, § 6 Rn. 129.

614 EuGH, Rs. C-418/01, ECLI:EU:C:2004:257 Rn. 48 - IMS Health.

615 EuG, Rs. T-201/04, ECLI:EU:T:2007:289 Rn. 647 - Microsoft.

zuteilwurde, war mutmaßlich in den Spezifika des Falles IMS Health begründet, sodass eine darüber hinausgehende Bedeutung vielfach angezweifelt wird.[616] Die Microsoft-Entscheidung stellt womöglich eine Korrektur der IMS-Rechtsprechung durch das Gericht dar.[617]

bb) Folgen für die Plattformökonomie

Im weiteren Verlauf der Untersuchung wird noch auf die Notwendigkeit einer Erweiterung der Rechtfertigungsmöglichkeiten eines Unternehmens für die Zugangsverweigerung einzugehen sein. Entsprechend der Erweiterung des Begriffsverständnisses der wesentlichen Einrichtung müssen Unternehmen der digitalen Ökonomie die Möglichkeit erhalten, auf Basis der Spezifika digitaler Märkte Zugangsverweigerungen rechtfertigen zu können. Geht es um den Zugang zu Datenbeständen, kann die fehlende Neuheit der darauf basierenden angestrebten Leistung gegen die Gewährung eines Zugangsanspruchs sprechen. Allerdings dürfen auch hier keine überhöhten Ansprüche an das Neuheitserfordernis gestellt werden, sodass bereits eine Produktdifferenzierung ausreichen kann. So bieten die bereits thematisierten Marktforschungsunternehmen als Zugangspetenten womöglich keine völlig andersartigen Leistungen an, wenn sie den Zugriff auf die API bzw. öffentlich zugängliche Social Network-Profile begehren. Die Produktdifferenzierung kann sich aus der Spezifität des Datenbestandes ergeben, welcher in die Untersuchungen einbezogen werden soll. Steht das Angebot einer im Wesentlichen gleichwertigen Leistung im Raum, kann auf eine Gesamtbetrachtung der Marktsituation zurückgegriffen werden, welche möglicherweise eine hohe Statik zugunsten des marktbeherrschenden Unternehmens aufweist. Dies wirft die Folgefrage auf, inwieweit ein bloßes Nachahmerprodukt auf von Netzwerk- und Lock-In-Effekten geprägten Märkten konkurrieren kann, auf welchem zudem viele Leistungen kostenlos angeboten werden, sodass auch diesbezüglich häufig eine Differenzierung kaum möglich erscheint. Oftmals dürfte das Kriterium schon allein deshalb entbehrlich sein, da der Vorwurf des missbräuchlichen Marktmachttransfers[618] im Raume steht, welcher im Kern der Microsoft-Entscheidung zugrunde lag. So wollte Twitter im Fall der Verweigerung des Zugangs zu seiner Schnittstelle über die Kontingentierung

---

616 *Kling/Thomas*, Kartellrecht, § 6 Rn. 129; *Mestmäcker/Schweitzer*, Europäisches Wettbewerbsrecht, § 19 Rn. 85.

617 So *Huttenlauch/Lübbig*, in: Loewenheim/Meessen/Riesenkampff, Kartellrecht, AEUV Art. 102 Rn. 266.

618 *Kling/Thomas*, Kartellrecht, § 6 Rn. 128.

des Zugangs zugunsten von „privilegierten Partnerschaften" mittelbar selbst auf diesem nachgeleiteten Markt tätig werden.[619] Viel spricht somit dafür, dass die Notwendigkeit eines neuen Erzeugnisses auch bei der Prüfung eines Zugangsanspruchs zu einer Plattform bzw. zu einem Datensatz keine allzu strikte Auslegung erfordert.

Das Erfordernis eines neuen Produktes für die Zwangslizensierung eines Immaterialgüterrechts kann dennoch fruchtbar gemacht werden für die Beurteilung eines Datenzugangs (oder Plattformzugangs), da sich der Grundgedanke der Marktevolution durch Schaffung von Anreizen in Form von Exklusivrechten auch auf die faktische Position in Bezug auf Daten übertragen lässt. Die Verleihung von ausschließlichen Rechten erlaubt den Inhabern die Verhinderung der Weiterentwicklung eines Produktmarktes, sofern diese hierfür unerlässlich sind und stehen somit im Gegensatz zu dem Grund ihrer ursprünglichen Verleihung.[620] Die sich hieraus ergebende Notwendigkeit einer Restrik-tion ist umso mehr gegeben, wenn keine solche gesetzgeberische Grundentscheidung vorgenommen wurde und sich die Ausschließlichkeit aus einer technischen Einrichtung oder aus Exklusivbindungen ergibt.

Somit lässt sich zunächst feststellen: Je größer der Unterschied zwischen der Leistung, die der Zugangsinhaber anbietet und der, die der Zugangspetent anbieten möchte, desto eher ist die Notwendigkeit eines Zugangsanspruchs gegeben und desto schädlicher wirkt die Berufung auf die ausschließliche Position: Dem Innovationswettbewerb, also dem Wettbewerb um den Markt, gebührt der Vorrang, eine Intervention ist dementsprechend notwendig.[621] Ausnahmsweise kann jedoch auch für ein im Wesentlichen gleiches Produkt ein wettbewerbsrechtlich schützenswertes Interesse bestehen, wenn durch ein externes Marktversagen die Fortentwicklung des Marktes in Bezug auf Produktvielfalt, Preis, Menge oder Produktentwicklung behindert wird und mithin die Inhaberschaft einer ausschließlichen Position nicht schützenswert erscheint.[622] Ein solches externes Marktversagen kann durch Netzwerkeffekte, hohe Wechselkosten und daraus resultierende Lock-in-Effekte begründet werden, welche es dem marktbeherrschenden Unternehmen ermöglichen, seine Stellung ohne relevante weitere Investitionen zu stabilisieren oder gar weiter auszubauen, da selbst ein verbessertes Produkt aufgrund des Marktversagens nicht in der Lage ist, diese

---

619 Siehe dazu Abschnitt A.II.4.c)

620 *Wielsch*, EuZW 2005, 391, 395.

621 Vgl. *Graef*, Data as Essential Facility, S. 195.

622 *Graef*, Data as Essential Facility, S. 195.

dominante Stellung anzugreifen; die ausschließliche Position erfüllt daher keine Anreizwirkung mehr.[623] Ein ähnlicher Zusammenhang wurde bereits für die Prüfung der Unerlässlichkeit des Zugangs aufgezeigt.

d) Objektive Rechtfertigung

Im letzten Teil der kartellrechtlichen Analyse digitaler Plattformen soll die Frage im Zentrum stehen, in welchen Fällen ein marktbeherrschendes Unternehmen berechtigt sein soll, den Zugang zu einer für den jeweiligen Markt unerlässlichen Plattform bzw. einem Datenbestand zu verweigern. Hierzu sollen zuvorderst der derzeitige Erkenntnisstand dargestellt werden, auf welche objektiven Rechtfertigungen sich der Zugangsinhaber berufen kann. Überdies soll der Katalog um plattformökonomische Implikationen erweitert werden. Dies wird nicht zuletzt aufgrund des hier vorgeschlagenen fortentwickelten Begriffs der Unerlässlichkeit notwendig. Dabei soll ebenfalls überprüft werden, inwieweit die Darlegungs- und Beweislast zwischen den Akteuren, also zwischen dem Zugangspetenten und dem Zugangsinhaber bzw. insbesondere dem Zugangsinhaber und der Kommission verteilt werden soll, um die Wahrung der Rechte der Parteien und gleichzeitig eine schnellere und effizientere Verfahrensbehandlung zu ermöglichen. Mit Blick auf die des Öfteren langwierigen Verfahren, man denke nur an diese gegen Microsoft, wird dem auch präventiv steuernden Kartellrecht vorgeworfen, aufgrund eines Übermaßes an Bürokratie, zu umfangreichen ökonomischen Analysen und letztlich auch zu großen Mengen Datenmaterial nicht mehr mit der rasanten Entwicklungsgeschwindigkeit mithalten zu können.[624] Ganz nebenbei ist eine Quadratur des Kreises zu bewältigen: Der Übergang von dem Leitbild der Verbraucherwohlfahrt des more economic approach zu einem innovationsorientierten more technological approach soll langwierige kleinteilige Interventionsverfahren vermeiden, sodass die Offenhaltung möglichst vieler Innovationspfade dem aktuellen Schutz von Konkurrenzprodukten am Markt vorgehen soll.[625] Ein vertieftes Verständnis der gängigen Geschäftsmodelle soll durch eine in Zweifelsfällen gebotene zurückhaltende Interventionspolitik gedeckt werden. Demgegenüber führen ein allzu zurückhaltendes Interventionsverhalten – genauso wie zu langwierige Verfahren – letztlich zu resignierenden Befunden, wie des österreichischen Wettbewerbshüters Thanner,

---

623 *Graef*, Data as Essential Facility, S. 191, 198.

624 So z.B. *Podszun*, WuW 2017, 577.

625 *Podszun*, WuW 2014, 249.

welcher den Zug, gegen Google mit den Mitteln des Kartellrechts vorzugehen, bereits 2014 weitgehend abgefahren sah.[626]

aa) Stand der Rechtsentwicklung

(1) Allgemeines

Liegen die tatbestandlichen Voraussetzungen des Art. 102 AEUV vor, kann sich das marktbeherrschende Unternehmen womöglich auf das ungeschriebene Tatbestandsmerkmal der objektiven Rechtfertigung berufen. Dem Marktmachtmissbrauchstatbestand wohnt bereits ein Unwerturteil inne, sodass für ihn kein Freistellungstatbestand geschaffen wurde wie für das Kartellverbot. Eine Ausnahme gilt, unabhängig von der Einordnung als Bereichsausnahme oder als objektiver Rechtfertigungsgrund, für Unternehmen, welche im Sinne von Art. 106 Absatz 2 AEUV mit einer Dienstleistung im allgemeinwirtschaftlichen Interesse betraut sind.[627] Aufgrund dieser Rechtssetzungslücke sind die EU-Gerichte bestrebt, fallgruppenspezifische Rechtfertigungsgründe zu entwickeln.[628] Diese tragen dem Umstand Rechnung, dass die Durchsetzung wirtschaftlicher Erfordernisse des marktbeherrschenden Unternehmens von überwiegender Bedeutung für die Leistungsfähigkeit des Unternehmens als Ganzes ist.[629] Teils wird dies in Gestalt einer tatbestandsimmanenten Prüfung der Umstände des Einzelfalls vollzogen, während die Rechtfertigungsgründe in anderen Fällen als eigenständiges ungeschriebenes Tatbestandsmerkmal geprüft werden,[630] wobei beides in Gestalt einer Interessenabwägung erfolgt.[631] Hierfür lassen sich drei Kategorien objektiver Rechtfertigungsgründe filtrieren: eigene berechtigte geschäftliche Interessen des marktbeherrschenden Unternehmens, sonstige anerkennenswerte objektive Gründe sowie Effizienz.[632]

---

626 *Fidler*, Wettbewerbsbehörde: „Kartellrechtswidrige Praxis von Google", *derstandard.at/2000005419480/ Thanner-Behoerde-sieht-kartellrechtwidrige-Praxis*; letzter Zugriff am 09.09.2018.

627 *Jung*, in: Grabitz/Hilf/Nettesheim, Das Recht der Europäischen Union, Art. 102 AEUV Rn. 161; *Fuchs/Möschel*, in: Immenga/Mestmäcker, EU-Wettbewerbsrecht Art 102 Rn. 152.

628 *Rittner/Dreher/Kulka*, Wettbewerbs- und Kartellrecht, Rn. 1141.

629 Mestmäcker/Schweitzer, Europäisches Wettbewerbsrecht, § 16 Rn. 53.

630 *Huttenlauch/Lübbig*, in: Loewenheim/Meessen/Riesenkampff, Kartellrecht, Art. 102 AEUV Rn. 294.

631 *Fuchs/Möschel*, in: Immenga/Mestmäcker, EU-Wettbewerbsrecht Art 102 Rn. 152.

632 *Huttenlauch/Lübbig*, in: Loewenheim/Meessen/Riesenkampff, Kartellrecht, Art. 102 AEUV Rn. 294.

Eigene berechtigte geschäftliche Interessen des marktbeherrschenden Unternehmens kommen beispielsweise bei Fällen der Lieferverweigerung, des predatory pricing, Rabatten und Preishöhenmissbrauch in Betracht: Zulässig ist hiernach die Anpassung an das Niedrigpreisniveau der Konkurrenz (sogenannte *meeting competition defense*), wobei eine Herabsenkung bis zur Kosten-deckung dann nicht zulässig ist, wenn die Marktmacht noch verstärkt werden soll.[633] Aspekte des Gesundheitsschutzes und der Produktsicherheit können eine Rolle bei Koppelungspraktiken spielen.[634] Speziell bei Zugangsfragen, also Fällen der Geschäftsverweigerung oder des Geschäftsabbruchs, können der Schutz von Unternehmensgeheimnissen oder Bedenken gegen die fachliche, technische oder wirtschaftliche Eignung des Zugangspetenten im Rahmen der Interessenabwägung ins Feld geführt werden.[635] Allgemein können fehlende Kapazitäten oder Gefahren für die Funktionsfähigkeit und Betriebssicherheit der Einrichtung mögliche Gründe sein, die etwaigen Interessen an einer Zugangsgewährung überwiegen.[636] Der Abwägungsvorgang stellt allgemein höhere Anforderung an die vorgebrachten Rechtfertigungsgründe, je weniger Restwettbewerb an dem abgegrenzten Markt verblieben und je größer das zu besorgende Versorgungsdefizit der Verbraucher ist.[637]

(2) Bedeutung des Kriteriums der Effizienzvorteile

Schließlich erkannte der EuGH die Möglichkeit der objektiven Rechtfertigung durch einen Effizienzeinwand in den Urteilen British Airways[638] und Post Danmark[639] an, wobei das letztere Urteil den geltenden Prüfungsrahmen vorgibt. Die Verhaltensweise des markbeherrschenden Unternehmens ist hiernach gerechtfertigt, wenn es nachweist, „dass die durch das betreffende Verhalten möglicherweise eintretenden Effizienzvorteile wahrscheinlich negative Auswirkungen auf den Wettbewerb und die Interessen der Verbraucher auf den betroffenen

---

633 EuGH Rs. C-62/86, ECLI:EU:C:1991:286 Rn. 156 – AKZO, bestätigt durch EuGH, verb. Rs. C-395/96 P und C-396/96 P, ECLI:EU:C:2000:132 Rn. 96 – Compagnie Maritime Belge Transports u. a./Kommission; *Huttenlauch/Lübbig*, in: Loewenheim/Meessen/Riesenkampff, Kartellrecht, Art. 102 AEUV Rn. 294 f.

634 *Rittner/Dreher/Kulka*, Wettbewerbs- und Kartellrecht, Rn. 1141.

635 *Fuchs/Möschel*, in: Immenga/Mestmäcker, EU-Wettbewerbsrecht Art 102 Rn. 338.

636 Kom., ABl. 1992, L 96/34, 40, Rn.. 25 f. – British Midland/Aer Lingus; *Fuchs/Möschel*, in: Immenga/Mestmäcker, EU-Wettbewerbsrecht Art 102 Rn. 338.

637 *Fuchs/Möschel*, in: Immenga/Mestmäcker, EU-Wettbewerbsrecht Art 102 Rn. 338.

638 EuGH, Rs. C-95/04 P, ECLI:EU:C:2007:166 – British Airways.

639 EuGH, Rs. C-209/10, ECLI:EU:C:2012:172 – Post Danmark.

Märkten ausgleichen, dass diese Effizienzvorteile durch das genannte Verhalten erzielt worden sind oder erzielt werden können und dass dieses Verhalten für das Erreichen der Effizienzvorteile notwendig ist und einen wirksamen Wettbewerb nicht ausschaltet, indem es alle oder die meisten bestehenden Quellen tatsächlichen oder potenziellen Wettbewerbs zum Versiegen bringt".[640] Die Kommission zieht in ihren Durchsetzungsprioritäten ein an Art. 101 Absatz 3 AEUV angelehntes Modell heran, aufgrund dessen sie die Verhaltensweisen anhand ihrer Effizienzvorteile misst, wie Qualitätssteigerungen und Kostensenkungen in Herstellung und/oder Vertrieb, soweit sie das im Verhältnis am wenigsten wettbewerbsbeschränkende Mittel bei gleicher Effizienzsteigerung darstellen, auf dem Markt entstehende negative Auswirkungen auf Wettbewerb und Verbraucher aufwiegen und sie den Wettbewerb nicht gänzlich ausschalten.[641]

In dem Essential-Facilities-Fall Microsoft sind die Kommission und anschließend das Gericht ebenfalls von der Möglichkeit einer Rechtfertigung aufgrund der Wahrung von Innovationsanreizen zugunsten des marktbeherrschenden Unternehmens ausgegangen und prüften, ob im Einzelfall die außergewöhnlichen Umstände nach den Grundsätzen aus Magill und IMS Health (also die Unerlässlichkeit der Einrichtung für den Zugang zu einem Markt und die andernfalls drohende Ausschaltung des wirksamen Wettbewerbes) schwerer wogen als die Wahrung von Microsofts Innovationsanreizen.[642] Indes ließ sich schon keine Beeinträchtigung der Innovationsanreize feststellen, da die Offenlegung von Interoperabilitätsinformationen gängige Praxis in der betreffenden Branche gewesen sei, sodass sich hieraus keine Rechtfertigung ergeben konnte.[643] Zudem lässt sich der Entscheidung entnehmen, dass für die Beurteilung der Innovationsanreize allein das marktbeherrschende Unternehmen maßgebend sein solle und es eben nicht auf eine Beurteilung des gesamten Wirtschaftszweiges ankäme.[644]

---

640 EuGH, Rs. C-209/10, ECLI:EU:C:2012:172 Rn. 42 – Post Danmark.

641 Kom., Mitteilung – Erläuterungen zu den Prioritäten der Kommission bei der Anwendung von Artikel 82 des EG-Vertrags auf Fälle von Behinderungsmissbrauch durch marktbeherrschende Unternehmen, ABl. 2009 C 45, 7, Rn. 29; kritisch zur Ahnlehnung an Art. 101 Absatz 3 *Fuchs/Möschel*, in: Immenga/Mestmäcker AEUV Art. 102 Rn. 163.

642 EuG, Rs. T-201/04, ECLI:EU:T:2007:289 Rn. 709 – Microsoft.

643 EuG, Rs. T-201/04, ECLI:EU:T:2007:289 Rn. 710 f. – Microsoft.

644 EuG, Rs. T-201/04, ECLI:EU:T:2007:289 Rn. 710 – Microsoft.; Mestmäcker/Schweitzer, Europäisches Wettbewerbsrecht, § 16 Rn. 55.

Eng verbunden mit dem Grundgedanken der Sicherung der Innovationsanreize ist die Rechtfertigung aufgrund von Leistungsschutzargumenten, welche den gleichen Grundgedanken spiegelbildlich auf die ex Post-Perspektive überträgt. Ebenso wie das Kriterium des neuen Produkts soll der Gedanke des Leistungsschutzes die Belohnung eines Unternehmens sichern, die sich aus den Anstrengungen zur Bereitstellung besserer Produkte, niedrigerer Preise oder attraktiver Konditionen ergibt, um gegenüber Wettbewerbern einen Vorteil zu erlangen.[645] Eine schutzwürdige unternehmerische Anstrengung ist unterdessen zu verneinen, wenn das marktbeherrschende Unternehmen das wirtschaftliche Risiko nicht zu tragen hatte oder der notwendige Input lediglich ein Abfall- bzw. Peripherieprodukt eines anderen Hauptproduktes verkörpert, das nicht im Fokus der unternehmerischen Anstrengung lag.[646]

bb) Objektive Rechtfertigung für digitale Plattformen

Die Rechtsprechung des Gerichtshofs der Europäischen Union und die Kommissionspraxis eröffnen über das ungeschriebene Tatbestandsmerkmal der objektiven Rechtfertigung die Möglichkeit, durch die fragliche Verhaltensweise ermöglichte Effizienzvorteile in Gestalt einer Interessenabwägung zu berücksichtigen. Die Kommission erlegt sich in ihren Durchsetzungsprioritäten zur Bewertung von Effizienzvorteilen bei Lieferverweigerungen auf, zu prüfen, ob diese zur Sicherung einer adäquaten Rendite für den Ausbau des Inputmarktes oder zur Sicherung der eigenen Innovationsfähigkeit notwendig erscheinen, anders gesagt: ob diese Investitions- und Innovationsanreize wahren.[647] Für die Beurteilung von Plattformsachverhalten sind demnach die gegenläufigen Interessen zu gewichten, indem die Wirkung des Monopols für den Innovationswettbewerb, die Verbraucherwohlfahrt und die Entwicklung der Marktsituation zu untersuchen ist. Dies kann anhand von vier Prüfungsschritten erfolgen:

---

645 Kom., ABl. 1989 L 43/27, Rn. 99 – Decca Navigator System; *Eilmansberger/Bien*, in: Münchener Kommentar zum Kartellrecht, Art. 102 AEUV Rn. 403–406.

646 *Eilmansberger/Bien*, in: Münchener Kommentar zum Kartellrecht, Art. 102 AEUV Rn. 408–411.

647 Kom., Mitteilung – Erläuterungen zu den Prioritäten der Kommission bei der Anwendung von Artikel 82 des EG-Vertrags auf Fälle von Behinderungsmissbrauch durch marktbeherrschende Unternehmen, ABl. 2009 C 45, 7, Rn. 89.

(1) Feststellung schützenswerter Investitionsanreize

Die Kommission und das Gericht prüften in Microsoft die Wirkung einer Interoperabilitätsverfügung auf die Innovationsanreize, wobei lediglich die Anreizwirkung auf das marktbeherrschende Unternehmen maßgebend sein sollte und die branchenweiten Auswirkungen nicht zum Tragen kommen sollten.[648] Hieraus wird abgeleitet, dass eine allgemeine Abwägung mit den Wohlfahrtsauswirkungen im Sinne einer *efficiency defense* nicht zulässig sei und dem marktbeherrschenden Unternehmen kein allgemeines Marktordnungsrecht zur Funktionserhaltung desselbigen zustünde.[649] Für die hiesigen Zwecke ist der zu berücksichtigend Wirkungskreis indes zu erweitern. Zwar steht dem marktbeherrschenden Unternehmen kein Marktordnungsrecht zu, doch wird ihm in gewisser Weise eine Sachwalterrolle für die Interessen markt- bzw. datenmächtiger Unternehmen der digitalen Wirtschaft zuteil. Dies folgt aus der Signalwirkung, die sich aus dem Eingriff in den Grundsatz der Vertragsfreiheit ergibt, und der Tatsache, dass (insbesondere im Falle eines Zugangsbegehrens zu einem Datenbestand) kein durch Schrankenregelung flankiertes Dateneigentumsrecht besteht. Ebenso geht eine zukunftsorientierte Steuerungswirkung von den Entscheidungen der Kartellbehörden aus, weshalb die Auswirkungen der Entscheidung nicht rückwärtsgewandt auf das betroffene Unternehmen zu untersuchen sind. Die Untersuchung etwaiger Anreizverluste ist somit branchenspezifisch vorzunehmen, wobei für die Abgrenzung das Konzept des potenziellen Wettbewerbs dienen mag.

Bei der vorschnellen Annahme eines Anreizverlustes durch Zugangsgewährung ist Zurückhaltung geboten, da auch hier eine Neigung zur Wissensanmaßung besteht. Es dürfte als höchst spekulativ anzusehen sein, dass die ‚Geschäftsgrundlage datenreicher Unternehmen auf der Annahme beruht, sie könnten dauerhaft Datenbestände exklusiv akkumulieren, sodass sie andernfalls nicht in ihre Geschäftsidee investiert hätten. Die gesamte Investitionsstrategie von der Geheimhaltung einer Ressource abhängig zu machen, welche – wie stets behauptet wird – frei zugänglich, unerschöpflich und nicht rival sei, erscheint vor diesem Hintergrund ausgesprochen fragwürdig. Ein Blick auf einige führende Plattformanbieter zeigt, dass diese keinesfalls von der Aussicht auf einen exklusiven Datenzugang zur Investition in den jeweiligen Markt getrieben wurden: So sollte Craiglist ursprünglich eine gemeinnützige Funktion innehaben,

648 EuG, Rs. T-201/04, ECLI:EU:T:2007:289 Rn. 709 f. – Microsoft.

649 Siehe *Mestmäcker/Schweitzer*, Europäisches Wettbewerbsrecht, § 16 Rn. 56, § 19 Rn. 93.

Twitters Geschäftsmodell basierte zunächst auf Werbefinanzierung und auch Ebays Refinanzierung sollte auf Transaktionsgebühren und Softwarelizensierung fußen.[650] Nicht zuletzt verleitet es zu einer Vergleichssituation, die eine kompensationslose Zugangsverpflichtung als kontrafaktisches Szenario zugrunde legt. Auch wenn mittlerweile viele Unternehmen mit einer Datenstrategie arbeiten, so steht zu vermuten, dass nicht alle Formen der Datennutzung vorab bekannt sind, sodass große Datenmengen gewissermaßen ‚auf Vorrat' erhoben werden. Sodann stellt sich die Frage, inwieweit aus wettbewerbspolitischer Sicht überhaupt wünschenswerte Anreize bestehen. Plattformgeschäftsmodelle erlauben es unter Umständen, eine Monopolstellung ab einem gewissen Zeitpunkt ohne signifikante Neuinvestitionen zu verwalten – hier sei nur an die Perspektiven erinnert, die sich aus der Nutzbarmachung eines Datenvorsprungs durch lernende Algorithmen ergeben. Auch und gerade auf Plattformmärkten, bei denen oftmals der Schwerpunkt des Wettbewerbs im Kampf um den Markt liegt, sollte auch ein Anreiz zur Innovation des Produktes bestehen, insbesondere aufgrund der Tatsache, dass das Aufkommen einer disruptiven Entwicklung schwerlich prognostizierbar ist. Zudem geht mit dem Vorwurf einer missbräuchlichen Zugangsverweigerung häufig auch der Vorwurf des missbräuchlichen Marktmachttransfers einher, den die Kommission bereits in der „Google Shopping"-Entscheidung als Anknüpfungspunkt wählte.[651] Die Kommission und die EU-Gerichte verfolgen derartige Praktiken bereits auf analogen Märkten streng, sodass diese Notwendigkeit umso mehr auf den eng verbundenen digitalen Märkten besteht.[652]

(2) Prüfung der Erforderlichkeit und Angemessenheit der Zugangsverweigerung zum Schutz der Investition

Wenn das marktbeherrschende Unternehmen einen exklusiven Plattformzugang oder den Zugang zu einem Datenbestand durch seine Investitionen erlangen konnte, ist die so erlangte Monopolstellung bezüglich dieser Essential-Facility nicht notwendigerweise unerwünscht. Dies zeigt eine vergleichende Betrachtung mit dem Spannungsfeld zwischen dem Immaterialgüterrechtsschutz und der Gewährleistung des freien Wettbewerbs. In der Vergangenheit standen sich das Konzept des Immaterialgüterrechtsschutzes

650 *Abrahamson*, The Yale Law Journal 124, 2014 (3), 867, 876.

651 Kom., Beschluss vom 27.06.2017, COMP/ AT.39740, C(2017) 4444 final, Rn. 649 – Google Search (Shopping).

652 *Kadar*, ZWeR 2015, 342, 349.

und die Zielsetzung des Wettbewerbsschutzes unversöhnlich gegenüber:[653] Der Wettbewerbsschutz sollte durch Gewährleistung eines vollkommenen Wettbewerbs stattfinden, welcher eine große Zahl vergleichbar starker Wettbewerber ohne relevante Kontrollmöglichkeiten bestimmter Wettbewerber voraussetzt. Immaterialgüterrechtsschutz gewährt demgegenüber dem Inhaber ein Ausschließlichkeitsrecht, welches den gleichen Marktzugang beschränkt. Die Idee des vollkommenen Wettbewerbs wurde durch die Idee eines unvollkommenen, dynamischen Wettbewerbs abgelöst, welcher partielle Monopole hinnimmt, wenn diese durch fortlaufende Innovationen allmählich ihren Wert verlieren, wobei beide Stufen dieses Zyklus durch Schutzrechte abgesichert werden.[654] Die Absicherung der steten Innovation durch Etablierung von Schutzrechten vollzieht sich aufgrund verschiedener Annahmen, welche im Fall des Patentrechts als Patentrechtstheorien bezeichnet werden: Die Zwecke der Patenterteilung bestehen in der Anerkennung des Eigentums an einer geistigen Leistung, die Offenbarungspflicht des Erfinders, aber auch die Belohnung für den Anteil des Erfinders am Sozialprodukt sowie der Anreiz zur Innovation durch Sicherung der Ertragserwartung.[655] Ein weiterer Ausgleich mit den Interessen des freien Wettbewerbs wird beispielsweise durch Einführung von Schutzfristen und Schranken vorgenommen.[656] Der Idee der Anreizschaffung wird ebenfalls ein Zustand nicht gerecht, den der Inhaber eines Schutzrechts (bzw. einer faktischen Position) kreiert, indem er aufgrund seiner Stellung abgeleitete Innovationen verhindert.[657] Eine solche Überkompensation erscheint nicht wünschenswert und ist nicht unter Rekurs auf etwaige Verluste der Anreizwirkung zu erhalten.

Analog zu einer solchen regulatorisch vorweggenommenen Interessenabwägung muss im Rahmen einer kartellrechtlichen Intervention in Plattformmärkte geprüft werden, ob die Zulassung einer Monopolstellung bezüglich eines Datenmonopols oder einer Plattform als Einrichtung überwiegend positive Auswirkungen auf die Gesamtwohlfahrt mit sich bringt, indem es durch Aussicht einer Monopolrente einen wichtigen Investitionsanreiz liefert.[658] Im Gegensatz zu Patenten oder auch Gebrauchsmustern ist nicht ohne Weiteres von einer

---

653 *Osterrieth*, Patentrecht, Rn. 52 f.
654 *Osterrieth*, Patentrecht, Rn. 54 f.
655 *Ann*, in: Kraßer/Ann, Patentrecht, § 3 Rn. 7–12.
656 *Rogge/Melullis*, in: Benkard, Patentgesetz, Einleitung Rn. 3.
657 *Heinemann*, GRUR 2006, 705, 713.
658 *König*, in: Hennemann/Sattler (Hrsg.), Immaterialgüter und Digitalisierung, S. 89, 92.

‚Innovationsvermutung' bei der kommerziellen Nutzbarmachung von Daten auszugehen. Dem marktbeherrschenden Unternehmen ist ohne Weiteres auch ohne Inhaberschaft eines Schutzrechts die Amortisation seiner Aufwendung möglich. Wenn der Inhaber eines exklusiven Datenzugangs die durch seine Investition erstrebte Monopolrente abzuschöpfen will, kann er dies tun, indem er selbst das jeweilige Produkt auf dem nachgeleiteten Markt anbietet oder einem Konkurrenten den Zugang verschafft und eine entsprechend hohe Lizenzgebühr auslobt, wobei zumindest auf preislicher Ebene ein Wettbewerb schwerlich entstehen wird.[659] Dennoch kann nicht ausgeschlossen werden, dass der Lizenznehmer aufgrund des verschafften Datenzugangs nicht in der Lage sein wird, sein Geschäftsmodell zu adaptieren, sodass hierin ein Risiko für den Lizenzgeber besteht. Einen gangbaren Mittelweg kann sich für das marktbeherrschende Unternehmen ergeben, indem es einen Testballon startet und ein Unternehmen einstweilen lizensiert, um ein bestimmtes Geschäftsmodell zu erproben, um die Geschäftsbeziehung im Erfolgsfall zu beenden; einen solchen Weg über einen (kartellrechtlich relevanten) Geschäftsabbruch ist Twitter im Fall PeopleBrowsr gegangen.[660]

Durch Einforderung entsprechender Lizenzgebühren wird es der Inhaber eines exklusiven Datenzugangs oder einer Plattformeinrichtung regelmäßig schaffen, die Produzentenrente abzuschöpfen, auch und gerade wenn auf einem nachgeleiteten Markt eine Produktinnovation möglich ist.[661] Dementsprechend ist die Rechtfertigungslast für das marktbeherrschende Unternehmen besonders groß, wenn es den einen Zugang nicht lizensiert und somit eine Innovation auf einem nachgeleiteten Markt blockiert. Dies könnte exemplarisch der Fall sein, wenn ein Unternehmen durch Schaffung eines exklusiven Datenbestandes eine marktbeherrschende Stellung trotz des Vorhandenseins weit größerer Internetunternehmen etablieren konnte, welche ihrerseits auf anderen Online-Märkten eine beherrschende Stellung innehaben und aufgrund dessen über eine weitaus höhere Wirtschaftsleistung verfügen. Ein naheliegender geschäftlicher Ansatz wäre – so lehrt es auch die Fusionskontrollpraxis der letzten Jahre – die Übernahme dieses Unternehmens durch einen der Marktführer. Scheitert eine solche Übernahme wegen der Untersagung durch die Kartellbehörden oder aus sonstigen Gründen, wäre es ebenso naheliegend, unter Berufung auf die

659 *König*, in: Hennemann/Sattler (Hrsg.), Immaterialgüter und Digitalisierung, S. 89, 93.
660 *Abrahamson*, The Yale Law Journal 124, 2014 (3), 867, 873 f.
661 Vgl. *König*, in: Hennemann/Sattler (Hrsg.), Immaterialgüter und Digitalisierung, S. 89, 94.

Essential-Facilities-Doktrin den Zugang zu einem integralen Datenbestand zu verlangen. In diesem Fall wäre es zwar möglich, durch Zahlung einer hohen Lizenzgebühr die Investitionskosten inklusive einer angemessenen Rendite zu generieren, sodass eigentlich genügend Anreize zur Investition bestünden. Doch ließe sich der Wettbewerbsvorteil aufgrund der wirtschaftlichen Verhältnisse nicht mit Geld aufwiegen und wohl auch nicht durch gewonnene finanzielle Kapazitäten duplizieren. Folglich erlaubt die Möglichkeit der objektiven Rechtfertigung einer Zugangsverweigerung unter anderem die Verhinderung einer Pervertierung der erweiterten Auslegung der Essential-Facilities-Doktrin in Fällen, in denen sie zur Ausdehnung einer marktbeherrschenden Stellung auf andere Produktmärkte missbraucht werden soll.

Es lässt sich für den Moment festhalten, dass die Möglichkeit der Monopolbildung an einem bestimmten Markt durch Nutzbarmachung plattformspezifischer Eigenheiten grundsätzlich einen schützenswerten Anreiz zur innovativen Tätigkeit darstellt und eine gewisse Konzentrationstendenz viele Vorteile dieser Ökonomie erst zur Geltung kommen lässt. Ein auf Dauer unangreifbarer Status als Monopolist stellt keinen schützenswerten Anreiz dar, da insoweit die Hemmung des Innovationsdrucks droht. Die Lizensierung des Produktes oder der Dienstleistung sollte die Amortisation der zur Einnahme der marktbeherrschenden Stellung getätigten Aufwendungen ermöglichen. Dies hat erst recht zu gelten, wenn der Inhaber der marktbeherrschenden Stellung gar nicht auf dem nachgeleiteten Markt tätig sein wollte. Etwas anderes kann sich in Fällen wie dem skizzierten Beispiel ergeben, wenn der Vorteil des Investitionsaufwandes durch Lizensierung nicht aufgewogen werden kann.

(3) Prognose der Auswirkungen der Zugangsverweigerung auf die Konsumentenwohlfahrt

Die Schritte (3) und (4) dieser Analyse sollen nicht als sich gegenseitig ausschließende Prüfungspunkte des Rechtfertigungstatbestandes verstanden werden, sondern eher als zwei sich ergänzende Aspekte einer Auswirkungsanalyse, wobei der Aspekt der Konsumentenwohlfahrt die kurz- und mittelfristigen Folgen für den Endverbraucher im Blick hat, während in Schritt 4 die Marktsituation in Bezug auf die Schädlichkeit des geschaffenen Monopols hin untersucht werden soll.

Dieser auf die Verbraucherwohlfahrt fokussierte Ansatz, der insbesondere die Auswirkungen auf die Verbraucherpreise im Blick hat, sieht sich der Kritik ausgesetzt, dass er auf Annahmen über Korrelationen von Marktverhalten, Marktstruktur und Marktergebnissen beruhe, die schwerlich nachweisbar und folglich kaum justiziabel seien – gar ist von einer bewussten Überforderung der

Gerichte die Rede.[662] Dieser Einwand ist kaum von der Hand zu weisen und trifft vermutlich auf viele der hier thematisierten Aspekte zu. Indes betritt die Kartellrechtsanwendung in vielen digitalen Sachverhalten juristisches Neuland. Inwieweit eine wettbewerbsrechtlich kritisch zu beäugende Monopolausübung im Einzelfall zu billigen ist, hängt von den positiven Auswirkungen im Einzelfall ab. Zudem werden die aufgefundenen Ergebnisse sodann anhand der Marktsituation überprüft und ergänzt.

Die Ermittlung dieser optimalen Allokation im Einzelfall ist die denklogische Fortsetzung des Innovationsanreizes in den ersten beiden Schritten. Idealerweise hat das marktbeherrschende Unternehmen bereits die Voraussetzungen geschaffen, um auf Basis ihrer Monopolstellung bereits weitere Innovationen zur Absicherung ihrer Stellung oder Entdeckung neuer Märkte zu verwenden. Gerade in Bezug auf die ‚Ressource Daten' sind die Verwendungsmöglichkeiten so vielfältig, dass eine optimale Allokation im Regelfall und aufgrund ihrer grundsätzlichen Nicht-Rivalität eine Verteilung auf viele Unternehmen impliziert. Ein im digitalen Sektor tätiges Unternehmen stößt bei der möglichst umfassenden Verwertung der ihm zur Verfügung stehenden Daten auf diverse Schwierigkeiten: So wird methodisch häufig ein Rückgriff auf Bewährtes vorgenommen oder fehlt es an der Expertise in Bezug auf bestimmte Innovationszweige, sodass ein weitreichendes Exklusivrecht der Verbraucherwohlfahrt lediglich zu dienen vermag, wenn der Weiterentwicklungspfad relativ klar vorgegeben und vorhersehbar ist – was gerade bei der Nutzung von Daten häufig nicht zutreffen sollte.[663] Bereits in der Erläuterung des Tatbestandes wurde auf die unterschiedlichen Deutungsweisen des Erfordernisses eines neuen Produktes hingewiesen. Bereits in der Rechtssache IMS Health ist der Europäische Gerichtshof von der strikten Prüfung des Vorliegens oder Nichtvorliegens eines neuen Produktes hin zu einer verbraucherorientierten Abwägung zwischen dem Interesse am Schutz des Immaterialgüterrechts einerseits und der wirtschaftlichen Handlungsfreiheit seines Inhabers andererseits übergegangen.[664] Wenn ein Zugangspetent mit Hilfe des begehrten Inputs ein signifikant anderes/besseres/neueres Produkt anzubieten in der Lage ist, so spricht unter dem Gesichtspunkt der Verbraucherwohlfahrt vieles für ein Zugangsrecht.[665]

---

662 Siehe *Emmerich,* Kartellrecht, § 2 Rn. 14 f.

663 *Abrahamson,* The Yale Law Journal 124, 2014 (3), 867, 879 f.

664 EuGH, Rs. C-418/01, ECLI:EU:C:2004:257 Rn. 48 – IMS Health.

665 Vgl. *Graef,* Data as Essential Facility, S. 195, 198.

Demgegenüber mag es Plattformen und Datenbestände geben, die – ähnlich wie auch physische Infrastruktureinrichtungen – erst durch ihre Exklusivität oder ihre Konzentration ihren größten Nutzen bringen. Soziale Netzwerke werden erst durch eine große Nutzerzahl ‚sozial'. Inwieweit, abgesehen von Fragen des Multihoming und der Wechselkosten, die Nutzer sozialer Netzwerke mehrere Dienste nutzen, ist letztlich eine Frage der Nutzerpräferenzen.

Die fundierte Kritik an der Berücksichtigungsfähigkeit der Verbraucherwohlfahrt sowie der schmale Grat zwischen der Wahrung von ökonomischen Anreizen zur Investition in potenzielle Monopole und dem Erhalt eines wettbewerbsgetriebenen Innovationswettbewerbs verlangen eine möglichst langfristige Beurteilung der Marktsituation.

(4) Berücksichtigung der Dynamik des Marktgeschehens

Die Analyse, ob die Zugangsverweigerung des marktbeherrschenden Unternehmens objektiv gerechtfertigt sein könnte, richtete den Blick auf die Frage, ob dies zur Amortisation seiner Investitionen erforderlich ist und damit gleichzeitig der Anreiz für die gesamte Branche zur Investition gewahrt wird. Der Fokus richtet sich anschließend auf die selbstverständlich nicht immer leicht zu prognostizierenden Auswirkungen auf die Endverbraucher der Leistungen. Die Beurteilung, ob aus der Perspektive der Konsumenten ein Zugangsrecht vorteilhaft erscheint, ist danach zu beurteilen, ob der Zugangsgegenstand seinen größten Nutzen konzentriert auf wenige/einen Anbieter entfaltet oder eher in den Händen vieler Unternehmen. Für nicht rivale Güter ist der Mehrwert häufig am größten, wenn jedermann einen Zugang erhält, der hieraus irgendeinen Nutzen ziehen kann.[666] Blendet man datenschutzrechtliche Folgeprobleme an dieser Stelle aus, so ist in Bezug auf die Ressource ‚Daten' eine gewichtige Vermutung dahingehend aufzustellen, dass sie aufgrund ihrer mannigfaltigen Verwendungsmöglichkeiten ihren Nutzen in den Händen vieler entfalten. Viele Verwendungsmöglichkeiten werden erst im Laufe ihrer Verarbeitung entdeckt. Wiederum ist auf dem Gebiet der Immobilienwirtschaft die Geheimhaltung von Datensätzen, welche im Aufbau sehr aufwändig sind, zur Erhaltung von Informationsasymmetrien entscheidend für das Bestehen am Markt.[667]

Dennoch wird vielfach Vorsicht bei der Anwendung der Essential-Facilities-Doktrin im digitalen Umfeld angemahnt. So wird auf die innovative Kraft der

---

666 OECD, Data-driven Innovation for Groth and Well-being, S. 179–180.

667 *Brown/Chui/Manyika,* Are you ready for the era of 'big data'?, Mc Kinsey Quarterly, Oktober 2011, Punkt 1.

contestable monopolies verwiesen:[668] Durch den technologischen Fortschritt und die Eigenheiten der digitalen Ökonomie konnten schier unüberwindbare Markteintrittsbarrieren überwunden und zementierte Hegemonien an den Märkten gebrochen werden. Neue mächtige Player entstanden, die ebenfalls nach einer gewissen Zeit auf diese Art zu Fall gebracht wurden.

Eine allzu strikte Interventionspolitik hat das Potenzial, diesen Prozess der schöpferischen Zerstörung zu gefährden und gar eine staatliche Preispolitik für den digitalen Zugang zu implementieren.[669]

(a) Rolle des Erfordernisses eines neuen Produktes

Somit ist die Marktsituation aufgrund der Prämisse zu prüfen, dass sowohl die Gewährung des Zugangs als auch die Verweigerung potenziell förderlich für die Entwicklung des Wettbewerbs sein können, denn die Entwicklung eines Konkurrenzproduktes kann sich positiv auf den Preis- und Qualitätswettbewerb auf dem Markt auswirken, während die Zugangsverweigerung die Suche nach völlig neuen, womöglich deutlich besseren Produkten befeuern kann.[670] Je statischer die Marktanteile, je weniger Neueintritte in den Markt und je gleichbleibender die Produktentwicklung am Markt, desto eher überwiegt das Interesse an einer Impulsgebung zugunsten des Wettbewerbs auf dem Markt, insbesondere, wenn aufgrund eines Marktversagens die Marktanteile des dominanten Unternehmens ohne signifikante Neuinvestitionen weiterwachsen.[671] Das bloße Vorliegen von Netzwerkeffekten ist hierbei zwar ein Indikator für das Vorliegen einer marktbeherrschenden Stellung gewesen, doch sind diese nicht notwendigerweise schädlich, da sie gerade auch ein Monopol zum Fallen bringen können, wenn eine kritische Masse erreicht ist. Ist der Markt gleichzeitig durch fehlende Interoperabilität und Datenportabilität geprägt, so können Netzwerkeffekte jedoch zu Lock-In-Effekten führen und ein Monopol über Gebühr absichern.[672] *Graef* will das Erfordernis eines neuen Produktes für die Entscheidung abhängig machen, indem sie eine Parallele zu den Entscheidungen zieht, die das geistige Eigentum betrafen: Wenn die Berufung auf das geistige Eigentum das Aufkommen eines neuen Produktes verhindert, so wird es seiner Aufgabe nicht gerecht, wenn es

668 *Körber*, NZKart 2016, 303, 309; WRP 2012, 761, 765; vgl. auch *Podszun/Kreifels*, EuCML 2016, 33, 39.

669 *König*, in: Hennemann/Sattler (Hrsg.), Immaterialgüter und Digitalisierung, S. 89, 95; *Peitz/Schweitzer*, NJW 2018, 275, 279; *Podszun/Kreifels*, EuCML 2016, 33, 39.

670 *Graef*, Data as Essential Facility, S. 180–182.

671 *Graef*, Data as Essential Facility, S. 190 f.

672 *Holzweber*, NZKart, 2016, 104, 111.

das innovative Fortkommen unterbindet, während das Neuheitserfordernis auf solchen Märkten unzweckmäßig ist, die aufgrund von Marktversagen ohnehin keine neuen Produktentwicklungen zulassen.[673]

Es erscheint sinnvoll, den hypothetischen Output zu berücksichtigen, welchen das marktbeherrschende Unternehmen durch seine Zugangsverweigerung verhindert, um den Anreiz zur Investition in die Schaffung von Monopolen mit den schädlichen Auswirkungen auf die Erschließung neuer Märkte zu berücksichtigen. Zudem steigen die Anforderungen an die Prognose einer negativen Marktentwicklung, wenn der Zugangspetent kein neues Produkt anzubieten gedenkt, sondern womöglich nur eine Imitation einer bereits vorhandenen Leistung. Hingegen verbietet sich eine allzu strikte Beachtung des Erfordernisses eines neuen Produktes im Sinne einer ‚wenn-dann'-Betrachtung. Die Abgrenzung, wann ein Produkt als neu anzusehen ist, welchen Grad an Substitution es bieten muss und inwieweit eine bloße Verbesserung des Produktes genügen soll, ist ohnehin strittig. Daher ist das Gericht im Fall Microsoft von dieser strikten Betrachtung zugunsten einer Abwägungsentscheidung abgewichen. Auch eine Imitation mag eine Verbesserung im Gegensatz zum Ausgangsprodukt darstellen, wenn der Zugangspetent einen konkurrenzfähigen Preis bieten kann. In diesem Falle ist zu prüfen, ob dies Ausdruck einer innovativen Leistung ist oder ob dies lediglich Ausdruck der ersparten Entwicklungs- und Innovationskosten ist, wobei selbstredend hypothetische angemessene Lizenzgebühren in Anrechnung zu bringen ist.

(b) Untersuchung der Geschäftsstrategie insgesamt

Die gegensätzlichen Funktionsweisen der unterschiedlich angetriebenen Motoren der Innovation der digitalen Ökonomie bestimmten maßgeblich die bisherigen Ausführungen. Innovation kann einerseits durch Zurückhaltung zur Ermöglichung ertragsreicher Monopole erreicht werden, die in unregelmäßigen Abständen durch neue Monopole abgelöst werden oder zumindest von der Gefahr der Ablösung angetrieben werden. Eine engagiertere Interventionspolitik kann andererseits einen weitreichenderen Datenzugang ermöglichen, sodass Daten als nicht rivale Güter für verschiedene Innovationsprojekte simultan genutzt werden können. Eine höhere Verantwortung der Wettbewerbshüter und der Gerichte für den Erhalt des Restwettbewerbs oder des potenziellen Wettbewerbs ist auch dann zu identifizieren, wenn die gesamte Geschäftsstrategie eines Unternehmens auf den Aufbau eines unangreifbaren, sich selbst erhaltenden Monopols ausgelegt ist. Indem Unternehmen ein System aufbauen, aufgrund

---

673 *Graef*, Data as Essential Facility, S. 195, 198.

dessen sie verschiedene digitale Dienste kostenlos anbieten und so ein weitreichendes Datenportfolio ansammeln können, ist es ihnen möglich, ohne signifikante Neuinvestitionen auf andere (auch weiter entfernte) Märkte zugreifen zu können.[674] Wie in Abschnitt b)aa)(4) skizziert, basiert das Geschäftsmodell von Amazon auf der investorengestützten Finanzierung extrem konkurrenzfähiger Preise zur schnellen Überwindung der kritischen Masse an Nutzern, sodass der Anbieter mittlerweile eine Art Infrastruktur des E-Com-merce darstellt.[675] Ähnlich dem Geschäftsmodell von Google hat Amazon ein breites Portfolio an Geschäftstätigkeiten aufgebaut, das aufgrund der vielfältig erhobenen Daten ein breites Tätigwerden auf anderen Märkten ermöglicht.[676] Dabei ist hervorzuheben, dass eine solche Geschäftsstrategie nicht per se als negativ zu bewerten ist, denn Amazon bietet aus Verbraucherperspektive niedrige Preise und kann aufgrund der vielfältigen Datenerhebungen innovativ tätig werden. Allerdings bleibt die Schwierigkeit, dass ein großer Faktor für die Erlangung dieser Marktstellung und der damit verbundenen Rolle als digitale Infrastruktur die Preispolitik war. Weniger war dies auf einen erfolgreich gestalteten ‚Wettbewerb der Systeme' zurückzuführen, aufgrund dessen sich der Anbieter des innovativsten Geschäftsmodells zwingend durchgesetzt hat.

Auch der kostenpflichtige Sportstreamingdienst DAZN verfolgt eine investorenbasierte Geschäftsstrategie, die zugunsten einer steigenden Nutzerzahl finanzielle Einbußen in Kauf nimmt.[677] Dennoch wäre ein Markt für Online-Sportübertragungen aufgrund der fortlaufenden Neuvergabe der Sportrechte und der Vielzahl an denkbaren Spezialisierungen mit den entsprechenden finanziellen Investitionen stets hinreichend dynamisch. Aufgrund der Möglichkeit der monatlichen Kündigung besteht auf der Nutzerseite kein wesentlicher Lock-In-Effekt, sodass ein Wechsel zu einem Anbieter mit einem besseren Portfolio oder einer anderen Preispolitik stets möglich wäre.

(5) Zwischenergebnis

In der vorstehenden Analyse wurden die Kernaspekte dargestellt, an welchen die Verweigerung eines marktbeherrschenden Unternehmens zu messen ist,

---

674 *Meadows* Fordham Intellectual Property, Media & Entertainment Law Journal 25, 2015 (3), 795, 804.

675 Dazu: *Khan*, The Yale Law Journal 126, 2017 (3), 710, 750, 754, 803.

676 *Meadows* Fordham Intellectual Property, Media & Entertainment Law Journal 25, 2015 (3), 795, 804.

677 *Hüfner*, Die nächste große Plattform heißt Dazn, *t3n.de/news/dazn-naechste-grosse-plattform-1104218/*, zuletzt abgerufen am 09.09.2018.

einem Wettbewerber den Zugang zu einer wesentlichen digitalen Einrichtung zu gewähren. Aufgrund der Verschiedenartigkeit der Fallgestaltungen werden die Kriterien als Ausdruck der jeweiligen Spannungsverhältnisse nicht immer schematisch abprüfbar sein.

Zunächst sollte herausgearbeitet werden, ob die Verpflichtung zur Zugangsgewährung den wirtschaftlichen Anreiz für das Unternehmen und die Branche insgesamt hemmt, in die Innovationstätigkeit zu investieren. Der Vergleich mit der Gewährung von Immaterialgüterrechten am Beispiel des Patentrechts zeigt, dass die Zulassung von zeitlich begrenzten Monopolen die Entwicklung eines Marktes und die Erschließung neuer Märkte fördert. Selbiges hat im Grundsatz auch für die Erschließung von Plattform- und Datenmonopolen zu gelten. Schutzschranken und Schutzfristen sind Ausdruck der Notwendigkeit einer fortlaufenden Investition, denn ein sich selbst erhaltendes und bestärkendes Monopol ohne signifikante Neuinvestitionen lässt einen Markt bis zum Eintritt einer schwerlich zu prognostizierenden disruptiven Innovation erlahmen. Gerade am Beispiel der ‚Ressource Daten' zeigt sich, dass aufgrund ihrer mannigfachen Verwendungsarten und hierfür notwendigen Expertisen die beste Wertschöpfung gelingt, wenn sie sich in den Händen vieler befindet. Wann immer eine Datenkategorie sinnvoll von mehreren Unternehmen parallel verwendet werden kann, sollte sie auch aus Sicht der Innovation geteilt werden. Dem marktbeherrschenden Unternehmen kann aus dieser Perspektive die objektive Rechtfertigung seiner Zugangsverweigerung gelingen, wenn die Amortisation der getätigten Investitionen nur aufgrund eines (schützenswerten) wirtschaftlichen Vorteils möglich ist und die Lizensierung hierfür nicht ausreichend ist. Ferner denkbar ist der Verweis auf die besondere Wirksamkeit des Geschäftsmodells, wenn es exklusiv angeboten wird. Sodann ist zu berücksichtigen, ob der Wettbewerber ein neues Produkt anbieten will, wobei das Interesse an der Zugangsgewährung steigt, je innovativer dieses Produkt gegenüber dem des Zugangsinhabers ist oder er dieses gar nicht anbietet. Jedoch kann auch ein Imitationsprodukt oder ein geringfügig besseres bzw. günstigeres Produkt die Gewährung des Zugangsrechts erfordern, wenn eine undynamische verkrustete Marktsituation vorliegt. Das Geschäftsmodell des marktbeherrschenden Unternehmens in Gänze kann schließlich gegen die Rechtfertigung seines Verhaltens sprechen, wenn es darauf ausgelegt ist, einen Wettbewerbsvorteil nutzbar zu machen, den es auf anderen Märkten z.B. durch Erlangung eines breiten Datenportfolios geschaffen hat. Gleiches gilt für ein Geschäftsmodell, das auf die Bildung einer digitalen Infrastruktur ausgelegt ist, dieses aber nicht auf einem „Wettbewerb der Systeme" beruht, sondern beispielsweise auf einer investorengetriebenen Preisstrategie beruht.

Die Anforderungen an die objektive Rechtfertigung einer Zugangsverweigerung sind nach diesem Schema hoch. Der Vergleich mit den ausschließlichen Rechten des geistigen Eigentums zeigt, dass auch diese Schutzfristen unterliegen, nach deren Ablauf deren rechtliche Monopolstellung entfällt. Die Investition in den Aufbau einer Plattform oder eines Datenbestandes verkörpert die Umsetzung einer Geschäftsidee und stellt somit ein Minus gegenüber einer schöpferischen oder erfinderischen Leistung dar. Die Investition in Daten ist maßgeblich bestimmt von der geringeren Haltbarkeit der Ressource, dem häufig geringeren Investitionsbedarf und der Nutzung von Netzwerk- und Skaleneffekten. Daraus folgt, dass der Rechtfertigungsaufwand an eine Zugangsverweigerung deutlich höher ist als dies bei physischen Infrastrukturen oder Rechten des geistigen Eigentums der Fall ist. Umgekehrt ist es Aufgabe der Kartellbehörden, frühzeitig einzugreifen, wenn Entwicklungspfade verschlossen oder Monopolstellungen allzu unangreifbar werden, sodass Gegenentwürfe am Markt nicht mehr bestehen können. In diesen Fällen verbleibt schlimmstenfalls nur noch eine symptomatische Therapie eines strukturellen Problems, zum Beispiel durch Unterbindung missbräuchlicher Vertragswerke.

e) Beweislast

Gemäß Art. 2 Satz 1 VO 1/2003 liegt die Beweislast für einen Verstoß gegen Art. 101 und 102 AEUV bei der Partei oder bei der Behörde, die diesen Vorwurf erhebt. Hingegen liegt die Beweislast nach Satz 2 für das Vorliegen der Freistellungsvoraussetzungen nach Art. 101 Absatz 3 bei dem Unternehmen, das diese Freistellung in Anspruch nehmen möchte. Im Falle von Art. 102 AEUV erstreckt sich die Beweislast jedenfalls auf die geschriebenen Tatbestandsvoraussetzungen, also das Vorliegen einer marktbeherrschenden Stellung, die Eignung zur Beeinträchtigung des Handels zwischen den Mitgliedstaaten sowie auf die ungeschriebene Voraussetzung der Spürbarkeit der Beeinträchtigung des Handels zwischen den Mitgliedstaaten.[678] Unterdessen soll nicht das Maß an Aufklärungsarbeit, das die betreffende Stelle zu leisten hat – also die Beweisführungslast – geregelt werden, wie sich Erwägungsgrund 5 Satz 4 VO 1/2003 entnehmen lässt.[679] Als ungeschriebenes Tatbestandsmerkmal müsste die Darlegungs- und Beweislast

678 *Puffer-Mariette*, in: v. der Groeben/Schwarze/Hatje, Europäisches Unionsrecht, VO (EG) 1/2003 Art. 2 Rn. 7.

679 *Puffer-Mariette*, in: von der Groeben/Schwarze/Hatje, Europäisches Unionsrecht, VO (EG) 1/2003 Art. 2 Rn. 7.

für das Vorliegen der Voraussetzungen einer objektiven Rechtfertigung ebenfalls bei der Behörde bzw. bei der Partei liegen. Die Rechtsprechung ist diesbezüglich nicht eindeutig: Der Europäische Gerichtshof ließ es in dem einen Preismissbrauch betreffenden Fall Post Danmark genügen, dass „die durch das betreffende Verhalten möglicherweise eintretenden Effizienzvorteile *wahrscheinlich* negative Auswirkungen auf den Wettbewerb und die Interessen der Verbraucher auf den betroffenen Märkten aufwiegen".[680] Kommt also das Unternehmen seiner Darlegungspflicht nach, so trägt es hiernach nicht die Risiken eines non liquet.[681] Wiederum führte das Gericht in der Sache Microsoft aus, „dass zwar die Kommission die Beweislast für das Vorliegen von Umständen trägt, die einen Verstoß gegen Art. 102 AEUV darstellen, dass es jedoch dem betreffenden beherrschenden Unternehmen und nicht der Kommission obliegt, vor dem Ende des Verwaltungsverfahrens eine etwaige objektive Rechtfertigung anzuführen und sie mit Sachargumenten und Beweisen zu untermauern. Will die Kommission den Missbrauch einer beherrschenden Stellung feststellen, so muss sie sodann dartun, dass die Sachargumente und Beweise, auf die sich das genannte Unternehmen beruft, nicht durchgreifen und dass die angeführte Rechtfertigung damit keinen Erfolg haben kann."[682] Diese Darlegungs- und Beweislastverteilung stünde in einem Gleichauf zu dem in gewisser Weise vergleichbaren Art. 101 Absatz 3 AEUV. Jedenfalls bestünde selbst bei einer Beweislastverteilung zuungunsten der Behörde oder der Partei eine Obliegenheit des marktbeherrschenden Unternehmens, die entsprechenden Tatsachen vorzutragen, die eine objektive Rechtfertigung begründen sollen.[683] Beachtenswert ist in diesem Zusammenhang auch, dass Unternehmen womöglich über relevante Informationen verfügen und somit zur Offenlegung angehalten werden können.[684] Eine Auslegung, wie sie das Gericht in der Rechtssache Microsoft vorgenommen hat, steht zudem im Einklang mit den allgemeinen Beweislastregeln, wie sie die europäische Rechtsprechung für andere Rechtfertigungsgründe bereits praktiziert hat.[685] Die Kommission sieht ebenso die Pflicht bei dem marktbeherrschenden Unternehmen,

---

680 EuGH, Rs. C-209/10, ECLI:EU:C:2012:172 Rn. 42 – Post Danmark.

681 *Völcker*, in: Kamann/Ohlhoff, Kartellverfahren und Kartellprozess, § 12 Rn. 9.

682 EuG, Rs. T-201/04, ECLI:EU:T:2007:289 Rn. 1144 – Microsoft.; *Bardong*, in: MüKo-EuWettbR VO 1/2003 Art. 2 Rn. 13.

683 *Bardong*, in: MüKoEuWettbR VO 1/2003 Art. 2 Rn. 13.

684 *Puffer-Mariette*, in: von der Groeben/Schwarze/Hatje, Europäisches Unionsrecht, VO (EG) 1/2003 Art. 2 Rn. 2.

685 *Bardong*, in: MüKoEuWettbR VO 1/2003 Art. 2 Rn. 13.

„alle Beweise herbeizuschaffen, die notwendig sind“ zum Nachweis der objektiven Rechtfertigung einer Verhaltensweise.[686]

Für die Bewertung von Essential-Facilities-Fällen mit Bezug zu digitalen Plattformen sollte dem Zugangspetenten die Bürde auferlegt werden, die Unerlässlichkeit des Zugangs zu der Plattform bzw. dem Datenbestand zu beweisen, wobei die fehlende objektive Rechtfertigung zu vermuten ist, da der Zugangsinhaber eine angemessene Nutzungsgebühr zur Amortisierung erheben kann.

4. Rechtsfolge

Hat sich die Unerlässlichkeit des Zugangs zu einer Plattform oder ihrem Datenbestand für ein Tätigwerden am Markt herausgestellt und lässt sich die Verweigerung des Zugangs nicht nach obigem Schema rechtfertigen, so stellt sich die Frage, wie der Verstoß gegen das Verbot des Marktmachtmissbrauchs in Gestalt der Essential-Facilities-Doktrin abgestellt werden kann. Neben der Frage der technischen Umsetzung eines Zugangsanspruchs soll nunmehr auch ein Blick auf die Zugangsgewährung im Rahmen des Eilrechtsschutzes geworfen werden. Die bisweilen äußerst lange Verfahrensdauer würde sich gerade bei digitalen Sachverhalten als besonders schädlich erweisen, wenn in der Zwischenzeit der status quo beibehalten und verfestigt würde. Sachverhalte könnten sich so durch Zeitablauf erledigen oder Urteile durch sich stetig fortentwickelnde Geschäftsmodelle gegenstandslos werden.

a) Allgemeines

Das Kartellverfahrensrecht sieht eine Vielzahl von Möglichkeiten vor, wettbewerbswidrige Zustände abzustellen, Fehlverhalten zu sanktionieren oder Entscheidungen durchzusetzen. Dies ist insbesondere aufgrund des Systems der Legalausnahme notwendig geworden, nach dem aufgrund von Art. 1 Absatz 3 VO 1/2003 Zuwiderhandlungen gegen Art. 101, 102 AEUV ohne vorherige Entscheidung untersagt sind. Im Gegensatz zu Art. 101 Absatz 2 AEUV nennt Art. 102 AEUV allerdings keine Rechtsfolge. Daher treten neben die VO 1/2003 mit deren Abhilfemaßnahmen, Buß- und Zwangsgeldern auch etwaige Rechtsvorschriften des zuständigen Mitgliedsstaates.[687]

686 Kom., Mitteilung – Erläuterungen zu den Prioritäten der Kommission bei der Anwendung von Artikel 82 des EG-Vertrags auf Fälle von Behinderungsmissbrauch durch marktbeherrschende Unternehmen, ABl. 2009 C 45, 7, Rn. 31.

687 *Paal*, in: BeckOK Informations- und Medienrecht, Art. 102 AEUV Rn. 49.

Gemäß Art. 7 Absatz 1 VO 1/2003 stellt die Kommission zunächst einen Verstoß gegen Art. 102 AEUV fest und ordnet sodann die erforderlichen verhaltensorientierten oder strukturellen Abhilfemaßnahmen an. Gemäß Art. 23 Absatz 2 kann zudem eine Geldbuße angeordnet werden. Diese allgemein gehaltene Rechtsfolge ist der vielfältigen denkbaren Verstöße gegen das Verbot des marktmissbräuchlichen Verhaltens geschuldet. Bei der Anordnung der Abhilfemaßnahmen sind die Grundsätze der Bestimmtheit, Erforderlichkeit und Verhältnismäßigkeit zu wahren, sodass allgemein der weniger einschneidenden verhaltensorientierten Abhilfemaßnahme der Vorzug zu geben ist.[688] Verhaltensorientierte Maßnahmen knüpfen an die Art des Verstoßes an und geben dem marktbeherrschenden Unternehmen ein positives Tun oder Unterlassen auf, während strukturelle Abhilfemaßnahmen tiefgreifend in die Unternehmensführung eingreifen und bis zur Zerschlagung oder Abspaltung einzelner Geschäftsbereiche reichen können, weshalb diese nur selten verhältnismäßig sein dürften.[689] Die Inhaberschaft einer marktbeherrschenden Stellung ist als solche nicht wettbewerbswidrig, eine Bestandsgarantie ist bei der Findung der erforderlichen Abhilfemaßnahmen indes nicht zu beachten.[690] Die Einordnung der Gewährung eines Zugangs zu einer Netzinfrastruktur, Technologie oder im Speziellen einer Essential-Facility als verhaltensorientierte[691] oder strukturelle[692] Abhilfemaßnahme ist umstritten, im Ergebnis hier jedoch ohne Belang, da der Ausnahmecharakter einer Zugangsgewährung bereits aus den hohen tatbestandlichen Hürden hervorgeht.

b) Gewährleistung des Zugangs

Die Einordnung eines Verhaltens als marktmissbräuchlich nach der Essential-Facilities-Doktrin führt zunächst zu dem simplen Schluss, dass die Verhaltensweise durch Anordnung der Zugangsgewährung abzustellen ist. Die Art der Zugangsgewährung zu einer Essential-Facility hängt in diesem Falle von der Art des Zugangsobjektes und der Leistung ab, die der Zugangspetent anzubieten

---

688 *Ritter*, in: Immenga/Mestmäcker/ VO 1/2003 Art. 7 Rn. 36 ff.

689 *Breit*, in: von der Groeben/Schwarze/Hatje, Europäisches Unionsrecht, VO (EG) 1/2003 Art. 7 Rn. 13; *Anweiler*, in: Loewenheim/Meessen/Riesenkampff, Kartellrecht, VerfVO Art. 7 Rn. 57–59.

690 *Mestmäcker/Schweitzer*, Europäisches Wettbewerbsrecht, § 21 Rn. 38.

691 *Breit*, in: von der Groeben/Schwarze/Hatje, Europäisches Unionsrecht, VO (EG) 1/2003 Art. 7 Rn. 13.

692 *Ritter*, in: Immenga/Mestmäcker VO 1/2003 Art. 7 Rn. 48.

gedenkt. Handelt es sich bei dem Zugangsobjekt um einen Datenbestand, so bietet sich zum einen die unmittelbare Übergabe der Daten über einen Push-Ablauf an, wobei den Zugangsinhaber das Risiko des Kontrollverlusts über ‚seine' Daten, die Gewährleistung des reibungslosen Ablaufs und die Pflicht zur Mitteilung von Aktualisierungen trifft.[693] Demgegenüber kann der Zugang über Pull-Lösungen gewährt werden, indem die Daten entweder in Form eines Lesezugangs auf einer Website bereitgestellt oder in Form einer Schnittstelle übertragen werden, was dem Zugangspetenten eine schnellere Integration in seinen Datenbestand ermöglicht und somit die Weiterverarbeitung signifikant vereinfacht.[694]

Die einstweilige Anordnung im Fall hiQ Labs v. LinkedIn war lediglich darauf gerichtet, die technischen Barrieren abzustellen, welche die Durchsuchung von öffentlich zugänglichen Nutzerprofilen durch Screen Scraping verhinderten.[695] Hier bestünde kein Anlass, den Zugangspetenten besser zu stellen, ihm quasi die Arbeit noch zu erleichtern, indem eine Schnittstelle geschaffen würde. Das Geschäftsmodell des Zugangspetenten als Gegenstand des Essential-Facilities-Anspruchs kann allerdings von der Echtzeit-Datenübertragung abhängen, wenn beispielsweise die Echtzeit-Analyse von Trends oder (politischen) Stimmungen Gegenstand des Endprodukts/ der Dienstleistung sein soll. In diesem Fall ist die Zugangsgewährung von Echtzeitdaten über eine Programmierschnittstelle wie der Twitter Firehose vonnöten. Die Anordnung einer Push-Lösung ist wiederum auch dann angezeigt, wenn beispielsweise aus Gründen des Datenschutzes personenbezogene Daten nur anonymisiert oder pseudonymisiert weitergegeben werden dürfen, weil sich dieses als Notwendigkeit im Rahmen der Interessenabwägung ergibt, welche bei der zweckändernden Datenverarbeitung vorzunehmen ist (Art. 6 Absatz 4 lit. e DSGVO). Gemäß Art. 4 Nr. 2 DSGVO kann eine solche Verarbeitungshandlung auch in der Übermittlung liegen.

Der Fall der Twitter Firehose endete in einem Vergleich, aufgrund dessen ein auf ein Jahr verlängertes Zugangsrecht zu der Schnittstelle vereinbart wurde.[696] Dies kann als Indiz für einen tauglichen Kompromiss und somit eine taugliche potenzielle Abhilfemaßnahme gewertet werden. Der zeitlich begrenzte

---

693 *Louven*, NZKart 2018, 217, 222; *Telle*, in: Hennemann/Sattler (Hrsg.), Immaterialgüter und Digitalisierung, S. 73, 86.

694 *Graef*, Data as Essential Facility, S. 259; *Louven*, NZKart 2018, 217, 222; *Telle*, in: Hennemann/Sattler (Hrsg.), Immaterialgüter und Digitalisierung, S. 73, 86.

695 hiQ Labs, Inc. v. LinkedIn Corp., 3:17-CV-03301-EMC, slip op. at 1 (N.D. Cal. Aug. 14, 2017, Docket No. 23): Order gran-ting planintiff's motion for preliminary injunction., siehe dazu schon Abschnitt B.III.3.b)bb).

696 Siehe Abschnitt. A.II.4.c).

Zugangsanspruch fungiert als Starthilfe, die dem Zugangspetenten die Möglichkeit gibt, die kritische Masse an Nutzern zu überwinden oder auch unter Zeitdruck die Erforschung und Etablierung eines Substituts voranzutreiben.

Die flexible Konzeption kartellrechtlicher Eingriffsinstrumente stößt allerdings an einem Punkt an seine Grenzen: Der Zugangspetent muss den ungefähren Inhalt eines Datenbestandes kennen, um dementsprechend Ansprüche stellen zu können, da ein allgemeiner Auskunftsanspruch über den Inhalt exklusiver Datenbestände Unternehmen nicht zugemutet werden kann.[697]

Anders zu behandeln sind Konstellationen, in denen der Zugang zu einer Infrastruktur bzw. einem Intermediär begehrt wird. Hier obliegt dem zuständigen Entscheidungsträger eine quasi-regulatorische Aufgabe, zu definieren, welche Elemente der Geschäftstätigkeit als Unerlässlich zu begreifen sind. Am Beispiel einer marktbeherrschenden E-Commerce-Plattform wurde skizziert, dass sich aus seiner Doppelstellung als Konkurrent der Händler und Plattformbetreiber die Möglichkeit ergibt, durch umfassende Datenauswertung der Produktseiten und Transaktionen der auf der Plattform tätigen Händler diesen gegenüber einen signifikanten Vorteil zu erlangen. „Unerlässlich" für ein Tätigwerden am Markt wäre ein Zugang zu der E-Commerce-Plattform aufgrund dessen Vertragsverhältnisse mit den Kunden angebahnt und abgewickelt werden können, wofür der Plattformbetreiber im Gegenzug die entsprechenden Gebühren erhebt. Die Sammlung, Speicherung und Analyse von Daten würde sich auf das für die Vertragsdurchführung notwendige beschränken, also insbesondere Verkaufszahlen als Grundlage zur Berechnung der Gebühren oder Kundenadressen für die Abwicklung des Produktversands. Ob darüber hinaus Daten verarbeitet werden dürften, beispielsweise über Aufrufe von Produktseiten, wäre Gegenstand einer gesonderten – vergütungspflichtigen – Vereinbarung, wobei eine Vergütung entgeltlich oder durch Bereitstellung von Datenanalysen erfolgen könnte. Denkbar wäre zudem eine Opt-Out-Lösung, aufgrund derer das Sammeln von für die Vertragsdurchführung zwischen Plattform und Händler nicht benötigten Daten untersagt wird. Hierbei bestünde bei einem unzureichenden Verhandlungsgleichgewicht im betreffenden Händlersegment die Gefahr, dass die Händler keine ausreichende Wahlfreiheit hätten, wenn ihr Geschäftsmodell durch hohe Gebühren unrentabel würde.

Löste man den Fall Google Shopping nach der Essential-Facilities-Doktrin, so käme man zu dem Schluss, dass ein Suchindex nicht auf Kriterien basieren dürfte, die einen Dienst allein deswegen bevorzugen, weil sie aus ‚eigenem

---

697 *Spindler*, DB 2018, 41, 43.

Hause‘ stammen. Dem Nutzer könnte im Wege von Opt-In- oder Opt-Out-Lösungen[698] die Möglichkeit gegeben werden, zu entscheiden, ob sie der Produktpalette des Plattformbetreibers den Vorzug bei der Suche geben wollen. Eine generelle Offenlegung der Arbeitsweise des Query-Prozessors würde allerdings dazu, dass Online-Inhalte primär anhand der Funktionsweisen der Suchalgorithmen gestaltet werden, um Reichweite zu generieren.[699]

c) Der Zeitfaktor in der Kartellrechtsdurchsetzung

aa) Vorzüge des einstweiligen Rechtsschutzes

Nicht zuletzt das Mammutverfahren gegen Microsoft und die Verfahren gegen einzelne Google-Dienste veranlassen Stimmen in der Literatur zu einer Form der Resignation, welche bei der Wahl solcher Titel wie „Brauchen wir das Kartellrecht noch?“[700] oder „Analoges Kartellrecht für digitale Märkte“[701] mitschwingt. Beide heben hervor, dass der Zeitfaktor für ein kartellrechtliches (Nicht-) Einschreiten höchst bedeutsam ist. Gründe für die teils überlangen Verfahren sind neben der Fülle an zu sichtendem Material auch die Notwendigkeit der Einhaltung der Verfahrensrechte sowie schlimmstenfalls die mangelnde Kooperationsbereitschaft der Parteien oder von diesen betriebene Verzögerungstaktiken.[702]

In einer derart schnelllebigen Branche wie der digitalen Ökonomie ist die Gefahr im Besonderen gegeben, dass sich tausende Seiten von Stellungnahmen, Gutachten und Schriftsätzen durch Zeitablauf erledigen, etwa weil eine disruptive Innovation die Notwendigkeit eines Datenzugangsrechts obsolet werden ließ. Dieses Eingeständnis gäbe Wasser auf die Mühlen derer, die grundsätzlich von Interventionen im digitalen Umfeld abraten, denn die ‚Erledigung durch Disruption‘ könnte als Bestätigung angesehen werden, dass ein kartellrechtliches Verfahren von vornherein entbehrlich gewesen sei. Doch ist das Aufkommen einer disruptiven Technologie und deren tatsächliche Durchsetzung am Markt kaum prognostizierbar und über den womöglich hiermit einhergehenden, nachteiligen Marktstrukturwandel sind ebenfalls keine zuverlässigen Prognosen zu treffen.

Deshalb ist es zwingend erforderlich, über das Hauptsacheverfahren hinaus in einem zeitlich überschaubaren Rahmen handeln zu können. Als Vehikel

---

698 *Weidt*, WuW 2016, 164, 169.
699 *Körber*, WRP 2012, 761, 772.
700 *Jaeger*, WuW 2015, 702.
701 *Körber*, WuW 2015, 120.
702 *Kadar*, ZWeR 2015, 342, 358.

können die Maßnahmen des einstweiligen Rechtsschutzes der Mitgliedsstaaten oder die Befugnisse der Kommission dienen. Gemäß Art. 8 Absatz 1 VO 1/2003 kann die Kommission in dringenden Fällen eine Feststellung der Zuwiderhandlung prima facie treffen und sodann einstweilige Maßnahmen anordnen, wenn die „Gefahr eines ernsten, nicht wiedergutzumachenden Schadens für den Wettbewerb besteht". Notwendig ist die Feststellung eines Verstoßes gegen Art. 101, 102 AEUV nach summarischer Prüfung und zudem die hinreichende Wahrscheinlichkeit eines ernsten, nicht wieder gut zu machenden Schadens für den Wettbewerb (und eben nicht nur den Wettbewerber), wobei die angeordnete Maßnahme verhältnismäßig, zeitlich beschränkt und auf Erhalt des status quo gerichtet sein muss.[703] Denkbare temporäre Abhilfemaßnahmen können auch die Beseitigung einer Lieferverweigerungen per einstweiliger Anordnung bzw. die Erteilung von Zwangslizenzen sein.[704]

Wie kann eine verhältnismäßige einstweilige Anordnung getroffen werden, die eine Marktsituation nicht endgültig und abschließend steuert wie eine Entscheidung in der Hauptsache, und wie kann dies praktisch umgesetzt werden?

bb) Einstweilige Maßnahmen

Bei der Entscheidung über das ‚Ob' und das ‚Wie' einer einstweiligen Maßnahme, sei es auf nationalem oder europäischem Wege, ist die zutreffende Erfassung des Zugangsobjektes und der dahinterstehenden Datenverarbeitungsprozesse elementar. Hier soll der Fokus auf eine Anordnung gemäß Art. 8 VO 1/2003 gerichtet werden. Die folgenden Erwägungen sollten sinngemäß auf einstweilige Maßnahmen nach § 32 a GWB oder §§ 935, 940 ZPO am Beispiel des deutschen nationalen Rechts übertragbar sein.

Auf der Tatbestandsebene muss prima facie ein Verstoß gegen Art. 102 AEUV festgestellt werden. Dabei ist zu beachten, dass der Sachverhalt von der Kommission rechtlich umfassend zu prüfen und zu bewerten ist, aber im Interesse eines zügigen Verfahrensablaufs keine umfassende Aufklärungsarbeit zu leisten ist.[705] Ernsthafte Zweifel an der Vereinbarkeit mit Art. 102 AEUV genügen im Gegensatz zum Erfordernis der Gewissheit im Rahmen der abschließenden Entscheidung.[706] Außerdem muss mit hinreichender Wahrscheinlichkeit ein nicht

---

703 *Ritter*, in: Immenga/Mestmäcker/ VO 1/2003 Art. 8 Rn. 4–7.

704 *Sauter*, in: Dauses/Ludwigs EU-WirtschaftsR-HdB, H. I. § 5, Rn. 41.

705 *Breit*, in: von der Groeben/Schwarze/Hatje, Europäisches Unionsrecht, VO (EG) 1/2003 Art. 8 Rn. 6.

706 EuG, Rs. T-23/90 ECLI:EU:T:1990:31 Rn. 61, 63 – Peugeot; *Anweiler*, in: Loewenheim/ Meessen/Riesenkampff, Kartellrecht, VerfVO Art. 8 Rn. 10.

mehr behebbarer Schaden für den Wettbewerb drohen; einzelne Wettbewerber sind auf den nationalen Rechtsweg und gegebenenfalls auf die Geltendmachung von Schadensersatzansprüchen zu verweisen.[707]

Die außergewöhnlichen Umstände, die einen Anwendungsfall der Essential-Facilities-Doktrin begründen, indizieren auch für eine ausreichende Gefahrprognose für den Wettbewerb. Die digitale Ökonomie ist aufgrund ihrer Konzentrations- und Monopolisierungstendenzen besonders exponiert, denn marktbeherrschende Stellungen neigen in besonderem Maße dazu, sich ohne größere Neuinvestitionen ab einem gewissen Punkt selbst zu verstärken. Über die Demarkationslinie der Marktabgrenzungsprüfung hinaus werden zudem umfassende Datenpools geschaffen. Wenn auf wettbewerbsrechtswidriger Basis Marktmacht und Datenmacht auf den äußerst konvergenten Märkten verstärkt würde, könnte eine später ergehende abschließende Entscheidung maximal Schäden auf dem abgegrenzten Markt beheben. Streng genommen müsste die abschließende Entscheidung ähnlich einer kartellrechtlichen *fruit of the poisonous tree doctrine* zu einer strukturellen Abhilfemaßnahme bis hin zu einer Entflechtungsanordnung reichen. Auch wenn aus Gründen der Verhältnismäßigkeit eine Entflechtungsanordnung in den allermeisten Fällen nicht ernsthaft zur Debatte stehen dürfte, so zeigt diese Kontrollüberlegung die Notwendigkeit einer zeitigen Intervention zur Sicherung des status quo angesichts der tiefgreifenden Veränderungen, die sich in kurzer Zeit über die künstlich gezogenen Grenzen der kartellrechtlichen Märkte ergeben können.

Die Anordnung einer einstweiligen Maßnahme in Essential-Facilities-Fällen hängt in Konstellationen, die einen begehrten Datenbestand betreffen, davon ab, welche Form der Datenverarbeitung als Input für die Leistung des Petenten dienen soll und wie sein Geschäftsmodell ausgestaltet ist. Die einstweilige Maßnahme erscheint besonders dann verhältnismäßig und erweckt weniger den Verdacht, die abschließende Entscheidung unzulässig vorwegzunehmen, wenn sie den Zugang zu einem Datenbestand anordnet, welcher sich ständig aktualisiert, wenn die Aktualität für den Zugangspetenten von Bedeutung ist. Stellt sich die prima facie Einschätzung als fehlerhaft heraus, kann ex nunc die weitere Verwertung sinnvoll unterbunden werden, da die bisher gesammelten Daten mit der Zeit an Wert verlieren. Basiert das Geschäftsmodell des Zugangspetenten darauf, lernende Algorithmen mit einem Datenbestand zu ‚schulen', so sollten die technischen Möglichkeiten eruiert werden, einen status quo der Leistungsfähigkeit vor der Zugangsgewährung zu determinieren. Spezialisierte

707 *Ritter*, in: Immenga/Mestmäcker/ VO 1/2003 Art. 8 Rn. 6.

Überwachungstreuhänder[708] könnten im Rahmen eines Ermessensspielraumes, Leistungsparameter bestimmen, um die Algorithmen bei negativer abschließender Entscheidung in einen Zustand zu versetzen, welchen sie hypothetisch auch ohne den begehrten Datenzugang hätten erreichen können.

cc) Einsatzmöglichkeiten für Überwachungstreuhänder

Der bei digitalen Sachverhalten eminent bedeutsame Zeitfaktor und die Notwendigkeit hochtechnisierte Sachverhalte mit den Mitteln des Rechts angemessen zu behandeln, verkörpert eine der zentralen Schwierigkeiten, die einer wirksamen Intervention entgegenstehen. Deswegen sollte der Einsatz von Überwachungstreuhändern erwogen werden, um die Wettbewerbshüter zu entlasten und die technische Umsetzung einer einstweiligen Maßnahme oder Entscheidung vermehrt technisch spezialisierten Unternehmen zu überantworten. Die Einsetzung von Überwachungstreuhändern stellt ein gängiges Mittel der Fusionskontrollpraxis dar, um die Einhaltung der von den Parteien gegebenen Verhaltenszusagen zu überwachen, welche etwaige Bedenken der Kommission gegen die Fusion beseitigen sollen.[709] Überwachungstreuhänder fungieren als „Augen und Ohren" oder gar als „verlängerter Arm" der Kommission und übernehmen weisungsabhängig von der Kommission verschiedene Aufgaben, wie die Überwachung der Werterhaltung des Veräußerungsgegenstandes oder der selbständigen Führung des Unternehmens während der Übergangsphase.[710] Daneben übernehmen sie in Unternehmenstransaktionen auch IT-bezogene Überwachungsmaßnahmen, wie die Durchführung von Ring-Fencing-Maßnahmen, aufgrund derer der Informationsaustausch zwischen dem zu veräußernden und dem verbleibenden Geschäft verhindert wird.[711]

Im Fall Microsoft wollte die Kommission auf Vorschlag von Microsoft einen Überwachungstreuhänder einschalten, der die Überwachung der angeordneten Abhilfemaßnahmen übernehmen und hierfür uneingeschränkten Zugang zu Microsofts Quellcodes, Unterlagen und Mitarbeiter erhalten sollte.[712] Dabei handele die Kommission nach Auffassung des Gerichts jedenfalls dann im Rahmen ihrer Befugnisse, wenn sie sich von einem externen Sachverständigen

---

708 Dazu sogleich unter Abschnitt B.III.4.c)cc).

709 *Siegert*, in: von der Groeben/Schwarze/Hatje, Europäisches Unionsrecht, VO (EG) 139/2004 Art. 8 Rn. 29.

710 *Körber*, in: Immenga/Mestmäcker FKVO Art. 8 Rn. 169, 181.

711 *Nothelfer*, NZKart 2018, 180.

712 EuG, Rs. T-201/04, ECLI:EU:T:2007:289 Rn. 1266–1268 – Microsoft.

beraten und ihm Informationen und Dokumente zukommen lässt. In diesem Fall überstiegen die angedachten Kompetenzen jedoch den zulässigen Rahmen, da über die bloße Berichterstattung hinaus ein unabhängiges Tätigwerden des Überwachungstreuhänders auf Initiative Dritter ohne zeitliche Beschränkung ermöglicht werden sollte. Die Überwachungsbefugnis erfasste ferner künftige Produktgenerationen, wobei Microsoft zur Tragung der gesamten Kosten verpflichtet sein sollte.[713] Somit setzte das Gericht für die Bestellung eines Überwachungstreuhänders insbesondere Grenzen bezüglich der umfassenden Kostentragung sowie die Übertragung von eigenen Untersuchungsbefugnissen bei Gewährung einer unabhängigen Stellung.[714] Der Überwachungstreuhänder, der auch zur Überwachung von Verpflichtungszusagen gemäß Art. 9 VO 1/2003 und Abhilfemaßnahmen gemäß Art. 7 VO 1/2003 eingeschaltet werden kann, ist nach Auffassung der Kommission mittlerweile im Wesentlichen auf ein Vorschlagsrecht restringiert, was als Reaktion auf das Microsoft-Urteil interpretiert werden kann.[715]

Wenn die Rahmenbedingungen zur Etablierung von Überwachungstreuhändern in Bezug auf ihre fachliche Eignung und Abhängigkeit gewährleistet sind, ist es allerdings zwingend erforderlich, ihnen die Befugnis zu erteilen, die Vorgaben der Kommission in technischer Hinsicht umzusetzen, wofür ihnen beschränkte Untersuchungs- und Anordnungsbefugnisse zugestanden werden müssen. Diese Notwendigkeit lässt für die technisch hoch komplexen Umsetzungsmaßnahmen einer abschließenden Entscheidung, aber insbesondere für die hier vorgeschlagene, verstärkte Anwendung der einstweiligen Maßnahmen auf europäischer Ebene nach Art. 8 VO 1/2003 feststellen. Genauso kann ein Rückgriff auf Überwachungstreuhänder im Wege des nationalen Eilrechtsschutzes erfolgen. Insbesondere dient diese Ausdehnung der Befugnisse der Vermeidung zeitaufwändiger Konsultationsprozesse, die sich aus dem Wechselspiel aus Informationsaustausch und Vorschlagsübermittlung zwischen Treuhänder und Kommission ergäben. Im Falle einer einstweiligen Anordnung bestünde zudem insoweit kein Konflikt mit den Vorgaben der Microsoft-Entscheidung des Gerichts, als dass die Maßnahmen zeitlich begrenzt sind bis spätestens[716]

---

713 EuG, Rs. T-201/04, ECLI:EU:T:2007:289 Rn. 1269–1271 – Microsoft.

714 EuG, Rs. T-201/04, ECLI:EU:T:2007:289 Rn. 1269–1271 – Microsoft; *Anweiler*, in: Loewenheim/Meessen/Riesenkampff, Kartellrecht, VerfVO Art. 7 Rn. 55; *Weitbrecht/Mühle*, EuZW 2008, 551, 556.

715 Kom., Mitteilung 2008/C 267/01 über zulässige Abhilfemaßnahmen, Rn. 118; *Nothelfer*, NZKart 2018, 180, 184.

716 *Ritter*, in: Immenga/Mestmäcker VO 1/2003 Art. 8 Rn. 7.

zum Erlass der Hauptsacheentscheidung. Die Frage der Kostentragung kann an dieser Stelle offen bleiben, eine anteilige Kostentragung durch das beklagte Unternehmen erschiene vor dem Hintergrund nicht unbillig, dass ein Überwachungstreuhänder im Rahmen von Art. 8 VO 1/2003 wesentlich zum Schutze dieses Unternehmens tätig wird, indem es den status quo absichert und auch sonst eine zu weitreichende Ausbeutung des Zugangsrechts in technischer Hinsicht verhindert. Anders mag dies bei der Einsetzung zur Umsetzung einer abschließenden Entscheidung aussehen.

C. Abstimmung des Datenschutzrechts und Kartellrechts für digitale Sachverhalte

Die damalige SPD-Vorsitzende Andrea Nahles bemängelte in einem Gastbeitrag für das Handelsblatt vom 13.08.2018[717] die Chancenlosigkeit der meisten Start-ups, sich auf den digitalen Märkten gegen die „Internetsupermächte" zu behaupten, da diese entweder gegen deren Datenvorsprung nicht ankämen, und, wenn sie ausnahmsweise doch dazu imstande sind, sie früher oder später von diesen ohnehin geschluckt würden. Abhilfe für die Überwindung des Datenvorsprungs als Markteintrittshindernis solle ein „Daten-für-alle"-Gesetz bieten: Überschreitet ein Unternehmen für einen bestimmten Zeitraum eine Marktanteilsschwelle, entsteht die Verpflichtung, einen anonymisierten, repräsentativen Teil seines Datenschatzes öffentlich zu teilen. Damit verbindet sie die Hoffnung auf einen verstärkten Wettbewerbsdruck, wobei sie auf die Erfolge dieses Mechanismus in der Pharmaindustrie verweist. In dem anschließenden Positionspapier „Digitaler Fortschritt durch ein Daten-für-alle-Gesetz" forderte *Nahles* die gesetzliche Festlegung der Anwendungsbereiche für eine Datenteilungspflicht: So sollen marktbeherrschende Unternehmen zur Datenteilung innerhalb der gesetzlich definierten Anwendungsbereiche verpflichtet werden, in denen sie selbst tätig sind, also beispielsweise im Bereich „Suchmaschine".[718]

Die Idee, einen Technikvorsprung durch Datenvorsprung mittels einer Pflicht zur Datenteilung zu überwinden, wurde bereits von *Argenton/Prüfer* ins Spiel gebracht. Sie sehen die Notwendigkeit der Verpflichtung aller Suchmaschinenbetreiber, sich gegenseitig anonymisierte Suchdaten zur Verfügung zu stellen, sodass der uneinholbare Vorsprung aufgrund der Suchhistorie nivelliert und die Fortentwicklung der Algorithmen ermöglicht werde.[719]

Auch mag man in dem Vorschlag eine radikale Umsetzung der im vorherigen Teil analysierten Essential-Facilities-Doktrin sehen. Den wesentlichen Anreiz

---

717 *Nahles*, Die Tech-Riesen des Silicon Valleys gefährden den fairen Wettbewerb, handelsblatt.com/meinung/gastbeitraege/gastkommentar-die-tech-riesen-des-silicon-valleys-gefaehrden-den-fairen-wettbewerb/22900656.html, zuletzt abgerufen am: 11.01.2019

718 *Nahles*, Digitaler Fortschritt durch ein Daten-für-Alle-Gesetz, *spd.de/fileadmin/Dokumente/Sonstiges/Daten_fuer_Alle.pdf*, zuletzt abgerufen am 15.05.2019.

719 *Argenton/Prüfer*, Journal of Competition Law and Economics 8, 2012 (1), 73, 91, siehe dazu B.III.3.b)aa)(1).

zur ständigen Innovationstätigkeit bildet aber das Vertrauen in das grundsätzliche Recht, auf einem einmal erarbeiteten Wettbewerbsvorteil aufbauen zu dürfen. In dem hier diskutierten Lösungsansatz ändert sich daran nichts. Das „Daten-für-alle“-Gesetz sanktioniert dagegen unterschiedslos erfolgreiche Unternehmen und verhält sich im Widerspruch zur Konzeption des Marktmissbrauchsverbots, das gerade nicht die Inhaberschaft einer marktbeherrschenden Stellung sanktioniert, sondern den Inhabern lediglich besondere Verhaltenspflichten auferlegt. Der Regulierungsvorschlag schließt außerdem weder aus, dass Unternehmen für ein wirtschaftlich sinnvolles Verhalten in einem funktionierenden Wettbewerbsumfeld sanktioniert werden, noch berücksichtigt er die Ambivalenz der Monopolisierung als potenziell innovationsfördernd.[720] Letztlich ist auch der Wert der geteilten Daten für die beziehenden Unternehmen – zu denen auch die sogenannte „Internetsupermächte“ gehören würden – zweifelhaft, da die Zusammenstellung des repräsentativen Datenschatzes Aufgabe des jeweiligen Unternehmens wäre und durch die Anonymisierung viele Geschäftsmodelle von diesen Daten gar nicht profitieren könnten.[721] Eine gesetzliche Festlegung der zu vergesellschaftenden Datensätze anhand der aktuellen Tätigkeitsfelder liefe dem Zweck der Innovationsförderung zuwider, da hierdurch bereits starre Innovationspfade vorgebeben werden. Auch sind die Gesamtdatenbestände der betroffenen Unternehmen nur näherungsweise anhand der öffentlich bekannten Tätigkeiten zu bestimmen, sodass Verknüpfungen von Datensätzen oder Daten aus Drittquellen kaum zu erfassen sind.[722]

Die Anregung eines „Daten-für-alle“-Gesetzes veranschaulicht auch das Spannungsverhältnis zwischen Kartellrecht als Instrument des Wettbewerbsschutzes und Datenschutz, welches im Kontext der Zugangsansprüche Gegenstand dieses Teils sein soll. Aus wettbewerbspolitischer Sicht wünschenswert ist eine weitreichende Verfügbarkeit von Datenbeständen, während der Datenschutz das Interesse an einer sicheren und kontrollierten Datenweitergabe gewährleisten soll. Der Diskussionsbeitrag vermittelt den Eindruck, einer weitreichenden und ambitionierten Intervention, doch klammert er (bewusst?) die entscheidende Frage nach dem Stellenwert des Datenschutzes aus, indem die Verpflichtung ohne weitere Begründung auf anonymisierte Daten beschränkt und somit der Mehrwert für andere Unternehmen sinkt. Zweifellos enthielte eine solche Diskussion politischen Zündstoff, zumal die Datenschutzgrundverordnung um ihre

720 Vgl. *Louven*, ZWeR 2019, 154, 183.

721 Zur Kritik vgl. auch *Schmidt*, WuW 2018, 549.

722 *Louven*, ZWeR 2019, 154, 183.

Akzeptanz in der Bevölkerung ringt. Hierbei vergegenwärtige man nur an die Reaktion auf die aufgeworfenen Fragen bezüglich der Pseudonymisierung von Klingelschildern.[723]

Den Rahmen der folgenden Analyse bildet die Frage nach der richtigen Justierung des Verhältnisses zwischen Kartellrecht und Datenschutzrecht in dem Rahmen, den die Frage nach der Möglichkeit eines kartellrechtlich begründeten Zugangsanspruchs steckt. Diese Frage kann freilich nicht abschließend beantwortet werden, doch zeigt sich, dass sich beide Rechtsmaterien nicht wie konzentrische Kreise zueinander verhalten und sie sich in zukünftigen digitalen Konfliktsituationen weiter verzahnen.

I. Stand der Diskussion

Die Schwierigkeit, die Regelungssysteme des Kartellrechts und des Datenschutzrechts in Einklang zu bringen, folgt bereits aus den unterschiedlichen Zweckrichtungen der beiden Rechtsmaterien. Den ersten großen Meilenstein der deutschen nationalen Datenschutzentwicklung stellte das Volkszählungsurteil[724] des Bundesverfassungsgerichts dar, in dem jedem Bürger ein Recht auf informationelle Selbstbestimmung zugebilligt wurde, das ihm erlaubt, über die Preisgabe und Verwendung seiner persönlichen Daten zu disponieren. Diese Ausprägung des allgemeinen Persönlichkeitsrechts und des Rechts auf Privatsphäre sind zudem verschiedentlich europarechtlich verankert; hierfür sind insbesondere die Grundrechte aus Art. 7,8 GrCh sowie das Datenschutzrecht aus Art. 16 Absatz 1 AEUV zu nennen.[725]

In aller Kürze ist als Schutzgut des Kartellrechts der Wettbewerb als Entdeckungsverfahren auszumachen, wobei als relevante Parameter die Marktstruktur – mit besonderem Fokus aus die Bestreitbarkeit von Märkten –, das Marktverhalten sowie die Marktergebnisse – seien es die Entwicklung neuer Produkte oder Preissenkungen – zu identifizieren sind.[726] Art. 102 AEUV verfolgt in diesem Gefüge den Zweck, den durch eine marktbeherrschende Stellung geschwächten Restwettbewerb in seinem Bestand zu schützen, wobei auch die

---

723 *Strathmann*, Kommentar zur DSGVO-Posse: Klingelschilder sind die neuen Gurken, *heise.de/-4197173*, zuletzt abgerufen am 13.01.2019.

724 BVerfG, Urt. v. 15.12.1983 – 1 BvR 209/83, 1 BvR 484/83, 1 BvR 440/83, 1 BvR 420/83, 1 BvR 362/83, 1 BvR 269/83 (Volkszählungsurteil), NJW 1984, 419.

725 *Gola*, DS-GVO, Einleitung, Rn. 1–5; *Schneider*, Datenschutz, S. 17 f.

726 *Meessen/Kersting*, in: Loewenheim/Meessen/Riesenkampff, Kartellrecht, Einführung Rn. 7–11.

Schädigung von Verbrauchern und Handelspartnern verhindert werden soll, da mit dem Wegfall zwingender Konkurrenzverhältnisse der Anreiz für marktbeherrschende Unternehmen besteht, ihre Stellung ohne signifikante neue Initiativen und Investitionen zu konsolidieren.[727]

Die Zielsetzungen beider Materien überschneiden sich dennoch in gewisser Weise, denn vor allem durch den „more economic approach" der Kommission findet eine stärkere Gewichtung des Verbraucherwohls bei der kartellrechtlichen Fallbearbeitung Einzug, sodass trotz unterschiedlicher Grundansätze der Schutz von Verbraucherinteressen eine gewichtige Zielsetzung darstellen.[728]

Die Digitalisierung der Geschäftsmodelle und der Plattformökonomie haben dazu geführt, dass beide Regelungsmaterien vermehrt aufeinandertreffen, wobei insbesondere die durch Erwägungen der Datenakquise getriebenen Fusionen von Unternehmen der digitalen Ökonomie Teil dieses übergeordneten Konflikts wurden.

Die Rechtsprechung und die Kommissionspraxis gingen bisher von einer klaren Trennung der beiden Regelungsbereiche aus. Den Ausgangspunkt bildete die Rechtssache ASNEF-EQUIFAX, welche die Vereinbarkeit eines entgeltlichen Kreditinformationsregisters mit dem Kartellverbot zum Gegenstand hatte. Hier stellte der Europäische Gerichtshof klar, dass die Zulässigkeit des Austauschs personenbezogener Daten nach dem Datenschutzrecht und somit nicht wettbewerbsrechtlich zu beurteilen sei.[729] In der Fusionskontrollentscheidung Google/DoubleClick übte sich die Kommission ebenfalls in datenschutzrechtlicher Zurückhaltung, indem sie es bei der Selbstverständlichkeit beließ, dass das Unternehmen den datenschutzrechtlichen Regelungsrahmen achten müsse.[730] Auch die für sich genommen keinen Datenschutzverstoß begründende Datenkonzentration innerhalb eines Unternehmens durch eine Fusion, die dennoch kritisch zu beäugen ist, wurde durch die Kommission in Facebook/WhatsApp dem Regelungsregime des Datenschutzes überantwortet.[731]

---

727 EuGH C-6/72, Slg. 1973, 215, ECLI:EU:C:1973:22 Rn. 26 – Continental Can; EuGH C-85/76, Slg. 1979, 461, ECLI:EU:C:1979:36, Rn. 125 – Hoffmann-La Roche; *Jung*, in: Grabitz/Hilf/Nettesheim, Das Recht der Europäischen Union, AEUV Art. 102 Rn. 1–3.

728 *Kamann/Miller*, NZKart 2016, 405, 407 f.

729 EuGH, Rs. C-238/05, ECLI:EU:C:2006:734 Rn. 63 – Asnef-Equifax.

730 Kom., Beschluss vom 11.3.2008, COMP/M.4731, Rn. 368 – Google/DoubleClick.

731 Kom., Beschluss vom 03.10.2014, COMP/M.7217, C(2014) 7239 final, Rn. 164 – Facebook/Whatsapp.

II. Notwendigkeit einer stärkeren Verzahnung

Die bisherige Fallpraxis und diverse Autoren stehen einer stärkeren Verzahnung der beiden Rechtsmaterien gewiss kritisch gegenüber. Einen gesetzgeberischen Ausgangspunkt mag man aber bereits in Art. 8 und 51 GrCh erkennen, die alle Unionsorgane verpflichten, den Datenschutz im Rahmen ihrer Zuständigkeit voranzutreiben.[732] Daraus kann die Schlussfolgerung gezogen werden, dass Aspekte des Datenschutzes bei Anordnungen, materiell-rechtlichen Prüfungen oder allgemeiner bei der Ausfüllung unbestimmter Rechtsbegriffe als Erwägungsgrund der Wettbewerbsbehörden herangezogen werden könnten.[733]

Selbstverständlich bedarf es auch einer Klärung, was unter einer stärkeren Verzahnung im Einzelnen zu verstehen sein dürfte.[734] Das Recht auf Datenübertragbarkeit, Art. 20 DSGVO, mit seiner klaren wettbewerbspolitischen Schutzrichtung zeigt, dass ein solcher Prozess bereits im Gange ist.[735] Gleichfalls besteht ein erhöhter Bedarf an Kompromisslösungen für vermehrt auftretende Konflikte, wenn die Zielrichtungen im Einzelfall gegenläufig sind. Diese Konflikte treten wegen der zunehmend datenorientierten strategischen Ausrichtung und der Marketingstrategie zahlreicher Unternehmen vermehrt auf, sodass ein wettbewerbsrechtlicher Ansatz notwendig wird.[736]

Die Suche nach wettbewerbsrechtlichen Lösungen wird aufgrund der aktuellen Entwicklungen auf digitalen Plattformmärkten herausgefordert, die es vielen Anbietern ermöglicht, aufgrund von Netzwerkeffekten oder kostenlosen Angeboten Aspekte der Privatsphäre auszuklammern – diese würden aller Wahrscheinlichkeit nach eher die Konkurrenzfähigkeit schwächen.[737] Wiederum werfen *Dewenter/Lüth* die These in den Raum, dass Monopolunternehmen gar besser in der Lage wären, ein hohes Datenschutzniveau zu gewährleisten, da diese geneigt wären, Datenbestände nach außen abzuschirmen.[738] Dies stünde jedoch diametral entgegengesetzt zur gängigen wettbewerbspolitischen Zielsetzung. Hier zeigt sich im Besonderen die Notwendigkeit eines Ausgleichs

732 *Jarass*, Charta der Grundrechte der Europäischen Union, Art. 8, Rn. 10.

733 Vgl. *Holzweber*, NZKart 2016, 104, 108.

734 Den Begriff der „Verzahnung" wählend *Kamann/Miller*, NZKart 2016, 405.

735 Dazu sogleich unter C.III.

736 *Podszun/de Toma*, NJW 2016, 2987, 2994.

737 Vgl. *Colangelo/Maggiolino*, Journal of European Competition Law & Practice 8, 2017 (6), 363, 366.

738 Vgl. *Dewenter/Lüth*, in: Ulrich Immenga, Torsten Körber (Hrsg.), Daten und Wettbewerb in der digitalen Ökonomie, S. 9, 17.

beider Materien. Mit dem Fehlen leistungsstarker Alternativen in vielen digitalen Dienstleistungsbereichen geht auch ein Verhandlungsnachteil der einzelnen Nutzer einher, die den Umfang der von ihnen generierten Daten, die verschiedenen Bezugsquellen und den Wert ihrer Verwertung zudem meist nicht genau kennen.[739] Im Übrigen haben Missbrauch, eine zweckwidrige Verwendung oder im Gegensatz dazu eine verbesserte Datenschutzpolitik des Plattformbetreibers keine unmittelbar spürbaren Auswirkungen auf den Nutzer, sodass sie Datenschutz als qualitativen Parameter aufgrund mangelnden ‚Leidensdrucks' nicht hoch gewichten. Die datenschutz- und vertragsrechtliche Kontrolle der Vertragsbedingungen vermag das Datenschutzniveau insoweit zu erhöhen, als dass eine intransparente oder unangemessene Datenerhebung und -verarbeitung unterbunden werden kann. Sind die Einwilligungen hiernach nicht zu beanstanden, können wettbewerbsrechtliche Mechanismen eine „rationale Apathie der Nutzer" adressieren, welche sich in einem allzu sorglosen Umgang mit der Weitergabe personenbezogener Daten niederschlägt – trotz mehrheitlich artikulierter Besorgnis bezüglich etwaiger Datenschutzlücken in der Digitalwirtschaft.[740]

Umgekehrt kann ein allzu strikter Datenschutz eine Marktzutrittsschranke darstellen und die Souveränität des Nutzers untergraben, der sich im Grundsatz bewusst ist, dass viele Geschäftsmodelle auf einem Austausch kostenloser Leistungen gegen Daten beruhen – auch hier sind passende wettbewerbsrechtliche Konzepte zu suchen.

Ein direktes Aufeinandertreffen beider Rechtsmaterien findet in der Diskussion statt, ob ein Kartellrechtsverstoß datenschutzrechtlich legitimiert sein kann, oder ob vice versa eine Datenverarbeitung aufgrund einer kartellrechtlichen Intervention gerechtfertigt sein kann.

Besondere Vorsicht ist bei der erstgenannten Konstellation geboten, denn das kartellrechtliche Mandat ist ein wettbewerbliches. Bisweilen wird die Notwendigkeit gesehen, aufgrund von Art. 3 Absatz 3 EUV umwelt- und sozialpolitische Aspekte zum Gegenstand der wettbewerbsrechtlichen Analyse werden zu lassen, was sich über seinen Grundrechtsstatus auch auf den Datenschutz übertragen ließe.[741] Zwar könnten solche datenschutzrechtlichen Belange nicht als Abwehranspruch oder causa einer Zerschlagung fungieren, doch wären sie hiernach in der Lage, als Abwägungsfaktor einer Freistellungsentscheidung zu dienen.[742]

---

739 *Weber*, ZWeR 2014, 169, 175.

740 *Paal*, in: Körber/Kühling, Regulierung – Wettbewerb – Innovation, S. 143, 161.

741 *Frenz*, EWS 2014, 193.

742 *Frenz*, EWS 2014, 193, 200.

Dem wird jedoch zurecht entgegengehalten, dass eine solche Beurteilung die Kompetenzen der Wettbewerbsbehörden überschreitet und die Entscheidung politisieren würde, denn neben den benannten Aspekten können noch eine Vielzahl weiterer Faktoren zum Gegenstand der Abwägungsentscheidung werden, die auch untereinander gewichtet werden müssten.[743]

III. Recht auf Datenübertragbarkeit, Art. 20 DSGVO

Unternehmen zu verpflichten, personenbezogene Daten an ein anderes Unternehmen aufgrund einer auch wettbewerblichen Zielsetzung zu übertragen, ist nicht bloßer Gegenstand theoretischer Überlegungen. Das Recht auf Datenübertragbarkeit, Art. 20 DSGVO, stellt ein solches bereits kodifiziertes Instrument dar. Bei den gesetzgeberisch avisierten Anwendungsfällen für das Recht auf Datenübertragbarkeit werden sich häufig auch personenbezogene Daten Dritter in den Datensätzen befinden. Im Folgenden werden die Voraussetzungen und Rechtsfolgen dieses neuartigen Betroffenenrechts skizziert und die wettbewerbspolitischen Auswirkungen diskutiert.

1. Zielrichtung

Das Recht auf Datenübertragbarkeit gewährt der betroffenen Person, personenbezogene Daten, „die sie einem Verantwortlichen bereitgestellt hat, in einem strukturierten, gängigen und maschinenlesbaren Format zu erhalten", wenn diese ihre Daten aufgrund einer Einwilligung oder eines Vertrages für eine automatisierte Datenverarbeitung zur Verfügung gestellt hat. Zudem hat sie das Recht, „diese Daten einem anderen Verantwortlichen ohne Behinderung durch den Verantwortlichen, dem die personenbezogenen Daten bereitgestellt wurden, zu übermitteln", Art. 20 Absatz 1 DSGVO. Als im Sinne der Datenschutzgrundverordnung verantwortlich definiert Art. 4 Nr. 7 DSGVO „die natürliche oder juristische Person, Behörde, Einrichtung oder andere Stelle, die allein oder gemeinsam mit anderen über die Zwecke und Mittel der Verarbeitung von personenbezogenen Daten entscheidet".

Mit dem Recht auf Datenübertragbarkeit wurde ein neues Betroffenenrecht in das System des europäischen Datenschutzrechts eingeführt, das zunächst den Bürgern die bessere Kontrolle oder die (Wieder-)Erlangung des Zugangs zu ihren personenbezogenen Daten ermöglichen soll.[744] *Von Lewinski* sieht in dem

743 *Körber*, NZKart 2016, 348, 355 f.

744 Erwägungsgrund 68 S. 1 zur Verordnung (EU) 2016/679; *Kamann/Braun*, in: Ehmann/Selmayr, DS-GVO Art. 20 Rn. 2; *Piltz*, in: Gola DS-GVO, DS-GVO Art. 20 Rn. 1.

Recht auf Datenübertragbarkeit auch das Ergebnis einer Suche, den abstrakten, sehr technischen Regelungsgehalt der Datenschutzgrundverordnung für den Laien zugänglich zu machen und spricht demgemäß von einem „politkommunikative[n] Schmiermittel".[745] Überdies liegt der Norm aber auch eine wettbewerbspolitische Zielrichtung zugrunde: So soll zunächst den Lock-in-Effekten entgegengewirkt werden, indem der Wechsel zu einem anderen Plattformbetreiber erleichtert wird, sodass eine Möglichkeit geschaffen wird, Netzwerkeffekte abzumildern, um verfestigte marktdominante Stellungen aufzubrechen.[746] Zudem soll mittelbar die Entwicklung interoperabler Formate und Datenverarbeitungssysteme für den Binnenmarkt gefördert werden.[747] Hiermit wird die Hoffnung verbunden, dass Unternehmen darüber hinaus dazu angeregt werden, Prozesse, Vertriebsstrategien und Datenzugangsmöglichkeiten für sowohl personenbezogene Daten als auch andere Daten zu entwickeln.[748]

Praktischer Anwendungsfall soll die Ermöglichung eines Anbieterwechsels, beispielsweise im Bereich der sozialen Netzwerke oder auch Kreditkartenverträge sein, vor dem der Nutzer aufgrund der Notwendigkeit umfassender Eingaben personenbezogener Daten zurückschreckt.[749] Die Regelung soll die Nutzer von der Last der manuellen Dateneingabe bei den neuen Plattformanbietern befreien.[750]

2. Tatbestand

Gegenstand eines Anspruchs auf Datenübertragung können personenbezogene Daten sein, die vom Verantwortlichen mit Hilfe von automatisierten Verfahren verarbeitet werden. Da die Datenschutzgrundverordnung lediglich auf personenbezogene Daten Anwendung findet, können zwar pseudonymisierte, nicht aber anonymisierte Daten Gegenstand des Anspruchs sein.[751]

---

745 *Von Lewinski*, in: BeckOK DatenschutzR, DS-GVO Art. 20 Rn. 1.1.

746 *Hornung*, ZD 2012, 99, 102; *Von Lewinski*, in: BeckOK DatenschutzR, DS-GVO Art. 20 Rn. 11 f.

747 Erwägungsgrund 68 S. 2 zur Verordnung (EU) 2016/679; *Paal*, in: Paal/Pauly, DS-GVO Art. 20 Rn. 5.

748 *Telle*, in: Taeger (Hrsg.), Tagungsband DSRI Herbstakademie 2017, S. 421, 426.

749 *Sydow/Wilhelm*, in: Sydow, Europäische Datenschutzgrundverordnung, DSGVO Art. 20 Rn. 1.

750 *Herbst*, in: Kühling/Buchner, DS-GVO Art. 20 Rn. 2.

751 *Von Lewinski*, in: BeckOK DatenschutzR, DS-GVO Art. 20 Rn. 17.

a) *Problematik der „bereitgestellten" personenbezogenen Daten*

Kontrovers diskutiert wird das Tatbestandsmerkmal der von der betroffenen Person „bereitgestellten" personenbezogenen Daten. Die Effektivität eines Rechts auf Datenübertragbarkeit hängt wesentlich von Art und Umfang der erfassten personenbezogenen Daten ab. Wenn die für das Geschäftsmodell des Konkurrenten relevanten personenbezogenen Daten nicht bereitgestellt werden müssen bzw. nur die Daten herausgegeben werden, welche die Nutzer ohne größere Mühen selbst (erneut) bereitstellen können, bleibt das Recht auf Datenübertragbarkeit ein stumpfes Schwert und somit eben jenes politkommunikative Schmiermittel. Allerdings wird der Begriff des Bereitstellens nicht eigenständig in der DSGVO definiert.

In Art. 4 Nr. 2 DSGVO wird Bereitstellung als Oberbegriff für die Offenlegung durch Übermittlung oder Verbreitung verwendet. Auch Erwägungsgrund 68 S. 3 verwendet das eine aktive Handlung ausdrückende Verb „zur Verfügung stellen". Somit legt der Wortlaut der Norm, der von Bereitstellung spricht (engl. „has provided"), im Kontext der weiteren Verwendung innerhalb der Verordnung nahe, dass eine bewusste und aktive Handlung des Nutzers zur Datenübertragung vonnöten ist.[752] Hierunter fallen paradigmatisch die Eingabe in eine Suchmaske oder auch Texte, Kommentare und in ein Nutzerprofil hochgeladene Fotos eines sozialen Netzwerks.[753]

Diese wortlautnahe Interpretation wird aus teleologischen Gesichtspunkten für zu restriktiv angesehen, sodass für eine Bereitstellung die Generierung durch Messungen und Aufzeichnungen von Nutzeraktivitäten genügen solle, soweit dies mit Wissen und Wollen der betroffenen Person geschieht.[754] Demgegenüber sind Auswertungen und Scoringwerte, die beispielsweise aus der Beobachtung oder Messung des Nutzerverhaltens generiert werden, nicht übertragungsfähig.[755]

Mit einer ähnlichen Stoßrichtung schlägt die Art. 29-Datenschutzgruppe eine möglichst extensive Interpretation des Tatbestandsmerkmals in Gestalt einer negativen Definition vor. Sie schließt lediglich aus Rückschlüssen erzeugte und abgeleitete (*inferred* und *derived data*) aus dem Anwendungsbereich der Norm

---

752 *Piltz*, in: Gola DS-GVO, DS-GVO Art. 20 Rn. 15.

753 *Von Lewinski*, in: BeckOK DatenschutzR, DS-GVO Art. 20 Rn. 41.

754 *Herbst*, in: Kühling/Buchner, DS-GVO BDSG, Art. 20 DSGVO Rn. 11; *Jülich/Röttgen/von Schönfeld*, ZD 2016, 358 f.

755 *Heinemann/Straub*, DuD 2019, 7, 9.

aus.[756] Die Notwendigkeit einer extensiven Interpretation zeigt sich an dem Beispiel eines Fitnesstrackers, bei dem der Wechsel zu einem anderen Anbieter für viele Nutzer nur sinnvoll sein könnte, wenn sie ihre bisherigen Laufergebnisse und Vitaldaten mitnehmen können.[757] Die Bindung an den alten Anbieter resultiert hier gerade nicht aus den Umständen, die aus der Eingabe einiger personenbezogenen Daten erfolgt. Allerdings wird von den Vertretern einer restriktiveren Auslegung neben dem Wortlaut auch die Systematik des Art. 20 DSGVO als Betroffenenrecht herangezogen: So soll es im Rahmen von Art. 20 DSGVO – im Gegensatz zu dem Auskunftsrecht nach Art. 15 – nicht um die insgesamt vorhandenen Daten gehen, da ansonsten die Grenzen der Anwendungsbereiche beider Normen verwischt würden.[758]

Eine vergleichende Betrachtung mit dem Auskunftsrecht aus Art. 15 DSGVO ist insoweit nicht hilfreich, als dass abgeleitete oder selbst erstellte Daten nach einhelliger Auffassung nicht übertragen werden müssen, wohl aber Gegenstand des Auskunftsrechts nach Art. 15 Absatz 1 lit. a) DSGVO als Verarbeitungszweck sein können. Zudem kann auch die Art der Bereitstellung aus dem Verb „to provide“ selbst nicht hegeleitet werden. Wäre eine Einschränkung des Anwendungsbereichs der Norm gewollt gewesen, hätte die Verwendung des Verbs „Eingeben“ näher gelegen. Somit kann aus teleologischen Gesichtspunkten nicht davon ausgegangen werden, dass die Norm so einschränkend ausgelegt werden soll, dass ein Großteil der diskutierten möglichen Anwendungs-fälle entfiele.

b) Erfassung von Daten mit Drittbezug

Ebenfalls problematisch gestaltet sich die Übertragung von Datensätzen mit Drittbezug. Das Recht auf Datenübertragbarkeit bezieht sich explizit auf von den betroffenen Personen bereitgestellte Daten. Digitale Plattformen sind ganz wesentlich auf die Interaktion mit anderen Nutzern ausgelegt. Ein aus tatsächlichen und technischen Gründen vorstellbarer Anwendungsfall der Datenmitnahme ist der Wechsel eines Messenger-Dienstes, womöglich wegen eines höheren Datenschutzniveaus. Doch liegt es in der Natur der Sache, dass Dritte personenbezogene Daten in einem Chat-Protokoll hinterlassen, die nicht vom Betroffenen selbst bereitgestellt werden. Dementsprechend wäre das Recht auf Datenübertragbarkeit ein stumpfes Schwert, wenn E-Mails, Chats oder Bilder

---

756 Artikel-29-Datenschutzgruppe, Leitlinien zum Recht auf Datenübertragbarkeit, verabschiedet am 13.12.2016, 16/ENWP 242, S. 9 f.

757 *Brüggemann*, K&R 2018, 1 f.

758 *Piltz*, in: Gola DS-GVO, DS-GVO Art. 20 Rn. 15.

aufgrund ihres Drittbezugs ausgeschlossen würden und so lediglich ein Datenrumpf verbliebe.[759] Zu Recht wird allerdings darauf verwiesen, dass eben jene Drittpersonen in ihrem Recht auf informationelle Selbstbestimmung tangiert werden.[760] Mit dem Verweis auf den eindeutigen Wortlaut wird deshalb die Übertragbarkeit von Drittdaten teils abgelehnt.[761] Beispielhaft werden dafür Bewertungen und Rezensionen Dritter genannt, die bei einem Anbieterwechsel verloren gingen.[762] Als Kompromisslösung wird daher angeregt, auch Daten mit Drittbezug dem Recht auf Datenübertragbarkeit zu unterwerfen, soweit diese wenigstens auch Personenbezug zum Antragssteller aufweisen.[763] Die Artikel-29-Datenschutzgruppe schlägt für die Ausgestaltung der Übertragung eine enge Zweckbindung des neuen Verantwortlichen vor, aufgrund derer er die erhaltenen Drittdaten, beispielsweise aus E-Mail-Verläufen, somit nur für den Erhalt der Nutzbarkeit des Betroffenen verarbeiten darf, nicht jedoch für eigene Zwecke in Gestalt personalisierter Dienstleistungen.[764]

Eine Erstreckung des Rechts auf Datenübertragbarkeit auf Daten mit Drittbezug konterkariert die Zielsetzung der Stärkung der Datensouveränität der hiervon betroffenen Drittpersonen. Die Auswirkungen divergieren aber je nach Geschäftsmodell des Verantwortlichen. Gerade soziale Netzwerke und Messenger-Dienste bilden als lock-in-geneigte digitale Plattformmodelle den idealtypischen Anwendungsfall des Betroffenenrechts ab. Doch welches Signal wird gesetzt, wenn Betroffene Daten mit Drittbezug auf einen Messenger-Dienst übertragen, der ein geringeres Datenschutzniveau aufweist als der verantwortliche Anbieter? Auch die vermittelnde Auffassung, welche die Datenübertragbarkeit davon abhängig macht, ob diese zumindest auch Bezug zum Anspruchssteller aufweist, vermag keine durchgängig sachgerechten Lösungen zu generieren. So weisen Nutzerbewertungen auch Bezüge zum Anspruchssteller auf, würden aber mittelbar den Rezensenten dazu zwingen, Teil der neuen Plattform zu werden. Dies wäre insbesondere bei geschlossenen Plattformen äußerst fragwürdig, da der Rezensent seine Bewertungen und die weitere Verbreitung oder Reaktionen hierauf nicht mehr verfolgen oder beeinflussen könnte, ohne sich selbst bei der

759 *Schantz*, NJW 2016, 1841, 1845.

760 *Jülich/Röttgen/von Schönfeld*, ZD 2016, 358 f.

761 *Herbst*, in: Kühling/Buchner, DS-GVO BDSG, Art. 20 DSGVO Rn. 11; *Von Lewinski*, in: BeckOK DatenschutzR, DS-GVO Art. 20 Rn. 17.

762 Busch IWRZ 2018, 147, 151; *Spindler*, DB 2016, 937, 945.

763 *Paal*, in: Paal/Pauly, DS-GVO Art. 20 Rn. 16.

764 Artikel-29-Datenschutzgruppe, Leitlinien zum Recht auf Datenübertragbarkeit, verabschiedet am 13.12.2016 16/EN WP 242, S. 11.

neuen Plattform anzumelden. Insgesamt muss von einer grundsätzlichen Übertragungsfähigkeit von Daten mit Drittbezug aus teleologischen Gesichtspunkten ausgegangen werden, obschon eine gesetzgeberische Wertentscheidung äußerst wünschenswert gewesen wäre.

c) Einschränkungen

Das Recht auf Datenübertragbarkeit wird von Gesetzes wegen einigen Grenzen unterworfen. So dürfen gemäß Art. 20 Absatz 4 DSGVO die Rechte und Freiheiten anderer Personen nicht beeinträchtigt werden. Ausweislich Erwägungsgrund 68 Satz 8 sind damit insbesondere Datensätze mit Drittbezug gemeint. Daher soll eine Interessenabwägung mit den Grundrechten und Interessen der Drittperson vorgenommen werden.[765] Die Art. 29-Datenschutzgruppe sieht schützenswerte Interessen der Drittpersonen betroffen, wenn diese durch die Übertragung Informations- oder Auskunftsrechte nicht mehr geltend machen können oder die Datennutzung nicht der alleinigen Kontrolle des übertragenden Nutzers unterliegt, sodass die Daten der Drittperson von dem neuen Anbieter zur Auswertung für personalisierte Dienste verwendet werden.[766] Hiernach soll regelmäßig keine Beeinträchtigung der Interessen Dritter anzunehmen sein, wenn der neue Verantwortliche die Daten zum selben Zwecke verarbeitet.

Im Ergebnis müsste man Daten, die der Einschränkung des Absatz 4 unterfallen, vom zu übertragenden Datenbestand trennen.[767] Dabei stellt sich die Frage nach der technischen Möglichkeit und Sinnhaftigkeit. Perspektivisch wird daher zur Stärkung der Datensouveränität der Nutzer die Speicherung der jeweiligen Datenschutzpräferenzen gemeinsam mit den erhobenen Daten angeregt, sog. *Sticky Policies*.[768]

d) Rechtsfolgen

Das Recht auf Datenübertragbarkeit gewährt dem Betroffenen das Recht, die Daten vom Verantwortlichen in einem strukturierten, gängigen und maschinenlesbaren Format zu erhalten. Daran schließt sich das Recht zur Übermittlung

---

765 *Kamann/Braun*, in: Ehmann/Selmayr/, DS-GVO Art. 20 Rn. 26.

766 Artikel-29-Datenschutzgruppe, Leitlinien zum Recht auf Datenübertragbarkeit, verabschiedet am 13.12.2016, 16/ENWP 242, S. 10 f. S. 11 f.

767 *Von Lewinski*, in: BeckOK DatenschutzR, DS-GVO Art. 20 Rn. 94.1.

768 *Hansen/Thiel*, DuD 2012, 26, 29; *Hofmann*, ZD 2016, 12, 15; *von Lewinski*, in: BeckOK DatenschutzR, DS-GVO Art. 20 Rn. 94.1a.

an einen dritten Verantwortlichen an sowie das Recht auf Direktübermittlung durch den Verantwortlichen, soweit dies technisch machbar ist.

Der Betroffene soll die Daten problemlos weiterverarbeiten und einem konkurrierenden Anbieter dergestalt zur Verfügung stellen können, dass dieser die Daten mühelos weiterverarbeiten kann; hieraus kann auch die Notwendigkeit der Übermittlung erforderlicher Metadaten resultieren.[769] Exemplarisch ist dies bei der Übermittlung von Daten eines E-Mail-Accounts im PDF-Format ersichtlich nicht der Fall.[770]

Bei der praktischen Umsetzbarkeit des Rechts auf Datenportabilität wurde den Verantwortlichen zum Zwecke des innovativen Fortkommens freie Hand gelassen, da Erwägungsgrund 68 Satz 2 sie lediglich dazu auffordert, interoperable Formate zur Datenübertragung zu entwickeln. Hieraus resultiert keine Pflicht zur Beibehaltung oder Einführung eines technisch kompatiblen Datenverarbeitungssystems.[771] Dieser dem technikneutralen Ansatz der DSGVO immanente Gestaltungsspielraum kann dem Verantwortlichen in Grenzen die Möglichkeit geben, ein weniger operables Format zur Übertragung zu wählen, um so etwaige Lock-in-Effekte zu verstärken.[772] Abgemildert wird dieser Schwachpunkt durch die für viele Bereiche bereits etablierten Datenformate.[773] In einem günstigeren Fall wird zumindest die Übertragbarkeit mit Hilfe von Open Source Standards oder bei Verbrauchern verbreiteten Formaten gewährleistet.[774]

Es bleibt abzuwarten, inwieweit Unternehmen durch den Appell der Vorschrift zur Entwicklung neuer interoperabler Formate veranlasst werden. Womöglich trägt die Vorschrift zu einer steigenden Nachfrage der Verbraucher nach interoperablen Formaten bei.[775]

Verstöße gegen Art. 20 DSGVO – etwa in Gestalt der Ablehnung oder Behinderung der Datenübermittlung – können durch Beschwerde bei der zuständigen Aufsichtsbehörde beanstandet oder durch Leistungs-, Unterlassungsklage bzw. sekundärrechtlich durch Schadensersatzklagen vor dem nationalen Gericht

---

769 *Dix*, in: Simitis/Hornung/Spiecker gen. Döhmann, Datenschutzrecht, DSGVO Art. 20 Rn. 11.

770 *Dix*, in: Simitis/Hornung/Spiecker gen. Döhmann, Datenschutzrecht, DSGVO Art. 20 Rn. 11.

771 Erwägungsgrund 68 S. 7 zur Verordnung (EU9 2016/679).

772 *Roßnagel/Richter/Nebel*, ZD 2013, 103, 107; *Paal*, in: Paal/Pauly, DS-GVO Art. 20 Rn. 20.

773 *Herbst*, in: Kühling/Buchner, DS-GVO BDSG, Art. 20 DSGVO Rn. 20 Fn. 42.

774 *Brüggemann*, K&R 2018, 1, 3.

775 *Herbst*, in: Kühling/Buchner, DS-GVO, Art. 20 Rn. 21.

geltend gemacht werden. Eingedenk der zuvor skizzierten Beispiele erscheint es fernliegend, dass der Nutzer eines Fitnesstrackers die Datenmitnahme gerichtlich geltend macht. Allerdings kann auch Art. 20 DSGVO zum Gegenstand des Verbandsklagerechts nach Art. 80 DSGVO werden.[776] Über diesen Weg könnte die Norm aufgrund ihres Sanktionsrahmens doch Relevanz gewinnen: Dieser beträgt gemäß Art. 83 Absatz 5 lit. b DSGVO 20.000.000 EUR bzw. 4 % des gesamten weltweit erzielten Jahresumsatzes des vorangegangenen Geschäftsjahres im Falle eines Unternehmens.

3. Einordnung

Das Recht auf Datenübertragbarkeit soll als Ausdruck seiner wettbewerbspolitischen Prägung mittelbar auch zur Förderung der Entwicklung interoperabler Formate beitragen.[777] Neben der Verringerung von Lock-in-Effekten kann mit diesem datenschutzrechtlichen Vehikel auch der Zugang zu wettbewerbsrelevanten Daten erleichtert werden. Jedoch stellt sich ein Henne-Ei-Problem, wenn in der betreffenden Branche zur Zeit der Anspruchsstellung eine solche Interoperabilität gar nicht oder kaum ausgeprägt ist, weil dem Betroffenen zeitnah keine Abhilfe geschaffen werden kann und in diesem Bereich der Klageweg unverhältnismäßig aufwändig und zeitintensiv in Relation zu dem verfolgten Ziel erscheint. Dies nährt die Befürchtung, es handele sich bei diesem Betroffenenrecht um ein „normatives Luftschloss".[778] Allerdings besteht ein realistisches und bedrohliches Sanktionsszenario aufgrund des Verbandsklagerechts.

Viel mehr wird sich die Frage stellen, inwieweit das Recht auf Datenübertragbarkeit Anklang bei den Nutzern finden wird. Gerade aufgrund der verschiedenen Konzepte und der verschiedenen Nachfragen, welche insbesondere soziale Netzwerke bedienen, wird eine Übertragung häufig für den Nutzer nicht sinnvoll sein. Beispielsweise sind die Daten des Dienstes Facebook für ein berufliches Netzwerk wie Xing häufig nur teilweise verwendbar.[779] Womöglich wird den Nutzern die lückenlose Einpflegung aller personenbezogenen Daten auch nicht recht sein – man denke nur an bestimmte Angaben zu Hobbys oder politischer Ausrichtung. Für die Übertragung von Chatverläufen erscheint die Übertragbarkeit nur sinnvoll und technisch leichter umsetzbar. Hier stellt sich die Frage, ob nicht weitergehend eine Interoperabilität der verschiedenen Dienste

776 *Kamann/Braun*, in: Ehmann/Selmayr/, DS-GVO Art. 20 Rn. 46.
777 Erwägungsgrund 68 S. 2 zur Verordnung (EU) 2016/679.
778 *Kühling/Martini*, EuZW 2016, 448, 451.
779 *Kipker/Voskamp*, DuD 2012, 737, 740 f.

das wünschenswerte Fernziel wäre – vorbehaltlich eines sinnvollen Umgangs mit unterschiedlichen Datenschutz- und Datenverwertungsstandards. Neben der ohnehin mehrheitlich angezweifelten Portabilität von Reputationsdaten der Kunden ist die Beschränkung auf natürliche Personen ein schweres Hemmnis des Rechts auf Datenübertragbarkeit, denn genauso wie Privatpersonen werden auch Unternehmen durch den drohenden Verlust von Bewertungen an eine Plattform gebunden.[780] Allerdings steigt die Zahl der von Online-Diensten zu verarbeitenden Datenmengen, die einen Anbieterwechsel zunehmend erschweren.[781] Das mag nicht zwingend für die notwendigen Dateneingaben durch die Nutzer gelten, doch sind zahlreiche Dienste personalisiert. Somit sinkt die Qualität der Dienste, wenn der neue Datenanbieter bei null beginnt. Hiervon abgesehen eröffnen sich auch in anderen Bereichen Möglichkeiten, wie beispielsweise im Bereich der Energieversorgung, wenn den Kunden die verbesserte Möglichkeit zur Einholung von Angeboten bei konkurrierenden Anbietern geboten wird.[782]

Das Recht auf Datenübertragbarkeit steigert im Rahmen seiner Möglichkeiten die Souveränität der Nutzer im Umgang mit ihren personenbezogenen Daten, ähnlich wie es die übrigen, ihrem Naturell nach rein datenschutzrechtlichen Betroffenenrechte gewährleisten. Zudem fördert es wohl auch die Etablierung des personenbezogenen Datums als kommerzielles Gut auf dem Binnenmarkt.[783] Das Recht auf Datenübertragbarkeit illustriert sehr deutlich die Notwendigkeit einer stärkeren Verzahnung der Rechtsmaterien des Datenschutzrechts und des Wettbewerbsrechts zur Bewältigung digitaler Sachverhalte. Legt man den Tatbestand des Art. 20 DSGVO entsprechend dem Sinn und Zweck der Norm extensiv aus, so schafft man durch die weitreichende Einbeziehung von personenbezogenen Daten Dritter eine Variante eines Datenzugangsrechts, wenn es auch nicht aufgrund einer Initiative des Konkurrenzanbieters ausgelöst wird.

IV. Datenschutzrechtliche Implikationen für die Datenzugangsgewährung

Datenzugangsansprüche werden meistens nicht in Bezug auf ihre datenschutzrechtliche Dimension diskutiert. Der Vorschlag des „Daten-für-alle“-Gesetzes

780 *Busch*, IWRZ 2018, 147, 151.

781 So *Hornung*, ZD 2012, 99, 103.

782 *Bartsch*, in: Danner/Theobald, Energierecht, 230. Datenschutz in Energieversorgungsunternehmen Rn. 69.

783 *Jülich/Röttgen/von Schönfeld*, ZD 2016, 358, 362; *Sperlich*, DuD 2017, 377.

sieht als Rechtsfolge eine Verpflichtung der Unternehmen vor, einen repräsentativen Bestand an anonymisierten Daten zur Verfügung zu stellen.[784] Auch die Diskussion möglicher Zugangsansprüche nach kartellrechtlichen Grundsätzen klammert regelmäßig personenbezogene Daten mit der Begründung aus, sie fielen mangels Exklusivität schon gar nicht in den Anwendungsbereich der Normen und zudem bestünde aufgrund datenschutzrechtlicher Verbotsbestimmungen stets eine objektive Rechtfertigung für die Zugangs-verweigerung.[785] Im vorherigen Teil wurde allerdings die hervorgehobene Stellung von großen Datenpools und den dahinterstehenden Plattformunternehmen skizziert, die in der Lage sind, Bestände an personenbezogenen Daten exklusiv werden zu lassen, sodass zwingend auch über Zugangsregelungen für solche Daten nachzudenken ist. Daher ist zunächst auf die Anwendbarkeit der Datenschutzgrundverordnung und auf die hierfür relevanten Begriffe der Anonymisierung und der Pseudonymisierung einzugehen. Sodann sind mögliche Rechtfertigungen auf Basis der Datenschutzgrundverordnung zu erörtern.

1. Anwendbarkeit

a) Anonymisierung

Das Datenschutzrecht kennt unter anderem die Anonymisierung und die Pseudonymisierung als Vorkehrungen zum Schutze personenbezogener Daten. Im Falle der (wirksamen) Anonymisierung sind Regelungen des Datenschutzrechts gar nicht mehr anwendbar.[786] Durch Anonymisierung wird die Zuordnung einer Information zu einer bestimmbaren Person entfernt, sodass die

Reidentifikation ausgeschlossen wird – wäre die Zuordnung wieder herstellbar, so handelt es sich lediglich um eine Pseudonymisierung.[787]

Eine Anonymisierung erfolgt typischerweise durch Kombination mehrerer der folgenden Ansätze:[788] Zunächst sind alle Identifikationsmerkmale, wie

---

784 *Nahles*, Die Tech-Riesen des Silicon Valleys gefährden den fairen Wettbewerb, handelsblatt.com/meinung/gastbeitraege/gastkommentar-die-tech-riesen-des-silicon-valleys-gefaehrden-den-fairen-wettbewerb/22900656.html, zuletzt abgerufen am: 11.01.2019

785 Siehe dazu *Körber*, NZKart 2016, 303, 309; *Louven*, K&R, 2018, 230, 234; *ders*, NZKart 2018, 217, 221; *Telle*, InTeR 2017, 3, 6; ders., in: Hennemann/Sattler (Hrsg.), Immaterialgüter und Digitalisierung, S. 73, 83.

786 Erwägungsgrund 26 zur Verordnung (EU) 2016/679.

787 *Ernst*, in: Paal/Pauly, DS-GVO Art. 4 Rn. 49.

788 *Dammann*, in: Simitis, Bundesdatenschutzgesetz, BDSG § 3 Rn. 205–210.

Namen, Kontonummern, Adressen, etc. zu löschen, wobei in aller Regel die bloße Verkürzung (Beibehaltung des Anfangsbuchstabens o.ä.) nicht genügt.[789] Dann erfolgt häufig zusätzlich die Aggregation der Daten anhand bestimmter Merkmale, wie beispielsweise Altersgruppen, wobei darauf zu achten ist, dass die Merkmale derart allgemein gefasst sind, dass in eine Gruppe nicht lediglich eine bestimmte Person fällt oder die Kombination mehrerer Merkmale den Schluss auf eine Person zulassen.[790] Ohne wesentlichen Informationsverlust kann im Regelfall der Geburtstag durch das Geburtsjahr ersetzt werden. Schließlich kann auf die kontrollierte Einstreuung von Zufallsfehlern zurückgegriffen werden, wobei – ähnlich wie bei der steigenden Aggregation von Merkmalen – eine steigende Zahl von Fehlern zwar für ein größeres Maß an Sicherheit sorgen kann, aber hierdurch zugleich die Aussagekraft des Datenbestandes sinkt. Daneben existiert die ebenfalls auf mathematischen oder statistischen Verfahren beruhende Möglichkeit der Randomisierung, bei der die Daten innerhalb einer Gruppe vertauscht werden.[791] Allgemein stellt die zuverlässigste Methode zur Anonymisierung die Datenaggregierung zu einem Gruppendatensatz dar.[792] Darunter fallen insbesondere statistische Daten, wie Altersstrukturen, Gehaltsstrukturen, etc. Zu beachten ist, dass ein aggregierter Datensatz für sich genommen anonym sein, aber mit Zusatzwissen aus Statistiken mit einem vergleichbaren Themenbezug womöglich doch einen Rückschluss auf bestimmte Personen zulassen kann.[793]

Erwägungsgrund 26 Satz 3 und 4 setzen hohe Maßstäbe an den Wegfall der Identifizierbarkeit einer Person und damit an eine erfolgreiche Anonymisierung: So sollen alle Mittel berücksichtigt werden, die eine andere Person nach allgemeinem Ermessen zur Identifikation verwenden wird. Hierzu sind „alle objektiven Faktoren, wie die Kosten der Identifizierung und der dafür erforderliche Zeitaufwand" unter Zugrundelegung des technischen Entwicklungsstandes zum Zeitpunkt der Verarbeitung zu berücksichtigen. Damit liegt der Schluss nahe, dass aufgrund der gestiegenen Möglichkeiten durch Big Data, insbesondere durch Kombination von Datenbanken, Daten eher wieder einer natürlichen Person zugeordnet werden können.[794] Allerdings mildert die

---

789 *Weichert*, ZD 2013, 251, 258.

790 *Weichert*, ZD 2013, 251, 258 f.

791 *Schantz*, in: Schantz/Wolff, Das neue Datenschutzrecht, Rn. 299.

792 Paal/Pauly/*Ernst* DS-GVO Art. 4 Rn. 49.

793 *Dammann*, in: Simitis, Bundesdatenschutzgesetz, BDSG § 3 Rn. 211.

794 Dazu *Ernst*, in: Paal/Pauly, DS-GVO Art. 4 Rn. 51; *Günther/Hornung/u.a.*, Auch anonyme Daten brauchen Schutz, *zeit.de/digital/datenschutz/2013-02/*

Wahrscheinlichkeitsprüfung unter Berücksichtigung von Kosten, Nutzen und verfügbaren Technologien zum Zeitpunkt der Verarbeitung diese Problematik ab, sodass ein gewisses Restrisiko einer Reidentifikation hingenommen wird.[795]

Personenbezogene Daten, die anonymisiert wurden, unterfallen nicht dem Regime der Datenschutzgrundverordnung. Die Anonymisierung gestaltet sich in der Praxis allerdings als schwierig, sodass der Informationsgehalt eines Datenbestandes hierunter merklich leiden kann. Die Verwendbarkeit für den Empfänger ist somit ebenfalls beschränkt, denn personalisierte Dienste können auf Basis eines solchen Datensatzes nicht erbracht werden. Das angedachte ‚Training' der Algorithmen hängt insoweit auch von der Auswahl des repräsentativen Datenbestandes oder der Qualität der Daten ab, sofern statistische Fehler als Mittel der Verschleierung eingebaut wurden. Es lässt sich ebenso nicht mit Sicherheit sagen, dass durch den technischen Fortschritt, Datenbankzusammenführungen oder Web-Tracking ein Datensatz auch anonym bleiben wird – dies ist aber für die Anwendbarkeit des Datenschutzrechts ohne Belang, da hierfür der Stand der Technik maßgebend ist. Eine kategorische Trennung zwischen personenbezogenen und nicht-personenbezogenen Daten bei der wettbewerbsrechtlichen Beurteilung erscheint also nicht zweckdienlich, insbesondere auch, da Big Data Datensätze in aller Regel aus einer Vielzahl von personenbezogenen und nicht-personenbezogenen Daten bestehen, aber als Zugangsgegenstand in der Gesamtheit Relevanz gewinnen.

b) Pseudonymisierung

Die DSGVO sieht als Mittel zum Schutz personenbezogener Daten die Pseudonymisierung vor. In der Sache handelt es sich um einen Verarbeitungsvorgang, sodass Datenschutzrecht anwendbar ist und pseudonymisierte Daten immer noch als personenbezogene Daten gelten. Art. 4 Nr. 5 DSGVO definiert die Pseudonymisierung als „die Verarbeitung personenbezogener Daten in einer Weise, dass die personenbezogenen Daten ohne Hinzuziehung zusätzlicher Informationen nicht mehr einer spezifischen betroffenen Person zugeordnet werden können, sofern diese zusätzlichen Informationen gesondert aufbewahrt werden und technischen und organisatorischen Maßnahmen unterliegen, die gewährleisten, dass die personenbezogenen Daten nicht einer identifizierten oder identifizierbaren natürlichen Person zugewiesen werden". Bei der Pseudonymisierung werden

---

stellungnahme-datenschutz-professoren/, zuletzt abgerufen am 09.09.2018; *Roßnagel*, ZD 2013, 562, 566; *Ohrtmann/Schwiering*, NJW 2014, 2984, 2988.

795 Erwägungsgrund 26 Satz 3,4; *Schulz*, in: Gola, DS-GVO Art. 6 Rn. 256.

die Daten von denjenigen zusätzlichen Informationen getrennt aufbewahrt, die eine Zuordnung zu einer bestimmbaren Person ermöglichen, und durch technische Sicherungsmaßnahmen (zum Beispiel in Gestalt der Verschlüsselung) dem Nutzer der Information vorenthalten; somit hat lediglich derjenige Zugriff auf beide „Pools", der die Pseudonymisierung vorgenommen hat.[796] Nach diesem Prinzip erfolgt die Nummerierung von Blutproben, die ein Arzt an das Labor verschickt.[797] Der Arzt nimmt die Pseudo-nymisierung vor und ist somit die datenverarbeitende Stelle. Das Labor verwendet die Information und analysiert die nummerierte Probe, kann diese jedoch keiner Person zuordnen, weil der Arzt die Nummerierung in der Patientenakte aufbewahrt.

Bezüglich der Rechtsfolgen einer Pseudonymisierung wird teils unterschieden zwischen einer anonymisierenden Pseudonymisierung und einer risikominimierenden Pseudonymisierung: Wenn die Zuordnungsregel einer unabhängigen Stelle übergeben wird, beispielsweise einem Notar im Rahmen eines Forschungsprojekts, so ist die Datenschutzgrundverordnung auf die beteiligten Forschungsgruppen nicht anwendbar, da ihnen die Reindividualisierung nicht möglich ist.[798]

Die Pseudonymisierung stellt eine praktische Ausprägung des datenschutzrechtlichen Grundsatzes der Datensparsamkeit dar.[799] Zudem stellt sie ein Beurteilungskriterium für die Frage dar, ob die Verarbeitung personenbezogener Daten zu einem anderen Zweck als dem ursprünglichen - welcher die Grundlage für den Rechtmäßigkeitstatbestand bildete - rechtmäßig ist, Art. 6 Absatz 4 lit. e) DSGVO. Die ebenfalls genannte Datenverschlüsselung ist ebenfalls eine Form der Pseudonymisierung, da die Daten lediglich durch Vorhandensein einer zusätzlichen Information, nämlich dem Zugangscode oder dem Passwort gelesen werden können.[800] Der Katalog des Art. 6 Absatz 4 DSGVO enumeriert Kriterien, nach denen eine zweckändernde Verarbeitung der personenbezogenen Daten gerechtfertigt werden kann, worunter gemäß der Definition des Art. 4 Nr. 2 DSGVO auch die Übermittlung an Dritte fällt. Mit Hilfe von Pseudonymisierungstechniken könnte so gezielt Werbung für Einzelpersonen geschaltet werden, die dem jeweiligen Unternehmen allerdings nur als Platzhalter bekannt sind.[801]

---

796 *Ernst*, in: Paal/Pauly, DS-GVO Art. 4 Rn. 40–47.
797 *Schild*, in: BeckOK DatenschutzR, DS-GVO Art. 4 Rn. 77.
798 *Roßnagel*, ZD 2018, 243, 245.
799 *Roßnagel*, ZD 2018, 243.
800 *Schild*, in: BeckOK DatenschutzR, DS-GVO Art. 4 Rn. 80.
801 The commercial use of consumer data, Report on the CMA's call for information, S. 24 f., Tz. 2.15.

2. Rechtfertigung der Zugangsgewährung zu personenbezogenen Daten

Gegen die Zulässigkeit kartellrechtlicher Zugangsansprüche für personenbezogene Daten werden zumeist datenschutzrechtliche Bedenken aufgerufen.[802] Dahinter verbirgt sich die Annahme, dass die Weitergabe von personenbezogenen Daten datenschutzrechtlich als Verarbeitungshandlung rechtfertigungsbedürftig, indes nicht gerechtfertigt sei und somit eine objektive Rechtfertigung für die Zugangsverweigerung seitens des Inhabers des Datenbestandes be-stünde.

Die datenschutzrechtliche Rechtmäßigkeit der Verarbeitung personenbezogener Daten wird, als Ausdruck des Verbotsprinzips, abschließend durch Art. 6 DSGVO bestimmt.[803] Art. 6 Absatz 1 Satz 1 DSGVO normiert hierfür die Erlaubnistatbestände, Satz 2 beschränkt die Verarbeitung der personenbezogenen Daten auf das Maß der Erforderlichkeit, Absatz 4 nennt die Voraussetzungen für eine Datenverarbeitung zu anderen Zwecken als dem ursprünglichen Erhebungsgrund. Hierdurch wurden die datenschutzrechtlichen Grundsätze der Zweckbindung und Datenminimierung zu Rechtmäßigkeitsvoraussetzungen erkoren.[804]

a) Berücksichtigung der Datenschutzgrundsätze

aa) Grundsatz der Zweckbindung

Der Grundsatz der Zweckbindung besagt nach der Definition in Art. 5 Absatz 1 lit. b) DSGVO, dass personenbezogene Daten „für festgelegte, eindeutige und legitime Zwecke erhoben werden" und „nicht in einer mit diesen Zwecken nicht zu vereinbarenden Weise weiterverarbeitet werden (…)" dürfen. Daraus folgt zunächst die Notwendigkeit der hinreichend präzisen vorherigen Bestimmung der Zwecke der Datenverarbeitung sowie die spätere Bindung hieran.[805] Der Verantwortliche muss vorab hinreichend konkret und ausdrücklich den Zweck oder die Zwecke der Datenverarbeitung festlegen; so sollen allgemeine Formulierungen wie der Verweis auf „kommerzielle Zwecke" oder pauschale Hinweise

---

802 Siehe dazu *Körber*, NZKart 2016, 303, 309; *Louven*, K&R, 2018, 230, 234; *ders*, NZKart 2018, 217, 221; *Telle*, InTeR 2017, 3, 6; ders., in: Hennemann/Sattler (Hrsg.), Immaterialgüter und Digitalisierung, S. 73, 83.

803 *Heberlein*, in: Ehmann/Selmayr, DS-GVO Art. 6 Rn. 4.

804 *Heberlein*, in: Ehmann/Selmayr, DS-GVO Art. 6 Rn. 5.

805 *Franzen*, in: Franzen/Gallner/Oetker, Kommentar zum europäischen Arbeitsrecht, DSGVO Art. 5 Rn. 5.

auf das Vorliegen von Erlaubnistatbeständen dem Erfordernis nicht genügen.[806] Ähnliches gilt wohl auch für eine sehr grobe Charakterisierung des Verarbeitungszwecks, die sich in Formulierungen niederschlägt, wie „Leistungsverbesserung" „IT-Sicherheit" oder „Werbung", da dem Betroffenen die Möglichkeit gegeben werden soll, für ihn etwaige Gefahren vorab einschätzen zu können.[807] Der Verantwortliche hat naturgemäß ein Interesse an der möglichst extensiven Formulierung der Verarbeitungszwecke, denn die Verarbeitung zu anderen Zwecken bedarf ihrerseits einer erneuten Einwilligung bzw. unterliegt den Voraussetzungen des Art. 6 Absatz 4 DSGVO.[808]

bb) Grundsatz der Datenminimierung

Der Grundsatz der Datenminimierung, Art. 5 Absatz 1 lit. c) erfordert, dass die Verarbeitung „dem Zweck angemessen und erheblich sowie auf das für die Zwecke der Verarbeitung notwendige Maß beschränkt" ist. Diesem soll Geltung verschafft werden durch die Beschränkung in Bezug auf die Zahl der Daten, deren Nutzungen sowie die Zahl der Betroffenen, deren personenbezogene Daten verarbeitet werden.[809] Ein Verstoß gegen den Grundsatz der Datenminimierung kann demnach vorliegen, wenn die Datenverarbeitung für die Erreichung des Zwecks unerheblich, nicht erforderlich oder unangemessen ist.[810]

Beispielhaft für eine unerhebliche Datenverarbeitung wird die Erfassung des Eingangs einer Bewerbung zur Überprüfung der Fristwahrung genannt, welche für das weitere Verfahren seine Relevanz verliert.[811] Die Verarbeitung der personenbezogenen Daten in der bestimmten Zahl an Betroffenen und Nutzungen ist erforderlich, wenn der angestrebte Zweck nicht anders erreichbar ist und auch beispielsweise nicht mit der Nutzung von anonymen bzw. anonymisierten Daten erreicht werden kann.[812] Die Relevanz des Kriteriums der Angemessenheit der Verarbeitung wird vor allem in Fällen erkannt, in denen der Betroffene – etwa aufgrund von AGB – keinen individuellen Einfluss auf die Datenverarbeitung

---

806 *Reimer*, in: Sydow, Europäische Datenschutzgrundverordnung, DSGVO Art. 5 Rn. 20 – 22; vgl. auch Schantz, NJW 2016, 1841, 1843f.

807 *Herbst*, in: Kühling/Buchner, DS-GVO Art. 5 Rn. 35.

808 *Wolff*, in: Schantz/Wolff, Das neue Datenschutzrecht, Rn. 405.

809 *Pötters*, in: Gola DS-GVO, DS-GVO Art. 5 Rn. 22.

810 *Frenzel*, in: Paal/Pauly, DS-GVO Art. 5 Rn. 35–37.

811 *Frenzel*, in: Paal/Pauly, DS-GVO Art. 5 Rn. 36.

812 *Heberlein*, in: Ehmann/Selmayr, DS-GVO Art. 5 Rn. 22; *Herbst*, in: Kühling/Buchner/, DS-GVO Art. 5 Rn. Rn. 58.

hat oder in solchen Fällen, in denen für recht banale Zwecke sensible Daten verarbeitet werden sollen.[813]

cc) Kritik

Die strikte Umsetzung der Datenschutzgrundsätze stellt die Verantwortlichen bei der Durchführung moderner Datenverarbeitungsvorgänge vor Probleme. Bezogen auf das Zeitmoment können Daten nicht verarbeitet werden, die im Moment zur Zweckerreichung nicht erforderlich sind, die jedoch zu einem späteren Zeitpunkt dienlich sein können, sodass die Anwendung des Erforderlichkeitsgrundsatzes im nichtöffentlichen Bereich teils als empfindlicher Eingriff in die Kommunikationsgrundrechte gewertet wird.[814] Zudem widerstreben die Grundsätze zahlreichen Geschäftsmodellen, die auf der Auswertung großer Mengen personenbezogener Daten einer Vielzahl von Personen beruhen, wie zum Beispiel im Bereich der Big Data-Analyse, lernender Systeme, personalisierter Dienste, des Internet of Things sowie des Direktmarketings; diese werden durch die Notwendigkeit der Anonymisierung sowie dem Zwang zur sparsamen Verwendung personenbezogener Daten – sowohl als Input denn auch als Output – wesentlich restringiert.[815] Daher haben diese Grundprinzipien in der Praxis einen schweren Stand, da sie oftmals durch äußerst großzügige und häufig intransparente Datenschutzerklärungen ausgehebelt werden.

b) Rechtfertigungstatbestände im Einzelnen

aa) Einwilligung

Den relevantesten Rechtfertigungstatbestand stellt Einwilligung der betroffenen Person in die Datenverarbeitung nach Art. 6 Absatz 1 Unterabsatz 1 lit. a) DSGVO dar. Art. 4 Nr. 11 definiert sie als „jede freiwillig für den bestimmten Fall, in informierter Weise und unmissverständlich abgegebene Willensbekundung in Form einer Erklärung oder einer sonstigen eindeutigen bestätigenden Handlung, mit der die betroffene Person zu verstehen gibt, dass sie mit der Verarbeitung der sie betreffenden personenbezogenen Daten einverstanden ist“. Das Kriterium der Freiwilligkeit wird ergänzt und konkretisiert durch das Koppelungsverbot aus Art. 7 Absatz 4 DSGVO, nach dem die Erfüllung des Vertrages nicht von der Einwilligung in die Verarbeitung von personenbezogenen Daten

---

813 *Wolff*, in: Schantz/Wolff, Das neue Datenschutzrecht, Rn. 421.

814 *Reimer*, in: Sydow, Europäische Datenschutzgrundverordnung, DSGVO Art. 5 Rn. 32.

815 *Roßnagel*, in: Simitis/Hornung/Spiecker gen. Döhmann, Datenschutzrecht, DSGVO Art. 5 Rn. 128, *Roßnagel*, ZD 2013, 562, 564.

abhängig gemacht werden darf, welche für die Erfüllung nicht erforderlich sind. Auszuklammern sind hingegen unentgeltliche Dienstleistungen, bei denen ein Austauschverhältnis zwischen der Einwilligung in die Verarbeitung personenbezogener Daten für die kostenlosen Nutzung einer Dienstleistung besteht.[816] Andernfalls könnten zahlreiche Plattformgeschäftsmodelle schlicht nicht mehr durchgeführt werden.

Aufgrund des Transparenzgebotes, Art. 5 Absatz 1 lit. a) DSGVO, muss die Einwilligung in Kenntnis erfolgen, welche Daten zu welchem Zweck und von wem verarbeitet werden.[817] Dies umfasst daher auch insbesondere die Kenntnis, an wen personenbezogene Daten übermittelt werden.[818]

Ebenso ausführlich und weitreichend wie die in den Datennutzungsrichtlinien vieler sozialer Netzwerke formulierten Verarbeitungszwecke sind auch die Möglichkeiten der Weitergabe an Dritte gefasst. Nach Art. 4 Nr. 10 DSGVO fällt unter den Begriff des Dritten „eine natürliche oder juristische Person, Behörde, Einrichtung oder andere Stelle, außer der betroffenen Person, dem Verantwortlichen, dem Auftragsverarbeiter und den Personen, die unter der unmittelbaren Verantwortung des Verantwortlichen oder des Auftragsverarbeiters befugt sind, die personenbezogenen Daten zu verarbeiten".

Selbstverständlich enthalten die Datenschutzrichtlinien der Plattformbetreiber keinen Passus, der eine Datenweitergabe an Wettbewerber aufgrund kartellrechtlicher Verfügungen oder Urteile legitimieren würde. Sicherlich wird der Verwendungszweck des Zugangspetenten auch in vielen Fällen von dem des Dateninhabers abweichen, denn wie zuvor erörtert spricht das Angebot einer neuen Dienstleistung im Abwägungsfall für die Gewährung des Zugangs. Somit wird aufgrund des Transparenzgebots und des Grundsatzes der Zweckbestimmung eine Datenweitergabe gestützt auf die Einwilligung des Betroffenen nicht erfolgen können. Allerdings bedingen sich Plattformanbieter teils sehr weitreichende Verarbeitungsbefugnisse aus. Explizit verweist Twitter auf die Verwendung von Programmierschnittstellen, „um diese Informationen für Websites, Apps und andere für deren Nutzung verfügbar zu machen – zum Beispiel zum Anzeigen von Tweets auf einer Nachrichtenseite oder für die Analyse was Personen auf Twitter sagen. Wir machen diese Inhalte generell in begrenztem

---

816 *Albers/Veit*, in: BeckOK DatenschutzR, DS-GVO Art. 6 Rn. 23; Buchner/Kühling, in: Kühling/Buchner, DS-GVO Art. 7 Rn. 48; *Schulz*, in: Gola DS-GVO, DS-GVO Art. 7 Rn. 30.

817 *Heberlein*, in: Ehmann/Selmayr, DS-GVO Art. 6 Rn. 8.

818 *Ernst*, ZD 2017, 110, 113.

Umfang kostenlos verfügbar und berechnen Lizenzgebühren für umfangreiche Zugriffe."[819] Der Wortlaut der Einwilligung würde somit einen wettbewerblichen Zugangsanspruch ohne Weiteres abdecken, sodass der datenschutzrechtliche Einwand nicht als Fundament für eine objektive Rechtfertigung der Zugangsverweigerung dienen kann.

bb) Erfüllung einer rechtlichen Verpflichtung

Zu denken wäre ferner an eine Datenübermittlung gestützt auf den Tatbestand des Art. 6 Absatz 1 Unterabsatz 1 lit. c) DSGVO, nach dem die Datenverarbeitung zulässig ist, wenn diese zur Erfüllung einer rechtlichen Verpflichtung erforderlich ist, derer der Verantwortliche unterliegt. Als taugliche Rechtsgrundlage kann hier auch auf die Wettbewerbsregeln der Europäischen Union zurückgegriffen werden.[820] Allerdings muss nach Absatz 3 Satz 2 in der Rechtsgrundlage selbst der Zweck der Verarbeitung bereits benannt werden. Der gesetzgeberische Wille kommt ebenfalls durch Erwägungsgrund 41 Satz 2 zum Ausdruck: „Die entsprechende Rechtsgrundlage oder Gesetzgebungsmaßnahme sollte jedoch klar und präzise sein und ihre Anwendung sollte für die Rechtsunterworfenen gemäß der Rechtsprechung des Gerichtshofs der Europäischen Union (im Folgenden „Gerichtshof") und des Europäischen Gerichtshofs für Menschenrechte vorhersehbar sein." Insbesondere soll die Vorschrift den öffentlichen Sektor adressieren und den Mitgliedsstaaten den Raum für ihre bereichsspezifischen Datenschutzvorschriften eröffnen, wobei der partielle Richtliniencharakter der Verordnung zum Ausdruck kommt.[821] Somit kommt eine Ausdehnung des Anwendungsbereichs der Norm auf die nicht datenschutzspezifischen kartellrechtlichen Bestimmungen nicht in Frage.

cc) Zweckänderung

Somit bleibt zunächst festzustellen, dass eine Rechtsgrundlage für die Datenübertragung aufgrund wettbewerbsrechtlicher Verpflichtung häufig nicht besteht, da insbesondere die Einwilligung selbst bei äußerst großzügiger Bestimmung der Verarbeitungszwecke die Übertragung nicht rechtfertigen kann. Somit kann lediglich auf die Vorschrift zur zweckändernden Datenverarbeitung nach

---

819 Twitter Datenschutzrichtlinie, S. 3, cdn.cms-twdigitalassets.com/content/dam/legal-twitter/site-assets/privacy-page-gdpr/pdfs/PP_Q22018_April_DE.pdf, zuletzt abgerufen am 15.03.2019.

820 *Frenzel*, in: Paal/Pauly, DS-GVO Art. 6 Rn. 35.

821 *Albers/Veit*, in: BeckOK DatenschutzR, DS-GVO Art. 6 Rn. 35.

Art. 6 Absatz 4 DSGVO zurückgegriffen werden. Aufgrund des bereits benannten Auftrags an alle Organe der Europäischen Union, die Grundsätze des Datenschutzes zu wahren und in ihrer Rechtspraxis Geltung zu verschaffen, sollten die Wertungen des Absatz 4 auch in den Fällen berücksichtigt werden, in denen die Einwilligung sich als tragfähig für die Umsetzung eines Zugangsbegehrens erweisen kann. Exemplarisch lässt sich die Datennutzungsrichtlinie von Twitter ins Feld führen, welche die weitreichende Datenweitergabe an Dritte legitimiert.

(1) Rechtsnatur des Art. 6 Absatz 4 DSGVO

Mit Blick auf die bisher engen Voraussetzungen für eine zweckändernde Datenverarbeitung sind die Prüfungsvoraussetzungen der neuen Zweckänderungsklausel umstritten. So kann Art. 6 Absatz 4 DSGVO lediglich als zusätzlicher Kompatibilitätstest für eine erneute Prüfung der Voraussetzungen des Art. 6 Absatz 1 DSGVO für die neuen Verarbeitungszwecke interpretiert werden. Art. 6 Absatz 4 DSGVO kann allerdings auch als eigenständige Rechtsgrundlage für die zweckändernde Datenverarbeitung begriffen werden. Beide Auffassungen rekurrieren auf Erwägungsgrund 50 Satz 2: „In diesem Fall ist keine andere gesonderte Rechtsgrundlage erforderlich als diejenige für die Erhebung der personenbezogenen Daten.“ Hierin mag man eine klare Entscheidung zugunsten der Schaffung einer neuen Ermächtigungsgrundlage erblicken. Gegen diese Deutungsweise wird allerdings vorgebracht, bei Erwägungsgrund 50 Satz 2 handele es sich um ein Überbleibsel des großzügigen Verständnisses der Kommission und des Rates, welches im hitzigen Abschluss des langwierigen Gesetzgebungsverfahrens als Relikt zurückgeblieben sein soll, mithin um ein Redaktionsversehen.[822] Vielmehr habe man an dem engen Verständnis festhalten wollen und lediglich den Kompatibilitätstest eingeführt, um sicherzustellen, dass sich die weitere Verarbeitung in einem Rahmen bewegt, mit dem der Betroffene zur Zeit der Erstverarbeitung rechnen konnte.[823]

Dahingegen kann mit Rücksicht auf den klaren Wortlaut des Erwägungsgrundes und der Orientierung an dem niederländischen Modell von einer Lockerung des Zweckbindungsgrundsatzes durch die Vorschrift gesprochen werden.[824] Die Zweckänderung könnte daher allein auf Basis des Art. 6 Absatz 4 DSGVO

---

822 *Buchner/Petri*, in: Kühling/Buchner, DS-GVO Art. 6 Rn. 182.

823 *Schantz*, NJW 2016, 1841, 1844; *Abel*, ZD 2018, 103, 105.

824 *Frenzel*, in: Paal/Pauly, DS-GVO Art. 6 Rn. 46; *Kühling/Martini*, EuZW 2016, 448, 451; Roßnagel, in: Simitis/Hornung/Spiecker gen. Döhmann, Datenschutzrecht, DSGVO Art. 6 Abs. 4 Rn. 12.

legitimiert werden. Der Kompatibilitätstest als Legitimierung verkörpert gerade den Kompromiss zwischen den Vorstellungen des Rates, welchem eine weitgehende Lockerung der Zweckbindung vorschwebte, und dem an der strikten Zweckbindung haftenden Parlament.[825] Der Kommissionsentwurf ging nämlich noch viel extensiver von der Zulässigkeit der zweckändernden Weiterverarbeitung aus, wenn bereits ein allgemeiner Rechtmäßigkeitstatbestand erfüllt war, ohne dass eine weitere Kompatibilitätsprüfung vorgenommen würde.[826] Erwägungsgrund 50 Satz 2 erläutert lediglich die Struktur der Norm und deren Verhältnis zu Art. 5 Absatz 1 lit. b) DSGVO, denn die Weiterverarbeitung verkörpert lediglich die Fortsetzung einer bereits begonnenen Verarbeitung mit einem anderen Zweck, die keine neue Rechtsgrundlage erfordert, sodass lediglich zu prüfen ist, ob die alte Rechtsgrundlage hierfür noch genügt.[827] Der europäische Datenverarbeitungsbegriff umfasst, im Gegensatz zum deutschen Phasenmodell, eine Reihe von Einzelvorgängen.[828] Schließlich erscheint es auch sinnwidrig, die Einwilligung des Betroffenen nach Art. 6 Absatz 1 lit. a) in die Weiterverarbeitung einzuholen, um anschließend noch eine Kompatibilitätsprüfung nach Absatz 4 vorzunehmen, was eine Schlechterstellung gegenüber der Erstverarbeitung mit unklarer Zweckrichtung darstellt.

In der vorliegenden Konstellation wäre die Einordnung nur von untergeordneter Bedeutung, denn eine kartellrechtlich veranlasste Weitergabe personenbezogener Daten ließe sich auch auf Basis der Abwägungsentscheidung des Art. 6 Unterabsatz 1 lit. f) DSGVO begründen, nach der die Datenverarbeitung zulässig ist, wenn die Verarbeitung zur Wahrung der berechtigten Interessen des Verantwortlichen oder eines Dritten erforderlich ist. Die Übermittlung ist hiernach zulässig, wenn rechtliches, wirtschaftliches, ideelles Interesse besteht und die datenschutzrechtlichen Grundsätze der Erforderlichkeit sowie Treu und Glauben gewahrt sind.[829] Der Zugangsinhaber als Verantwortlicher hätte ein schützenswertes rechtliches Interesse an der Erfüllung eines kartellrechtlich fundierten Anspruches, während der Zugangspetent als Dritter ein wirtschaftliches

825 *Spindler*, DB 2016, 937, 943.

826 Vorschlag für Verordnung des Europäischen Parlaments und des Rates zum Schutz natürlicher Personen bei der Verarbeitung personenbezogener Daten und zum freien Datenverkehr (Datenschutz-Grundverordnung), KOM/2012/011 endg; dazu *Franzen*, in: Franzen/Gallner/Oetker, Kommentar zum europäischen Arbeitsrecht, DSGVO Art. 6 Rn. 15.

827 *Monreal*, ZD 2016, 507, 510.

828 *Monreal*, ZD 2016, 507, 510.

829 *Schulz*, in: Gola DS-GVO, DS-GVO Art. 6 Rn. 57.

Interesse an der Verwertung der personenbezogenen Daten hätte. Der Tatbestand und Erwägungsgrund 47 führen als Anknüpfungspunkte der Abwägung die Grundrechte des Betroffenen, schützenswerte Ziele, wie zum Beispiel Betrugsprävention, IT-Sicherheit oder die Möglichkeit der Direktwerbung oder auch das Vorliegen einer „maßgeblichen und angemessenen Beziehung" ins Feld. Entscheidend kommt es auch auf die Intensität und Absehbarkeit der Beeinträchtigung an.[830] Sogleich wird sich zeigen, dass gewisse Überlappungen zu den in Absatz 4 stipulierten Kriterien bestehen, für den vorliegenden Fall jedoch letztere präziser und strukturierter den Prüfungsgang vorzugeben in der Lage sind.

(2) Notwendigkeit der primärrechtskonformen Auslegung

Bei Anwendung des Kompatibilitätstests ist zudem das Verhältnis zwischen der Datenschutzgrundverordnung als sekundärrechtlichem Akt und der primärrechtlichen Norm des Art. 102 AEUV zu beachten. Nach Art. 12 Absatz 2 EUV handelt jedes Organ im Rahmen seiner durch die Verträge zugewiesenen Befugnisse. Aus der Tatsache, dass die Organe der Europäischen Union Recht setzen, folgt die Bindung der Organe an die Verträge und hieraus ein Hierarchieverhältnis zwischen dem Recht der Verträge und dem organgeschaffenen Recht.[831] Somit ist das durch Organe geschaffene Recht dem Primärrecht nachgeordnet und hieran zu messen, sodass im Konfliktfall die sekundärrechtliche Norm primärrechtskonform auszulegen und notfalls unanwendbar ist.[832] Hieraus lässt sich für die Anwendung des Tatbestandes des Art. 6 Absatz 4 DSGVO die prinzipielle primärrechtliche Implikation der Zugangsgewährung auch zu personenbezogenen Daten ableiten, wenn die hohen Anforderungen der Essential-Facilities-Doktrin im Einzelfall erfüllt sind. Die primärrechtliche Verankerung des Datenschutzes zwingt dennoch zur Suche nach datenschutzfreundlichen Lösungen, insbesondere durch Beachtung der Datenschutzgrundsätze.

(3) Rechtsrahmen des Artikel 6 Absatz 4 DSGVO

Wie bereits unter (1) festgestellt, stellt Art. 6 Absatz 4 DSGVO eine Lockerung des Zweckbindungsgrundsatzes dar, bei dem unter Hinzuziehung eines nicht

830 *Albers/Veit*, in: BeckOK DatenschutzR, DS-GVO Art. 6 Rn. 53.

831 *Nettesheim*, in Grabitz/Hilf/Nettesheim, Das Recht der Europäischen Union, AEUV Art. 288 Rn. 226.

832 *Geismann*, in: von der Groeben/Schwarze/Hatje, Europäisches Unionsrecht, AEUV Art. 288 Rn. 26; *Schiff*, EuZW 2015, 899, 901 f.

abschließenden Kriterienkatalogs lediglich die Kompatibilität der Verarbeitungszwecke mit den ursprünglichen Verarbeitungszwecken festzustellen ist.

Die Ermöglichung der Datenverarbeitung zu einem neuen Zweck wird als besonders sensibel angesehen, denn sie eröffnet – bei falscher Handhabung der Kriterien – durch die geminderte Vorhersehbarkeit der Datenverwendung im Kontext von „Big Data"-Analysen weitere Risikofaktoren, beispielsweise durch Sammlung und Zusammenfügung von personenbezogenen Daten. Die geminderte Nutzerkontrolle kann das Risiko erhöhen, Opfer von Cyberkriminalität zu werden, zudem drohen wirtschaftliche und soziale Nachteile sowie die Beeinträchtigung der Selbstbestimmung, welche aus der Vorhersehbarkeit und Bestimmbarkeit des Nutzerverhaltens für Dritte folgt.[833] Angesichts dieser Sensibilität wird die Konzeption der Vorschrift als vage und zu ausfüllungsbedürftig kritisiert.[834] Demgegenüber verbleibt dem Rechtsanwender eine gewisse Flexibilität, die es ihm ermöglicht, auf spezifische Risiken einzugehen.[835] Je mehr der enumerierten Kriterien im Einzelfall positiv zu bewerten sind und je näher der neue dem ursprünglichen Verarbeitungszweck steht, desto eher ist von Kompatibilität auszugehen, sodass der Mechanismus auch ein erhöhtes Maß an Transparenz für sich beanspruchen kann.[836]

Außerdem entsteht zugunsten des Betroffenen bei der zweckändernden Datenverarbeitung eine Informationspflicht des Verantwortlichen, Art. 13 Absatz 3 DSGVO.

(4) Zweckverbindung und Kontext der Weiterverarbeitung

Gemäß lit. a) ist zunächst die Verbindung zwischen den Zwecken, für welche die personenbezogenen Daten erhoben wurden, und den Zwecken der beabsichtigten Weiterverarbeitung zu berücksichtigen. Die Zweckkompatibilität kann sich insbesondere daraus ergeben, dass die Weiterverarbeitung eine logische oder naheliegende Folge der ursprünglichen Zweckbestimmung darstellt, wobei exemplarisch die Weitererarbeitung zur Bestandskundenwerbung genannt wird.[837]

---

833 Zu den genannten Nachteilen Erwägungsgrund 91 Satz 1; *Roßnagel*, in: Simitis/Hornung/Spiecker gen. Döhmann, Datenschutzrecht, DSGVO Art. 6 Abs. 4 Rn. 59.

834 So *Albers/Veit*, in: BeckOK DatenschutzR, DS-GVO Art. 6 Rn. 69.

835 *Roßnagel*, in: Simitis/Hornung/Spiecker gen. Döhmann, Datenschutzrecht, DSGVO Art. 6 Abs. 4 Rn. 2.

836 *Franzen*, in: Franzen/Gallner/Oetker, Kommentar zum europäischen Arbeitsrecht, DSGVO Art. 6 Rn. 15.

837 *Schulz*, in: Gola, DS-GVO, Art. 6 Rn. 205.

Auf einem ähnlichen Gedanken basiert lit. b), welcher den Zusammenhang in den Blickpunkt nimmt, in dem die personenbezogenen Daten erhoben wurden, wobei insbesondere das Verhältnis zwischen Verantwortlichem und Betroffenem zu untersuchen ist. Idealtypisch ist das Verhältnis zwischen Betroffenem und Verantwortlichem von Gleichordnung geprägt, welche entfällt, wenn eine vertragliche oder rechtliche Verpflichtung die Basis für die ursprüngliche Datenverarbeitung bildete.[838] Zudem ist zu bewerten, ob die Weiterverarbeitung aus der Perspektive eines objektiven Dritten als erwartbar angesehen werden kann, sodass bei einem sehr restriktiven und spezifischen erstmaligen Verarbeitungskontext auch der Weiterverarbeitung enge Grenzen gesetzt werden.[839] Wird hingegen umfassend auf mögliche Weiterverarbeitungsszenarien hingewiesen und erscheint das später eintretende Szenario nicht völlig sachfremd, so spricht dies für die Zulässigkeit.[840]

Gerade die Datenrichtlinien großer Plattformbetreiber, die eine Datenübermittlung, wie sie hier diskutiert wird, im Bereich des Vorhersehbaren erscheinen lassen, sind bezüglich Art und Umfang der zu verarbeitenden Daten sowie der Zwecke, für die sie benötigt werden, äußerst umfassend. So bedingt sich Facebook in seiner Datenrichtlinie aus, für verschiedene Zwecke an eine Vielzahl von Partnern sowohl personenbezogene als auch anonymisierte Daten zu übermitteln:[841] So werden u.a. zusammengefasste Statistiken für die Nutzer der Facebook-Analyse-dienste und Werbetreibende übermittelt. Schließlich werden Informationen und Inhalte an Forschungspartner und Wissenschaftlicher übermittelt, die ihrerseits auf einer weiterführenden Website[842] näher vorgestellt werden. Ferner heißt es unter dem Punkt „Partner für Messungen“: „Wir teilen Informationen über dich mit Unternehmen, die diese zusammenfassen, um unseren Partnern Berichte über Analysen und Messungen bereitzustellen.“ Für den Nutzer wird somit deutlich, dass das soziale Netzwerk in großem Umfang nicht nur anonymisierte Daten, sondern auch personenbezogene Daten an Dritte für teils eher grob umrissene Zwecke und Empfängerkreise übermittelt. Deutlich weniger Spielraum für Zweckänderungen ergibt sich, wenn die Nutzungsbedingungen

---

838 *Heberlein*, in: Ehmann/Selmayr, DS-GVO Art. 6 Rn. 56; *Monreal*, ZD 2016, 507, 510.

839 *Buchner/Petri*, in: Kühling/Buchner, DS-GVO Art. 6 Rn. 188; *Roßnagel*, in: Simitis/Hornung/Spiecker gen. Döhmann, Datenschutzrecht, DSGVO Art. 6 Abs. 4 Rn. 45; *Schulz*, in: Gola, DS-GVO, Art. 6 Rn. 206.

840 *Schulz*, in: Gola, DS-GVO, Art. 6 Rn. 206.

841 Facebook Datenrichtlinie, facebook.com/about/privacy/update, zuletzt abgerufen am 15.03.2019.

842 research.fb.com/programs, zuletzt abgerufen am 15.03.2019.

eng an der Durchführung der eigentlichen Plattformdienstleistungen orientiert wird und das Modell „Leistung gegen personenbezogene Daten“ dahinter zurücktritt – etwa, weil eine kostenpflichtige Dienstleistung angeboten wird, für die nur die zur Durchführung notwendigen Daten erhoben werden.

In diesem Zusammenhang wird die Übermittlung an Dritte mit der Folge der Zusammenführung von Daten aus Big-Data-Analysen oder der Profilbildung zum Zwecke der Direktwerbung kritisch beäugt.[843] Hier ist allerdings zu beachten, dass aufgrund der Vielzahl der erhobenen Daten und der Verarbeitungszwecke auch eine differenzierte Behandlung der personenbezogenen Daten erfolgen kann, da einige von ihnen durch das Nutzerverhalten einen Öffentlichkeitsbezug erhalten. Die Datenrichtlinie von Facebook ermöglicht die Übermittlung an Partner, die Waren und Dienstleistungen auf der Plattform anbieten: „Wenn du den Erhalt von Premium-Inhalten abonnierst oder etwas von einem Verkäufer in unseren Produkten kaufst, kann der Ersteller der Inhalte bzw. der Verkäufer deine öffentlichen Informationen und sonstige Informationen, die du mit ihm teilst, (…)“ erhalten.[844] Das soziale Netzwerk Twitter nutzt im erheblichen Maße die zumeist öffentlich einsehbaren Daten ihrer Nutzer für kommerzielle Zwecke, welche über verschiedene Schnittstellenlösungen Dritten zur Verfügung gestellt werden.[845]

Für die Zulässigkeit einer Datenübermittlung aufgrund einer kartellrechtlichen Verpflichtung spricht somit insbesondere eine weitreichende Datenrichtlinie, in der die Weitergabe auch personenbezogener Daten angelegt ist (man denke vor allem an monetär kostenlose Dienste), insbesondere, wenn das Plattformgeschäftsmodell wesentlich auf öffentlich einsehbaren personenbezogenen Daten beruht. Auch die Nutzung zur Profilbildung zum Zwecke des Direktmarketings kann per se nicht ausgeschlossen werden.

(5) Beurteilung nach der Art der Daten

Gemäß lit. c) soll auch die Art der personenbezogenen Daten ein Kriterium zur Prüfung der Zweckkompatibilität darstellen, wobei erhöhte Sensibilität bei besonderen Kategorien personenbezogener Daten (Art. 9 DSGVO) oder Daten über Straftaten und strafrechtliche Verurteilungen (Art. 10 DSGVO) geboten ist.

---

843 *Roßnagel*, in: Simitis/Hornung/Spiecker gen. Döhmann, Datenschutzrecht, DSGVO Art. 6 Abs. 4 Rn. 40.

844 Facebook Datenrichtlinie, facebook.com/about/privacy/update, zuletzt abgerufen am 15.03.2019.

845 Dazu Abschnitt A.II.4.c).

Die Schutzwürdigkeit bestimmter personenbezogener Daten ergibt sich aus den mit ihrer Verarbeitung verbundenen Risiken, sodass beispielsweise die gemeinhin als risikoärmer eingestufte Übermittlung von Adressdaten an Dritte zwecks Werbung zulässig sein kann.[846] Daher steigt die Schutzwürdigkeit mit dem jeweiligen Aussagegehalt über die Lebensgewohnheiten und Beziehungen einer Person.[847] Am restriktivsten sind Daten von Kindern oder anderen vulnerablen Personengruppen zu behandeln.[848]

Nach oben skizzierten Standards spricht im Fall von öffentlich zugänglichen Daten oder solchen, die der Betroffene selbst öffentlich zugänglich gemacht hat, vieles für die Zulässigkeit der Weiterverarbeitung.[849] Im Gegensatz dazu ist die Weiterverarbeitung von Daten, die mittels des *Internet of things* generiert wurden, deutlich kritischer zu beurteilen. Wearables oder Smart Cars sammeln besonders sensible Daten, insbesondere Gesundheitsdaten, die eine erhöhte Vertraulichkeitserwartung wecken, da sie tief in die Privatsphäre vordringen, sodass deren Weiterverwendung für personalisierte Werbung oder Kundenprofile unzulässig sein dürfte.[850] Allerdings ergeben sich auch vielfäl-tige Verwendungsmöglichkeiten solcher Datensätze in anonymisierter bzw. aggregierter Form.

(6) Analyse der Folgen für die Betroffenen

Die Vorgabe in lit. d) gibt dem Verantwortlichen die Prüfung auf, welche Folgen die Verarbeitung für die Betroffenen hat. Dabei sind die Wahrscheinlichkeit des Eintritts von Nachteilen und deren Ausmaß für die Betroffenen zu berücksichtigen.[851] Im Zuge der Datenverarbeitung sind stets Risiken des Identitätsdiebstahls oder etwaige finanzielle, wirtschaftliche oder gesellschaftliche Nachteile, wie zum Beispiel Diskriminierung zu erwägen, die aufgrund des risikobasierten Ansatzes bei der Zweckänderung ebenfalls verstärkt zu berücksichtigen sind.[852]

---

846 *Schulz*, in: Gola, DS-GVO, Art. 6 Rn. 207.

847 Art.-29-Datenschutzgruppe, Opinion 3/2013 on purpose limitation, 02.04.2013, WP 203, S. 25; *Buchner/Petri*, in: Kühling/Buchner, DS-GVO Art. 6 Rn. 189; *Roßnagel*, in: Simitis/Hornung/Spiecker gen. Döhmann, Datenschutzrecht, DSGVO Art. 6 Abs. 4 Rn. 54.

848 Art.-29-Datenschutzgruppe, Opinion 3/2013 on purpose limitation, 02.04.2013, WP 203, S. 25; *Buchner/Petri*, in: Kühling/Buchner, DS-GVO Art. 6 Rn. 189.

849 *Frenzel*, in: Paal/Pauly, DS-GVO Art. 6 Rn. 50; *Monreal*, ZD 2016, 507, 510.

850 *Wolff*, in: Schantz/Wolff, Das neue Datenschutzrecht, Rn. 669 f.

851 *Monreal*, ZD 2016, 507, 510.

852 *Heberlein*, in: Ehmann/Selmayr, DS-GVO Art. 6 Rn. 59; *Roßnagel*, in: Simitis/Hornung/Spiecker gen. Döhmann, Datenschutzrecht, DSGVO Art. 6 Abs. 4 Rn. 59.

Hier soll insbesondere auch der Gedanke der Vorhersehbarkeit für den Betroffenen zum Tragen kommen. Ein höheres Risiko für die Betroffenen ergibt sich aus der Übermittlung der Daten an Dritte, denn womöglich sind Betroffenenrechte (Berichtigung, Sperrung und Löschung) schwieriger wahrzunehmen, wenn die Übermittlungskette nicht mehr nachvollziehbar ist bzw. sich hieraus ein erhöhter Aufwand ergibt; zudem können Betroffene die Folgen schwieriger abschätzen, wenn Parallelspeicherungen ihrer Daten vorgenommen wurden.[853] Aufgrund der besonderen Gefährdung der Betroffenen unterliegt die Veröffentlichung im Internet oder die Übermittlung an eine Vielzahl von Dritten einer sehr strikten Prüfung.[854]

Aufgrund der Notwendigkeit einer primärrechtskonformen Auslegung kann das Kriterium nicht dergestalt interpretiert werden, dass eine Übermittlung personenbezogener Daten an Dritte gänzlich zu unterbleiben hat. Für die Umsetzung eines Datenzugangsanspruchs sind unterdessen geeignete Maßnahmen zu treffen, welche die Risiken der Betroffenen minimieren und die Ausübung des Selbstbestimmungsrechts bewahren. Im Zuge der Garantien wird auf denkbare Lösungswege einzugehen sein.[855] Dennoch ist zu betonen, dass dieser Grundsatz keine absolute Geltung beansprucht, denn auch in Bezug auf die Folgen muss der Betroffene dies in gewisser Weise vorhersehen können. Sowohl die Übermittlung an den Zugangspetenten als auch seine spezifischen Verarbeitungszwecke dürfen aus ex ante Sicht des Betroffenen keine völlig neuen oder wesentlich größeren Risiken darstellen.

Die Folgen für Betroffene können auch bei der Übertragung von personenbezogenen Daten gering gehalten werden, wenn das Ziel der Verarbeitung durch den Dritten die nicht-personalisierte Mustererkennung darstellt, beispielsweise in Gestalt von Vorhersagemodellen oder intelligenten Stromnetzen, sodass die Daten durch den Dritten alsbald anonymisiert werden.[856] Ebenfalls durch den Zweckbindungsgrundsatz restringiert werden beispielsweise auch von Start-ups angebotene *Social Heat Maps*, die mit Hilfe von Social-Media Beiträgen und Websites Voraussagen zur Frequentierung bestimmter Orte oder Preisentwicklungen treffen können.[857] Es ist gut vorstellbar, dass solche Dienste

853 *Buchner/Petri*, in: Kühling/Buchner, DS-GVO Art. 6 Rn. 190; *Roßnagel*, in: Simitis/Hornung/Spiecker gen. Döhmann, Datenschutzrecht, DSGVO Art. 6 Abs. 4 Rn. 57.

854 *Schulz*, in: Gola, DS-GVO, Art. 6 Rn. 208.

855 Siehe unten C.IV.2.b)cc)(8).

856 *Schulz*, in: Gola, DS-GVO, Art. 6 Rn. 256.

857 *v.Grafenstein*, DuD 2015, 789 f.

in Anbetracht der Konzentration von Plattformdiensten für ihre Analysen von den Datenbeständen bestimmter Plattformanbieter abhängen werden und ein kartellrechtlicher Zugangsanspruch auf den Zugang zu personenbezogenen Datensätzen begründet wäre. Die Folgen für den Betroffenen wären allerdings gering, da der Personenbezug durch Anonymisierung in Gestalt der Aggregierung zeitnah entfiele. Flankiert würde diese Beurteilung durch die Implementierung technischer Garantien (lit. e), siehe dazu unten (8), aufgrund derer die Löschung der Rohdaten und damit die Vermeidung der Reidentifikation sichergestellt wird.[858] Vorbildwirkung für die Berücksichtigung datenschutzrechtlicher Belange bei der Zugangsverschaffung kann auch die Entscheidung des Bundeskartellamts gegen Facebook entfalten, nach der insbesondere die Verknüpfung von unmittelbar auf der Plattform gewonnenen Daten und solchen aus konzerneigenen Diensten zum Zwecke der Profilbildung ohne Einwilligung der Nutzer untersagt wurde.[859] Die Untersagung der Verknüpfung von den eigenen Datenbeständen und den durch den Zugang erlangten personenbezogenen Daten können zum einen die wettbewerbliche Wirkung der Zugangsgewährung dosieren, zum anderen können aus datenschutzrechtlicher Sicht unerwünschte Profilbildungen und somit die Folgen für die Betroffenen abgefedert werden.

(7) Analyse am Beispiel der Rechtssache *hiQ Labs, Inc. v. LinkedIn Corp.*

Instruktiv auch für die Anwendung des europäischen und deutschen Datenschutzrechts sind die Ausführungen in der einstweiligen Anordnung in der Rechtssache *hiQ Labs, Inc. v. LinkedIn Corp.*[860] In dem bereits unter B.III.3.b) cc) beschriebenen Verfahren geht es um die technischen Barrieren, die das berufliche soziale Netzwerk LinkedIn installiert hat, um es dem Datenanalyseunternehmen hiQ Labs zu verwehren, mit Hilfe des Screen Scraping öffentlich zugängliche Nutzerprofile auszuwerten. hiQ Labs bietet Unternehmen Analysen insbesondere über deren Belegschaft an, welche sich aus öffentlich zugänglichen Profilen speisen. Hervorzuheben sind die Dienste „Keeper" und „Skill Mapper": Diese informieren die Kunden über Abwerbungsrisiken sowie über

858 *Schulz*, in: Gola, DS-GVO, Art. 6 Rn. 256.

859 BKartA, Konditionenmissbrauch gem. § 19 Absatz I GWB wegen unangemessener Datenverarbeitung, Entscheidung v. 6.2.2019 – Aktenzeichen B62216 B6-22/16, Fallbericht vom 15.02.2019, S. 11.

860 Labs, Inc. v. LinkedIn Corp., 3:17-CV-03301-EMC, slip op. at 1 (N.D. Cal. Aug. 14, 2017, Docket No. 23): Order granting planintiff's motion for preliminary injunction.

Qualifikationen und Stärken von Arbeitnehmern und solchen, die es werden sollen.[861]

Die von LinkedIn vorgebrachten Einwände gegen die Zugangsgewährung in Gestalt der Aufhebung technischer Barrieren zur Verhinderung des Screen Scraping waren auch datenschutzrechtlicher Natur:[862] So argumentiert das Unternehmen, dass die Nutzer trotz der öffentlichen Sichtbarkeit ihres Profils dennoch ein Interesse daran hätten, die Kontrolle über die Sichtbarkeit ihrer Profildaten und deren Nutzung zu behalten. Insbesondere sollen die Nutzer die Möglichkeit haben, zu vermeiden, dass Arbeitgeber anhand ihrer Profilaktualisierung mögliche Wechselabsichten im Vorhinein erkennen können. Viele Nutzer hätten daher die Benachrichtigungsfunktion[863] im Fall von Profiländerungen für die auf LinkedIn verbundenen Kontakte deaktiviert. Durch „Keeper" könnten wiederum Profiländerungen sichtbar gemacht werden, die eigentlich durch die Deaktivierung von Benachrichtigungen vermieden werden sollten.

Das Gericht erkannte diese Einwände zwar an, sah hierin jedoch keine zwingende Privatsphäreerwartung der Nutzer, die einer Verwendung durch hiQ entgegenstünde, und identifizierte als eigentlichen Grund für die Nutzung der Funktion die als störend empfundenen ‚Benachrichtigungsschwemmen' zulasten der Kontakte im Falle einer Profiländerung.[864] Zudem bietet LinkedIn selbst – ohne dies ausdrücklich zum Gegenstand der Einwilligung gemacht zu haben – einen ähnlichen Service namens „Recruiter", der es Personalern ermöglicht, geeignete Kandidaten für die Stellenbesetzung zu finden und Benachrichtigungen über Profiländerungen zu abonnieren.[865] LinkedIn argumentierte zudem, dass seine Datenschutzerklärung zwar die Nutzung für den Dienst „Recruiter" legitimiere, wohl aber Scraping durch Dritte ausschließe. Bemerkenswerterweise

861 Labs, Inc. v. LinkedIn Corp., 3:17-CV-03301-EMC, slip op. at 1 (N.D. Cal. Aug. 14, 2017, Docket No. 23): Order granting planintiff's motion for preliminary injunction, S. 1 f.

862 Labs, Inc. v. LinkedIn Corp., 3:17-CV-03301-EMC, slip op. at 1 (N.D. Cal. Aug. 14, 2017, Docket No. 23): Order granting planintiff's motion for preliminary injunction, S. 5 f.

863 In der Entscheidung „ ‚Do not Broadcast' feature" genannt.

864 Labs, Inc. v. LinkedIn Corp., 3:17-CV-03301-EMC, slip op. at 1 (N.D. Cal. Aug. 14, 2017, Docket No. 23): Order granting planintiff's motion for preliminary injunction, S. 6 f.

865 Labs, Inc. v. LinkedIn Corp., 3:17-CV-03301-EMC, slip op. at 1 (N.D. Cal. Aug. 14, 2017, Docket No. 23): Order granting planintiff's motion for preliminary injunction, S. 5 f.

hielt das Gericht diesem Einwand entgegen, dass die tatsächliche Privatsphäreerwartung der wenigen Nutzer, welche die Nutzungsbedingungen überhaupt gelesen haben, nicht durch die raffinierten Unterscheidungen in den außerordentlich langen Texten geprägt werde – sofern sie überhaupt eine solche Erwartung hätten, wenn sie sich schon für ein öffentlich sichtbares Profil entschieden.[866]

Die Begründung des Gerichts basiert auf einer praxisorientierten Behandlung der Datenschutzerklärung und verweist insbesondere auch auf eine tatsächliche Nutzererwartung, während die Datenschutzgrundverordnung zwar bezüglich der Verständlichkeit der Sprache (vgl. Art. 7 Absatz 2 Satz 1 DSGVO) einen Rahmen setzt, nicht aber in Bezug auf den Umfang. Bei geplanten umfangreichen Datenverarbeitungsvorgängen ist aufgrund der strengen Zweckbindung eine ausführliche Beschreibung der Verarbeitungszwecke vonnöten. Zudem stellt sich die Frage, inwieweit das in der Begründung gewählte Kriterium der „Privatsphäreerwartung der Nutzer" bei der Beurteilung nach Art. 6 Absatz 4 DSGVO selbständig operabel wäre. Der Katalog der Norm ist nicht abschließend gefasst, allerdings ist die vernünftige Erwartung der betroffenen Personen (Erwägungsgrund 50 Satz 6) im Kontext der ursprünglichen Datenerhebung verobjektiviert für die spezifische Personengruppe zu bestimmen.[867] Allerdings stellt es sich als schwierig dar, eine typisierende Nutzererwartung herauszustellen, sind doch die Nutzergruppen eines beruflichen sozialen Netzwerks äußerst heterogen, wobei zudem typisierend das Nichtlesen der Datenschutzerklärung und deren Auswirkung auf das Vorstellungsbild dieser Gruppen verifiziert werden müsste. Es erscheint jedoch zu kurz gegriffen, im Wege einer streng formalisierten Betrachtungsweise das Akzeptieren eines verschriftlichten Verarbeitungsprogramms mit der konkreten Erwartungshaltung der Betroffenen gleichzusetzen.

Die Wertungen dieser einstweiligen Anordnung erweisen sich deshalb für die Anwendung des Prüfungskatalogs in Art. 6 Absatz 4 DSGVO als wertvoll, wobei mit der Prämisse zu arbeiten ist, dass die Aufhebung der technischen Barrieren eine zweckändernde Übermittlung dargestellt. Dies ähnelt der Umsetzung mittels Herstellung eines Lesezugangs (sog. Pull-Lösung): Die Beurteilung nach der Verbindung zwischen den Verarbeitungszwecken und dem Kontext der Weiterverarbeitung legen nahe, dass der Hinweis auf umfassende

866 Labs, Inc. v. LinkedIn Corp., 3:17-CV-03301-EMC, slip op. at 1 (N.D. Cal. Aug. 14, 2017, Docket No. 23): Order granting planintiff's motion for preliminary injunction, S. 7.

867 *Monreal*, ZD 2016, 507, 511.

Weiterverarbeitungsszenarien die Zweckänderung für den Betroffenen ex ante erwartbar erscheinen lässt.

LinkedIn nutzt die Daten der Betroffenen aufgrund der Datenrichtlinie in vergleichbarer Weise wie von hiQ beabsichtigt, sodass sich die hieraus entstehenden Risiken aufgrund der Art der übermittelten Daten und der Verwendungszwecke aus Sicht der Nutzer nicht erhöhen. Eine besondere Erwartung an die sparsame Datennutzung, etwa wegen Entgeltlichkeit des Dienstes für die Nutzer, liegt hier nicht vor. Aufgrund der Öffentlichkeit der personenbezogenen Daten ist auch die stets kritisch zu beäugende Möglichkeit der Profilbildung hier weniger problematisch, denn die Nutzung der Dienste von LinkedIn ist gerade darauf ausgelegt, ein (möglichst ansprechendes) Profil für potenzielle Arbeitgeber zu kreieren. Ein interessierter Arbeitgeber kann ohne Weiteres das Profil aufrufen und selbst ein Profil über den Nutzer erstellen. Somit ließe sich dem Grunde nach ein kartellrechtlicher Zugangsanspruch zu den öffentlich zugänglichen Profildaten auch unter dem Regime des Art. 6 Absatz 4 DSGVO begründen.

(8) Das Vorhandensein geeigneter Garantien

Gemäß lit. e) wird das Vorliegen geeigneter Garantien zu einem Zulässigkeitskriterium erhoben, wobei exemplarisch die Instrumente der Verschlüsselung und Pseudonymisierung genannt werden. Dieses Kriterium unterscheidet sich insoweit von seinen Vorgängern, als dass es nicht im Zusammenhang mit Art und Ausmaß der Zweckänderung selbst steht, sondern als Kompensation für die mit Weiterverarbeitung einhergehenden Risiken die Implementierung von besonderen Schutzmechanismen ermöglicht.[868] Hier zeigt sich insbesondere der durch die Datenschutzgrundverordnung gestärkte risikobasierte Ansatz im Gegensatz zu dem „One-size-fits-all"-Ansatz, der im Wesentlichen gleiche datenschutzrechtliche Regeln für alle Formen von Datenverarbeitungen und Datenverarbeitern vorsieht.[869] Abstrakt formuliert geht es bei dem Kriterium der Bereitstellung geeigneter Garantien darum, das Schutzniveau der bisherigen Datenverarbeitung mindestens aufrecht zu erhalten.[870] *Dammann* erblickt in der Gewährleistung geeigneter Garantien sogar die Möglichkeit, auch nach obigen Maßstäben inkompatible Zweckänderungen zu rechtfertigen.[871]

---

868 *Schulz*, in: Gola, DS-GVO, Art. 6 Rn. 209.

869 Zur Begrifflichkeit *Veil*, ZD 2015, 347.

870 *Buchner/Petri*, in: Kühling/Buchner, DS-GVO Art. 6 Rn. 191.

871 *Dammann*, ZD 2016, 307, 314.

Die Beurteilung der Schutzwirkung sollte vorab im Wege der Datenschutz-Folgeabschätzung nach Art. 35 DSGVO durch den Zugangspetenten erfolgen, wobei zu beachten ist, dass die vorab zu treffenden Maßnahmen auch den Zugangsinhaber treffen.[872]

Während die Aggregation personenbezogener Daten als Anonymisierung die Anwendung des Datenschutzrechts ausschließt, kann als datenschutzrelevantes Minus hierzu auf die Garantie der Pseudonymisierung zurückgegriffen werden. Zum Training der Algorithmen können womöglich auch pseudonymisierte Daten – wenn nicht sogar anonymisierte Daten, wie von *Andrea Nahles* ins Spiel gebracht – verwendet werden. Doch sollte es im Einzelfall auf die Verwendung personenbezogener Daten ankommen, so können technische Lösungen implementiert werden, um die Verbindung mit eigenen Datenbeständen zwecks Profilbildung zu unterbinden, falls dies nicht von dem Anspruch umfasst sein sollte. Entscheidend ist die Sicherung des Zuordnungsschlüssels vor dem Zugriff Dritter.[873] Neben den denkbaren technischen Garantien kann auch das Vorhalten eines nicht schon nach Art. 21 DSGVO obligatorischen Widerspruchsrechts die Datensouveränität der Betroffenen erhöhen.[874] Dies wäre insbesondere relevant, dass nach hier vertretener Auffassung die Datenübermittlung im Wege der zweckändernden Datenverarbeitung erfolgt (statt über die Interessenabwägungsklausel nach Absatz 1 lit. f)).

(9) Grundentscheidung zugunsten der Souveränität der Betroffenen

(a) Maßstab für die Beurteilung der Zweckänderung

Art. 6 Absatz 4 DSGVO formuliert keinen abschließenden Beurteilungsrahmen, sodass weitere Aspekte in die Bewertung der Zulässigkeit einer zweckändernden Datenverarbeitung einbezogen werden können. Erwägungsgrund 50 Satz 8 legt nahe, dass vor allem die Einhaltung der Grundsätze aus Art. 5 DSGVO gewahrt werden müssen, die Verantwortlichen ihre Pflichten zu erfüllen haben und die Betroffenen ihre Rechte ausüben können.[875] Insoweit kann die Abwägungsklausel des Absatz 4 als einzelfallspezifische Ausprägung des bereits skizzierten Spannungsverhältnisses zwischen Datenschutz und Wettbewerb(-srecht) verstanden werden, wobei hier die Vorgaben der DSGVO als organschaftlich geschaffenes

---

872 *Dammann*, ZD 2016, 307, 314; *Heberlein*, in: Ehmann/Selmayr, DS-GVO Art. 6 Rn. 60.

873 *Roßnagel*, ZD 2018, 243 f.

874 *Schulz*, in: Gola, DS-GVO, Art. 6 Rn. 209.

875 *Roßnagel*, in: Simitis/Hornung/Spiecker gen. Döhmann, Datenschutzrecht, DSGVO Art. 6 Abs. 4 Rn. 64.

Recht im Rang unter dem primärrechtlich verankerten Verbot des Missbrauchs einer marktbeherrschenden Stellung stehen. Der dem zugrunde liegende Konflikt zwischen Wettbewerb und Datenschutz kann dabei nicht anhand einer Grundentscheidung aufgelöst werden, sondern ist von Fall zu Fall zu beurteilen. Im Fall einer durch die Aussicht auf Datenakquise motivierten Transaktion fungiert das Wettbewerbsrecht womöglich sogar als Hüter datenschutzrechtlicher Interessen.

In aller Kürze seien die hier widerstreitenden Interessen und Positionen noch einmal skizziert: Erwägungsgrund 6 Satz 1, 2 DSGVO formuliert die Notwendigkeit eines hohen Datenschutzniveaus trotz der durch die neuen Technologien rasant gestiegenen Mengen an erhobenen und getauschten personenbezogenen Daten. Die Nutzer digitaler Angebote sind sich der mit den der Digitalisierung immanenten Gefahren bewusst und darüber besorgt, doch spiegelt sich dies im alltäglichen Verhalten selten wider – sei es durch sparsame Datenweitergabe oder Präferenz datenschutzfreundlicher (gegebenenfalls kostenpflichtiger) Dienste, was als *privacy paradox* bezeichnet wird.[876] Die strikte europäische Datenschutztradition wird teils als überregulatorisch kritisiert, worauf mit einer weiteren Überregulierung in Gestalt eines Dateneigentumsrechts reagiert wird, um die Verkehrs- und damit die Innovationsfähigkeit wiederherzustellen.[877] Ein allzu „paternalistischer Datenschutz" wird zudem nicht nur als wettbewerbshemmend, sondern auch als unnötig kritisiert, da viele Nutzer sich völlig im Klaren darüber sind, dass ihren Daten der Charakter einer Gegenleistung für eine monetär kostenlose Leistung zuteilwird und sie sich dennoch bewusst gegen kostenpflichtige Dienste entscheiden.[878] Oberste Maxime sollte daher die Ermöglichung einer souveränen Nutzerentscheidung über den Umgang mit seinen personenbezogenen Daten sein.[879] Überdies entfaltet ein wettbewerbsfreundlicher Ansatz letztlich auch positive Wirkungen für den Datenschutz, den selbst die strikteste Kontrolle der Datenschutzerklärungen mit den Mitteln des AGB-Rechts oder der datenschutzrechtlichen Vorschriften zur Einwilligung ist nicht geeignet, durch fehlenden Wettbewerb erzwungene Konditionen zu verhindern.[880]

876 Vgl. zur Begrifflichkeit *Kühling/Martini*, EuZW 2016, 448, 450; *Paal*, BeckOK InfoMedienR, AEUV Art. 102 Rn. 80b; sowie bereits Abschnitt B.III.3.b)dd)(2)(b).

877 Zu dieser Kritik siehe *Determann*, MMR 2018, 277 f.; *ders.* ZD 2018, 503, 508.

878 *Körber*, NZKart 2016, 348, 349 f.

879 *Körber*, NZKart 2016, 348, 349 f.; *Krüger*, ZRP 2016, 190.

880 Vgl. *Krüger*, ZRP 2016, 190.

Gewichtig für die Zulässigkeit einer kartellrechtlich legitimierten Datenübermittlung spricht folglich die Implementierung von Maßnahmen, die den Nutzern die Kontrolle über die Datennutzung erhalten.

(b) Wahrung der Nutzersouveränität bei der Umsetzung von Zugangsansprüchen

Grundsätzlich spricht die Möglichkeit, von den Betroffenen eine Einwilligung einzuholen, in der Abwägungsentscheidung gegen die Kompatibilität der Zweckänderung.[881] Dies ist naturgemäß bei einer nicht zu antizipierenden Umsetzung eines kartellrechtlichen Anspruchs nicht möglich. Allerdings kann die Souveränität der Nutzer gewahrt werden, wenn beispielsweise eine (überobligatorische) Widerspruchsmöglichkeit gegen die Übertragung eingerichtet wird.[882] In vielen Fällen mag auch die Mitwirkung des Zugangsinhabers bei der Einholung von Einwilligungen eine sinnvolle Alternative darstellen. Die kurze und prägnante Darstellung der beabsichtigten Weitergabe – aufgrund eines kartellrechtlichen Anspruchs beispielsweise in Gestalt eines Pop-Up-Fensters im News Feed eines sozialen Netzwerks – mit dem Hinweis, dass bei Verweigerung der Zustimmung keinerlei Nachteile für den Nutzer entstehen, kann hierfür einen praktisch umsetzbaren Weg darstellen. Die Art. 29-Datenschutz-gruppe hat in ihren Leitlinien zum Recht auf Datenübertragbarkeit (Art. 20 DSGVO)[883] darauf hingewiesen, dass die Rechte Dritter bei der Übertragung personenbezogener Daten gewahrt werden können, indem diesen ermöglicht wird, den zu übertragenden Umfang ihrer personenbezogenen Daten auszuwählen. Dies könnte durch Gruppierung der Daten in Dashboards erfolgen, um dem Betroffenen zu ermöglichen, statt des gesamten Katalogs seiner Daten nur bestimmte Teilmengen (oder je nach Ausgestaltung gar keine Daten) zu übertragen.[884]

Die Übertragung personenbezogener Daten an Dritte geht oftmals mit einer Erschwerung der Rechtsausübung und Kontrollierbarkeit für die Betroffenen einher.[885] Die Kontrollierbarkeit könnte allerdings durch das Konzept der *Sticky Policies* gewährleistet werden. Diese datenschutzfreundliche Technikgestaltung verbindet maschinenlesbar den Kontext der Datenerhebung sowie

---

881 *Frenzel*, in: Paal/Pauly, DS-GVO Art. 6 Rn. 49.

882 Dazu schon C.IV.2.b)cc)(8).

883 Zu dieser Problematik vgl. C.III.2.b).

884 Artikel-29-Datenschutzgruppe, Leitlinien zum Recht auf Datenübertragbarkeit, verabschiedet am 13.12.2016, 16/ENWP 242, S. 11, 17.

885 *Buchner/Petri*, in: Kühling/Buchner, DS-GVO Art. 6 Rn. 190; *Roßnagel*, in: Simitis/Hornung/Spiecker gen. Döhmann, Datenschutzrecht, DSGVO Art. 6 Abs. 4 Rn. 57.

die Zugriffs- und Bearbeitungsrechte mit dem jeweiligen Datensatz, sodass nur bestimmte Datenverarbeitungshandlungen zugelassen werden – man könnte insoweit von einer an den Datensatz angehefteten Datenschutzerklärung sprechen.[886] Hierdurch können die Grundsätze der Zweckbindung und der Datensparsamkeit über mehrere Übertragungsvorgänge hinweg gewährleistet werden.[887] So kann auch die spätere Zusammenführung oder Verknüpfung von Datenbeständen vermieden werden,[888] etwa da dies nicht vom Anspruch umfasst oder vom Betroffenen nicht gewünscht ist.

c) Schlussfolgerungen für die datenschutzrechtliche Zulässigkeit einer Zugangsgewährung

Sofern nicht bereits die Datenschutzerklärung die weitreichende kommerzielle Nutzung und Übermittlung personenbezogener Daten legitimiert, muss die Übermittlung an einen Dritten als zweckändernde Datenverarbeitung beurteilt werden, wobei es maßgeblich auf die Verarbeitungszwecke des Dritten ankommt. Für die Zulässigkeit der Datenverarbeitung durch den Zugangspetenten ist zunächst die Erwartungshaltung der Betroffenen zu berücksichtigen, denn bei einer großzügig bemessenen Zweckbestimmung besteht eine höhere Wahrscheinlichkeit, dass die Verarbeitungszwecke des Dritten für den Betroffenen nicht überraschend erscheinen, etwa weil eine sachliche Nähe besteht oder gar identische Verarbeitungszwecke bestehen. Im Fall von *hiQ Labs v. LinkedIn* dürften die neuen Verarbeitungszwecke im Bereich des Erwartbaren zu verorten sein, da LinkedIn die Nutzerdaten ebenfalls für Dienste im Bereich der Mitarbeiterrekrutierung verwendet. Ein ursprünglich datensparsamer Dienst steckt auch einen engen Rahmen bei der Weiterverwertung durch einen Zugangspetenten. Insbesondere Maßnahmen der Profilbildung zum Zwecke des Direktmarketings mögen dem Nutzer unrecht sein, da sie häufig deutlich wahrnehmbar mit dem Ergebnis ihrer Einstufung durch den Algorithmus konfrontiert werden. Man denke nur an Produktempfehlungen auf E-Commerce-Websites. Die meisten Nutzer dürften sich zumindest über die prinzipielle Kommerzialisierbarkeit ihrer Daten und der ihnen hierdurch ermöglichten Vorteile bewusst sein, wenn sie häufig auch nicht die Dimensionen erfassen. Durch Implementierung eines

886 *Hansen/Thiel*, DuD 2012, 26, 29; *Hofmann*, ZD 2016, 12, 15; *von Lewinski*, in: BeckOK DatenschutzR, DS-GVO Art. 20 Rn. 94.1a.

887 *Weichert*, ZD 2013, 251, 259.

888 *Hansen*, in: Simitis/Hornung/Spiecker gen. Döhmann, Datenschutzrecht, DSGVO Art. 25 Rn 65.

effektiven Widerspruchsmechanismus und der Möglichkeit einer Auswahl von zu übertragenden Daten kann dem Betroffenen eine souveräne Entscheidung ermöglicht werden, die einer allzu überfürsorglichen Reglementierung vorzuziehen sind. Die Schutzwürdigkeit der personenbezogenen Daten steigt mit ihrer Sensibilität – insbesondere, wenn es sich um Daten nach Art. 9 f. DSGVO handelt. Ihre Sensibilität steht allerdings einer Übermittlung nicht im Wege, wenn diese Daten öffentlich verfügbar sind, insbesondere, wenn der Betroffene sie öffentlich gemacht hat. Außerdem wird es bei hochsensiblen Gesundheitsdaten häufig auf den Personenbezug ankommen, sodass auch anonymisierte Daten genügen können.

Die Nutzung einzelfallspezifischer Garantien sowie die Gewährleistung größtmöglicher Nutzersouveränität sind ein starker Fingerzeig für die datenschutzrechtliche Implementierbarkeit eines kartellrechtlichen Zugangsanspruchs. Zudem sind sowohl die Parteien als auch die Wettbewerbshüter aufgefordert, individuelle Lösungen zu finden. So wurde bereits die Möglichkeit der Pseudonymisierung im Bereich der Werbeschaltung thematisiert. Pseudonymisierung kann für Big-Data-Anwendungen nutzbar gemacht werden, die eine Profilbildung verlangen, wobei die datenschutzrechtlichen Interessen durch angemessene Sicherung der Zuordnungsregel gewahrt werden. Auch kann sich – in Anlehnung an die Anordnung der „inneren Entflechtung", die das BKartA Facebook auferlegt hat – die Zusammenführung von Datenbeständen durch technische Garantien verhindert werden – etwa, wenn es um die Weiterentwicklung der Algorithmen eines Unternehmens geht. *Sticky Policies* können ebenfalls dazu dienen, die Trennung von Datensätzen aufrecht zu erhalten.

Die gewonnenen Erkenntnisse lassen sich formelartig wie folgt formulieren: Einem kartellrechtlichen Zugangsanspruch steht ein datenschutzrechtlich begründeter Rechtfertigungseinwand nicht entgegen. Im Rahmen ihrer Einflusssphären müssen sowohl Zugangsinhaber als auch Zugangspetent die geeigneten Maßnahmen zur Gewährleistung von größtmöglicher Datensicherheit treffen. Je intensiver die avisierte Datenverarbeitung durch den Zugangspetenten in die Persönlichkeitssphäre des Betroffenen eindringt, desto mehr muss seine Souveränität gewahrt werden. Datenschutzrechtlich anzuerkennen ist das grundsätzliche Bewusstsein und Einverständnis der meisten Nutzer an der Kommerzialisier-barkeit ihrer personenbezogenen Daten zugunsten neuartiger (ggf. kostenloser) Dienste. Der Notwendigkeit, eine datenschutzfreundliche, zweckentsprechende, der Menge und Sensibilität von Daten angemessene Datenübertragung zu gewährleisten, ist eine Schaffung weiterer technischer und datenschutzrechtlicher Expertise der zuständigen Wettbewerbsbehörden und Gerichte immanent.

D. Zusammenfassung der Ergebnisse und Ausblick

Das Kartellrecht ist in der Lage, aufgrund der Offenheit und Flexibilität seiner Tatbestände sowie der klaren Wertungen angemessen auf die Herausforderungen der digitalen Ökonomie zu reagieren. Dies schließt keineswegs die Notwendigkeit ergänzender regulatorischer Maßnahmen und weiterer Grundlagenforschung aus. Die Untersuchung der Anwendbarkeit der Essential-Facilities-Doktrin im Kontext digitaler Plattform zeigte Probleme auf, die sich aus der Nutzbarmachung exklusiver Datenbestände ergeben können, und dass beizeiten auch ein Eingriff in die dynamischen, aber sensiblen Märkte notwendig werden kann. Dies kann nicht ohne Einbeziehung der Wertungen und Instrumente des Datenschutzrechts geschehen. Beide Rechtsmaterien koexistieren längst nicht mehr nur, sondern sind durch Wechselwirkungen geprägt.

Im Folgenden seien die wesentlichen Erkenntnisse der Analyse skizziert:

1. Zu den plattformökonomischen Rahmenbedingungen

Plattformmärkte bieten für die Nutzer eine Vielzahl von Diensten, die aufgrund mobiler Endgeräte überall verfügbar sind und das Leben der Menschen signifikant vereinfacht und verändert haben. Big Data und Big Analytics ermöglichen ein umfassendes Verständnis der Nutzer eines Produktes oder einer Dienstleistung, sodass durch die Sammlung möglichst vieler verschiedener Daten die Verbesserung oder Innovation der Produkt- und Dienstleistungspalette ermöglicht wird. Große und breit gefächerte Datenbestände sind daher erforderlich, um den Nutzern möglichst attraktive Plattformdienstleistungen zu bieten. Jedoch stehen diese Daten neuen Unternehmen noch nicht zur Verfügung. In diesem Falle liegt ein Henne-Ei-Problem vor. Unternehmen der Digitalwirtschaft sind gezwungen, kreativ zu handeln, um Nutzer an ihre Plattform zu binden und durch Datenakquise einen Fuß in die Tür zu bekommen. Große Plattformbetreiber erheben daher eine große Zahl verschiedenartiger Daten durch Integration verschiedener Dienste, betreiben unterdessen eine sehr

restriktive Datenweitergabepolitik. Für ein Tätigwerden an bestimmten Märkten können spezifische Datenbestände jedoch notwendig sein, die von einem New-comer nicht ohne Weiteres erhoben werden können. Zudem kann das Erreichen einer kritischen Masse an Nutzerzahlen, die für die Akquise von Werbetreibenden oder die Datenakquise auf mehrseitigen Märkten zwingend notwendig sind, aufgrund starker Netzwerk- und Lock-in-Effekte signifikant erschwert werden. Erreicht ein Anbieter diese kritische Masse, können eben jene Phänomene eine dominante Marktstellung rasant zu Fall bringen. Die Wirkungsweisen auf Plattformmärkten sind stark abhängig von dem jeweiligen Geschäftsmodell. Überlastungsgefahren, Möglichkeiten zur Produktdifferenzierung, Interportabilität, Interoperabilität und ein (von den Nutzern wahrgenommenes) Multi-Homing können eine Marktdominanz restringieren. Aufgrund des Einsatzes lernender Algorithmen wiegen die Vorteile einer ausufernden Datensammlung schwerer als der Mehraufwand, der sich aus den Kosten für die Speicherung und Auswertung großer Datenmengen ergibt.

2. Zur Abgrenzung des sachlich relevanten Marktes

Die Abgrenzung des relevanten Marktes stößt auf Plattformmärkten wegen der zu berücksichtigenden Marktseiten und der damit verbundenen, nicht neutralen Preisstrukturen insbesondere dort auf Schwierigkeiten, wo die Methodik an eine monetäre Gegenleistung anknüpft. Zukünftig können Konzeptionen Bedeutung erlangen, die sich von der strikten Notwendigkeit der Marktabgrenzung distanzieren und den Fokus stärker auf eine Auswirkungsanalyse richten, da viele Aspekte wie die Einflüsse der Netzwerkeffekte innerhalb der gesamten kartellrechtlichen Analyse zu berücksichtigen sind. Dies ist allerdings mit dem geltenden Recht nur begrenzt vereinbar. Trotzdem ist es möglich, den sachlich relevanten Markt anhand der Grundüberlegung des Bedarfsmarktkonzepts sinnvoll abzugrenzen, wobei ergänzend plattformspezifische Ansätze herangezogen werden können. So kann ergänzend der SSNIP-Test durch qualitative Parameter modifiziert werden. Der Chinesische Oberste Gerichtshof bediente sich des „small but significant non-transitory decrease in the quality"-Test und unterstellte eine hypothetische Verschlechterung in Gestalt von gesenkter technischer Stabilität. Gleiches gilt für die vom Bundeskartellamt vorgeschlagene Differenzierung zwischen Transaktionsplattformen und Nicht-Transaktions-plattformen, wobei für erstere eine einheitliche Betrachtung der Plattform vorgenommen werden solle, da in diesem Falle aufgrund indirekter Netzwerkeffekte eine starke Verzahnung der Nutzergruppen zu attestieren ist. Im Grundsatz sind auch fernerliegende Alternativen für das in Rede stehende Produkt zu berücksichtigen, wobei dies im Rahmen der Marktmachtanalyse aufgrund der gesunkenen Bedeutung der absoluten Marktanteile zu kompensieren wäre. Im Fall von sozialen Netzwerken besteht aufgrund der hohen Spezialisierung der Dienste wiederum die Gefahr einer Atomisierung der Märkte. Hier wird es darauf ankommen, den Konkurrenzdruck anhand einer Schnittmenge von Diensten zu ermitteln, die ein bestimmter Typ von sozialen Netzwerken mindestens zu bieten hat. Der Gedanke der Angebotsumstellungsflexibilität kann hier ebenfalls verstärkt herangezogen werden. Schließlich zeigte ein Blick auf den Umgang der Nutzer mit den Suchmaschinen und der damit verbundenen fokussierten Wahrnehmung auf die vordersten Ergebnisse, wie bedeutsam eine gründliche Analyse der Nutzergewohnheiten jenseits von bloßer technischen Möglichkeit ist.

3. Zur Feststellung einer marktbeherrschenden Stellung

Die Feststellung, ob ein Unternehmen eine marktbeherrschende Stellung innehat, sich also im Wesentlichen unabhängig von seinen Wettbewerbern auf dem relevanten Markt verhalten kann, wurde bisher maßgeblich von der Untersuchung der Marktanteile bestimmt, wobei ergänzend auch auf Parameter zur Identifizierung etwaiger Markteintrittsbarrieren zurückgegriffen wurde. Zu kurz gegriffen ist die Annahme, dass Marktanteile gänzlich ihre Bedeutung auf „Winner-takes-all"-Märkten verlören. Dennoch weisen die Marktstrukturen eine höhere Komplexität auf, da durch Skalen-, Verbund- und Netzwerkeffekte schneller hohe Marktanteile mit dem Erreichen einer kritischen Masse aufgebaut bzw. abgebaut werden können. Im deutschen Kartellrecht sind wesentliche Faktoren enumeriert, wie Netzwerkeffekte, Multihoming, Größenvorteile, Zugang zu den wettbewerbsrelevanten Daten sowie innovationsgetriebener Wettbewerbsdruck (§ 18 Absatz 3a GWB). Anschaulich zeigt sich anhand von sozialen Netzwerken, wie Nutzer durch direkte Netzwerkeffekte und fehlende Datenportabilität und Interoperabilität u.a. an ein Netzwerk gebunden werden können, sodass hohe Markteintrittsbarrieren entstehen können. Der Zugang zu Daten kann insbesondere Marktmacht begründen, wenn er die Erschließung neuer Geschäftsmodelle oder den Aufbau von Datenportfolios ermöglicht. Hierdurch lassen sich Monopolstellungen aufbauen, die sich ohne signifikante Neuinvestitionen stabilisieren oder verstärken. Besteht auf dem jeweiligen Markt die Möglichkeit des Multihoming oder sind allgemein die Möglichkeit der Portabilität oder Interoperabilität zwischen zwei Systemen ausgeprägt, so kann dies gegen eine marktbeherrschende Stellung sprechen. Ebenso kann der Natur der gebotenen Dienstleistung entsprechend die Gefahr der Überlastung oder Möglichkeiten zur Produktdifferenzierung die Ansiedelung mehrerer Anbieter am Markt fördern. Insgesamt können hohe, längerfristig stabile relative Marktanteile als Symptom dieser Marktstrukturen nach wie vor ein starkes Indiz dafür bieten, dass ein Unternehmen eine marktbeherrschende Stellung innehat. Wird die für das jeweilige Plattformmodell charakteristische Leistung unentgeltlich erbracht, ist der Marktanteil anhand alternativer Parameter zu bestimmen.

Suchmaschinenmarktanteile könnten beispielsweise anhand der vermittelten Seitenaufrufe determiniert werden.

4. Zum Tatbestand der Essential-Facilities-Doktrin

Mangels fehlender rechtlicher Zuordnung in Gestalt eines Dateneigentumsrechts hat der Plattformbetreiber eine rein tatsächlich vermittelte Kontrolle an (personenbezogenen oder maschinellen) Daten, die er beispielsweise auf vertragsrechtlicher Ebene absichert. Aufgrund der vielfältigen Verwendungsmöglichkeiten und der Schwierigkeiten bei der Erlangung bestimmter Daten kann für konkurrierende Unternehmen der Zugang zu diesen Daten notwendig für die Erbringung einer bestimmten Dienstleistung sein. Es entsteht ein Spannungsverhältnis zwischen der Privatautonomie und den Investitionsschutzinteressen des marktbeherrschenden Unternehmens sowie anderer Unternehmen dieser Branche einerseits und dem Interesse an einer Offenhaltung des Marktes andererseits. Ähnliches kann für bestimmte Plattformdienste gelten, die vergleichbar mit einer Infrastruktureinrichtung den Zugang zu einer Vielzahl weiterer Dienstleistungen in den unendlichen Weiten des World Wide Web bieten.

Dreh- und Angelpunkt der Essential-Facilities-Prüfung ist die Feststellung, ob der in Rede stehende Input für ein Tätigwerden am abgeleiteten Markt unerlässlich ist, wobei durch die Notwendigkeit für ein Tätigwerden im engeren Sinne und an die wirtschaftlichen Anstrengungen für die Schaffung einer Ersatzeinrichtung nach Bronner hohe Anforderungen zu stellen sind. Die Rechtsprechung zeigte sich nach der Bronner-Entscheidung, die auf eine rein rechtliche und tatsächliche Machbarkeit rekurrierte, gewillt, die Unerlässlichkeits-prüfung einzelfallspezifisch anzupassen. Im Fall IMS sollte auch die durch Einbeziehung der Nutzer herbeigeführte Standardisierung zur Unerlässlichkeit des Inputs führen. In Microsoft waren dies Interoperabilitätserwägungen. Ähnliche Wirkungen lassen sich auf Plattformmärkten durch rechtliche Monopole, Skaleneffekte, Verbundeffekte sowie Netzwerk- und Lock-In-Effekte erzielen. Diese stehen der Schaffung einer Konkurrenzplattform unabhängig von etwaiger vergleichbarer wirtschaftlicher Schlagkraft oftmals im Weg.

Lernende Algorithmen können die Leistung einer Plattform dergestalt optimieren, dass auch bei signifikanten Investitionen eines Newcomers die Leistung aufgrund des Datenvorsprungs des Marktführers nicht erreicht werden kann, sodass sich aufgrund des Reputationsvorsprungs mehr Nutzer für diese Plattform entscheiden werden. Diese Stellung kann ab einem gewissen Zeitpunkt ohne signifikante Neuinvestitionen verteidigt werden. In diesem Fall ist die Duplizierung der Einrichtung technisch möglich, aber wirtschaftlich kaum erfolgversprechend.

Gewissen Plattformdienstleistern kommt eine herausgehobene Stellung zu, da sie – ähnlich einer Infrastruktureinrichtung – anderen Unternehmen erst den Zugang zu den Nutzern ermöglichen und vice versa. Bis auf eine Handvoll Unternehmen mit starkem Markenkern sind viele Unternehmen, gleich ob sie dem Brick and Mortar oder der Internetökonomie zuzurechnen sind, auf das ‚Gefundenwerden' in einem Suchmaschinenindex angewiesen. Eine Suchmaschine mit ähnlicher Leistungsstärke zu duplizieren, welche in der Lage wäre, die notwendige kritische Masse an Nutzern zu akquirieren, um somit die Leistungsstärke der eigenen Algorithmen zu optimieren, erscheint aufgrund des über lange Zeit gewonnenen Datenvorsprungs nicht möglich.

Ebenso ist der E-Commerce-Betreiber Amazon im Begriff, durch eine wachstumsorientierte Investitionsstrategie in Gestalt einer Doppelfunktion als Plattformbetreiber und als Anbieter eine Position als Infrastruktur des E-Commerce aufzubauen. Der Aufbau eines umfangreichen Dienstleistungs- und Datenportfolios ermöglicht die schnelle Erschließung neuer Geschäftsfelder.

Durch diese hervorgehobene Stellung, die aus technischen und juristischen Gründen auch App Stores zukommen kann, ist der Wettbewerber vom Zugang zum Suchindex oder zur E-Commerce-Plattform unter FRAND-Bedingungen abhängig. Hier ergeben sich andere Notwendigkeiten, es rücken Aspekte der Gleichbehandlung mit eigenen Diensten oder die Einschränkung der Datenakquise bei der Durchführung der Dienstleistung in den Fokus.

Daten wird nachgesagt, sie seien ubiquitär, nicht rival und leicht erhältlich. Personenbezogene Daten könnten nach diesem Verständnis beliebig oft erhoben werden. Der Bestand eines Unternehmens an personenbezogenen Daten könnte demgemäß nicht unerlässlich sein, um an einem abgeleiteten Markt tätig zu sein. Zu diesem Schluss kam die Kommission ebenfalls in ihrer bisherigen Fusionskontrollpraxis. Jedoch geht es im Umfeld von Big Data und Big Analytics – dem Namen nach – um sehr große Datenbestände, welche sich aus verschiedenen Komponenten speisen und je nach Geschäftsmodell unterschiedlich zusammengesetzt sind. Somit mag es in vielen Fällen nicht ohne weiteres möglich sein, ein ähnlich aussagekräftiges Datenportfolio zusammenzustellen. Insbesondere ist ein Datenbestand, der sich aus verschiedenen Beschaffungsquellen speist, in seiner Aussagekraft nicht mit einem Datenbestand vergleichbar, der aus einer Dienstleistung oder aus einem Portfolio erhoben wurde.

Eine Sonderrolle nehmen bei der Betrachtung maschinengenerierte Daten ein, die beim Betrieb von Smart Products oder bei der Nutzung des Internet of Things erhoben werden. Sie fungieren ebenfalls als digitale Plattform nach dem hiesigen Begriffsverständnis. Ihre Daten können umso mehr exklusiv sein, nicht zuletzt da sie durch technische Mittel vor dem Zugriff abgeschottet werden können. Typischerweise sind sie Teil einer Wertschöpfungskette, sodass durch die Exklusion anderer Unternehmen wirksam der Zugang zu den Märkten für Sekundärdienstleistungen (Wartungen o.ä.) oder abgeleiteten Innovationsmärkten vereinnahmt werden kann. Für bestimmte Bereiche kann eine den Regelungen der Art. 6, 7 Fahrzeugemissionen-VO entsprechende Zugangsregulierung erwogen werden.

Jenseits der hohen Hürden für eine Zugangsgewährung nach Art. 102 AEUV ermöglicht das deutsche Recht für kleine und mittlere Unternehmen ein erweitertes Zugangsrecht im Falle des Missbrauchs relativer Marktmacht bei Vorliegen einer Abhängigkeitslage, § 20 Absatz 1 GWB.

5. Zur Möglichkeit der objektiven Rechtfertigung

Nach dem hiesigen Verständnis sollte sich der Anwendungsbereich der Essential-Facilities-Doktrin durch eine angepasste Auslegung des Begriffs der Unerlässlichkeit erweitern. Demgemäß sind auch die Rechtfertigungsmöglichkeiten für die Zugangsverweigerung durch das marktbeherrschende Unternehmen zu erweitern, um der besonderen Dynamik digitaler Märkte gerecht zu werden und einer ausufernden Anwendung vorzubeugen. Die Rechtsprechung der EU-Gerichtsbarkeit ermöglicht eine Interessenabwägung, aufgrund derer Effizienzvorteile und die Auswirkungen auf den Wettbewerb sowie die Verbraucherinteressen in Einklang gebracht werden können.

Hierfür ist zunächst die Frage zu stellen, ob schützenswerte Investitionsanreize durch eine Zugangsgewährung bedroht sind, wobei aufgrund der Signalwirkung für die gesamte Branche der Blick nicht mehr nur auf das marktbeherrschende Unternehmen zu verengen ist. Dabei ist im Einzelfall zu untersuchen, ob diese Anreize trotz Aussicht auf eine angemessene Lizenzgebühr bedroht sind. Zudem ist zu hinterfragen, ob die Geschäftsstrategie tatsächlich auf die Geheimhaltung einer – wie behauptet – omnipräsenten Ressource basiert. Der Vergleich mit der Ausgestaltung des Immaterialgüterrechtsschutzes zeigt, dass zeitlich begrenzte Monopole durchaus hingenommen und erwünscht sind, um den Schutzrechtsinhaber für seine Investition zu belohnen und eine Anreizwirkung für weitere Innovationen zu schaffen. Im Unterschied hierzu gibt es kein ausschließliches Recht an Daten, das eine wirtschaftliche Zuordnung, den Umfang der Berechtigung sowie die Schranken der Ausübung kodifiziert. Demgemäß sollte die Interventionsschwelle mangels vorweggenommener gesetzgeberischer Interessenbewertung herabgesenkt werden – insbesondere, da sich bestimmte Datenmonopole ohne signifikante Neuinvestitionen selbst erhalten und verstärken. Die Stellung des marktbeherrschenden Unternehmens ist über die Marktgrenzen hinaus zu betrachten, um zu vermeiden, dass ihm die Konkurrenzfähigkeit gegenüber mächtigen Konkurrenten durch Schaffung eines Monopols an einem singulären Markt entzogen würde, welche sich durch Zahlung einer angemessenen Lizenzgebühr nicht kompensieren ließe.

Durch das „Post Danmark"-Urteil[889] wurde insbesondere die Möglichkeit eröffnet, den Gesichtspunkt der Konsumentenwohlfahrt in den Blick zu nehmen. So ist in einer an das Urteil Microsoft angelehnten Interessenabwägung zu ermitteln, welches Produkt bzw. welche Dienstleistung der Zugangspetent mit Hilfe des Inputs bieten kann und inwieweit dieses einen Mehrwert zu dem bisher angebotenen darstellt – sofern der Zugangsinhaber überhaupt den abgeleiteten Markt eröffnet hat. Hier ist von einem strikten Erfordernis eines neuen Produktes im Sinne einer ‚wenn-dann'-Betrachtung abzukehren. Allgemein ist davon auszugehen, dass – datenschutzrechtliche Aspekte seien hier ausgeklammert – Daten aufgrund ihrer vielfältigen Verwendungsmöglichkeiten einer Vielzahl von Wettbewerbern zur Verfügung stehen sollten. Eine andere Betrachtungsweise kann sich jedoch aus einer dynamischen Marktsituation mit ausreichend Disruptionspotenzialen ergeben.

6. Zur Anpassung der Abhilfemaßnahmen/Rechtsfolgen

Die Feststellung, dass es sich bei dem fraglichen Input um eine Essential-Facility handelt, zwingt sodann zu der Wahl einer Abhilfemaßnahme, die im digitalen Kontext verhältnismäßig und vor allem zeitnah ein Zugangsverhältnis ausgestalten kann. Der Zugang zu einem Datenbestand kann als Pull-Lösung in Form einer Schnittstelle die für den Zugangspetenten bequemste Lösung darstellen, wobei eine Bereitstellung in Gestalt einer Push-Lösung angezeigt sein kann, wenn aus datenschutzrechtlichen Gründen eine Anonymisierung stattzufinden hat. Aus Gründen der Verhältnismäßigkeit und zum Schutze der Investitionsanreize auf beiden Seiten kann zudem eine zeitliche Begrenzung des Zugangsanspruchs geboten sein, sofern es sich um einen Datenbestand handelt, welcher sich fortlaufend aktualisiert.

Digitale Plattformen, denen eine Stellung als digitale Infrastruktur zuteilwird, sind womöglich in einer Position, in der sie anderen Unternehmen als übergeordneter Betreiber der Einrichtung und als Wettbewerber gegenübertreten. Ist

889 EuGH, Rs. C-209/10, ECLI:EU:C:2012:172 – Post Danmark.

dies der Fall, so sind die Bedingungen zu ermitteln, unter welchen der Plattformbetreiber Wettbewerbern den Zugang zu seiner Einrichtung gewähren muss. Zugangsbedingung kann eine gleichrangige Listung in einem Suchindex sein, sodass bestimmte Kriterien für die Ermittlung der Relevanz einer

Website, die im Verdacht stehen, hauseigene Leistungen zu bevorzugen, durch Opt-in/Opt-out-Lösungen ausschließbar sein müssen. Wiederum kann im Bereich des E-Commerce die Notwendigkeit bestehen, die Datenerhebung des Plattformbetreibers zu beschränken, wenn diese seine Stellung im Wettbewerb mit den abhängigen Unternehmen stärken können. Hierbei kann es notwendig werden, die Geschäftsstrategie als Ganzes zu untersuchen.

Das wohl größte Manko des Instrumentes Kartellrecht für die Aufrechterhaltung eines offenen, dynamischen Plattformmarktes ist wahrscheinlich in der teilweise überbordenden Verfahrensdauer zu sehen. Der Gefahr einer rechtswidrigen Fehlentwicklung einer Wettbewerbssituation kann durch eine häufigere Anwendung einstweiliger Anordnungen begegnet werden. Bei der Interessenabwägung ist stets zu berücksichtigen, dass durch die Möglichkeiten, der digitalen Ökonomie und der Ressource Daten im Speziellen eine Verfestigung und Ausdehnung der Position auf konvergenten Märkten ein Zustand herbeigeführt werden kann, der womöglich nur mit einer Entflechtung des Unternehmens korrigiert werden könnte. Unter Einschaltung von Überwachungstreuhändern könnten zugeschnittene Lösungen zur Sicherung des status quo implementiert werden.

7. Zum Verhältnis des Datenschutzrechts und des Kartellrechts bei digitalen Sachverhalten

Das Wissen um die Bedeutung der Datenverfügbarkeit für einen funktionierenden digitalen Wettbewerb setzt sich zunehmend in der Politik durch, doch sind die Regulierungsvorschläge teils überschießend und klammern den Interessenkonflikt aus, der zwischen einer wettbewerblich wünschenswerten weitreichenden Verfügbarkeit personenbezogener Daten und dem entgegenstehenden datenschutzrechtlichen Rahmen aufkeimt. Die bisher strikt getrennte Betrachtung lässt sich nicht länger durchhalten, da die datenschutzrechtlichen Instrumente zur Stärkung der Privatsphäre und Souveränität der Betroffenen nur in einem funktionierenden Wettbewerb praktische Wirksamkeit gewinnen können. Das Recht auf Datenübertragbarkeit stellt zudem eine erste datenschutzrechtliche Annäherung an wettbewerbliche Interessen dar.

Die Regelungen der Datenschutzgrundverordnung erschweren die Umsetzung und Fortentwicklung digitaler Geschäftsmodelle und neigen dazu, den

Konsumenten solcher Dienste und Produkte in eine Art ‚Opferrolle' zu drängen. Zweifelsohne sind die meisten Nutzer sich zumindest im Grundsatz der kommerziellen Bedeutung ihrer personenbezogenen Daten bewusst und entscheiden sich trotzdem für die Inanspruchnahme dieser Dienste. Richtig ist allerdings auch, dass ihnen oftmals datenschutzfreundlichere Alternativen fehlen.

Die steigende Bedeutung personenbezogener Daten für nahezu alle Bereiche des Wirtschaftslebens hat zur Folge, dass Wettbewerbsrecht und Datenschutzrecht immer wieder aufeinandertreffen werden, wobei die Interessenlagen divergieren und neue Lösungen zu suchen sind. In der hiesigen Untersuchung war zu klären, ob Anbieter digitaler Plattformen dazu verpflichtet werden können, Datenbestände mit Wettbewerbern zu teilen, die auch personenbezogene Daten enthalten. Steht das Datenschutzrecht einer Weitergabe entgegen, kann der Inhaber den Zugang auf Basis einer objektiven Rechtfertigung verweigern. Die Vertragspartner sehen bei Schließung ihrer Übereinkunft die Entstehung einer wettbewerbsrechtlichen Verpflichtung zur Datenweitergabe regelmäßig nicht voraus und sind auch nicht an der Schaffung einer vertraglichen Regelung hierfür interessiert. Daher wird in vielen Fällen auf Basis der Einwilligung keine Datenübermittlung für diesen Zweck erfolgen können. Art. 6 Absatz 4 DSGVO enthält ein Prüfungsprogramm für die Zulässigkeit einer Datenverarbeitung, wozu auch die Übermittlung von personenbezogenen Daten zu zählen ist, das mit Rücksicht auf die primärrechtlichen Implikationen des EU-Wettbewerbsrechts datenschutzrechtskonforme Wege der Zugangsgewährung eröffnet. Dafür ist es notwendig, die tatsächliche Erwartungshaltung der Nutzer abseits abstrakter und überbordender Datenrichtlinien zu ermitteln. Datensicherheit und Tools zur Steuerung der Datenverwendung durch die Betroffenen ermöglichen die Wahrung der Nutzersouveränität. Die Anordnung der Zugangsgewährung ist auf Sensibilität, Gefahrenpotenzial und Zweck der Datennutzung durch den Zugangspetenten abzustimmen.

8. Ausblick

Die angepasste Anwendung der Essential-Facilities-Doktrin auf digitale Plattformen stellt ein eingriffsintensives Werkzeug in der ‚kartellrechtlichen Werkzeugkiste' zur Behebung wettbewerblicher Fehlentwicklungen in Folge des Erwachsens einer marktbeherrschenden Stellung dar. Kartellrechtliche Interventionen aufgrund des Missbrauchs einer marktbeherrschenden Stellung wirken aber lediglich retrospektiv. Das Missbrauchsverbot adressiert weder das bloße Vorliegen einer marktbeherrschenden Stellung noch ein Marktversagen, das dieser zugrunde liegen kann. Die weitere Forschung wird daher neben der

Schaffung eines innovationsfreundlichen regulatorischen Umfelds auch die Verfeinerung der kartellrechtlichen Werkzeuge zum Gegenstand haben, welche das Vorfeld der Entstehung einer marktbeherrschenden Stellung zum Gegenstand haben. Beispielhaft zu nennen ist die Verhinderung von *killer acquisitions*, also der frühzeige strategische Aufkauf potenzieller Konkurrenz, mit den Mitteln der Fusionskontrolle oder dem Marktmachtmissbrauchsverbots.[890] Auf diese Weise würde der Fokus auf den Vorfeldbereich der Fusionskontrolle gelegt. Da nunmehr auch der Erhalt „möglicher potenzielle Wettbewerber" zum Schutzzweck einer Untersagungsverfügung auserkoren würden, wären Entscheidungen mit erheblichen Prognoseunsicherheiten behaftet; zudem bildet der geplante frühzeitige Ausstieg der Gründer häufig die Basis ihrer Geschäftsstrategie.[891] Dennoch verdient dieser Ansatz Beachtung, da gerade die Befürworter eines zurückhaltenden Interventionsverhaltens der Wettbewerbshüter auf die historisch belegbare Angreifbarkeit verfestigter Monopolstellungen verweisen, welche durch den Innovationswettbewerb zu Fall gebracht werden. Systematische Akquisitionsstrategien ersticken eben diese Chance auf innovativen Wettbewerbsdruck. Dies schließt nicht aus, dass Unternehmen nicht auch auf Nischenmärkten ‚unterhalb des Radars' der großen Player wachsen können, um früher oder später auch auf anderen Märkten in Konkurrenz treten zu können. So wird stets die Warnung im Raume stehen – neben der Gefahr von Wissensanmaßung – Kartellrechtler würden ihre Möglichkeiten zur Bewältigung verschiedenster Problemkreise überschätzen.[892] Die Überwindung der durch die fortlaufenden Marktumwälzungen entstehenden Wissensdefizite steht dabei in engem Zusammenhang mit dem häufig kritisierten Tempodefizit bei digitalen Kartellverfahren. Abhilfe könnte hierfür die Stärkung der Untersuchungsbefugnisse der Kartellbehörden etwa auf Grundlage der Sektoruntersuchung durch Aufnahme einer „Gefahr des Marktumkippens" in § 32e GWB schaffen.[893]

---

890 Hierzu *Schweitzer/Haucap/Kerber/Welker*, Modernisierung der Missbrauchsaufsicht für marktmächtige Unternehmen, S. 122–128.

891 *Podszun/Kersting*, ZRP 2019, 34, 35 f.

892 Siehe z.B. *Podszun/Kersting*, ZRP 2019, 34, 38.

893 *Louven*, ZWeR 2019, 154, 189 f.

E. Kartellrecht und digitale Plattformen – bieten die analogen Kartellvorschriften Lösungen für die digitale Ökonomie auf zweiseitigen Märkten?

Die Untersuchung näherte sich der vielschichtigen Frage, ob die aus dem analogen Zeitalter stammenden Kartellvorschriften für zweiseitigen Märkte Lösungen bieten können. Dies geschah vor dem Hintergrund einer lebhaften Debatte, die aus ökonomischer Perspektive um die Wirkweisen von Big Data und Plattformen geführt wird und aus juristischer Perspektive, welche Anpassungen an den materiell-rechtlichen Regelungen und dem Rahmen der Rechtsdurchsetzung vorzunehmen sind. Ist nach neuen Interventionsformen oder Durchsetzungsmechanismen zu suchen? Können die Verfahren schneller und effektiver gestaltet werden? Wissen die Akteure denn überhaupt genug über die Märkte, die sie stärker regulieren wollen oder verbietet sich dies nicht gänzlich ob der Gefahr der Schaffung eines innovationsfeindlichen Umfeldes? Abseits möglicher Anpassungen des materiellen Rechts erfordert es eine Reaktion auf die zunehmende Konvergenz der Märkte, die sich auch in der Konvergenz des Rechts widerspiegelt. Auf Plattformmärkten kann das Kartellrecht nicht mehr ohne das Datenschutzrecht gedacht werden. Die Wettbewerbsbehörden benötigen das im Datenschutz tiefer verankerte Verständnis der technischen Rahmenbedingung zur Auffindung und Umsetzung der entsprechenden Abhilfemaßnahmen. Das Bundeskartellamt leistet in seiner Facebook-Entscheidung hierfür Pionierarbeit.

Die Essential-Facilities-Doktrin verkörpert ein Beispiel für ein wirksames Instrument zur Reinitialisierung einer Wettbewerbssituation auf Basis des geltenden Rechtsrahmens, bei dem die Auslegung des offenen Tatbestandes an die aktuellen Gegebenheiten angepasst werden kann. Was vor der Digitalisierung der Lebenswelt Infrastruktureinrichtungen waren, sind heute digitale Plattformen. Die kartellrechtlichen Normen verkörpern Wertentscheidungen, die sich auf diese neuen Sachverhalte übertragen lassen. Sie können und müssen auf neue Gefahren reagieren, die aus der Konzentration von Datenbeständen für den Wettbewerb und auch für demokratische Willensbildungsprozesse und Garantien resultieren – wie durch jüngste Datenskandale und Einflussnahmen auf Wahlen drastisch demonstriert wurde.

Daher mag in gewisser Weise nicht nur für Wettbewerber, sondern auch für Wettbewerbshüter die Maxime des bekanntesten Plattformgründers gelten:

> „*Move fast and break things. Unless you are breaking stuff, you are not moving fast enough.*“
>
> Mark Zuckerberg

Literaturverzeichnis

Abel, Ralf: Einmeldung und Auskunfteitätigkeit nach DS-GVO und § 31 BDSG, ZD 2018, S. 103–108.

Abrahamson, Zachary: Essential Data, The Yale Law Journal 124, 2014 (3), S. 867–881.

Ahlberg, Hartwig/Götting, Horst-Peter (Hrsg.): Beck'scher Online-Kommentar Urheberrecht. 23. Ed., Stand: 15.01.2019, München 2019 [zitiert als: *Bearbeiter*, in: BeckOK Urheberrecht].

Argenton, Cedric/Prüfer, Jens: Search Engine Competition with Network Externalities, Journal of Competition Law and Economics 8, 2012 (1), S. 73–105.

Babey, Fabio: Kartellrechtliche Anforderungen an Suchmaschinen. Diss. Zürich 2009.

Bamberger, Georg/Roth, Herbert/Hau, Wolfgang/Poseck, Roman (Hrsg.): Beck'scher Online-Kommentar BGB. 49. Ed., Stand 01.02.2019, München 2019 [zitiert als *Bearbeiter*, in: BeckOK BGB].

v. Baum, Florian/ Appt, Stephan/ Schenk, Isabella: Die vernetzte Fabrik: Rechtliche Herausforderungen in der Industrie 4.0 (Teil 1), DB 2017, S. 1824–1832.

Bechtold, Rainer/Bosch, Wolfgang/Brinker, Ingo (Hrsg.): EU-Kartellrecht. 3. Aufl., München 2014.

Benkard, Georg (Begr.): Patentgesetz. Gebrauchsmustergesetz, Patentkostengesetz. 11. Aufl., München 2015.

Bergmann, Mats: The Bronner Case – A Turning Point for the Essential Facilities Doctrine?, European Competition Law Review 21, 2000 (2), S. 59–63.

Bodewig, Theo/Fitzner, Uwe/Lutz, Raimund (Hrsg.): Beck'scher Online-Kommentar Patentrecht. 11. Ed., Stand: 25.01.2019, München 2019 [zitiert als *Bearbeiter*, in: BeckOK PatR].

Bork, Robert/Sidak, Gregory: What does the Chicago School teach about internet search and the Antitrust treatment of Google?, Journal of Competition Law & Economics 8, 2012 (4), S. 663–700.

Brauneck, Jens: Google: Missbrauch marktbeherrschender Stellung durch Suchmaschinenbetrieb? GRUR Int. 2018, S. 103–110.

Bräutigam, Peter: Das Nutzungsverhältnis bei sozialen Netzwerken – Zivilrechtlicher Austausch von IT-Leistung gegen personenbezogene Daten, MMR 2012, S. 635–641.

Brown, Brad/Chui, Michael/Manyika, James: Are you ready for the era of 'big data'?, Mc Kinsey Quarterly, Oktober 2011, mckinsey.com/business-functions/

strategy-and-corporate-finance/our-insights/are-you-ready-for-the-era-of-big-data, zuletzt abgerufen am 09.09.2018.

Brüggemann, Sebastian: Das Recht auf Datenportabilität, K&R 2018, S. 1–5.

Bücking, Jens: Liberalisierung im Vergabewesen deutscher Domainadressen? – DENIC und die Essential Facilities-Doktrin, GRUR 2002, S. 27–35.

Busch, Christoph: Fairness und Transparenz in der Plattformökonomie – Der Vorschlag für eine EU-Verordnung über Online-Plattformen, IWRZ 2018, S. 147–152.

Busche, Jan/Röhling, Andreas (Hrsg.): Kölner Kommentar zum Kartellrecht, Band 3: Art. 101–106 AEUV, Gruppenfreistellungsverordnungen. Köln 2016.

Colangelo, Giuseppe/Maggiolino, Mariateresa: Data Protection in Attention Markets: Protecting Privacy through Competition?, Journal of European Competition Law & Practice, 8, 2017 (6), S. 363–369.

Conrad, Isabell: Datenhandel und Unternehmenskauf, ZD 2016, S. 1–2.

Dammann, Ulrich: Erfolge und Defizite der EU-Datenschutzgrundverordnung – Erwarteter Fortschritt, Schwächen und überraschende Innovationen, ZD 2016, S. 307–314.

Danckert, Burkhard/Meyer, Frank Joachim: Die vorherrschende Meinungsmacht von Google – Bedrohung durch einen Informationsmonopolisten?, MMR 2010, S. 219–222.

Danner, Wolfgang/Theobald, Christian (Hrsg.): Energierecht. Energiewirtschaftsgesetz mit Verordnungen, EU-Richtlinien, Gesetzesmaterialien, Gesetze und Verordnungen zu Energieeinsparung und Umweltschutz sowie andere energiewirtschaftlich relevante Rechtsregelungen. Kommentar. Stand: 99. Ergänzungslieferung September 2018.

Dauses, Manfred/Ludwig, Markus: Handbuch des EU-Wirtschaftsrechts, begründet von Manfred Dauses, herausgegeben von Markus Ludwig. Loseblatt, Stand: 47. Ergänzungslieferung März 2019 [zitiert als: *Bearbeiter*, in: Dauses/Ludwigs EU-WirtschaftsR-HdB].

Davilla, Marixienia: Is Big Data a Different Kind of Animal? The Treatment of Big Data Under the EU Competition Rules, Journal of European Competition Law & Practice 8, 2017 (6), S. 370–381.

Determann, Lothar: Gegen Eigentumsrechte an Daten, ZD 2018, S. 503–508.

Ders.: Kein Eigentum an Daten, MMR 2018, S. 277–278.

Dewenter, Ralf/Lüth, Hendrik: Big Data: Eine ökonomische Perspektive, in: Torsten Körber/Ulrich Immenga (Hrsg.), Daten und Wettbewerb in der digitalen Ökonomie. Referate der 5. Göttinger Kartellrechtsgespräche vom 22. Januar 2016, Baden-Baden 2017, S. 9–30.

Ders./Rösch, Jürgen/Terschüren, Anna: Abgrenzung zweiseitiger Märkte am Beispiel von Internetsuchmaschinen, NZKart 2014, S. 387–394.

Díaz, Pablo Solano: EU Competition Law Needs to Install a Plug-in, World Competition 40, 2017 (3), S. 393–420.

Dörr, Dieter/Natt, Alexander: Suchmaschinen und Meinungsvielfalt – Ein Beitrag zum Einfluss auf die demokratische Willensbildung, ZUM 2014, S. 829–847.

Dreher, Meinrad: Die Verweigerung des Zugangs zu einer wesentlichen Einrichtung als Mißbrauch der Marktbeherrschung, DB 1999, S. 833–839.

Dreier, Thomas/ Schulze, Gernot: Urheberrechtsgesetz. Verwertungsgesellschaftenrecht, Kunst-urhebergesetz. Kommentar. 6. Aufl., München 2018.

Drexl, Josef: Neue Regeln für die Europäische Datenwirtschaft? – Ein Plädoyer für einen wettbewerbspolitischen Ansatz – Teil 2, NZKart 2017, S. 415–421.

Ders.: Neue Regeln für die Europäische Datenwirtschaft? – Ein Plädoyer für einen wettbewerbspolitischen Ansatz – Teil 1, NZKart 2017, S. 339–344.

Ders./Hilty, Reto/Desaunettes, Luc/Greiner, Franziska/Kim, Daria/Richter, Heiko/Surblytė, Gintarė/Wiedemann, Klaus: Ausschließlichkeits- und Zugangsrechte an Daten – Positions-papier des Max-Planck-Instituts für Innovation und Wettbewerb vom 16.8.2016 zur aktuellen europäischen Debatte, GRUR Int. 2016, S. 914–918.

Ebers, Martin: Dynamic Algorithmic Pricing: Abgestimmte Verhaltensweise oder rechtmäßiges Parallelverhalten?, NZKart 2016, S. 554–555.

Ehmann, Eugen/Selmayr, Martin (Hrsg.): DS-GVO. Datenschutz-Grundverordnung. Kommentar. 2. Aufl., München 2018.

Ellger, Reinhard: Digitale Herausforderungen für das Kartellrecht, ZWeR 2018, S. 272–291.

Emmerich, Volker/ Lange, Knut Werner: Kartellrecht. 14. Aufl., München 2018.

Ensthaler, Jürgen: Industrie 4.0 und die Berechtigung an Daten, NJW 2016, S. 3473–3478.

Ernst, Stefan: Die Einwilligung nach der Datenschutzgrundverordnung, ZD 2017, S. 110–114.

Esser, Michael/Höft, Jan Christoph, Fusions- und Missbrauchskontrolle 4.0 – Die 9. GWB-Novelle als Antwort auf die Herausforderung der Digitalisierung?, NZKart 2017, S. 259–264.

Evans, David/Schmalensee, Richard: The Industrial Organization of Markets with Two-Sided Platforms, Competition Policy International 3, 2007 (1), S. 151–179.

Faust, Florian: Digitale Wirtschaft – Analoges Recht. Braucht das BGB ein Update? Gutachten A zum 71. Deutschen Juristentag. München 2016.

Fezer, Karl-Heinz: Dateneigentum, MMR 2017, S. 3–5.

Ders.: Dateneigentum der Bürger, ZD 2017, S. 99–105.

Ders./Büscher, Wolfgang/Obergfell, Eva Inés (Hrsg.): Lauterkeitsrecht: Kommentar zum Gesetz gegen den unlauteren Wettbewerb (UWG), Band 2: §§ 3a bis 20 UWG: Anhang zu § 3 Abs. 3 UWG. 3. Aufl., München 2016.

Franzen, Martin/Gallner, Inken/Oetker, Hartmut (Hrsg.): Kommentar zum europäischen Arbeitsrecht. 2. Aufl., München 2018.

Frenz, Walter: Datenschutz durch Kartellrecht, EWS 2014, S. 193–200.

Ders.: Marktabgrenzung, Leistungssubstitution und Kreuzpreiselastizität, NZKart 2013, S. 285–287.

Gebicka, Aleksandra/Heinemann, Andreas: Social Media & Competition Law, World Competition 37, 2014 (2), S. 149–172.

Geradin, Damien/Kuschewsky, Monika: Competition Law and Personal Data: Preliminary Thoughts on a Complex Issue, abrufbar unter: dx.doi.org/10.2139/ssrn.2216088.

Gersdorf, Hubertus/Paal, Boris (Hrsg.): Beck'scher Online-Kommentar Informations- und Medienrecht. 23. Ed., Stand: 01.02.2019, München 2019 [zitiert als: *Bearbeiter*, in: BeckOK InfoMedienR].

Gola, Peter (Hrsg.): DS-GVO. VO (EU) 2016/679. 2. Aufl., München 2018.

Grabitz, Eberhard/Hilf, Meinhard/Nettesheim, Martin: Das Recht der Europäischen Union, begründet von Eberhard Grabitz, herausgegeben von Prof. Dr. Martin Nettesheim. Loseblatt, Stand: 65. Ergänzungslieferung August 2018.

Graef, Inge: EU competition law, data protection and online platforms. Data as essential facility. Alphen aan den Rijn 2016 (zugl. Diss. Leuven 2016) [zitiert: als *Graef*, Data as essential Facility].

Dies.: Market Definition and Market Power in Data: The Case of Online Platforms, World Competition 38, 2015 (4), S. 473–505.

Dies./Wahyuningtyas, Sih Yuliana/Valcke, Peggy: Assessing data access issues in online platforms Telecommunications Policy 39, 2015 (5), S. 375–387.

Graf von Merveldt, Moritz: Anm. zu US Supreme Court, Entscheidung vom 13.01.2004 – 124 S.Ct. 872, GRUR Int 2004, S. 674–681.

v. Grafenstein, Maximilian: Das Zweckbindungsprinzip zwischen Innovationsoffenheit und Rechtssicherheit – Zur mangelnden Differenzierung der Rechtsgüterbetroffenheit in der Datenschutzgrund-VO, DuD 2015, S. 789–796.

von der Groeben, Hans/Schwarze, Jürgen/Hatje, Armin (Hrsg.): Europäisches Unionsrecht. Vertrag über die Europäische Union. Vertrag über die Arbeitsweise der Europäischen Union. Charta der Grundrechte der Europäischen Union. 7. Aufl., Baden-Baden 2015.

Grünwald, Andreas/Nüßling, Christoph: Machine To Machine (M2M)- Kommunikation – Regulatorische Fragen bei der Kommunikation im Internet der Dinge, MMR 2015, S. 378–383.

Gürkaynak, Gönenç/İnanılır, Öznur/Diniz, Sinan/Yaşar, Gizem: Multisided markets and the challenge of incorporating multisided considerations into competition law analysis, Journal of Antitrust Enforcement 5, 2017 (1), S. 100–129.

Hansen, Marit/Thiel, Christian: Cyber-Physical Systems und Privatsphärenschutz, DuD 2012, S. 26–30.

Hartl, Korbinian: Suchmaschinen, Algorithmen und Meinungsmacht. Eine verfassungs- und einfachrechtliche Betrachtung. Wiesbaden 2017 (zugl. Diss. Passau 2016).

Haucap, Justus/Heimeshof, Ulrich: Ordnungspolitische Perspektiven Nr. 90. Ordnungspolitik in der digitalen Welt. Düsseldorf 2017.

Ders./Hamelmann, Lisa: Ordnungspolitische Perspektiven Nr. 78. Kartellrecht und Wettbewerbspolitik für Online-Plattformen. Düsseldorf 2015.

Ders.: Ordnungspolitische Perspektiven Nr. 77. Ordnungspolitik und Kartellrecht im Zeitalter der Digitalisierung. Düsseldorf 2015.

Kadar, Massimiliano: European Union competition law in the digital era, ZWeR 2015, S. 342–363.

Ders./Kehder, Christiane: Suchmaschinen zwischen Wettbewerb und Monopol: Der Fall Google, in: Ralf Dewenter, Justus Haucap, Christiane Kehder (Hrsg.), Wettbewerb und Regulierung in Medien, Politik und Märkten. Festschrift für Jörn Kruse zum 65. Geburtstag, Baden-Baden 2013, S. 115– 154.

Ders./Wenzel, Tobias: Ordnungspolitische Perspektiven Nr. 16. Wettbewerb im Internet: Was ist online anders als offline? Düsseldorf 2011.

Hauck, Ronny: FTC v. Google: The Enforcement of Antitrust Law in Online Markets, in: Gintarė Surblytė (Hrsg.), Competition on the Internet, Berlin 2015, S. 53–61.

Heinemann, Andreas/Straub, Tobias: Datenschutz muss benutzbar sein – Wie Usable Security and Privacy die Ausübung von Betroffenenrechten erleichtern kann, DuD 2019, S. 7–12.

Ders.: Google als kartellrechtliches Problem? Bonn 2015.

Ders.: Gefährdung von Rechten des geistigen Eigentums durch Kartellrecht? – Der Fall Microsoft und die Rechtsprechung des EuGH, GRUR 2006, S. 705–713.

v. Heintschel-Heinegg, Bernd (Hrsg.): Beck'scher Online-Kommentar StGB. 41. Ed., Stand: 01.02.2019, München 2019 [zitiert als: *Bearbeiter*, in: BeckOK StGB].

Hentsch, Christian-Henner: Suchmaschinenneutralität! – Aber wie? – Untersuchung verschiedener Lösungsansätze, MMR 2015, S. 434–438.

Hoeren, Thomas/Sieber, Ulrich/Holznagel, Bernd (Hrsg.): Handbuch Multimedia-Recht. Rechtsfragen des elektronischen Geschäftsverkehrs. Stand: 47. Ergänzungslieferung Oktober 2018 [zitiert als: *Bearbeiter*, in: Hoeren/Sieber/Holznagel MMR-HdB].

Hofmann, Kai: Smart Factory – Arbeitnehmerdatenschutz in der Industrie 4.0 – Datenschutzrecht-liche Besonderheiten und Herausforderungen, ZD 2016, S. 12–17.

Holzweber, Stefan: Daten als Machtfaktor in der Fusionskontrolle, NZKart 2016, S. 104–112.

Hopf, Alexander: Der Missbrauch einer marktbeherrschenden Stellung von Internetsuchmaschinen, dargestellt am Beispiel von Google. Hamburg 2014 (zugl. Diss. Jena 2013).

Höppner, Thomas: Duty to Treat Downstream Rivals Equally: (Merely) a Natural Remedy to Google's Monopoly Leveraging Abuse, CoRe, 3/2017, S. 208–222.

Ders.: Google Search (Shopping): Etablierte Missbrauchskriterien für digitalen Präzedenzfall, WuW 2017, S. 421.

Ders./Grabenschröer, Jan Felix: Marktabgrenzung bei mehrseitigen Märkten am Beispiel der Internetsuche, NZKart, 2015, S. 162–168.

Ders.: Das Verhältnis von Suchmaschinen zu Inhalteanbietern an der Schnittstelle von Urheber- und Kartellrecht, WRP 2012, S. 625–637.

Ders.: Die Pflicht interne Produktionsmittel zu vermarkten – zugleich Anmerkung zum EuGH-Urteil IMS EuZW 2004, S. 748- 752.

Hornung, Gerrit/Goeble, Thilo: „Data Ownership" im vernetzten Automobil – Die rechtliche Analyse des wirtschaftlichen Werts von Automobildaten und ihr Beitrag zum besseren Verständnis der Informationsordnung, CR 2015, S. 265–273.

Ders.: Eine Datenschutz-Grundverordnung für Europa? – Licht und Schatten im Kommissionsentwurf vom 25.1.2012, ZD 2012, S. 99–106.

Immenga, Ulrich/Mestmäcker, Ernst-Joachim (Hrsg.): Wettbewerbsrecht, Band 1: EU. Kommentar zum Europäischen Kartellrecht. 5. Aufl., München 2012.

Jaeger, Thomas: Brauchen wir das Kartellrecht noch?, WuW 2015, S. 702–716.

Jarass, Hans: Charta der Grundrechte der Europäischen Union. Unter Einbeziehung der vom EuGH entwickelten Grundrechte, der Grundrechtsregelungen der Verträge und der EMRK. Kommentar. 3. Aufl., München 2016.

Jehoram, Herman Cohen/Mortelmans, Kamiel: Zur „Magill"-Entscheidung des Europäischen Gerichtshofs, GRUR Int 1997, S. 11–15.

Jülich, Tim/Röttgen, Charlotte/von Schönfeld, Max: Das Recht auf Datenübertragbarkeit – Ein datenschutzrechtliches Novum, ZD 2016, S. 358–362.

Kamann, Hans-Georg/Ohlhoff, Stefan/ Völcker, Sven (Hrsg.): Kartellverfahren und Kartellprozess. Handbuch. München 2017.

Ders./Miller, Robin Dominik: Kartellrecht und Datenschutzrecht – Verhältnis einer „Hass-Liebe"?, NZKart 2016, S. 405–512.

Kastl, Graziana: Algorithmen – Fluch oder Segen? – Eine Analyse der Autocomplete-Funktion der Google-Suchmaschine, GRUR 2015, S. 136–141.

Kerber, Wolfgang: A New (Intellectual) Property Right for Non-Personal Data? An Economic Analysis, GRUR Int. 2016, S. 989–998.

Ders: Digital Markets, Data and Privacy: Competition Law, Consumer Law and Data Protection, GRUR Int. 2016, S. 639–647.

Kersting, Christian/Podszun, Rupprecht (Hrsg.): Die 9. GWB-Novelle. Kartellschadensersatz – Digitale Ökonomie – Fusionskontrolle – Bußgeldrecht – Verbraucherschutz. München 2017.

Ders./Dworschak, Sebastian: Leistungsschutzrecht für Presseverlage: Müsste Google wirklich zahlen? – eine kartellrechtliche Analyse, NZKart 2013, S. 46–53.

Dies.: Google als Marktbeherrscher? – zur (geringen) Aussagekraft hoher Nutzerzahlen im Internet, ifo Schnelldienst 67 (16), 2014, S. 7–10.

Khan, Lina: Amazon's Antitrust Paradox, The Yale Law Journal 126, 2017 (3), S. 710 -805.

Kieffer, Michael: Datennutzung in der Automobilindustrie – Zuordnung und rechtlicher Schutz von Fahrzeugdaten, DB 2017, S. 2657–2662.

Kipker, Dennis-Kenji/Voskamp, Friederike: Datenschutz in sozialen Netzwerken nach der Datenschutzgrundverordnung, DuD 2012, S. 737–742.

Klasse, Max/Wiethaus, Lars: Digitalisierungsvorschriften in der 9. GWB-Novelle, WuW 2017, S. 354–362.

Kling, Michael/Thomas, Stefan: Kartellrecht. 2. Aufl., München 2016.

Klotz, Marius: Google und Facebook im Kontext von Art. 102 AEUV, WuW 2016, S. 58–65.

Köhler, Helmut/Bornkamm, Joachim/Feddersen, Jörn: Gesetz gegen den unlauteren Wettbewerb. Preisangabenverordnung, Unterlassungsklagengesetz, Dienstleistungs-Informationspflichten-Verordnung. 37. Aufl., München 2019.

König, Carsten: Der Zugang zu Daten als Schlüsselgegenständen der digitalen Wirtschaft, in: Moritz Hennemann/ Andreas Sattler (Hrsg.), Immaterialgüter und Digitalisierung. Junge Wissenschaft zum Gewerblichen Rechtsschutz, Urheber- und Medienrecht. 2. Assistententagung Grüner Bereich, Freiburg 2017. Baden-Baden 2017, S. 89–103.

Körber, Torsten: Konzeptionelle Erfassung digitaler Plattformen und adäquate Regulierungsstrategien – Vortrag auf dem Symposium »Internetplattform – Aktuelle Herausforderungen der digitalen Ökonomie an das Urheber- und Medienrecht« am 4.11.2016 in München, ZUM 2017, S. 93–101.

Ders.: „Ist Wissen Marktmacht"? Überlegungen zum Verhältnis von Datenschutz, „Datenmacht" und Kartellrecht – Teil 1, NZKart 2016, S. 303–310.

Ders.: „Ist Wissen Marktrecht?" Überlegungen zum Verhältnis von Datenschutz, „Datenmacht" und Kartellrecht – Teil 2, NZKart 2016, S. 348–356.

Ders.: The Commission's „Next Big Thing", NZKart 2015, S. 415–423.

Ders.: Analoges Kartellrecht für digitale Märkte?, WuW 2015, S. 120–133.

Ders.: Google im Fokus des Kartellrechts, WRP 2012, S. 761–772.

Ders.: Wettbewerb in dynamischen Märkten zwischen Innovationsschutz und Machtmissbrauch, WuW 2007, 1209–1218.

Kraßer, Rudolf/Ann, Christoph: Patentrecht. Lehrbuch zum deutschen und europäischen Patentrecht und Gebrauchsmusterrecht. 7. Aufl. München 2016.

Krügel, Tina: Das personenbezogene Datum nach der DS-GVO – Mehr Klarheit und Rechtssicherheit? ZD 2017, S. 455–460.

Krüger, Philipp: Datensouveränität und Digitalisierung – Probleme und rechtliche Lösungsansätze ZRP 2016, S. 190–192.

Kühling, Jürgen/Buchner, Benedikt (Hrsg.): Datenschutz-Grundverordnung/ BDSG. Kommentar. 2. Aufl., München 2018.

Ders./Martini, Mario: Die Datenschutz-Grundverordnung: Revolution oder Evolution im europäischen und deutschen Datenschutzrecht?, EuZW 2016, S. 448–454.

Ders./Gauß, Nicolas: Suchmaschinen – eine Gefahr für den Informationszugang und die Informationsvielfalt?, ZUM 2007, S. 881–889.

Kumkar, Lea Katharina: Online-Märkte und Wettbewerbsrecht. Implikationen der ‚Platform Revolution' für das EU-Vertriebskartellrecht. Baden-Baden 2017 (zugl. Diss. Freiburg i. B. 2017).

Dies: Vertikale Beschränkungen im Plattformvertrieb – Ist die Vertikal-GVO gerüstet für die Platform Revolution?, NZKart 2017, S. 47–56.

Lober, Andreas: Die IMS-Health-Entscheidung der Europäischen Kommission – Copyright KO?, GRUR Int 2002, S. 7–16.

Loewenheim, Ulrich/Meessen, Karl/Riesenkampff, Alexander/Kersting, Christian/-Meyer-Lindemann, Hans Jürgen (Hrsg.): Kartellrecht. Kommentar. 3. Aufl., München 2016 [zitiert als: *Bearbeiter*, in: Loewenheim/Meessen/Riesenkampff, Kartellrecht].

Lohse, Andrea: Marktmachtmissbrauch durch Internetplattformen – Das Kartellrecht vor neuen Herausforderungen, ZHR 182, S. 321– 358 (2018).

Louven, Sebastian: Braucht es mehr materielles Kartellrecht für digitale Plattformen?, ZWeR 2019, S. 154–191.

Ders.: Datenzugangsverhältnis, FRAND und Wettbewerbsrecht, K&R, 2018, S. 230–236.

Ders.: Datenmacht und Zugang zu Daten, NZKart 2018, S. 217–222.

Mandrescu, Daniel: Applying EU competition law to online platforms: the road ahead – Part 2, European Competition Law Review 38, 2017 (9), S. 410–422.

Mays, Lisa: The Consequences of Search Bias: How Application of the Essential Facilities Doctrine Remedies Google's Unrestricted Monopoly on Search in the United States and Europe, The George Washington Law Review 83, 2015 (2), S. 721–760.

Meadows, Maxwell: The Essential Facilities Doctrine in Information Economies: Illustrating Why the Antitrust Duty to Deal is Still Necessary in the New Economy, Fordham Intellectual Property, Media & Entertainment Law Journal 25, 2015 (3), S. 795–830.

Mes, Peter: Patentgesetz, Gebrauchsmustergesetz. Kommentar. 4. Aufl., München 2015.

Mestmäcker, Ernst-Joachim/Schweitzer, Heike: Europäisches Wettbewerbsrecht. 3. Aufl., München 2014.

Monreal, Manfred: Weiterverarbeitung nach einer Zweckänderung in der DS-GVO – Chancen nicht nur für das europäische Verständnis des Zweckbindungsgrundsatzes, ZD 2016, S. 507–512.

Müller, Matthias: Die „Essential Facilities"-Doktrin im Europäischen Kartellrecht, EuZW 1998, S. 232–237.

Münchener Kommentar zum Strafgesetzbuch, herausgegeben von Wolfgang Joecks/Klaus Miebach. Band 5: §§ 263–358 StGB. 3. Aufl., München 2019 [zitiert als: *Bearbeiter*, in: MüKo StGB].

Münchener Kommentar zum Bürgerlichen Gesetzbuch, herausgegeben von Franz Jürgen Säcker/Roland Rixecker/Hartmut Oetker/Bettina Limperg. Band 6: Schuldrecht, Besonderer Teil IV: §§ 705–853, Partnerschaftsgesellschaftsgesetz, Produkthaftungsgesetz. 7. Aufl., München 2017 [zitiert als: *Bearbeiter*, in: MüKo BGB].

Münchener Kommentar Europäisches und Deutsches Wettbewerbsrecht, herausgegeben von Joachim Bornkamm/Frank Montag/Franz Jürgen Säcker. Band 1: Kartellrecht, Missbrauchs- und Fusionskontrolle. 2. Aufl., München 2015. [zitiert als: *Bearbeiter*, in: Münchener Kommentar zum Kartellrecht].

Newman, Nathan: Search, Antitrust, and the Economics of the Control of User Data, Yale Journal on Regulation 31, 2014 (2), 401–454.

Nothelfer, Wolfgang: Die Rolle des Überwachungstreuhänders: (Nur) „Augen und Ohren" der Wettbewerbsbehörde?, NZKart 2018, S. 180–185.

Nuys, Marcel: „Big Data" – Die Bedeutung von Daten im Kartellrecht, WuW 2016, S. 512–520.

Oberwetter, Christian: Soziale Netzwerke im Fadenkreuz des Arbeitsrechts, NJW 2011, S. 417–421.

Ohrtmann, Jan-Peter/Schwiering, Sebastian: Big Data und Datenschutz – Rechtliche Herausforderungen und Lösungsansätze, NJW 2014, S. 2984–2989.

Osterrieth, Christian: Patentrecht. 5. Aufl., München 2015.

Ott, Stephan: Ich will hier rein! Suchmaschinen und das Kartellrecht, MMR 2006, S. 195–202.

Paal, Boris/Pauly, Daniel (Hrsg.): Datenschutz-Grundverordnung. Bundesdatenschutzgesetz.2. Aufl., München 2018.

Ders.: Datenschutz – Regulierung – Wettbewerb: Online-Plattformen als Referenzgebiet, in: Torsten Körber/Jürgen Kühling (Hrsg.), Regulierung – Wettbewerb – Innovation, Baden-Baden 2017, S. 143–164.

Ders.: Internet-Suchmaschinen im Kartellrecht, GRUR Int. 2015, S. 997–1005.

Ders.: Immaterialgüter, Internetmonopole und Kartellrecht, GRUR-Beilage, 2014, S. 69–77.

Ders.: Immaterialgüter, Internetmonopole und Kartellrecht, GRUR 2013, S. 873–881.

Peitz, Martin/Schweitzer, Heike: Ein neuer europäischer Ordnungsrahmen für Datenmärkte?, NJW 2018, S. 275–280.

Pfaff, Dieter/Osterrieth, Christian: Lizenzverträge. Formularkommentar, begründet von Dieter Pfaff, herausgegeben von Christian Osterrieth. Aufl., München 2018.

Pilny, Karl: Mißbräuchliche Marktbeherrschung gemäß Art. 86 EWGV durch Immaterialgüterrechte – Die Magill-Entscheidung des EuGH als Schnittstelle zwischen europäischem Wettbewerbs- und nationalem Urheberrecht GRUR Int 1995, S. 954–962.

Pitruzzella, Giovanni: Big Data and Antitrust Enforcement, Italian Antitrust Review 4, 2017 (1), S. 77–86.

Podszun, Rupprecht/Kersting, Christian: Eine Wettbewerbsordnung für das digitale Zeitalter, ZRP 2019, S. 34–38.

Ders./Schwalbe, Ulrich: Digitale Plattformen und GWB-Novelle: Überzeugende Regeln für die Internetökonomie?, NZKart 2017, S. 98–106.

Ders.: Muss das Kartellrecht schneller werden?, WuW 2017, S. 577.

Ders./de Toma, Michael: Die Durchsetzung des Datenschutzes durch Verbraucherrecht, Lauterkeitsrecht und Kartellrecht, NJW 2016, S. 2987–2994.

Ders./Kreifels, Stephan: Digital Platforms and Competition Law, EuCML 2016, S. 33–39.

Ders.: The Arbitrariness of Market Definition and an Evolutionary Concept of Markets, The Antitrust Bulletin 61, 2016 (1), S. 121–132.

Ders./Leber, Marius: Internetkartellrecht, KSzW 2015, S. 316–328.

Ders./Franz, Benjamin: Was ist ein Markt? – Unentgeltliche Leistungsbeziehungen im Kartellrecht; NZKart 2015, S. 121–127.

Ders.: Kartellrecht in der Internet-Wirtschaft: Zeit für den more technological approach, WuW 2014, S. 249.

Ders.: Geistiges Eigentum und Kartellrecht, JURA 2010, S. 437–443.

Pohlmann, Petra/Wismann, Thomas: Digitalisierung und Kartellrecht – Der Regierungsentwurf zur 9. GWB-Novelle, NZKart 2016, S. 555–563.

Rittner, Fritz/Dreher, Meinrad/Kulka, Michael: Wettbewerbs- und Kartellrecht: Eine systematische Darstellung des deutschen und europäischen Rechts. 8. Aufl., Heidelberg 2014.

Roßnagel, Alexander: Pseudonymisierung personenbezogener Daten, ZD 2018, S. 243–247.

Ders./Richter, Philipp/Nebel, Maxi: Besserer Internetdatenschutz für Europa – Vorschläge zur Spezifizierung der DS-GVO ZD 2013, S. 103–108.

Ders.: Big Data – Small Privacy? – Konzeptionelle Herausforderungen für das Datenschutzrecht, ZD 2013, S. 562–567.

Ders.: Abschied vom Bedarfsmarktkonzept, ZWeR 2004, S. 1–27.

Sasinowska, Beata: Refusal to supply – Is indispensability still indispensable?, EuZW 2013, S. 539–543.

Schantz, Peter/Wolff, Heinrich Amadeus: Das neue Datenschutzrecht. Datenschutz-Grundverordnung und Bundesdatenschutzgesetz in der Praxis. München 2017.

Ders.: Die Datenschutz-Grundverordnung – Beginn einer neuen Zeitrechnung im Datenschutzrecht, NJW 2016, S. 1841–1847.

Schanzenbach, Max: Network Effects and Antitrust Law: Predation, Affirmative Defenses, and the Case of U.S. v. Microsoft, Stanford Technology Law Review, 2002, S. 4–153.

Schiff, Alexander: Sekundär- vor Primärrecht? Zur Anwendbarkeit der Dienstleistungsrichtlinie auf Inlandssachverhalte, EuZW 2015, S. 899–904.

Schmidt, Stefan: Daten als Zugangsobjekt: Braucht es ein „Daten für alle"-Gesetz?, WuW 2018, S. 549.

Schneider, Jochen: Datenschutz. Nach der EU-Datenschutz-Grundverordnung. 2. Aufl., München 2019.

v. Schönfeld, Max: Ein fahrbarer Datensatz – Datenschutzrechtliche Probleme im modernen Auto, DAR 2015, S. 617–622.

Schulte, Josef/Just, Christoph: Kartellrecht. GWB, Kartellvergaberecht, EU-Kartellrecht. Kommentar. 2. Aufl., Köln 2016.

Schwarz, Jesko: Zugang zu App Stores. Eine Untersuchung des Verhältnisses von App Store-Betreibern und Inhalteanbietern nach Wettbewerbs- und Medienrecht. Baden-Baden 2017 (zugl. Diss. Freiburg i. B. 2017).

Schweitzer, Heike/Haucap, Justus/Kerber, Wolfgang/Welker, Robert: Modernisierung der Missbrauchsaufsicht für marktmächtige Unternehmen. Baden-Baden 2018.

Schwintowski, Hans-Peter: Der Preis für persönliche Daten, VuR 2018, S. 161–163.

Ders.: Big Data – Rechtliche Rahmenbedingungen müssen grundlegend verbessert werden, VuR 2017, S. 455–463.

Siegmund, Julian: Suchmaschinenalgorithmen im Kartellrecht der EU und der USA. Untersuchung der Möglichkeiten einer Ausgestaltungskontrolle im Spannungsfeld der Implikationen wesentlicher Einrichtungen und bestehender Schutzdimensionen. Baden-Baden 2017 (zugl. Diss. Freiburg i. B. 2017).

Simitis, Spiros/Hornung, Gerrit/Spieckergen. Döhmann, Indra (Hrsg.): Datenschutzrecht. DSGVO mit BDSG. Baden-Baden 2019.

Ders. (Hrsg.): Bundesdatenschutzgesetz, 8. Aufl., München 2014.

Sperlich, Tim: Das Recht auf Datenübertragbarkeit, DuD 2017, S. 377.

Spickhoff, Andreas (Hrsg.): Medizinrecht. 3. Aufl., München 2018.

Spindler, Gerald: Zukunft der Digitalisierung – Datenwirtschaft in der Unternehmenspraxis, DB 2018, S. 41–50.

Ders.: Die neue EU-Datenschutz-Grundverordnung, DB 2016, S. 937–947.

Ders./Schuster, Fabian (Hrsg.): Recht der elektronischen Medien. Kommentar. 3. Aufl., München 2015.

Streinz, Rudolf (Hrsg.): EUV/AEUV. Vertrag über die Europäische Union und Vertrag über die Arbeitsweise der Europäischen Union. 3. Aufl., München 2018 [zitiert als: *Bearbeiter*, in: Streinz].

Stucke, Maurice/Grunes, Allen: Big Data and Competition Policy. Oxford 2016.

Dies.: No Mistake About It: The Important Role of Antitrust in the Era of Big Data, The Antitrust Source, April 2015

Surblytė, Gintarė: Competition Law at the Crossroads in the Digital Economy: is it all about Google?, EuCML 2015, S. 170–178.

Sydow, Gernot (Hrsg.): Europäische Datenschutzgrundverordnung. Handkommentar. 2. Aufl., Baden-Baden 2018.

Tamke, Maren: Big Data and Competition Law, ZWeR 2017, S. 358–385.

Telle, Sebastian: Big Data und Kartellrecht, InTeR 2017, S. 3–10.

Ders.: Daten und FRAND – Regulatorische Bedingungen von Datenzugangsverhältnissen, in: Jürgen Taeger (Hrsg.), Recht 4.0 – Innovationen aus den rechtswissenschaftlichen Laboren: Tagungsband Herbstakademie 2017. Edewecht 2017, S. 421–436.

Ders.: Kartellrechtlicher Zugangsanspruch zu Daten nach der essential facility doctrine, in: Moritz Hennemann/ Andreas Sattler (Hrsg.), Immaterialgüter und Digitalisierung. Junge Wissenschaft zum Gewerblichen Rechtsschutz, Urheber- und Medienrecht. 2. Assistententagung Grüner Bereich, Freiburg 2017. Baden-Baden 2017, S. 73–87.

Ders.: Big Data und Kartellrecht – Relevanz datenbasierter Geschäftsmodelle im europäischen und deutschen Kartellrecht, in: Jürgen Taeger (Hrsg.), Smart world – smart law? Weltweite Netze mit regionaler Regulierung: Tagungsband Herbstakademie 2016. Edewecht 2016, S. 835–852.

Thalhofer, Thomas: Recht an Daten in der Smart Factory, GRUR-Prax 2017, S. 225–227.

Thépot, Florence: Market Power in Online Search and Social Networking: A Matter of Two-Sided Markets, World Competition 36, 2013 (2), S. 195–221.

Tucker, Darren/Wellford, Hill: Big Mistakes Regarding Big Data, The Antitrust Source, Dezember 2014.

Veil, Winfried: DS-GVO: Risikobasierter Ansatz statt rigides Verbotsprinzip – Eine erste Bestandsaufnahme, ZD 2015, S. 347–353.

Volmar, Maximilian: Marktabgrenzung bei mehrseitigen Online-Plattformen, ZWeR 2017, S. 386–408.

Wandtke, Artur-Axel: Ökonomischer Wert von persönlichen Daten – Diskussionen des „Warencharakters“ von Daten aus persönlichkeits- und urheberrechtlicher Sicht, MMR 2017, S. 6–12.

Ders./Bullinger, Winfried (Hrsg.): Praxiskommentar zum Urheberrecht, 5. Aufl., München 2019.

Weber, Jan Markus: Zugang zu den Softwarekomponenten der Suchmaschine Google nach Art. 102 AEUV. Baden-Baden 2017 (zugl. Diss. Münster 2016).

Weber, Rolf: Information at the crossroads of competition and data protection law, ZWeR 2014, S. 169–183.

Weck, Thomas: Fusionskontrolle in der digitalen Welt, NZKart 2015, S. 290–295.

Weichert, Thilo: Der Personenbezug von Kfz-Daten, NZV 2017, S. 507–513.

Ders.: Big Data und Datenschutz – Chancen und Risiken einer neuen Form der Datenanalyse, ZD 2013, S. 251–259.

Weidt, Christopher: Suchkriterienauswahl durch den Benutzer, WuW 2016, S. 164–170.

Weitbrecht, Andreas/Mühle, Jan: Europäisches Kartellrecht 2003–2008, EuZW 2008, S. 551–560.

Wiebe, Andreas: Schutz von Maschinendaten durch das sui-generis-Schutzrecht für Datenbanken, GRUR 2017, S. 338–345.

Ders.: Protection of industrial data – a new property right for the digital economy?, GRUR Int. 2016, S. 877–884.

Ders.: Suchmaschinenmonopole und Kartellrecht, MR-Int 2007, S. 179–187.

Wiedemann, Gerhard (Hrsg.): Handbuch des Kartellrechts. 3. Aufl., München 2016 [zitiert als: *Bearbeiter*, in: Wiedemann, Kartellrecht].

Wielsch, Dan: Wettbewerbsrecht als Immaterialgüterrecht, EuZW 2005, S. 391–396.

Wilhelmi, Rüdiger: Lizenzverweigerung als Missbrauch einer marktbeherrschenden Stellung in der Gemeinschaftsrechtsprechung, WRP 2009, S. 1431–1445.

Wolff, Heinrich Amadeus/Brink, Stefan (Hrsg.): Beck'scher Online-Kommentar Datenschutzrecht. 27. Ed., Stand: 01.02.2019, München 2019 [zitiert als: *Bearbeiter*, in: BeckOK DatenschutzR].

Zander-Hayat, Helga/Reisch, Lucia/Steffen, Christine: Personalisierte Preise – Eine verbraucherpolitische Einordnung, VuR 2016, S. 403–409.

Zech, Herbert: „Industrie 4.0“ – Rechtsrahmen für eine Datenwirtschaft im digitalen Binnenmarkt, GRUR 2015, S. 1151–1160.

FSC
www.fsc.org
MIX
Papier | Fördert gute Waldnutzung
FSC® C083411

Kolibri 360 GmbH
Ferdinand-Jühlke-Straße 7
99095 Erfurt, Deutschland
produktsicherheit@kolibri360.de

Druck:
CPI Druckdienstleistungen GmbH
im Auftrag der
Kolibri 360 GmbH
Ferdinand-Jühlke-Str. 7
99095 Erfurt